高水平经济学科建设丛书

计量经济学软件
EViews操作和建模实例

叶阿忠　吴相波　陈　婷　汪晓恒　朱松平　等编著

The Operation and Modeling Examples of
Econometric Software EViews

中国财经出版传媒集团

经济科学出版社
Economic Science Press

图书在版编目（CIP）数据

计量经济学软件 EViews 操作和建模实例/叶阿忠，吴相波等编著.
—北京：经济科学出版社，2017.9（2019.12 重印）
（高水平经济学科建设丛书）
ISBN 978 - 7 - 5141 - 8307 - 8

Ⅰ.①计…　Ⅱ.①叶…②吴…　Ⅲ.①计量经济学 - 应用软件
Ⅳ.①F224.0 - 39

中国版本图书馆 CIP 数据核字（2017）第 189361 号

责任编辑：于海汛　程憬怡
责任校对：杨晓莹
版式设计：齐　杰
责任印制：潘泽新

计量经济学软件 EViews 操作和建模实例
叶阿忠　吴相波　陈　婷　汪晓恒　朱松平　等编著
经济科学出版社出版、发行　新华书店经销
社址：北京市海淀区阜成路甲 28 号　邮编：100142
总编部电话：010 - 88191217　发行部电话：010 - 88191522
网址：www. esp. com. cn
电子邮件：esp@ esp. com. cn
天猫网店：经济科学出版社旗舰店
网址：http：//jjkxcbs. tmall. com
北京密兴印刷有限公司印装
787 × 1092　16 开　19.25 印张　400000 字
2017 年 9 月第 1 版　2019 年 12 月第 2 次印刷
ISBN 978 - 7 - 5141 - 8307 - 8　定价：45.00 元
（图书出现印装问题，本社负责调换。电话：010 - 88191510）
（版权所有　侵权必究　举报电话：010 - 88191586
电子邮箱：dbts@ esp. com. cn）

丛 书 总 序

  为了促进我校我院经济学科的发展，展示我校我院经济学科全院教师的学术研究水平，进一步提高我国经济学科的理论和应用研究水平，我们撰写和编辑了这套高水平经济学科建设丛书。第一批计划推出 8 本著作，它们是：《向量自回归模型及其应用》，《中国农产品贸易开放过程中的若干问题及治理研究》，《智力资本价值创造及其影响因素研究》，《我国猪肉产业发展与猪肉贸易政策效应评价研究》，《福建省三次产业投入产出动态比较分析——基于历次可比价投入产出序列表》，《中国零售业资本结构及结构调整研究——基于零售上市企业数据》，《"互联网＋"下中国 P2P 网络借贷市场研究》，《计量经济学软件 EViews 操作和建模实例》。其中有些著作偏重于理论和方法的介绍，有些偏重于实际应用。这些著作的共同特点是知识结构新，反映经济学科中某一方面的最新发展状况，并包含作者自己的研究成果。今后随着时间的推移，我们还将进一步推出更多、更好的有代表性的学术著作。

  读者对这套丛书有什么意见，可以随时反馈给我们。书中若有不妥之处，敬请广大读者批评指正。

黄志刚

2016 年 10 月

序 言

　　计量经济学已成为本科生经济学科各专业的必修课程，这门课程要求的先修课程比较多，除了经济基础课程《微观经济学》、《宏观经济学》和《政治经济学》外，还需要经济数学课程《微积分》、《线性代数》、《概率论》和《数理统计》，此外，还需要计算机的基础。从而导致这门课的教学和学习都很有挑战。期望本辅助教材对这门课的教学和学习均有所帮助。感谢福建省应用经济重点学科项目、福州大学教材建设项目《计量经济学的 EViews 操作和案例分析》、福州大学本科专业核心课程建设项目《计量经济学》、福州大学高等教育教学改革工程项目《微观、宏观和计量经济学课程教学科研深度融合的教学模式研究与实践》对本书完成和出版的支持！

　　本书分 10 章，第 1 章是导论，包括引言、本书框架介绍、EViews 的主窗口介绍、EViews 可处理的数据类型和 EViews 的统计分析；第 2 章是经典计量经济学模型，包括一元线性回归模型、多元线性回归模型和其他多元回归模型；第 3 章是放宽基本假设的回归模型，包括多重共线性、序列相关性、异方差性和随机解释变量问题；第 4 章是面板数据分析，包括面板数据模型概述、EViews 中 Pool 对象的建立及操作、经典面板数据模型的设定及检验和固定效应和随机效应模型；第 5 章是相关检验，包括平稳性检验和协整与误差修正模型；第 6 章是条件异方差模型，包括自回归条件异方差模型、非对称的 ARCH 模型、成分 ARCH 模型和 EViews 软件的相关操作；第 7 章是向量自回归模型，包括自回归分布滞后模型、向量自回归模型、结构向量自回归模型和向量误差修正模型；第 8 章是其他回归模型，包括排序选择模型、二元离散选择模型、审查回归模型、"截断"问题的计量经济学模型、门限回归模型、转换回归模型和分位数回归模型；第 9 章是计量经济学经典应用，包括资本资产定价模型、生产函数估计和经济增长模型；第 10 章是计量经济学实验，包括中国经济数据应用（绘图和平稳性检验）、趋势预测——中国的 GDP（以购买力平价计）何时能超过美国、股票 β 系数估计的线性回归模型应用和中国消费函数的估计。

该辅助教材的初稿的第 1 章和第 2 章由陈婷编写，第 3 章由林韦佳编写，第 4 章、第 9 章和第 10 章由吴相波编写，第 5 章由陈志勇编写，第 6 章由汪晓恒编写，第 7 章由陈依凡编写，第 8 章由朱松平和吴先亚编写。初稿由陈婷负责汇总和编辑。之后，陈婷对初稿的第 1 章、第 2 章和第 7 章进行修改，汪晓恒对初稿的第 3 章和第 6 章进行修改，吴相波对初稿的第 4 章、第 9 章和第 10 章进行修改，朱松平对初稿的第 5 章和第 8 章进行修改。最后，叶阿忠和吴相波对全书进行校对和修改。

叶阿忠

2017 年 5 月于福州大学计量经济研究所

书中所提到的计量经济学 EViews 操作与建模实例，可在经济科学出版社官网（www. esp. com. cn）的"在线资源"中"课件下载"栏目中下载。

目 录

第 1 章

导　　论

本章作为全书开篇，将对计量经济学、计量经济模型发展进行简要介绍，并且介绍软件 EViews 的基础操作。通过本章的介绍，尽管是第一次学习计量经济学方面知识的读者也会对计量经济学及其软件基本操作有一个概念，不至于无从下手。

1.1　引　　言

1.1.1　计量经济学简介

计量经济学是经济学的一个分支学科，是以揭示经济活动中客观存在的数量关系为内容的分支学科。它是诞生于 20 世纪 30 年代的新型学科，虽然发展历史较短，但应用十分广泛，已经在经济学科教学和研究中占据了极其重要的地位。

关于计量经济学的定义，已经达成了共识。弗里希（Ragnar Frisch，1933）指出："经验表明，统计学、经济理论和数学这三者对于真正了解现代经济生活的数量关系来说，都是必要的，但本身并非是充分条件。三者结合起来，就是力量，这种结合便构成了计量经济学。"萨缪尔森（P. A. Samuelson，1954）认为："计量经济学可以定义为实际经济现象的数量分析。这种分析基于理论与观测的并行发展，而理论与观测又是通过适当的推断方法得以联系。"戈登伯格（S. Goldberger，1964）给出的定义是："计量经济学可以定义为这样的社会科学：它把经济理论、数学和统计推断作为工具，应用于经济现象的分析。"总之一句话，即计量经济学是经济理论、统计学和数学的结合。根据计量经济学的定义，计量经济学的核心问题就是如何实现经济理论、数学和统计学的科学的结合。

1.1.2　计量模型发展介绍

计量经济学自 20 世纪 20 年代末 30 年代初诞生以来，已经形成了十分丰富的内容体系。一般认为，可以以 20 世纪 70 年代为界将计量经济学分为经典计量经济学（Classical Econometrics）和现代计量经济学（Modern Econometrics），而现代计量经济学主要有四个分支：时间序列计量经济学（Time Series Econometrics）、微观计量经济学（Micro-econometrics）、非参数计量经济学（Nonparametric Econometrics），面板数据计量经济学（Panel Data Econometrics）［包括空间计量经济学（Spatial Econometrics）］。

经典计量经济学是在 20 世纪 30 年代创立、40～50 年代发展、60 年代扩张。作为一种实证经济研究方法，它倡导"经济理论、数学、统计学结合"的本质，具有坚实的概率论基础，注重"利用现有的数据资料以提取关于经济如何运行的信息"，以及它遵循"关于经济活动的观察（即行为分析）→关于经济理论的抽象（即理论假说）→建立总体回归模型→获取样本观测数据→估计模型→检验模型→应用模型"的研究步骤。

进入 20 世纪 70 年代以后，现代计量经济学得到了发展。它的导向原则有两条：一是使得计量经济学模型所揭示和描述的"经济如何运行的信息"与现实的经济运行实际更加吻合；二是为达到这个目的，如何在模型研究中充分利用"现有的数据资料"。

现代计量经济学的各个分支是以问题为导向，在经典计量经济学模型理论的基础上，沿着"分解"的方向发展成为相对独立的模型理论体系。为了解决宏观经济时间序列的非平稳性与经典计量经济学模型数学基础之间的矛盾，发展了现代时间序列计量经济学；为了适应扩张了的研究对象和表征研究对象的数据特征，发展了微观计量经济学；为了解决参数模型设定的困难和普遍存在设定误差问题，发展了非参数计量经济学；为了充分利用反映了空间和时间两个维度的经验信息，发展了面板数据计量经济学（包括空间计量经济学）。

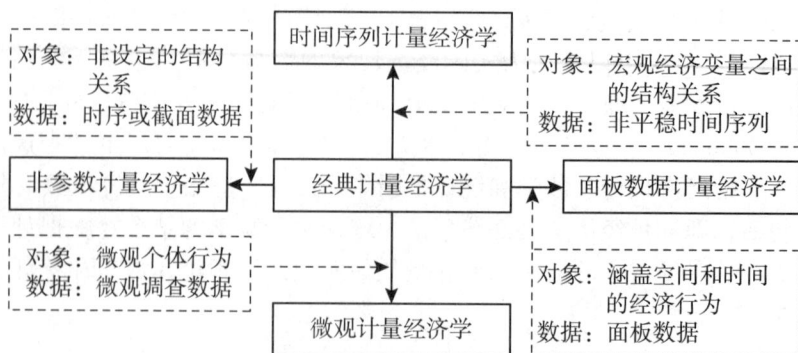

图 1-1　经典计量经济学与现代计量经济学

1.1.3 研究步骤

建立计量经济学模型的研究步骤主要包含以下几个方面：理论模型的设计、样本数据的收集、模型参数的估计、模型的检验。

理论模型的设计主要包含三部分工作，即选择变量，确定变量之间的数学关系，拟定模型中待估计参数的数值范围。设计时要遵循"从一般到简单"的原则。

而样本数据的收集和整理是建立计量经济学模型过程中最费时费力的工作，也是对模型质量影响极大的一项工作。计量经济学常用的数据有三大类型：横截面数据、时间序列数据、面板数据。

模型参数的估计方法是计量经济学的核心内容，选择适当的方法估计模型是一个纯技术过程，也涉及到软件的应用等内容。

在计量模型建立和估计后，要进行检验。模型的检验包含多方面的内容，通常有经济意义检验、统计检验、计量经济学检验和模型预测检验。

从以上步骤可以看出，一个好的计量经济学应用研究成功的要素有三个：理论、方法和数据。经济理论，或所研究经济对象的行为理论，是计量经济学研究的基础；方法，是计量经济学研究的工具和手段，是计量经济学不同于其他经济学分支的主要特征；数据，是计量经济学研究的原料。

1.1.4 主要数据类型

经济数据的类型各式各样，在计量经济学应用研究中最常遇到三种重要数据结构：横截面数据、时间序列数据和面板数据。

横截面数据，对给定的某个时间点的个人、家庭、企业、城市、国家或者一系列其他单位采集的样本所构成的数据集。它的重要特征是数据假定是从总体中通过随机抽样而得到。经典计量模型理论以该类数据为基础。

时间序列数据，在不同时间点上收集到的数据，这类数据反映了某一事物、现象等随时间变化的状态或程度。如我国 GDP 从 1949 ~ 2015 年的变化就是时间序列数据。时间序列数据有一些独有的特征：时间序列对观测值按时间先后排序，可能传递了潜在的重要信息。很少能假设时间序列数据的观测独立于时间。多数经济数据都与其近期历史相关（甚至高度相关）。注意数据收集时的数据频率。

面板数据，由数据集中每个横截面单位的一个时间序列组成，面板数据前后年份的样本是相同的，具有可比性。面板数据是对同一单位的多次观测，使我们能控制观测单位的某些观测不到的特征。它使我们能研究决策行为或结果中滞后的重要性。

1.2　本书框架介绍

本书可作为各类本科生《计量经济学》教科书的辅助教材，在简化计量理论，而又不失一般原理的情形下，注重将基本理论与实践相结合，计算结果与模型分析相结合，同时也在这一过程中强化学生对软件的实际操作能力，培养学生对计量经济学的兴趣，最终提升学生对计量工具的运用能力。

本书加入一些宏微观经济学与计量经济学相结合的案例，培养学生三门学科相结合学习的能力。例如，用计量经济学检验"柯布—道格拉斯"生产函数是规模报酬不变的生产函数；以及用计量经济学实证应用索罗模型等。多年的教学实践表明，"干中学"是学好计量经济学的一种有效方式，特别是通过模仿一些经典论文中的实证研究，给初学者设计一些好的大作业或综合实验，是提高学生理解和应用计量模型的有效方式。其中第 9 章和第 10 章就是为这个目的设计的，可以说是本书特色之一。第 9 章包含了从经典论文中提取出来的三个经典应用，这三个应用：（1）资本资产定价模型；（2）柯布—道格拉斯生产函数的估计；（3）包含人力资本的索洛增长模型的估计。第 10 章是五个综合实验，要求学生自己收集数据，按要求独立完成实验，相当于完成一个准论文的写作。实践表明完成这样的综合实验是帮助学生独立进行计量经济学实证研究非常好的过渡。

计量经济学根据不同数据类型应用不同方法进行处理，据学生反映，容易混淆不同类型数据的处理方法，因此，本书按照不同数据类型进行排版，明确指出每种数据类型的具体处理方法。

全书框架如下：

第 1 章是导论，对计量经济学、计量模型发展进行简要介绍，并且主要介绍了 EViews 软件的基础操作。通过本章介绍，尽管是第一次学习计量经济学方面知识的读者也会对计量经济学及其软件基本操作有一个概念，不至于无从入手。

第 2 章是经典计量经济学模型回归，经典计量经济学模型的理论与方法是计量经济学内容体系中最重要的组成部分，是其他计量经济学模型理论与方法的基础。本章首先从简单一元线性回归模型入手，介绍其模型设定与估计问题，再扩展至多元线性回归及放宽条件下的计量模型设定与估计问题，为以后各章奠定基础。

第 3 章是放宽基本假设的模型回归，针对常见的经典基本假设被违背的情形，如多重共线性问题，序列相关性问题，异方差性问题和随机解释变量问题，它们的检验以及修正，并给出 EViews 的详细操作说明。

第 4 章是面板数据模型，面板数据集现在越来越常见，本章主要介绍面板数据应用最广泛的变截距模型和面板数据模型应用中一些常用检验。

第 5 章是相关检验，本章主要介绍时间序列和面板数据的平稳性检验、协整检验、误差修正模型和格兰杰因果关系。

第6章是条件异方差模型，对变量的条件方差或变量波动性模型。该模型尤其在金融时间序列分析中得到广泛应用。

第7章是向量自回归模型，介绍了向量自回归模型、结构向量自回归模型以及向量误差修正模型采用非结构性方法来建立各个变量之间的关系。

第8章是其他回归模型，主要介绍了常用的微观计量模型，有排序选择模型、二元离散选择模型、审查回归模型、截断模型，以及一类特别的非线性回归模型：门限回归模型、转换回归模型、分位数回归模型。

第9章计量经济学经典应用，包含从经典文献中提取出来三个经典应用：（1）资本资产定价模型；（2）柯布—道格拉斯生产函数的估计；（3）包含人力资本的索洛增长模型的估计。

第10章是计量经济学综合实验，设计五个综合实验：（1）中国经济数据应用；（2）预测中国GDP（以购买力平价记）何时超过美国；（3）资本资产定价模型应用：股票 β 系数估计；（4）中国消费函数估计；（5）用经济模型预测中国GDP。

第9章的三个应用都是微观经济学、宏观经济学和计量经济学相结合的经典案例。第10章的五个综合实验，都要求学生自己收集数据，阅读相关文献，相当于完成一个准论文的写作。

1.3 EViews 的主窗口介绍

EViews 是 Econometrics Views 的缩写，直译为计量经济学观察，通常称为计量经济学软件包。它的本意是对社会经济关系与经济活动的数量规律，采用计量经济学方法与技术进行"观察"。计量经济学研究的核心是设计模型、收集资料、估计模型、检验模型、应用模型（结构分析、经济预测、政策评价），而这些功能的实现与计量经济学工具的出现和发展密不可分。EViews 是完成上述任务比较得力又简单的工具。正是由于 EViews 等计量经济学软件包的出现，使计量经济学取得了长足的进步，发展成为一门较为实用与严谨的经济学科。EViews 发展至今已更新出多个版本，本书应用 EViews 8.0 进行实例演示。

1.3.1 EViews 页面介绍

EViews 之所以受到广大计量经济学学者的喜爱，其现代 Windows 软件可视化操作的优良性功不可没。可以使用鼠标对标准的 Windows 菜单和对话框进行操作。操作结果出现在窗口中并能采用标准的 Windows 技术对操作结果进行处理。此外，EViews 还拥有强大的命令功能和批处理语言功能。在 EViews 的命令行中输入、编辑和执行命令。在程序文件中建立和存储命令，以便在后续的研究项目中使用这些程序。其界面如图 1 - 2。

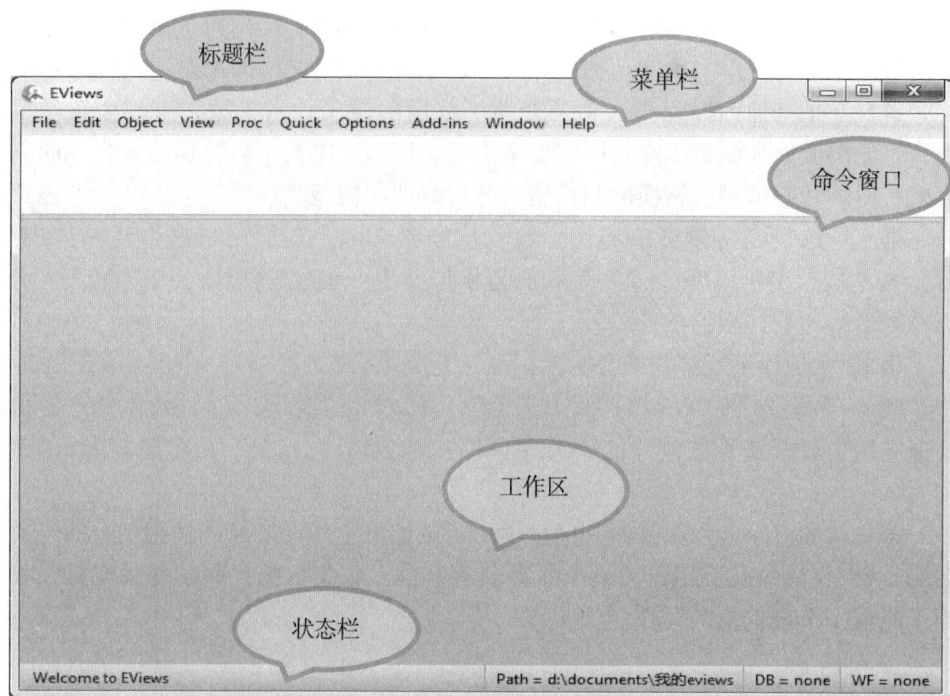

图 1 - 2　EViews 界面

EViews 窗口的顶部是标题栏，标题栏左边是控制框；右边是控制按钮，有【最小化】、【最大化（或还原）】、【关闭】三个按钮。标题栏下面是菜单栏。菜单栏中排列着按照功能划分的 10 个主菜单选项，用鼠标单击任意选项会出现不同的下拉菜单，显示该部分的具体功能。10 个主菜单选项提供的主要功能如下：

【File】有关文件（工作文件、数据库、EViews 程序等）的常规操作，如文件的建立（New）、打开（Open）、保存（Save/Save As）、关闭（Close）、导入（Import）、导出（Export）、打印（Print）、运行程序（Run）等；选择下拉菜单中的 Exit 将退出 EViews 软件。

【Edit】通常情况下只提供复制功能（下拉菜单中只有 Cut、Copy 项被激活），应与粘贴（Paste）配合使用；对某些特定窗口，如查看模型估计结果的表达式时，可对窗口中的内容进行剪切（Cut）、删除（Delete）、查找（Find）、替换（Replace）等操作，选择 Undo 表示撤销上步操作。

【Object】提供关于对象的基本操作。包括建立新对象（New Objects）、从数据库获取/更新对象（Fetch/Update from DB）、重命名（Rename）、删除（Delete）。

【View】和【Proc】二者的下拉菜单项目随当前窗口不同而改变，功能也随之变化，主要涉及变量的多种查看方式和运算过程。我们将在以后的实验中针对具体问题进行具体介绍。

【Quick】下拉菜单主要提供一些简单常规用法的快速进入方式。如改变样本范围（Sample）、生成新序列（Generate Series）、显示对象（Show）、作图（Graph）、生成新组（Empty Group）以及序列和组的描述统计量、新建方程和VAR。

【Options】系统参数设定选项。与一般应用软件相同，EViews 运行过程中的各种状态，如窗口的显示模式、字体、图像、电子表格等都有默认的格式，用户可以根据需要选择 Options 下拉菜单中的项目对一些默认格式进行修改。

【Add-ins】添加安装 EViews 中其他新更新的功能。

【Windows】提供多种在打开窗口种进行切换的方式，以及关闭所有对象（Close All Objects）或关闭所有窗口（Close All）。

【Help】EViews 的帮助选项。选择 EViews Help Topics 按照索引或目录方式在所有帮助信息种查找所需项目。下拉菜单还提供分类查询方式，包括对象（Object）、命令（Command）、函数（Function）、矩阵（Matrix）、程序（Programming）等方面。

菜单栏下面是命令窗口（Command Windows），窗口内闪烁的"｜"是光标。用户可在光标位置用键盘输入各种 EViews 命名，并按回车键执行该命令。命令窗口下面是 EViews 的工作区窗口。操作过程中打开的各子窗口将在工作区内显。EViews 主窗口的底部是状态栏，从左到右分别为：信息框、路径框、当前数据库框和当前工作文件框。

根据操作对象的不同可以分为面向"对象"的操作和面向"过程"的操作。面向"对象"的菜单方式主要通过【Objects】、【View】和【Proc】来完成；面向"过程"的菜单方式主要通过【Quick】来完成。此外，EViews 除了方便操作的菜单栏外，还可以通过编程来进行相关操作。

1.3.2　文件建立

初步认识了 EViews 界面后，EViews 文件建立的操作就变得简单了。双击EViews 图标打开 EViews 新建文件界面，如图 1-3。

可以看到在 EViews 基础界面之上有一个新建文件的窗口，可以单击窗口中的各项内容新建不同类型的文件，本书只介绍工作文件"EViews Workfiles"的实际操作。点击"EViews Workfiles"下的"Create a new EViews workfile"就可以新建工作文件，或者点击菜单栏"File - New - Workfile…"，也可以通过命令语句"Create"新建，如图 1-4。

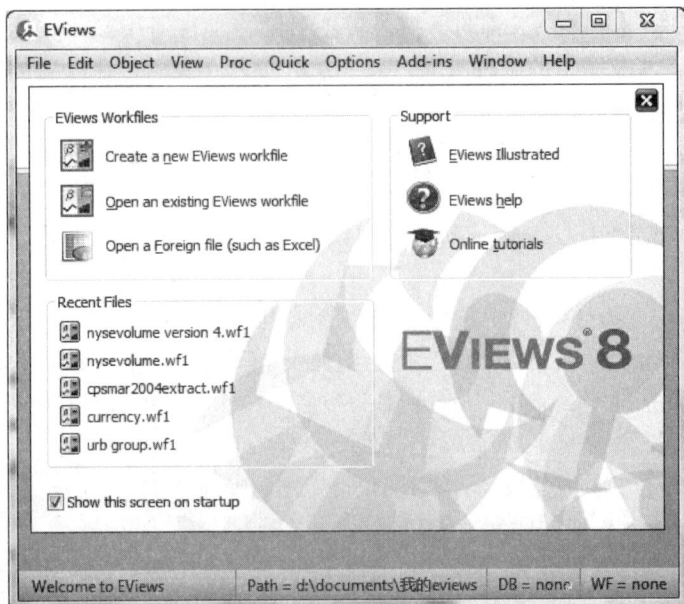

图 1 - 3　EViews 新建文件界面

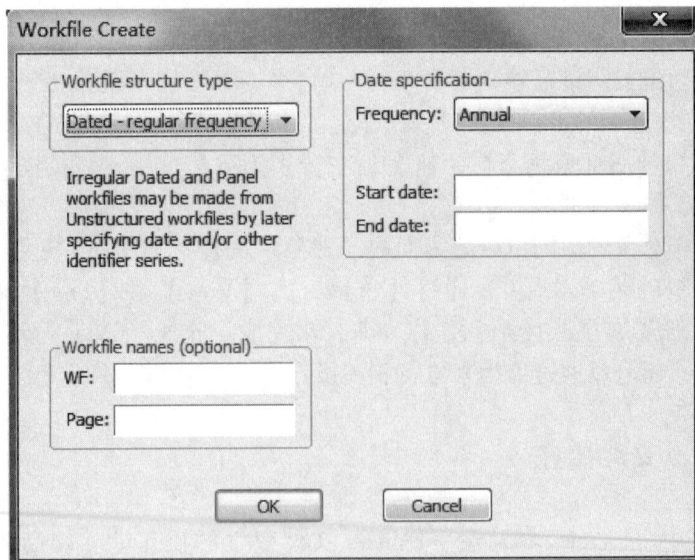

图 1 - 4　工作文件设置

　　在"Workfile structure type"下拉菜单栏中选择数据类型,"Unstructured/Un-dated"称为截面数据,"Dated-regular frequency"称为时间序列数据,"Balanced Panel"称为面板数据;在"Panel specification"下拉菜单栏中选填序列个数、时间频率、起止日期等信息,根据不同数据类型填充不同内容。其中,时间频率有年度、季度、月度等 14 个选项,如图 1 -5 所示。下面介绍常用的几项:

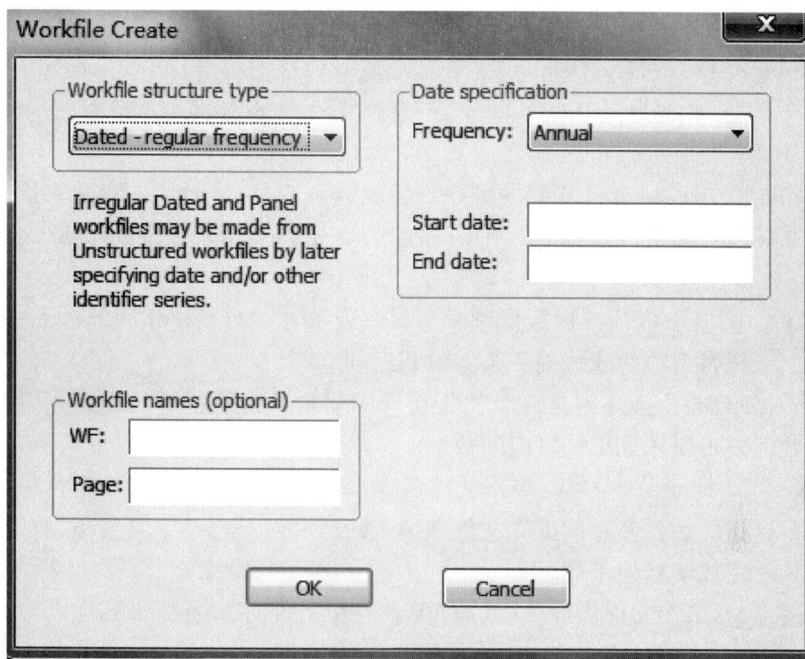

图 1－5　时间频率选择

【Annual】用 4 位数表示年度，如 1980、1999、2004 等。Start Date 后输入起始年份，End Date 后输入终止年份。如果只有两位数，那么系统将默认为 20 世纪的年份，如 98 默认为 1998。（注意：EViews 无法识别公元 100 年以前的年份。）

【Semi-annual】数据频率为半年，表示为"年：上半年"或"年．上半年"。如起始日期为 2002 年下半年，结束日期为 2004 年上半年，那么表示为在 Start Date 后输入 2002：2（或 2002.2），在 End Date 后输入 2004：1（2004.1）。注意年后面只能跟 1、2，分别代表上下半年。

【Quarterly】数据频率为季度，表示为"年：季度"或"年．季度"。具体输入同上。如 2003：3 注意年后面只能跟 1、2、3、4，分别代表四个季度。Eviews5 在 Eview3 的基础上提供了一种新的季度识别方法，如输入数据"Feb 1990"和"May 2000"或者"12/6/1990"和"4/7/2000"则 EViews 将自动识别恰好包括该段时间的季度。

【Monthly】数据频率为月度，表示为"年：月度"或"年．月度"。如 2002：11、2003：08（等价于 2003：8）。同样，如果输入数据为"12/6/1990"和"4/7/2000"则 EViews 将自动识别恰好包括该段时间的月份。

【Weekly】数据频率为周，表示为"月/日/年"。在输入起止时间以后，系统将会自动地将时间调整为相隔 7 天的整周时间。（注意：EViews 默认的时间表示方式为"月/日/年"，例如"8/10/97"表示 1997 年 8 月 10 日；如果要修改为

"日/月/年"的表示方法，点击 EViews 菜单栏上的【Options】—【Default Frequency Conversion & Date Display】，在弹出的对话框中将【Format for daily/weekly dates】中的选项改为【Day/Month/Year】，那么"8/10/97"表示的时间即为 1997 年 10 月 8 日。下同）

【Daily（5 day weeks）】数据频率日，表示为"月/日/年"。表示一周 5 天工作日，系统将自动生成每周 5 天的时间序列。如 11/28/2003 表示 2003 年 11 月 28 日。

【Daily（7 day weeks）】数据频率为日，表示为"月/日/年"。表示一周 7 天工作日，系统将自动生成每周 7 天的时间序列。

【Integer Date】该序列是一个比较特殊的序列，由简单的列举产生，其支持任何整数，并可以识别 100 以内的数字。

"Workfile names"中填写工作文件名称，也可在完成整个工作后再进行保存和命名，这样的话，新建的工作文件则为未命名文件。选择好需要填写的内容后点击确认就完成了新建工作。

从图 1-6 工作文件界面，可以看到，工作文件有标题栏、工具栏、信息栏

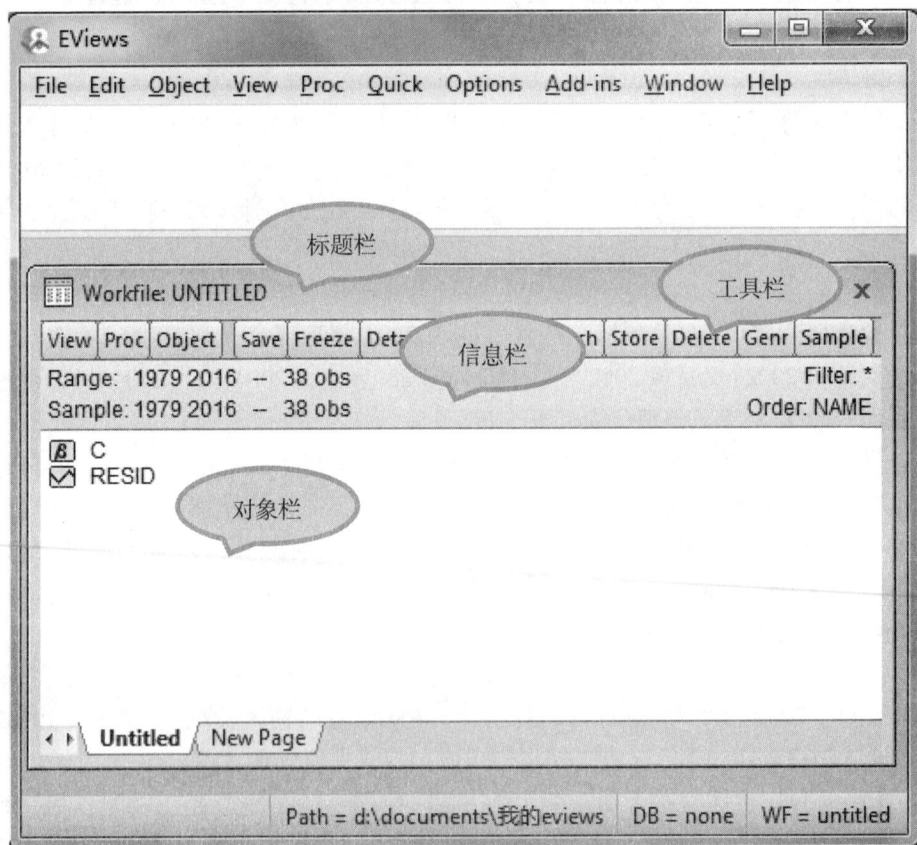

图 1-6 工作文件界面（以时间序列数据为例）

和对象栏。标题栏在工作文件窗口的顶部，显示为【Workfile：工作文件名称】，如果工作文件尚未保存，则显示为【Workfile：UNTITLED】。工具栏提供操作的快捷方式，其中，【View】、【Proc】和【Object】与主菜单栏上的同名菜单功能一样。信息栏中【Range】显示总体序列范围，【Sample】显示当前样本取值范围，它小于等于总体范围，可以双击它们来分别更改总体范围和当前样本取值范围。【Filter】用来筛选对象在工作文件窗口中的显示规则，"＊"表示全选，可以通过双击来进行调整。对象栏中显示存在这个工作文件中的所有对象，其中，每个新建的工作文件都存在 🅱 C 和 ☑ RESID，C 表示系数向量，Resid 表示残差。点击对象栏下面的"New Page"可以新建新的工作文件等。

　　比工作文件更小的单位是对象，对象是既是构成工作文件的基本元素，也是实现所有分析功能的载体，它是承载数据的最小单位，所有的数据保存在对象中，对象保存在工作文件中，工作文件在 EViews 主页面中显示。点击主窗口菜单栏或工作文件工具栏的"Object - New Object"，或者在对象栏的空白处单击鼠标右键选择"New Object"，就可以新建对象，如图 1 - 7 所示。

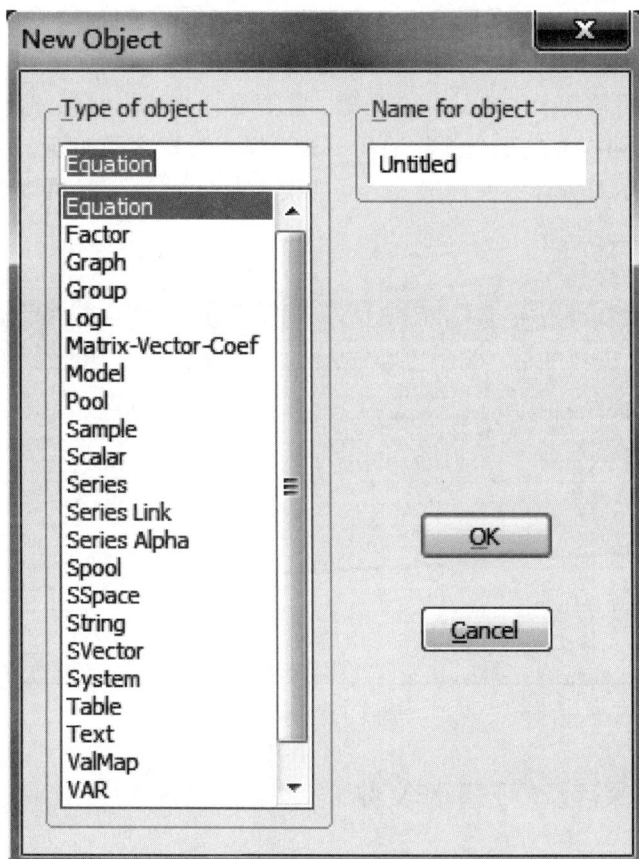

图 1 - 7　新建对象界面

EViews8.0 提供了功能不同的 23 种对象，"Equation" 新建方程对象，"Graph" 新建图像对象，"Group" 新建组对象，"Pool" 新建面板数据对象，"Series" 新建单个序列对象，这也是所有对象中最常用也是最基础的一个，多个单一对象可以组成一个组对象，"VAR" 新建 Var 回归模型，是近几年来较热门的一个计量模型，也是一些前沿模型的基础。其他对象在这就不一一介绍了。需要注意的是，对象与工作文件不同，若对象没有命名，在关闭对象的时候会提醒删除该未命名的对象，而工作文件未命名时关闭工作文件会提醒是否保存该文件。因此，在新建对象时，建议先命名所新建的对象以便区分和保存，即在"Name for object" 中填写对象名称。

双击新建序列打开，如图 1-8 所示，可以看到它也有一个工具栏，这个工具栏对序列中的数据进行操作。【View】改变序列在窗口中的显示模式，可以显示为：电子表格形式、线性图、条形图以及一些描述统计与检验。【Proc】提供关于序列的各种过程。【Object】进行有关序列对象的存盘、命名、删除、拷贝和打印等。【Properties】提供数据格式和显示模式的改变。【Name】为序列命名或改名。【Freeze】能够冻结窗口，以当前序列窗口内容为基础，生成一个新的文本类型的对象。【Default】下拉菜单提供一些常见的数据处理，如取对数、换算为百分数等。【Edit +/-】可以在是否编辑当前序列两种模式之间切换，这是常用到但也容易被新手忽略的一个步骤，需要转换为编辑状态才能够编辑序列。【Samp +/-】可以在显示全部数据和只显示样本数据之间切换。【Label +/-】可以在是否显示对象标签两种模式之间切换。【Wide +/-】可以在单列显示和多列显示序列之间切换。

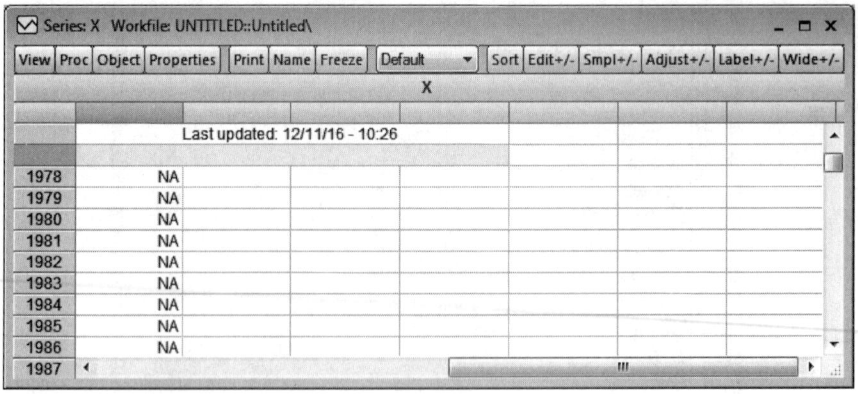

图 1-8　序列

1.3.3　保存及打开工作文件

在新建工作文件时如果未命名，也可以在保存该文件的时候进行命名。最常规的保存方式是在主窗口选择"File - Save 或者 Save As"，或者也可以通过工作窗口工具栏中的"Save"按钮进行保存，如图 1 - 9。如果在命令窗口中输入"save 文件名称"也可以保存成该文件名称的工作文件，这种方法所保存的文件保存在默认路径中。如果不小心点击了关闭工作文件按钮，也会弹出提醒是否保存该工作文件的对话框，再选择保存也不迟。

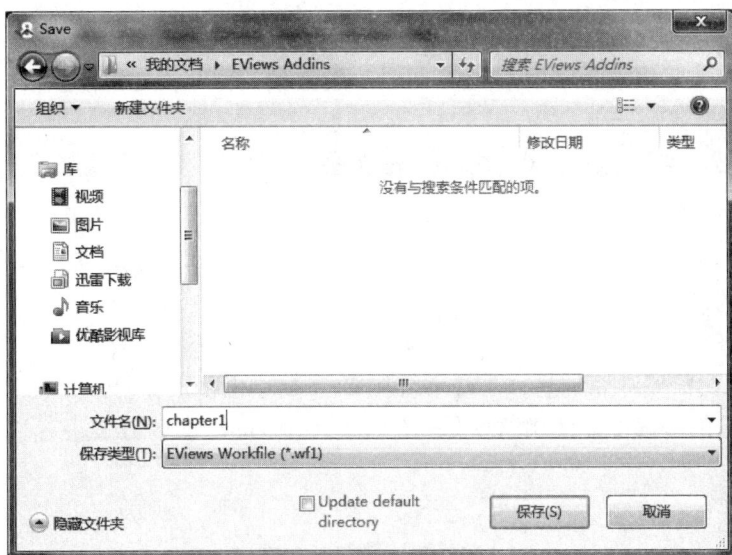

图 1 - 9　保存工作文件

在"Series storage"中选择所保存数据的精度，不一样的精度对应的文件大小不同，"Use compression"表示压缩数据文件，可以减小文件空间容量，但是一旦文件被压缩，则无法被比该版本低的 EViews 识别。设置好精度后点击确定，如图 1 - 10，这个工作文件则被保存为扩展名为".wfl"的工作文件。如果需要调用已保存的工作文件，只需要选择"File - Open - EViews Workfile…"选择相应的工作文件即可。

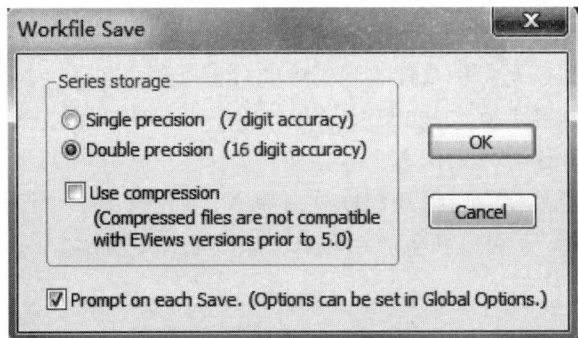

图 1 - 10　工作文件保存精度选择

1.4 EViews 可处理的数据类型

介绍完 EViews 基本页面及操作后，现在要开始介绍 EViews 可处理的数据类型。学习 EViews 的最重要目的是利用 EViews 进行实际问题分析，尽可能地解释现实经济问题，因此，掌握 EViews 可处理的数据类型及其处理方法很重要。

1.4.1 EViews 可处理的数据类型

EViews 中可识别的表达式由数据、序列名称、函数、数学惯性运算符号构成，常见的运算符号有加（+）、减（-）、乘（×）、除（/）、幂（^）、大于（>）、小于（<）、等于（=）、不等于（<>）、小于等于（<=）、大于等于（>=）等。需要注意的是，一些字符在 EViews 中已经被保留，如表 1-1 所示，因此在命名的时候不能使用这些保留字符。且 EViews 不区分大小写，都视为同一名称。

表 1-1   EViews 中的保留字符

ABS	ACOS	AR	ASIN	C	CON	CNORM	COEF	COS	D
DLOG	DNORM	ELSE	ENDIF	EXP	LOG	LOGIT	LPT1	LPT2	MA
NA	NRND	PDL	RESID	RND	SAR	SIN	SMA	SQR	THEN

我们之前介绍过，EViews 中可以处理的数据有横截面数据、时间序列数据、面板数据三种。接下来将一一对这三种数据进行具体介绍。

1. 横截面数据

截面数据（cross-section data）是不同主体在同一时间点或同一时间段的数据，也称静态数据，是一种是样本数据中的常见类型之一。

新建截面数据需要在"Workfile structure type"中选择"Unstructured/Undated"，在"Data range"填入样本个数，如图 1-11，点击"OK"新建工作文件。

在工作文件工具栏中选择新建序列对象 X、Y，选中两个序列对象后右击选择"Open-as Group"，可以新生产组对象，如图 1-12 所示。

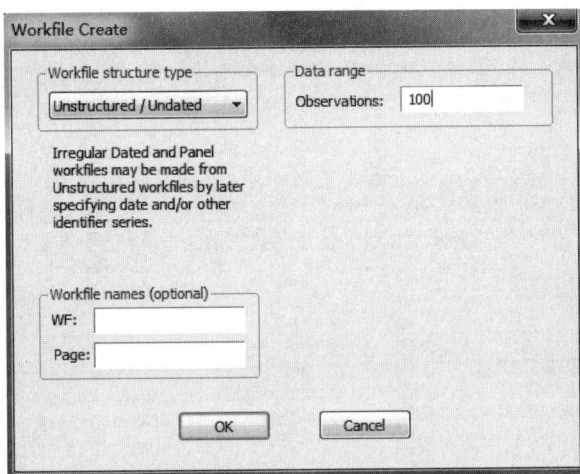

图 1 - 11　新建截面数据工作文件

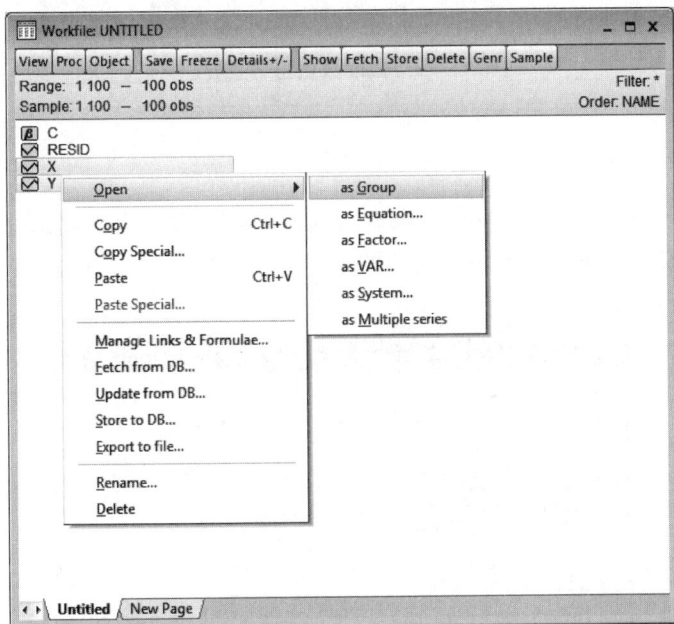

图 1 - 12　组对象建立

可以看到，组对象由多个序列对象组成，序列中若还没有输入数值或者数据空缺时，用 NA 代替，不会出现空白格。截面数据的序号从 1 开始计算，有多少个数据则编号到多少。图 1 - 13 中的组对象处于浏览状态，若想插入数据，则需要点击"Edit + / -"，序列名（即没有编号的那一行，X 和 Y 名称行）上方若有空出一行则说明是处于编辑状态。一般地，组对象中通常会隐藏序列名一行，因此若要修改序列名可以往上拉，找到隐藏行。

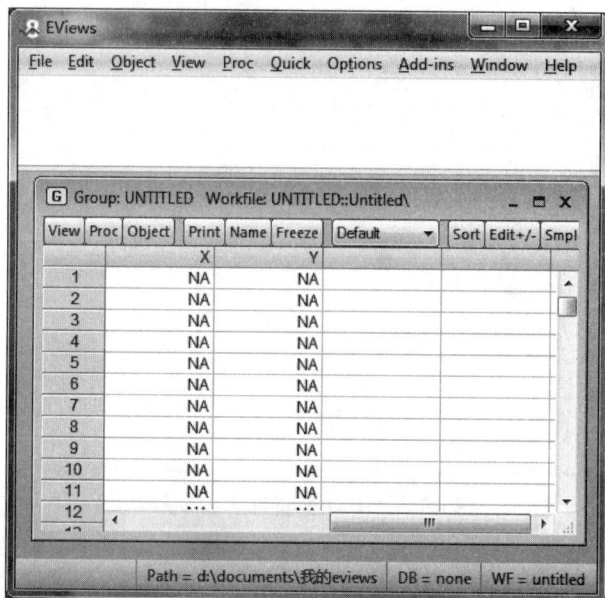

图 1 – 13　截面数据组对象界面

2. 时间序列数据

时间序列数据（Time Series Data）是指在不同时间点上收集到的数据，这类数据反映了某一事物、现象等随时间的变化状态或程度，如图 1 – 14 所示。

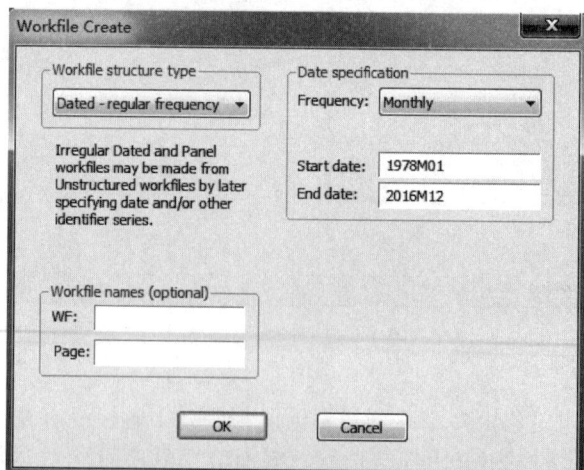

图 1 – 14　新建时间序列数据工作文件

时间序列数据的建立需要选择时间频率和填写起止时间，不同的时间频率其起止时间的填写规矩不同，在 1.3.2 中已介绍，这里就不再做重复介绍。

时间序列的序列号以时间为序，不同时间频率其起止时间也不同，如图

1－15 所示。需要注意的是，时间序列数据若没有进行调整往往会造成伪回归，因此在做这种数据回归时首先需要对数据进行处理。数据处理问题会在后面章节具体介绍。

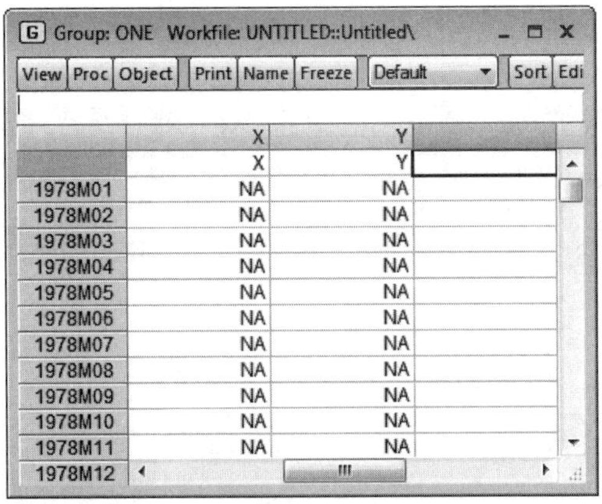

图 1－15　时间序列数据组对象界面

3. 面板数据

面板数据（Panel Data）也叫"平行数据"，是指在时间序列上取多个横截面，在这些横截面上同时选取样本观测值所构成的样本数据。它是一个既有时间层面上的数据，也有横截面层面上的数据，因此在新建面板数据时需要填写时间序列数据所需的信息，也需要填写横截面数据的信息。

时间频率选择和起止日期选择和时间序列数据的相同，"Number of cross sections"表示截面个数，图 1－16 是一个截面的面板数据，当然，也可以为多个横截面的。

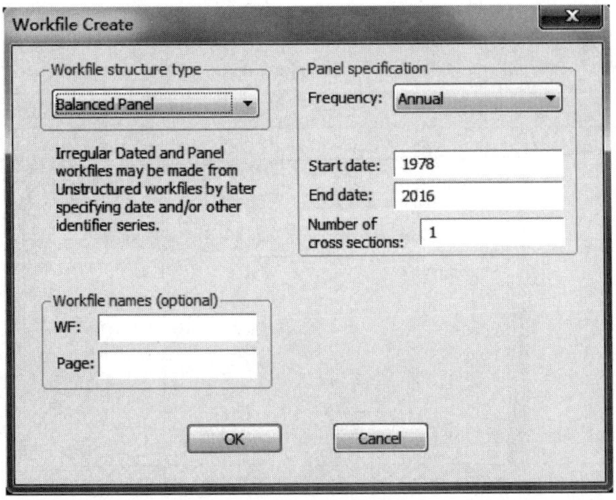

图 1－16　新建面板数据工作文件

　　和截面数据及时间序列不同的是，面板数据最常用到的是面板对象"Pool"，另外两个常用的是组对象。

　　选择新建 Pool 对象后会出现图 1 – 17 的界面，输入截面名称，例如，某一研究主要研究省份这一截面 1978 ~ 2016 年收入与消费之间的关系，则在上述界面输入 31 个省份名称，且每个名称自成一行。

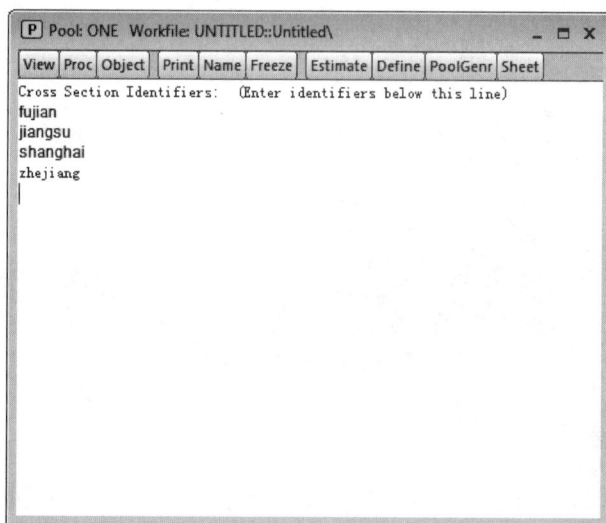

图 1 – 17　新建 Pool 对象（1）

　　设定好截面后，要设定变量名称，选择"Sheet"弹出"Series List"对话框，在"Series List"中输入"变量名 + 英文问号"，问号表示该变量还有一部分内容，将该变量与截面名称连接起来。变量之间用空格连接，如果没有加空格就会报错。如图 1 – 18 所示。

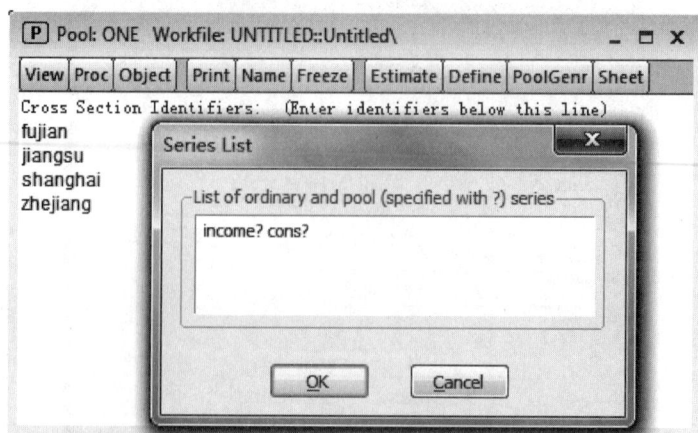

图 1 – 18　新建 Pool 对象（2）

从图 1 – 19，可以看到，Pool 对象中的数据按地区排列成块，每个地区数据
又按时间排序，因此，实际上是分别生成了各地区的两个变量。

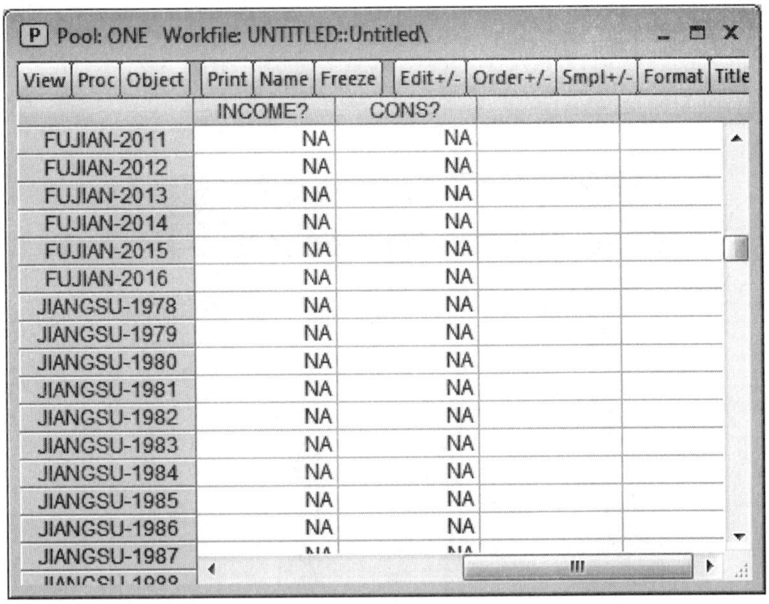

图 1 – 19　新建 Pool 对象（3）

如果有 n 个地区，三个变量，生成一个 Pool 对象实际上也生成了 n × 3 个序
列，这些序列组成一个 Pool，如图 1 – 20 所示。

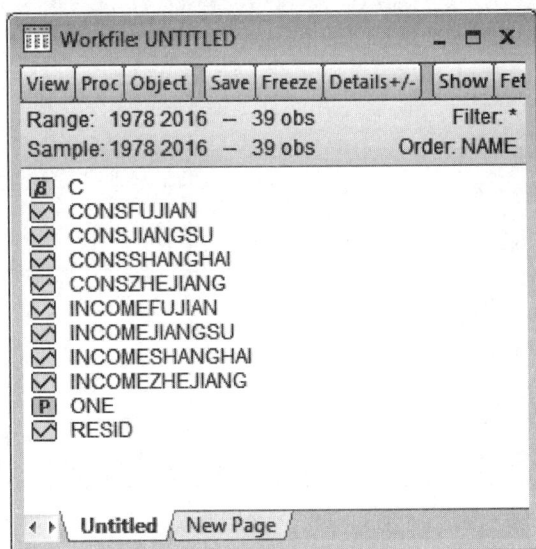

图 1 – 20　面板数据工作文件

1.4.2 数据输入及其他相关操作

数据的载体是对象，新建对象并打开后，点击工具栏的"Edit +／−"选项切换为编辑状态后就可以录入、修改数据或变量名。图 1 − 21 是对象编辑状态，图 1 − 22 是对象浏览状态。

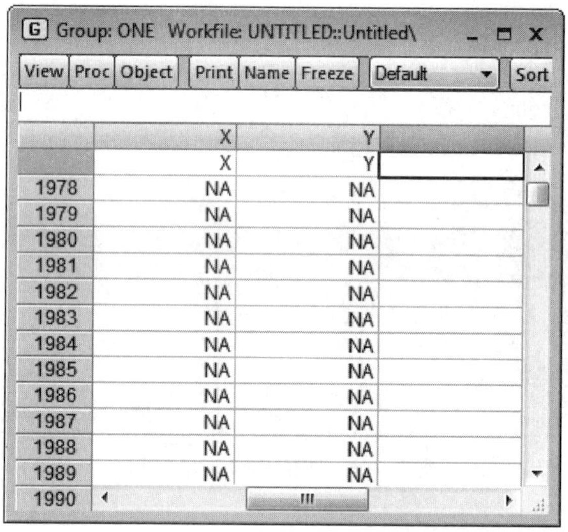

图 1 − 21　对象编辑状态

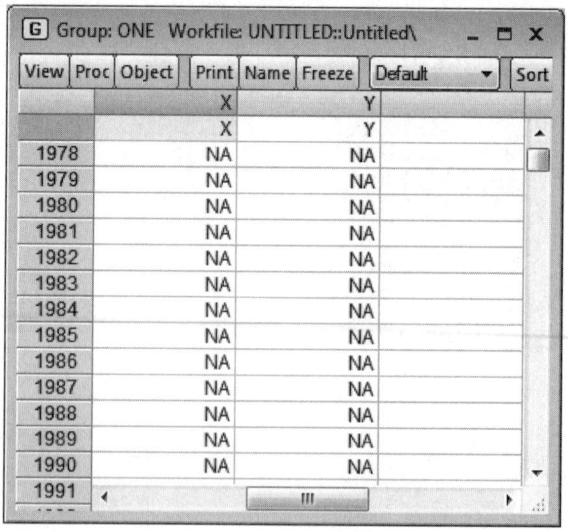

图 1 − 22　对象浏览状态

在对象编辑状态下，可以通过复制粘贴或快捷键"Ctrl + C"和"Ctrl + V"输入数据，这个较常用的一种方法。此外，EViews 也可以识别多种格式的数据，如 ASCⅡ，Lotus 和 Excel 工作表。可以选择主菜单的"File – Proc – Import – Read…"，打开目标文件，导入数据。

　　除此之外，再介绍下序列的复制和删除。如果需要对一个相同序列的不同数据处理进行对比，或者需要保存原序列以备处理过程中出现错误时可以进行快速替换，则可以将已经输入数据的序列进行复制并重命名保存。选中序列，点击鼠标右键选择"Copy"，如图 1 – 23 所示，再在工作文件中的空白处点击鼠标右键选择"Paste"，弹出对话框重命名序列，再点击确认即可。

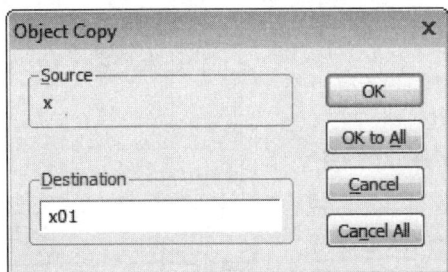

图 1 – 23　序列复制

　　如果某序列已没有存在的意义，则可以选择删除序列。选中序列点击鼠标右键选择"Delete"，或者选中序列后在工作文件工具栏中选择"Delete"也具有同样的作用。

1.5　EViews 的统计分析

　　统计分析能够简单直观地分析出数据的一些基本特征，是分析中的一大重点内容，具有重要地位。本节是对 EViews 中能够完成的统计分析的简单介绍，为以后各章节更复杂的分析打好基础。

1.5.1　统计分析

　　拿到数据伊始，我们首先要对这些数据的基本特性有一定了解，EViews 能够完成对均值、中位数、最大值、最小值、标准差、总和、有效样本个数（指非 NA 的有效个体数）等进行统计，如图 1 – 24 所示。

　　打开对象，选择工具栏的"View – Descriptive States – Individual Sample"就会出现统计分析结果表，如图 1 – 25 所示。本节示例中还未添加数据，仅介绍操作过程。统计分析结果表其实只是数据的另一种呈现形式，因此这个结果表并不是对象新形成的一个新表，而是对象本身。选择"View – Spreadsheet"就可以将统计分析结果表转变为以数值序列的形式呈现；选择"View – Group members"
则以变量名称呈现。

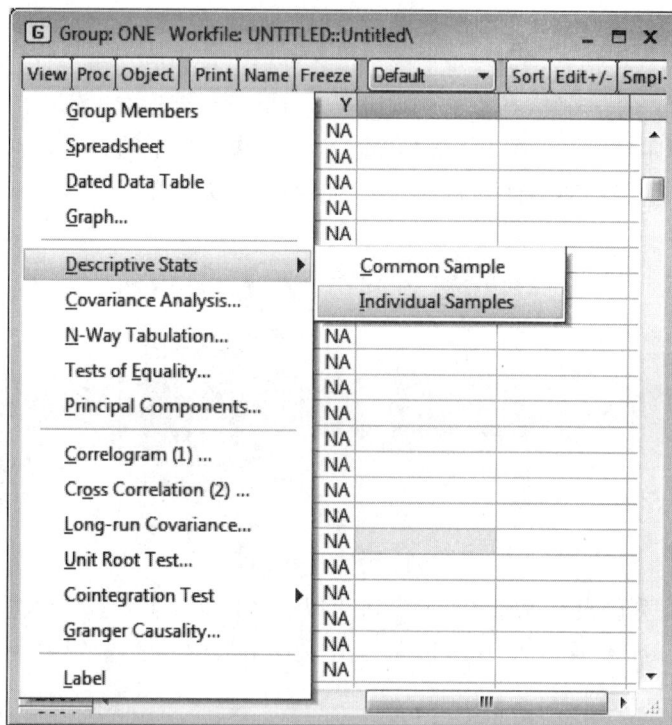

图 1 – 24　统计分析操作

图 1 – 25　统计分析结果表

1.5.2 绘制图形

图形能够直观的表达数据所不能表达的东西，辅助数据传达其经济含义、变化趋势等。EViews 中能够实现的图形有 16 种，其中最常用的是散点图。

打开对象，选择"View – Graph…"弹出如图 1 – 26 的对话框，在这个对话框中选择所绘制图形的信息。"Option Pages"为常规设置，其中，"Graph Type"为图形类型选择，"Scatter"为散点图，是研究两个变量之间相关关系或趋势的重要工具之一。此外，还可以在散点图中添加拟合线，更加直观的观测到变量间的趋势。Line 称为线形图；Bar 称为条形图；High – Low 称为高低图；XY Line 称为 X – Y 双线线形图；Pie 称为饼图。

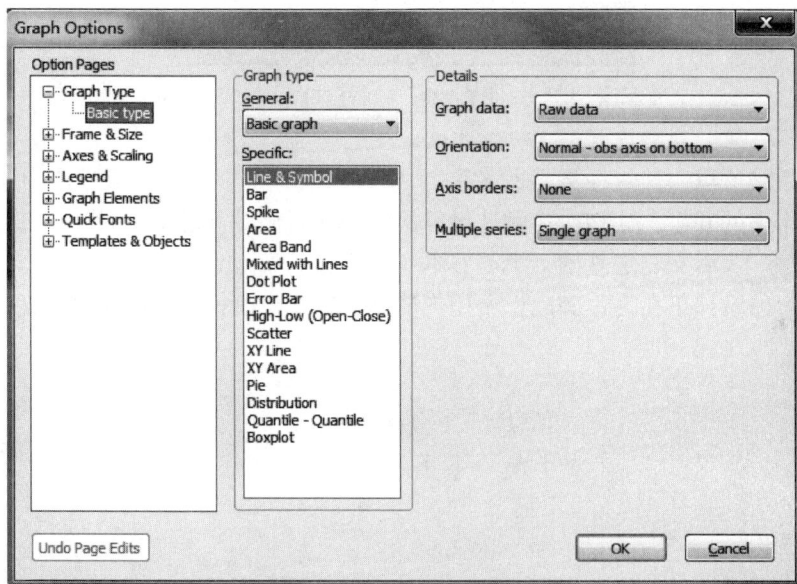

图 1 – 26 绘制图形

1.5.3 冻结窗口

正如之前所提到的，以数据形式呈现、统计分析结果表、以变量形式呈现、图形等都为对象的一种呈现形式，但都不会形成新的图表。为了方便对比和后期调用，我们可以用冻结功能对窗口进行冻结，并保存为新的对象。

打开对象，选择"Freeze"就会形成图 1 – 27，这个窗口是新生成的冻结窗口，还未保存，在关闭它的时候会提醒删除这个未保存窗口，如果需要保存则选择"name"进行重命名保存。这个冻结同样有"Edit +/ –"功能，也可以在这个窗口进行数据编辑和修改。可以看到，冻结的组对象变成了一个 Table 对象，虽然可以对数据进行修改，但是组对象的很多功能它无法提供。

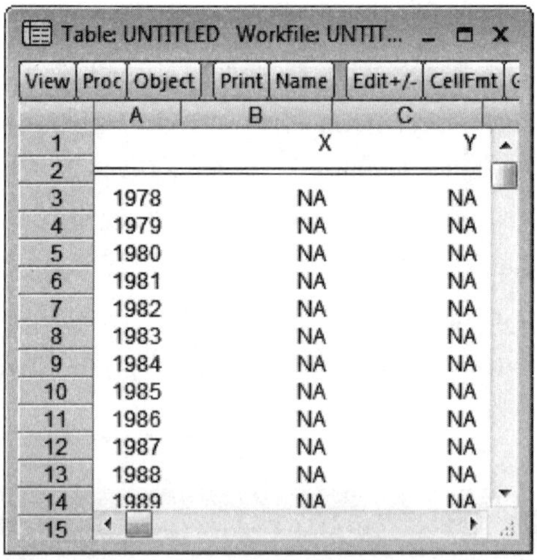

图 1－27　冻结窗口

　　介绍到这里，计量经济学的发展及 EViews 的基本功能就介绍完毕了。本章作为整本书的开篇，让初次接触计量经济学的学者们对基础知识及基本工具有一定的了解，为后文奠定基础，学习好本章对后文的学习具有很大的帮助。计量经济学学习的阶梯正在为你砌成，希望你能够走好每个阶梯，打好基础。

第 2 章

经典计量经济学模型

经典计量经济学模型的理论与方法是计量经济学内容体系中最重要的组成部分，是其他计量经济学模型理论与方法的基础。本章首先从简单一元线性回归模型入手，介绍其模型设定与估计问题，再扩展至多元线性回归模型及放宽条件下的计量经济模型设定与估计问题，为以后各章奠定基础。

2.1　一元线性回归模型

单方程计量经济学模型以单一经济现象为研究对象，模型中只包括一个方程，是应用最为普遍和丰富多彩的计量经济学模型之一。其回归模型的形式为：

$$y_i = \beta_0 + \beta_1 x_i + u_i \quad (i = 1, 2, \cdots, n) \tag{2-1}$$

其中，x 称为解释变量（explanatory variable）或自变量（independent variable）；y 称为被解释变量（explained variable）或因变量（dependent variable）；β_0、β_1 为待估参数；u 体现了 y 的变化中没有被 x 解释的部分，称为随机误差项（stochastic error）或随机扰动项（stochastic disturbance）；i 为样本的数据个数。

一般地，上述形式称为 y 对 x 的总体线性回归模型。回归分析的主要目的是根据样本回归模型（函数）估计总体回归模型（函数），其样本回归模型的形式为：

$$y_i = \hat{\beta}_0 + \hat{\beta}_1 x_i + e_i \quad (i = 1, 2, \cdots, n) \tag{2-2}$$

将式（2-2）看成式（2-1）的近似替代，$\hat{\beta}_0$ 为 β_0 的估计量；$\hat{\beta}_1$ 为 β_1 的估计量；e 可看成 u 的估计量，称为（样本）残差（或剩余）项（residual）。

2.1.1　一元线性回归模型的基本假设

回归分析的主要目的是利用样本回归模型（函数）尽可能准确地估计总体回归模型（函数），因此，为了保证其参数估计量具有良好的性质，对经典线性回归模型提出了若干基本假设：

（1）变量选取及函数形式选择正确；

（2）随机误差项 u 零均值、同方差以及序列不相关：

$$E(u_i) = 0 \qquad\qquad (2-3)$$

$$Var(u_i) = \sigma^2 \qquad\qquad (2-4)$$

$$Cov(u_i,\ u_j) = 0,\ i \neq j \qquad\qquad (2-5)$$

若同方差条件不成立，称为异方差；若序列不相关条件不成立，称为自相关。

（3）随机误差项 u 与解释变量 x 不相关：

$$Cov(x_i,\ u_i) = 0 \qquad\qquad (2-6)$$

（4）随机误差项 u 服从零均值、同方差的正态分布：

$$u_i \sim N(0,\ \sigma^2) \qquad\qquad (2-7)$$

（5）一般假定解释变量 x 非随机，是确定性变量，则意味着 y_i 的均值为：

$$E(y_i \mid x_i) = E(\beta_0 + \beta_1 x_i + u_i) = \beta_0 + \beta_1 x_i \qquad\qquad (2-8)$$

上式也称为总体回归函数，样本回归函数为：

$$\hat{y}_i = \hat{\beta}_0 + \hat{\beta}_1 x_i \qquad\qquad (2-9)$$

为了加深对最基础的一元线性回归模型的理解和更快掌握基础知识，设定了上述若干基本假设以简化问题，但在实际问题中，上述假设几乎很难都满足。上述假设条件不成立的情况将会在后面章节介绍，首要任务是掌握最基础的在假设条件满足情况下的模型。

2.1.2　参数的最小二乘估计及统计检验

1. 参数的最小二乘估计

一元线性回归模型的参数估计是在一组样本值下通过一定的参数估计方法估计出待估参数 β_0、β_1 及其样本回归线。常见的方法有：普通最小二乘法（OLS）、最大似然法（ML）、矩估计法（MM），本书介绍普通最小二乘法（OLS）。

假设有一组已经获得的样本观测值 $(x_i,\ y_i)$，$(i = 1,\ 2,\ \cdots,\ n)$，为了让样本回归函数尽可能好地拟合这组值，即让样本回归线上的估计值 $\hat{y}_i$ 与样本观测值 y_i 之间的总体误差尽可能地小，则该方法称为普通最小二乘法（Ordinary Least Squares，OLS）：

$$Q = \sum_{i=1}^{n} e_i^2 = \sum_{i=1}^{n} (y_i - \hat{y}_i)^2 = \sum_{i=1}^{n} (y_i - (\hat{\beta}_0 + \hat{\beta}_1 x_i))^2 \qquad (2-10)$$

由于估计值 $\hat{y}_i$ 与样本观测值 y_i 之间的差值可能为正也可能为负，为了避免简单相加导致正负误差抵消，则采用平方来反映二者总体误差最为恰当。

EViews 中的一元线性回归函数估计是用方程对象完成的，选择主菜单中的"Quick – Estimation Equation…"或者 Workfile 中的"Object – New Object – Equation"新建方程对象，也可以在命令窗口中输入"equation"进行新建。新建后即出现如图 2 - 1 的窗口。

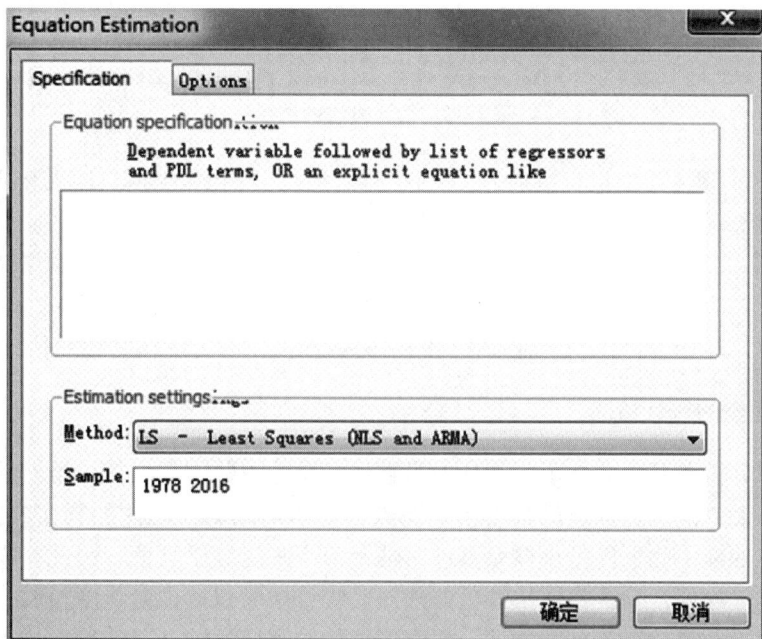

图 2 - 1　方程设定对话框

在对话框中设定模型形式及其估计方法即可完成估计并显示结果。

一元线性回归方程最简单的估计方式是在"Equation specification"中列出变量名称，并在"Method"中选择"LS"估计方法即可。

例如，以 x 为自变量，以 y 为因变量做一元线性回归，则在"Equation specification"中输入：

$$y\ c\ x$$

其中，c 表示常数项，在估计结果中 c(1) 代表常数项 β_1，c(2) 代表 x 的系数 β_2；EViews 对于变量的识别是看其出现的先后顺序，常数项之前的为因变量，常数项之后的为自变量。

若变量分别为对数形式：

$$\log(y)\ c\ \log(x)$$

若变量由两个变量相除得到：

$$y/z\ c\ x/z$$

设定好模型形式后，在"Method"中选择"LS"估计方法，如图 2 - 2 所示。

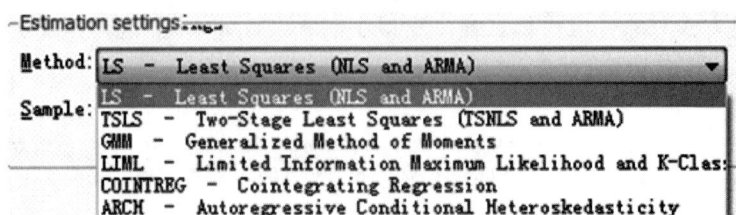

图 2 – 2　估计方法的选择

此外，EViews 中也可以通过公式法进行估计，即在命令窗口输入相应公式：

$$y = c(1) + c(2) \times x \qquad (2-11)$$

$$\log(y) = c(1) + c(2) \times \log(x) \qquad (2-12)$$

$$y/z = c(1) + c(2) \times x/z \qquad (2-13)$$

其中，c(1)、c(2) 分别为 β_0 和 β_1 的估计值，即为待估参数的估计值。

2. 变量的统计检验

回归分析是要通过样本所估计的参数代替总体参数的真实值，虽然统计性质上认为在无数次重复抽样的情况下，参数估计值的期望与总体的真实参数相等，但在一次抽样中此事件是小概率事件，估计值不一定等于真值。因此，需要进一步进行统计检验，验证参数估计值的性质。统计检验包括拟合优度检验、变量的显著性检验及参数置信区间估计，拟合优度检验和变量的显著性检验均可在上述估计结果表中体现。

（1）拟合优度检验。

拟合优度是检验模型对样本观测值的拟合程度，可决系数（R^2）是检验拟合优度的统计量，其取值范围为 [0, 1]，越接近于 0 表示拟合结果越不好，越接近于 1 表示拟合结果越好：

$$R^2 = \frac{ESS}{TSS} = 1 - \frac{RSS}{TSS} \qquad (2-14)$$

其中，TSS 称为总离差平方和（total sum of squares）；ESS 称为回归平方和（explained sum of squares）；RSS 称为残差平方和（residualsum of squares）：

$$TSS = \sum (y_i - \bar{y})^2 \qquad (2-15)$$

$$ESS = \sum (\hat{y}_i - \bar{y})^2 \qquad (2-16)$$

$$RSS = \sum e_i^2 = \sum (y_i - \hat{y}_i)^2 \qquad (2-17)$$

$$TSS = ESS + RSS \qquad (2-18)$$

估计结果中"R – squared"即为可决系数（R^2）的统计量，其值的高低能够检验拟合优度优良性质。

（2）变量的显著性检验。

变量的显著性检验意在检验模型的因变量和自变量之间的线性关系是否显著成立，其应用的方法是数理统计中的假设检验，假设因变量和自变量之间的线性关系不显著, 即假设 $\beta_i = 0$, 若假设不成立, 则要拒绝原假设, 不能说明二者之间的线性关系不显著, 若假设成立, 则不能拒绝原假设, 说明该模型设定有误, 估计结果无效。常见的变量显著性检验方法有三种: F 检验、t 检验、z 检验, 其中应用最广泛的是 t 检验, 本书在此只介绍 t 检验。

在该 t 检验中设计的原假设和备择假设分别为:
$$H_0: \beta_1 = 0, \ H_1: \beta_1 \neq 0$$
一元线性回归方程的 $\hat{\beta}_1$ 服从正态分布:

$$\hat{\beta}_1 \sim N\left(\beta_1, \frac{\sigma^2}{\sum x_i^2}\right) \tag{2-19}$$

即:

$$\frac{\hat{\beta}_1 - \beta_1}{S_{\hat{\beta}_1}} = \frac{\hat{\beta}_1 - \beta_1}{\sqrt{\dfrac{\hat{\sigma}^2}{\sum x_i^2}}} \sim t(n-2) \tag{2-20}$$

其中, $S_{\hat{\beta}_1}$ 是 $\hat{\beta}_1$ 的样本标准差, $\hat{\sigma}^2 = \dfrac{1}{n-2} \sum (y_i - \hat{y}_i)^2$。

在原假设成立下,

$$t = \frac{\hat{\beta}_1}{S_{\hat{\beta}_1}} \sim t(n-2) \tag{2-21}$$

给定显著性水平 α, 可以得到一个临界值 $\left[t_{\frac{\alpha}{2}}(n-2)\right]$, 则通过比较 t 统计量和该临界值来判断该假设检验, 即: 若 $\left[|t| > t_{\frac{\alpha}{2}}(n-2)\right]$, 则认为小概率事件发生, H_0 不成立, 拒绝原假设, 该变量与因变量之间的线性关系显著, 反之, 则认为不能拒绝 H_0, 该变量与因变量之间的线性关系不显著。

t 统计量在估计结果中体现为 "t - Statistic", 比较该值与临界值 $\left[t_{\frac{\alpha}{2}}(n-2)\right]$ 即可判断其显著性。

(3) 参数的置信区间估计。

假设检验能够通过一次抽样的结果来检验变量显著性及其参数可能值, 但其无法得知该估计值与真实值之间的差距, 且用一次抽样所估计的结果来代替真实值也不够精确, 因此, 往往需要通过构造一个以该估计值为中心的 "区间" 以考察它有多大的概率包含真实值,

$$P(\hat{\beta}_j - \delta \leqslant \beta_j \leqslant \hat{\beta}_j + \delta) = 1 - \alpha \tag{2-22}$$

该 "区间" 称为置信区间, 该方法称为参数的置信区间估计。

在变量的显著性检验中我们已知:

$$\frac{\hat{\beta}_j - \beta_j}{S_{\hat{\beta}_j}} \sim t(n-2), \ j=0, \ 1 \tag{2-23}$$

若给定置信度为 $1 - \alpha$, 通过查询 t 分布表查得自由度为 $(n-2)$ 的临界值为 $t_{\frac{\alpha}{2}}$, 即 t 值在 $(-t_{\frac{\alpha}{2}}, \ t_{\frac{\alpha}{2}})$ 的概率是 $1 - \alpha$, 表示为:

$$P\left(-t_{\frac{\alpha}{2}} < t < t_{\frac{\alpha}{2}}\right) = 1 - \alpha \tag{2-24}$$

将 t 统计量带入可以得到：

$$P\left(-t_{\frac{\alpha}{2}} < \frac{\hat{\beta}_j - \beta_j}{S_{\hat{\beta}_j}} < t_{\frac{\alpha}{2}}\right) = 1 - \alpha \qquad (2-25)$$

$$P(\hat{\beta}_j - t_{\frac{\alpha}{2}} \times S_{\hat{\beta}_j} < \beta_j < \hat{\beta}_j + t_{\frac{\alpha}{2}} \times S_{\hat{\beta}_j}) = 1 - \alpha \qquad (2-26)$$

可以看出在 $1 - \alpha$ 的置信度下 β_j 的置信区间为：

$$(\hat{\beta}_j - t_{\frac{\alpha}{2}} \times S_{\hat{\beta}_j} < \beta_j < \hat{\beta}_j + t_{\frac{\alpha}{2}} \times S_{\hat{\beta}_j}) \qquad (2-27)$$

可以根据估计结果表中的 $\hat{\beta}_j$ 和 $S_{\hat{\beta}_j}$，以及 t 分布表查询得到的临界值 $t_{\frac{\alpha}{2}}$〔自由度为 $(n-2)$〕计算得该置信区间。

2.1.3 预测

计量经济学模型的学习不应仅仅停留在纸上谈兵，更重要的是应用模型、方法解释实际经济问题。计量经济学模型的一个重要应用是经济预测。对于样本回归函数：

$$\hat{y}_i = \hat{\beta}_0 + \hat{\beta}_1 x_i \qquad (2-28)$$

可以通过一组样本观测值估计出 $\hat{\beta}_i$。如果给定样本以外的观测值 x_0，则可以通过上式求得预测值 y_0 的估计值 $\hat{y}_0$，可以用这个估计值近似估计 y_0 的值。

$\hat{y}_0$ 值作为预测值，同样不能够看出与真实值之间的差距，因此，预测在更大程度上说是一个区间估计的问题。

在"Equation"工具栏中单击"Forecast"按钮，或者选择"Equation"工具栏中的"Procs - Forecast…"可以利用该方程的估计结果进行预测，如图 2 - 3 所示。

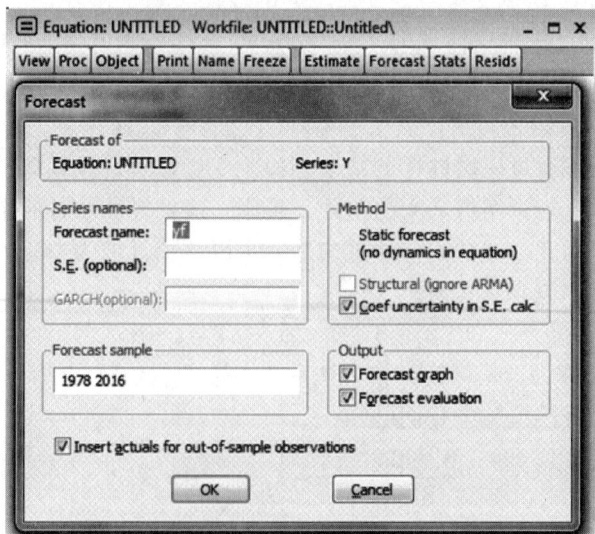

图 2 - 3　预测

　　按下确定键后产生一列新的数列 yf 就是每一个 y_i 的预测值的估计值，近似看作 y_i 的预测值。需要注意的是，若没有调整样本，则得到的是原样本中 y_i 的预测值，但在实际问题中，更常用的是用已经估计出来的方程预测给定样本值以外的 x_0 所对应的 $\hat{y}_0$。因此，为了预测新的 x_0 对应的 $\hat{y}_0$，首先需要调整样本范围，添加 x_0 后再预测 $\hat{y}_0$：

　　单击"Workfile"工具栏下方的 Range 或 Sample 即可调整总体或样本取值范围，如图 2-4 所示。

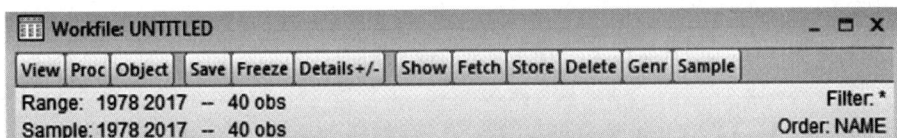

图 2-4　样本取值范围调整

2.1.4　建模实例

　　表 2-1 给出了 2013 年中国各省（市、自治区）城镇居民人均可支配收入与人均食品支出的数据。此表格统计了同一年份不同地区的两个变量，故为截面数据。19 世纪德国统计学家恩格尔根据统计资料，对消费结构的变化得出一个规律：一个家庭收入越少，家庭收入中（或总支出中）用来购买食物的支出所占的比例就越大，随着家庭收入的增加，家庭收入中（或总支出中）用来购买食物的支出比例则会下降。为了考察我国各地区城镇居民人均可支配收入与人均食品支出是否满足这种关系，可以通过拟建立一元线性回归模型来判断。

表 2-1　　　　　2013 年中国大陆城镇居民人均可支配收入与食品支出数据　　　　单位：元

地区	人均可支配收入	人均食品消费	地区	人均可支配收入	人均食品消费
北京	40321.00	8170.22	湖北	22906.42	6259.22
天津	32293.57	7943.06	湖南	23413.99	5583.99
河北	22580.35	4404.93	广东	33090.05	8856.91
山西	22455.63	3676.65	广西	23305.38	5841.16
内蒙古	25496.67	6117.93	海南	22928.90	6979.22
辽宁	25578.17	5803.90	重庆	25216.13	7245.12
吉林	22274.60	4658.13	四川	22367.63	6471.84
黑龙江	19596.96	5069.89	贵州	20667.07	4915.02
上海	43851.36	9822.88	云南	23235.53	5741.01
江苏	32538.00	7074.11	西藏	20023.35	5889.48

续表

地区	人均可支配收入	人均食品消费	地区	人均可支配收入	人均食品消费
浙江	37851.00	8008.16	陕西	22858.37	6075.58
安徽	23114.22	6370.23	甘肃	18964.78	5162.87
福建	30816.37	7424.67	青海	19498.54	4777.10
江西	21872.68	5221.10	宁夏	21833.33	4895.20
山东	28264.10	5625.94	新疆	19873.77	5323.50
河南	22398.03	4913.87			

资料来源:《中国统计年鉴》(2014)。

假设城镇居民人均可支配收入 X 与人均食品支出 Y 之间满足一元线性回归模型:

$$y_i = \beta_0 + \beta_1 x_i + u_i \qquad (2-29)$$

打开 EViews 8.0 软件,建立截面个数为 31 的截面数据工作文件,并建立 X、Y 两个序列,将数据分别导入其中。在命令窗口中输入:ls y c x,回归结果如图 2-5 所示。

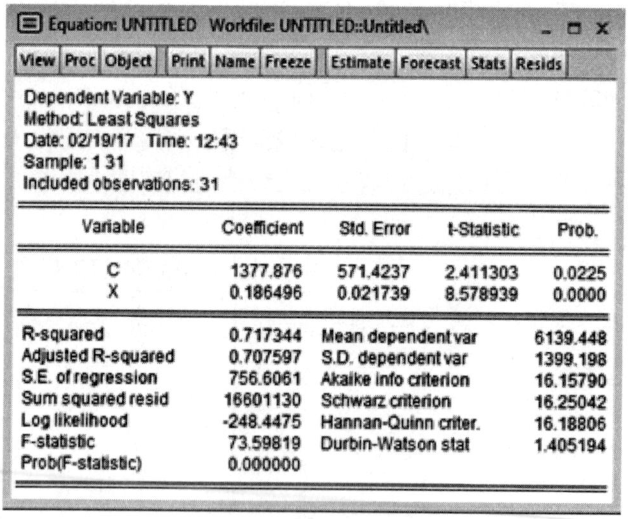

图 2-5 回归结果

由上述回归结果可以得到回归分析结果:

$$\hat{y}_i = 1377.876 + 0.186 x_i \qquad (2-30)$$
$$(2.41) \qquad (8.58)$$
$$R^2 = 0.7173 \quad F = 73.598 \quad D.W. = 1.405$$

从回归结果可以看出,该模型的拟合效果良好,城镇居民人均食品支出变化的 71.7% 能够由人均可支配收入解释。再看 t 检验值，可以看出 t 值都大于临界值 $t_{0.025}(29) = 2.05$，表明参数不显著为零，也证明了人均可支配收入确实对人均食品支出有影响，人均可支配收入每增加 1 元，人均食品消费则增加 0.186 元。由此可以看出，人均可支配收入的增加对人均食品支出有正向促进作用，但当人均可支配收入增加时，在食品支出上的开销增加得较小，即随着家庭收入的增加，家庭收入中（或总支出中）用来购买食物的支出比例会下降，这也检验了恩格尔系数。

若我们想知道某地区城镇居民人均可支配收入达到 50000 元时，其在食品消费中的支出是多少，则可以通过预测得到预测值的估计值，当作食品支出的估计值：修改工作文件总体个数和样本个数为 32，在序列号为 32 的 X 上填入 5000，再做回归，回归所得与之前未加入序列号 32 的情况一致，在回归结果中可以看到 "Forecast" 的菜单键，单击弹出预测框，如图 2 - 6 所示。

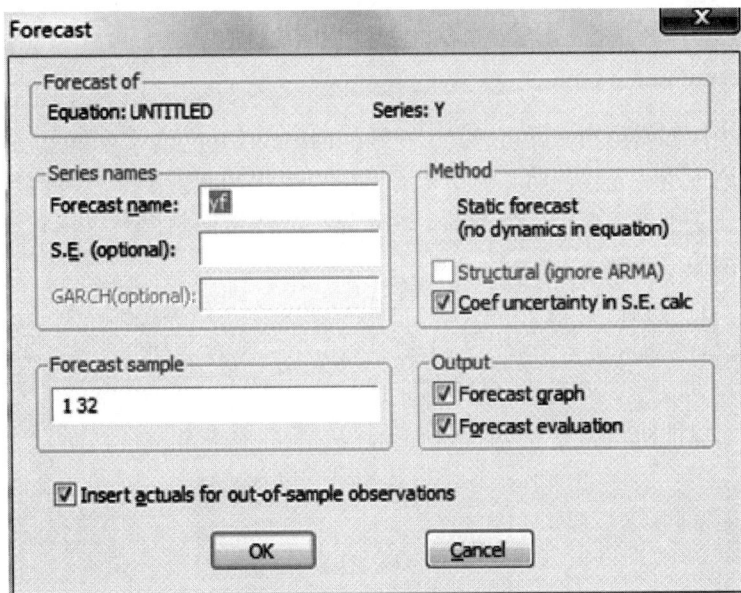

图 2 - 6　预测框

从预测框中可以看出，yf 为要产生的预测序列，预测的样本为序列号 1 ~ 32 号的 y 值，因此，我们可以在对象栏中找到 yf 对象，其 32 号所对应的就是人均可支配收入为 50000 元时的人均食品支出，如图 2 - 7 所示。可以看出，当城镇居民人均可支配收入为 50000 元时，人均食品支出为 10702.66 元。

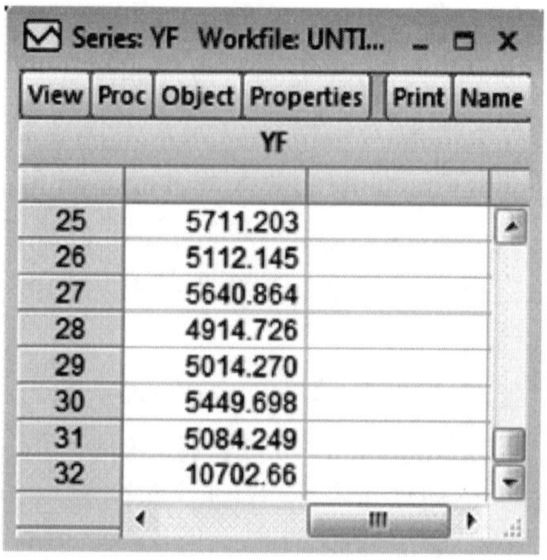

图 2 – 7　预测结果

2.2　多元线性回归模型

多元线性回归模型，顾名思义，在线性回归模型中包含多个解释变量，其参数估计的原理与一元线性回归模型相同。在实际经济问题中，一个变量或一个经济问题往往受到多个变量、因素的影响，比一元线性回归模型更具有现实意义。其回归模型的形式为：

$$y_i = \beta_0 + \beta_1 x_{i1} + \beta_2 x_{i2} + \cdots + \beta_k x_{ik} + u_i \ (i = 1, 2, \cdots, n) \quad (2-31)$$

其中，k 为解释变量个数，$\beta_j (j = 1, 2, \cdots, k)$ 称为回归系数。若将常数项 β_0 看作一个虚变量，则变量个数为 k + 1。

同一元线性回归模型一样，其样本回归模型的形式为：

$$y_i = \hat{\beta}_0 + \hat{\beta}_1 x_{i1} + \hat{\beta}_2 x_{i2} + \cdots + \hat{\beta}_k x_{ik} + e_i \quad (2-32)$$

其总体回归函数为：

$$E(y_i \mid x_{i1}, x_{i2}, \cdots x_{ik}) = \hat{\beta}_0 + \hat{\beta}_1 x_{i1} + \hat{\beta}_2 x_{i2} + \cdots + \hat{\beta}_k x_{ik} \quad (2-33)$$

其样本回归函数为：

$$\hat{y}_i = \hat{\beta}_0 + \hat{\beta}_1 x_{i1} + \hat{\beta}_2 x_{i2} + \cdots + \hat{\beta}_k x_{ik} \quad (2-34)$$

由于多元线性回归模型中变量较多，引进矩阵形式进行表示：

总体回归函数：

$$Y = X\beta \quad (2-35)$$

其中，

$$Y = \begin{pmatrix} y_1 \\ y_2 \\ \vdots \\ y_n \end{pmatrix}, \ X = \begin{pmatrix} 1 & x_{11} & \cdots & x_{1k} \\ 1 & x_{21} & \cdots & x_{2k} \\ \vdots & \vdots & \cdots & \vdots \\ 1 & x_{n1} & \cdots & x_{nk} \end{pmatrix}, \ \beta = \begin{pmatrix} \beta_0 \\ \beta_1 \\ \vdots \\ \beta_k \end{pmatrix}$$

样本回归函数：

$$\hat{Y} = X\hat{\beta} \tag{2-36}$$

2.2.1 多元线性回归模型的假定

多元线性回归模型与一元线性回归模型相比，虽然变量增加了，但原理相同，因此为了使参数估计具有良好的统计性质，仍需要对该模型做若干假设：

（1）变量选取及函数设定正确；

（2）解释变量 x_{i1}，x_{i2}，$\cdots x_{ik}$ 是非随机的，且各 x_{ij} 之间不存在严格的线性相关；

（3）随机误差项 u 与解释变量 x 不相关：

$$Cov(x_{ij}, u_i) = 0 \quad (j = 1, 2, \cdots, k) \tag{2-37}$$

（4）随机误差项 u 服从零均值、同方差的正态分布，且序列不相关：

$$E(u_i | x_{i1}, x_{i2}, \cdots x_{ik}) = 0 \tag{2-38}$$

$$Var(u_i | x_{i1}, x_{i2}, \cdots x_{ik}) = \sigma^2 \tag{2-39}$$

$$u_i | x_{i1}, x_{i2}, \cdots x_{ik} \sim N(0, \sigma^2) \tag{2-40}$$

$$Cov(u_i, u_j | x_{i1}, x_{i2}, \cdots x_{ik}) = 0 (i \neq j) \tag{2-41}$$

2.2.2 参数的最小二乘估计及显著性检验

1. 普通的最小二乘估计

同一元线性回归模型的参数估计一样，多元线性回归模型参数估计的任务仍有两项：一是回归系数 $\beta_j (j = 0, 1, \cdots, k)$ 的估计量 $\hat{\beta}_j (j = 0, 1, \cdots, k)$；二是随机干扰项 u_i 的方差估计 $\hat{\sigma}^2$。在满足 2.2.1 的假设条件下，可以采用普通最小二乘法、最大似然法等方法进行估计。本书只介绍普通最小二乘法。

假设有一组已经获得的样本观测值 $(x_{i1}, x_{i2}, \cdots, x_{ik}, y_i) i = 1, 2, \cdots, n$，普通最小二乘法的思想就是选择 $\hat{\beta}_0$，$\hat{\beta}_1$，$\cdots\hat{\beta}_K$，使得样本回归线上的估计值 $\hat{y}_i$ 与样本观测值 y_i 之间的总体误差尽可能地小（为了避免简单相加导致正负误差抵消，则采用平方来反映二者总体误差最为恰当），即最小化：

$$Q = \sum_{i=1}^n e_i^2 = \sum_{i=1}^n (y_i - \hat{y}_i)^2 = \sum_{i=1}^n [y_i - (\hat{\beta}_0 + \hat{\beta}_1 x_{i1} + \hat{\beta}_2 x_{i2} + \cdots + \hat{\beta}_k x_{ik})]^2$$

$$\tag{2-42}$$

EViews 中的多元线性回归函数估计类似于简单回归，选择主菜单中的"Quick – Estimation Equation…"或者 Workfile 中的"Object – New Object – Equation"新建方程对象，也可以在命令窗口中输入"equation"进行新建。新建后即出现如图 2 –8 的窗口。

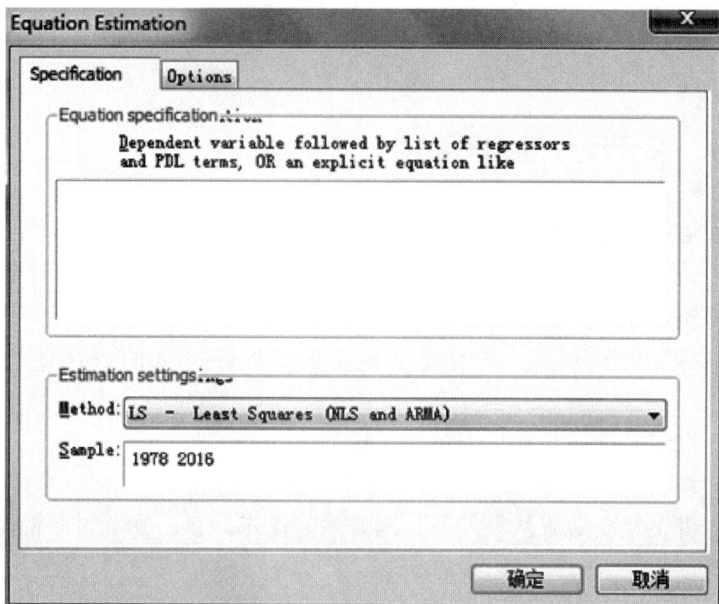

图 2-8　方程设定对话框

　　在对话框中设定模型形式及其估计方法即可完成估计并显示结果。

　　以 2 个自变量的多元回归模型为例，在 Equation specification 编辑框中输入"y c x1 x2"，并在"Method"中选择"LS"估计方法即可。

　　若为了避免数据的剧烈晃动，可先对各序列取对数处理，点击 Genr，出现如图 2-9 所示的对话框，输入"lx1 = log(x1)"，便可得到新序列 log(x_1)，其他序列可相应地进行操作。

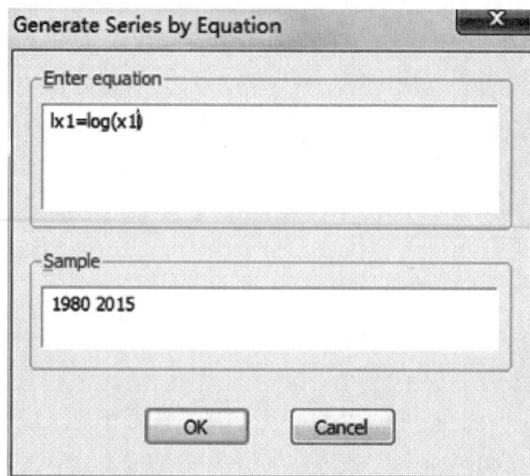

图 2-9　生成新序列的对话框

设定好模型形式后，同简单回归模型一样，在"Method"中选择"LS"，即进行普通最小二乘估计。

2. 变量的统计检验

在估计完多元线性回归模型完以后，我们为了检验模型估计结果的好坏，我们同样需要像简单回归模型一样，做进一步的统计检验来验证参数估计值的性质。

（1）拟合优度检验。同样地，我们可以定义多元回归的总离差平方和（total sum of squares，TSS）、回归平方和（explained sum of squares，ESS）和残差平方和（residualsum of squares，RSS）：

$$TSS = \sum (y_i - \bar{y})^2 \tag{2-43}$$

$$ESS = \sum (\hat{y}_i - \bar{y})^2 \tag{2-44}$$

$$RSS = \sum e_i^2 = \sum (y_i - \hat{y}_i)^2 \tag{2-45}$$

$$TSS = ESS + RSS \tag{2-46}$$

可决系数 $R^2 = ESS/TSS = 1 - RSS/TSS$，由于当模型中每增加一个解释变量，残差平方和值总会减小，但是拟合程度的好坏不能根据由增加解释变量引起的 R^2 的增大来衡量。因此，在多元线性回归中我们通常使用的是调整的可决系数（adjusted coefficient of determinaiton）：

$$\bar{R}^2 = 1 - \frac{RSS/(n-k-1)}{TSS/(n-1)} \tag{2-47}$$

其中，$(n-k-1)$ 与 $(n-1)$ 分别是 RSS 与 TSS 的自由度。估计结果中"Adjusted R - squared"即为调整的可决系数，其值的高低能够检验拟合优度优良性质。

估计结果中"R - squared"即为可决系数（R^2）的统计量，其值的高低能够检验拟合优度优良性质。

（2）变量的显著性检验。为了检验某个解释变量 X_j 的系数 β_j 是否为 0，即该解释变量是否对因变量有显著影响。如果不显著，应该考虑从模型中剔除 X_j。对于多元线性回归系数的显著性检验包括单个变量的显著性检验和多个变量的显著性检验。

①单个变量的显著性检验。原假设和备择假设分别为：

$$H_0: \beta_j = 0, \quad H_1: \beta_j \neq 0$$

t 检验所应用到的统计量为 t 统计量在原假设成立下服从 $t(n-k-1)$ 分布：

$$t = \frac{\hat{\beta}_j}{S_{\hat{\beta}_j}} \sim t(n-k-1) \tag{2-48}$$

给定显著性水平 α，可以得到一个临界值 $t_{\frac{\alpha}{2}}(n-k-1)$，则通过比较 t 统计量和该临界值来判断该假设检验，即：若 $|t| > t_{\frac{\alpha}{2}}(n-k-1)$，则认为小概率事件

发生，H_0 不成立，拒绝原假设，该变量与因变量之间的线性关系显著；反之，则认为不能拒绝 H_0，该变量与因变量之间的线性关系不显著。

t 统计量在估计结果中体现为"t – Statistic"，比较该值与临界值 $t_{\frac{\alpha}{2}}(n-k-1)$ 或者直接根据 t 统计量对应的概率值判断其显著性。

②多个变量的显著性检验。同时检验 q 个变量显著性的原假设和备择假设为：

$$H_0: \beta_{k-q+1} = \beta_{k-q+2} = \cdots = \beta_k = 0, \quad H_1: H_0 \text{ 不成立}$$

这相当于对无约束模型（2.2.1）施加 q 个排除性约束，得到受约束模型为：

$$y_i = \beta_0 + \beta_1 x_{i1} + \cdots + \beta_{k-q} x_{ik-q} + u_i \tag{2-49}$$

F 统计量在原假设成立下服从 $F(q, n-k-1)$

$$F \equiv \frac{(SSR_r - SSR_{ur})/q}{SSR_{ur}/(n-k-1)} \sim F(q, n-k-1) \tag{2-50}$$

其中，SSR_r 是受约束模型的残差平方和，SSR_{ur} 是不受约束模型的残差平方和。

给定显著性水平 α，若 F 大于 $F_\alpha(q, n-k-1)$，则拒绝零假设，认为在该显著性水平下，这 q 个变量对 y 是联合显著的。

在 EViews 中要检验变量的联合显著性，可参照 2.3 节的受约束回归。

3. 方程显著性检验

当变量的显著性检验不通过时，可以考虑所有变量的联合显著性检验，原假设和备择假设如下：

$$H_0: \beta_0 = \beta_1 = \cdots = \beta_k = 0, \quad H_1: H_0 \text{ 不成立}$$

检验统计量在原假设成立下服从 $F(p, n-p-1)$：

$$F = \frac{RSS/k}{ESS/(n-k-1)} \sim F(k, n-k-1) \tag{2-51}$$

给定显著性水平 α，查分布表，获得临界值 $F_\alpha(k, n-k-1)$。若 F 大于 $F_\alpha(k, n-k-1)$，则拒绝零假设，认为在该显著性水平下，所有自变量对 y 是联合显著的。

F 统计量在估计结果中体现为"F – Statistic"，比较该值与临界值 $F_\alpha(k, n-k-1)$ 或者直接根据 F 统计量对应的概率值"Prob(F – Statistic)"判断其显著性。

2.2.3 系数的区间估计

类似于简单回归模型，在对模型进行参数估计以及显著性检验后，需要给出参数的区间估计。

根据

$$\frac{\hat{\beta}_j - \beta_j}{S_{\hat{\beta}_j}} \sim t(n-k-1), \quad j=0, 1, \cdots, k \qquad (2-52)$$

若给定置信度为 $1-\alpha$，通过查询 t 分布表查得自由度为（n-2）的临界值为 $t_{\frac{\alpha}{2}}$，即 t 值在（$-t_{\frac{\alpha}{2}}$，$t_{\frac{\alpha}{2}}$）的开率是 $1-\alpha$，表示为：

$$P(-t_{\frac{\alpha}{2}} < t < t_{\frac{\alpha}{2}}) = 1-\alpha \qquad (2-53)$$

将 t 统计量带入，并整理可以得到：

$$P(\hat{\beta}_j - t_{\frac{\alpha}{2}} \times S_{\hat{\beta}_j} < \beta_j < \hat{\beta}_j + t_{\frac{\alpha}{2}} \times S_{\hat{\beta}_j}) = 1-\alpha \qquad (2-54)$$

因此，$1-\alpha$ 的置信度下 β_j 的置信区间是（$\hat{\beta}_j - t_{\frac{\alpha}{2}} \times S_{\hat{\beta}_j}$，$\hat{\beta}_j + t_{\frac{\alpha}{2}} \times S_{\hat{\beta}_j}$）。在 EViews 中，根据估计结果表中的 Coefficient（$\hat{\beta}_j$）、Std. Error（$S_{\hat{\beta}_j}$），以及 t 分布表查询得到的临界值 $t_{\frac{\alpha}{2}}(n-k-1)$ 计算得该置信区间。

2.2.4 建模实例

表 2-2 给出了 2013 年中国各省（市、自治区）城镇居民人均可支配收入、食品支出，以及衣着支出的数据。在 2.1.4 节中我们已经知道，食品支出受到人均可支配收入的影响，本节，我们将研究食品支出和人均可支配收入对衣着支出有影响。

表 2-2　中国大陆城镇居民人均可支配收入、食品支出以及衣着支出数据　单位：元

地区	人均可支配收入 X_1	衣着支出 X_2	食品支出 Y
北京	40321.00	2794.87	8170.22
天津	32293.57	1950.68	7943.06
河北	22580.35	1488.11	4404.93
山西	22455.63	1627.53	3676.65
内蒙古	25496.67	2777.25	6117.93
辽宁	25578.17	2100.71	5803.90
吉林	22274.60	1961.20	4658.13
黑龙江	19596.96	1803.45	5069.89
上海	43851.36	2032.28	9822.88
江苏	32538.00	2013.00	7074.11
浙江	37851.00	2235.21	8008.16
安徽	23114.22	1687.49	6370.23
福建	30816.37	1685.07	7424.67
江西	21872.68	1566.49	5221.10

续表

地区	人均可支配收入 X_1	衣着支出 X_2	食品支出 Y
山东	28264.10	2277.03	5625.94
河南	22398.03	1916.99	4913.87
湖北	22906.42	1881.85	6259.22
湖南	23413.99	1520.35	5583.99
广东	33090.05	1614.87	8856.91
广西	23305.38	1015.88	5841.16
海南	22928.90	932.63	6979.22
重庆	25216.13	2333.81	7245.12
四川	22367.63	1727.92	6471.84
贵州	20667.07	1401.85	4915.02
云南	23235.53	1356.91	5741.01
西藏	20023.35	1528.14	5889.48
陕西	22858.37	1915.33	6075.58
甘肃	18964.78	1747.32	5162.87
青海	19498.54	1675.06	4777.10
宁夏	21833.33	1737.21	4895.20
新疆	19873.77	2036.94	5323.50

资料来源:《中国统计年鉴》(2013)。

我们拟假定人均可支配收入 X_1、衣着支出 X_2 和食品支出 Y 之间满足下面回归模型:

$$y_i = \beta_0 + \beta_1 x_{i1} + \beta_2 x_{i2} + \beta_3 x_{i3} + u_i \qquad (2-55)$$

新建截面个数为 31 的截面数据工作文件,并建立 X_1、X_2、Y 三个序列,将上述数据导入到相应序列。在命令窗口中输入:ls y c x1 x2,得到回归估计结果见图 2-10。

从图 2-10 可以看出,X_2 的 t 统计量为 t = -1.197,$t_{0.025}(29) = 2.05$,$|t| < t_{0.025}$,因此无法拒绝 X_2 的参数 β_2 显著为 0 的假设。因此在该模型中认为,X_2 对 Y 的影响不显著,需要将 X_2 从上述回归模型中去除,再重新做回归。接下来的回归则与一元线性回归相同,在此就不再介绍。

多元线性回归的预测同一元线性回归相同,只是一元线性回归中只有一个解释变量,也只需要知道解释变量的值就可以预测,而多元线性回归中有多个解释变量,需要同时输入各个解释变量的值才能进行预测。

Equation: UNTITLED　Workfile: UNTITLED::Untitled\

View | Proc | Object | Print | Name | Freeze | Estimate | Forecast | Stats | Resids

Dependent Variable: Y
Method: Least Squares
Date: 03/06/17　Time: 18:46
Sample: 1 31
Included observations: 31

Variable	Coefficient	Std. Error	t-Statistic	Prob.
C	1849.355	690.5510	2.678086	0.0122
X1	0.199958	0.024333	8.217502	0.0000
X2	-0.448515	0.374691	-1.197026	0.2413

R-squared	0.731104	Mean dependent var	6139.448
Adjusted R-squared	0.711898	S.D. dependent var	1399.198
S.E. of regression	751.0217	Akaike info criterion	16.17251
Sum squared resid	15792942	Schwarz criterion	16.31128
Log likelihood	-247.6739	Hannan-Quinn criter.	16.21775
F-statistic	38.06482	Durbin-Watson stat	1.634214
Prob(F-statistic)	0.000000		

图 2－10　回归结果

2.3　其他多元回归模型

2.3.1　可化为线性的多元非线性回归模型

目前为止，我们都是假设总体回归函数是线性的，且各项检验都是对函数形式的线性检验。然而，在实际经济问题中，线性关系的情况较为少见，往往表现出复杂的关系。但是大多数复杂的非线性关系往往可以通过简单的数学方法处理，转化为数学上的线性关系，从而用上面所说的方法进行估计，建立线性的计量经济学模型。例如，著名的柯布道格拉斯函数就可以通过简单的处理转化为线性函数。下面将通过一些例子介绍常用的几种数学处理方法。

1. 变量直接置换法

一般地，若解释变量为非线性形式，都可以通过变量置换成线性形式。

例如，拉弗曲线所描述的税收 s 和税率 r 的关系是抛物线形式：

$$s = a + br + cr^2 + u,\ c < 0 \qquad (2-56)$$

可将上述 r 和 r^2 分别看成两个变量，分别用 x_1 和 x_2 代替，看成不同的两个变量，则上式变为：

$$s = a + bx_1 + cx_2 + u,\ c < 0 \qquad (2-57)$$

同样地，若 r^2 变为其他变量的其他非线性形式（如，倒数等），也可以通过变量置换的方法替换。

2. 函数变换法

一般地，如幂函数、指数函数等参数为非线性的函数，则无法通过变量直接置换来简化函数，常用的是函数变换法进行处理。

例如，柯布道格拉斯生产函数是常见的用幂函数形式表达产出量 Q 和投入要素（K，L）之间的关系：

$$Q = AK^{\alpha}L^{\beta}e^{u} \qquad (2-58)$$

方程两边取对数，将上式化成线性形式：

$$\ln Q = \ln A + \alpha \ln K + \beta \ln L + u \qquad (2-59)$$

再将上述对数通过变量置换法替换，则变为最简单的线性形式，可通过之前章节中所介绍的方法获得估计量，建立计量模型。

此外，也有些模型无法线性化，其一般形式为：

$$Y = f(x_1, x_2, \cdots, x_k) + u \qquad (2-60)$$

其中，$f(x_1, x_2, \cdots, x_k)$ 为非线性函数。

之前我们都在谈论城镇居民人均可支配收入对食品支出的影响，现在我们来谈谈食品支出对总支出的影响。表 2-3 中给出了中国大陆各省（市、自治区）城镇居民人均食品支出及总支出。

表 2-3　　　　　中国大陆城镇居民人均食品支出及总支出数据　　　　单位：元

地区	食品支出 x_i	总支出 y_i	地区	食品支出 x_i	总支出 y_i
北京	8170.22	26274.89	湖北	6259.22	15749.50
天津	7943.06	21711.86	湖南	5583.99	15887.11
河北	4404.93	13640.58	广东	8856.91	24133.26
山西	3676.65	13166.19	广西	5841.16	15417.62
内蒙古	6117.93	19249.06	海南	6979.22	15593.04
辽宁	5803.90	18029.65	重庆	7245.12	17813.86
吉林	4658.13	15932.31	四川	6471.84	16343.45
黑龙江	5069.89	14161.71	贵州	4915.02	13702.87
上海	9822.88	28155.00	云南	5741.01	15156.15
江苏	7074.11	20371.48	西藏	5889.48	12231.86
浙江	8008.16	23257.19	陕西	6075.58	16679.69
安徽	6370.23	16285.17	甘肃	5162.87	14020.72
福建	7424.67	20092.72	青海	4777.10	13539.50
江西	5221.10	13850.51	宁夏	4895.20	15321.10
山东	5625.94	17112.24	新疆	5323.50	15206.16
河南	4913.87	14821.98			

资料来源：《中国统计年鉴》（2013）。

根据恩格尔定律我们可以知道，居民对食品的消费支出与居民的总支出之间呈幂函数形式的关系，则我们假设他们符合如下表达式：

$$y_i = A x_i^{\beta_1} \tag{2-61}$$

由于幂函数是非线性形式，我们需要转换为线性形式进行模型估计，两边取对数：

$$\log(y_i) = \log(A) + \beta_1 \log(x_i) \tag{2-62}$$

令 $y_i^* = \log(y_i)$、$\beta_0 = \log(A)$、$x_i^* = \log(x_i)$，就可以将整个式子化成我们最熟悉的一元线性回归函数。且可以看出 β_1 与最原始的表达式中的一致：

$$y_i^* = \beta_0 + \beta_1 x_i^* \tag{2-63}$$

于是，对非线性形式的函数进行估计最终转化成了对一元线性回归函数的估计。

新建截面数据文件，将原始数据 x_i、y_i 分别导入。我们可以通过计算将 x_i、y_i 分别转换成 $\log(x_i)$、$\log(y_i)$。这里我们介绍更简单的方法：在命令窗口输入：ls log(y)c log(x)，就可以完成对上述式（2-63）的估计。需要注意的是，EViews 软件中能够识别 log 取对数的公式，但是无法识别取自然对数的公式 ln，因此不能将 log 输为 ln。图 2-11 为回归结果。

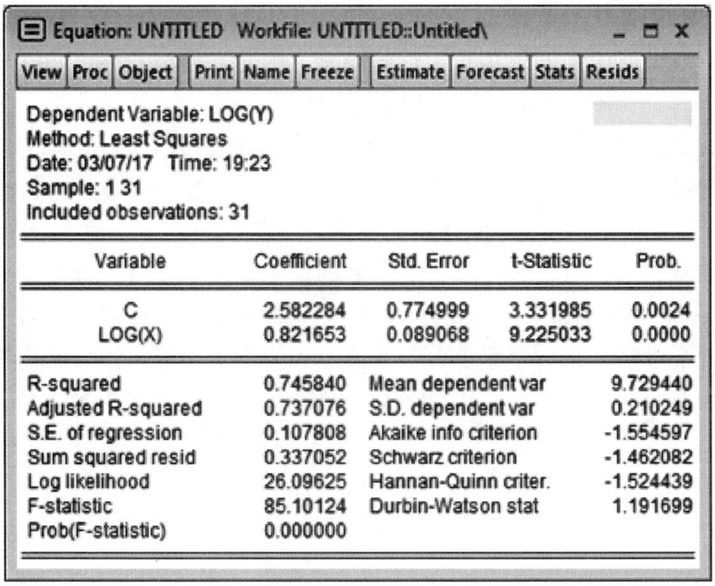

图 2-11　回归结果

因此，我们可以得到函数估计式：

$$\log(y_i) = 2.582 + 0.82\log(x_i) \tag{2-64}$$
$$(3.33)\ (9.23)$$
$$R^2 = 0.746 \quad F = 85.10 \quad D.W. = 1.19$$

也可以将上述函数式表达成原始幂函数形式：

$$y_i = e^{2.582} x_i^{0.82} \qquad (2-65)$$

可以看出，当城镇居民人均食品支出增加 1%，则总支出增加 0.82%，由此也可以反映出食品支出占总支出的比重较大。但是本题无法判断随着收入的增加食品支出占总支出的比重是如何变化的，而且影响总支出的因素不是只有食品支出，在考虑现实经济问题时需要全面考虑。

2.3.2 含有虚拟变量的多元线性回归模型

上文中介绍的变量都是可以定量度量的，但是也存在一些经济变量或者影响经济变量的因素无法定量度量，例如，性别、季节、省份等。为了提高模型的精度，需要将这些因素定量化，这种量化通常通过引入"虚拟变量"来完成。虚拟变量是通过根据这些因素的属性构造"0"和"1"的人工变量来完成的。例如，考虑性别对工资的影响：

$$D = \begin{cases} 1, & 男性 \\ 0, & 女性 \end{cases} \qquad (2-66)$$

一般地，虚拟变量中的基础类型或肯定类型取值为 1，比较类型和否定类型取值为 0。若模型中含有解释变量和虚拟变量两种变量，则称为虚拟变量模型。例如，为研究上述所说的性别对工资的影响，则建立模型：

$$y_i = \beta_0 + \beta_1 D_i + u_i \qquad (2-67)$$

影响工资的因素很多，若在模型中引进年龄 x_1、教育年限 x_2 的影响，则可建立如下模型：

$$y_i = \beta_0 + \beta_1 x_{i1} + \beta_2 x_{i2} + \beta_3 D_i + u_i \qquad (2-68)$$

需要注意的是，每个定性变量所需要的虚拟变量个数要比该变量的类别数少 1，即：某一定性变量有 m 个类别，则需在模型中引入（m-1）个虚拟变量。

例如，要考察某啤酒生意是否与季节有关，季节作为定性变量需要引入虚拟变量进行研究。我们知道，一年有春季、夏季、秋季和冬季 4 个季节，则设 3 个虚拟变量：

$$D_{1i} = \begin{cases} 1, & 春季 \\ 0, & 其他 \end{cases}$$

$$D_{2i} = \begin{cases} 1, & 夏季 \\ 0, & 其他 \end{cases}$$

$$D_{3i} = \begin{cases} 1, & 秋季 \\ 0, & 其他 \end{cases}$$

若设 4 个虚拟变量，参数无法求出唯一解，这就是"虚拟变量陷阱"，具体可以通过矩阵计算求得，在这里就不进行计算。

虚拟变量如同其他解释变量，能够以加法和乘法形式引入到模型中。加法形式引入的虚拟变量单独存在与模型中，可以考察不同截距，上述例子都为加法形式，这里不再做重复举例。乘法形式引入的虚拟变量则会使斜率有所变化，通常是通过虚拟变量与其他解释变量相乘的形式出现，如：

$$y_i = \beta_0 + \beta_1 x_i + \beta_2 (D_i x_i) + u_i \tag{2-69}$$

在实际情况中，更常见的是斜率变化，或者斜率和截距同时变化，截距变化的情况较少，

$$y_i = \beta_0 + \beta_1 x_i + \beta_2 D_i + \beta_3 (D_i x_i) + u_i \tag{2-70}$$

虚拟变量的参数估计同其他解释变量相同，计算得到后仍需要进行显著性检验，若检验无法通过，则也需要将其从模型中删除。

表 2-4 给出了中国大陆 2013 年城镇居民家庭人均可支配收入与农村居民家庭人均纯收入，以及各地区城镇及农村居民食品支出的相关数据。可以利用这组数据研究 2013 年城镇居民与农村居民在食品上的消费差异，观察在中国大陆是否符合农村居民食品消费占收入比例大于城镇居民。

表 2-4　　　　2013 年中国大陆居民人均可支配收入与食品支出数据　　　单位：元

地区	城镇居民		农村居民	
	人均可支配收入	人均食品消费	人均纯收入	人均食品消费
北京	40321.00	8170.22	18337.45	4695.89
天津	32293.57	7943.06	15841.05	3539.73
河北	22580.35	4404.93	9101.90	1963.29
山西	22455.63	3676.65	7153.50	1920.68
内蒙古	25496.67	6117.93	8595.73	2583.48
辽宁	25578.17	5803.90	10522.69	2518.88
吉林	22274.60	4658.13	9621.21	2438.49
黑龙江	19596.96	5069.89	9634.14	2397.73
上海	43851.36	9822.88	19595.00	5334.57
江苏	32538.00	7074.11	13597.77	3283.19
浙江	37851.00	8008.16	16105.97	4190.90
安徽	23114.22	6370.23	8097.86	2269.67
福建	30816.37	7424.67	11184.15	3600.75
江西	21872.68	5221.10	8781.47	2389.06
山东	28264.10	5625.94	10619.95	2553.68
河南	22398.03	4913.87	8475.34	1938.47
湖北	22906.42	6259.22	8866.95	2308.45
湖南	23413.99	5583.99	8372.13	2536.95

续表

地区	城镇居民		农村居民	
	人均可支配收入	人均食品消费	人均纯收入	人均食品消费
广东	33090.05	8856.91	11669.31	3736.58
广西	23305.38	5841.16	6790.90	2084.68
海南	22928.90	6979.22	8342.57	2625.00
重庆	25216.13	7245.12	8331.97	2538.99
四川	22367.63	6471.84	7895.33	2664.90
贵州	20667.07	4915.02	5434.00	2036.21
云南	23235.53	5741.01	6141.31	2097.64
西藏	20023.35	5889.48	6578.24	1938.88
陕西	22858.37	6075.58	6502.60	1821.27
甘肃	18964.78	5162.87	5107.76	1798.53
青海	19498.54	4777.10	6196.39	1872.00
宁夏	21833.33	4895.20	6930.97	2021.77
新疆	19873.77	5323.50	7296.46	2072.00

资料来源:《中国统计年鉴》(2014)。

要考虑城镇居民与农村居民在食品上的消费差异,则需要引进地区变量,地区作为一个定性变量有两个类别(农村和城市),需要引进一个虚拟变量 D:

$$D = \begin{cases} 1, & \text{农村} \\ 0, & \text{城镇} \end{cases}$$

以 y_i 为人均食品消费,x_i 为人均可支配收入(或人均纯收入),可建立如下模型:

农村居民:$y_i = \beta_{01} + \beta_{11} x_i + u_{i1}$ (2-71)

城镇居民:$y_i = \beta_{02} + \beta_{12} x_i + u_{i2}$ (2-72)

将虚拟变量引入上述模型,可将两式合并为一个回归模型并估计:

$$y_i = \beta_0 + \beta_1 x_i + \beta_2 D_i + \beta_3 (D_i x_i) + u_i \quad (2-73)$$

若 D=0,则该式转化为城镇居民消费模型;若 D=1,则该式转化为农村居民消费模型,且 $\beta_1 + \beta_3 = \beta_{11}$,$\beta_0 + \beta_2 = \beta_{01}$。

可将式(2-73)看作多元线性回归模型进行参数估计,不同的是引进虚拟变量后由于各省(市、自治区)虚拟变量值分别有两个(0 和 1),则认为各省(市、自治区)农村和城市分别为两个不同的地区,因此 31 个省(市、自治区)可以看成 62 个截面,在建立界面数据时应选择建立 62 个截面,如图 2-12所示。

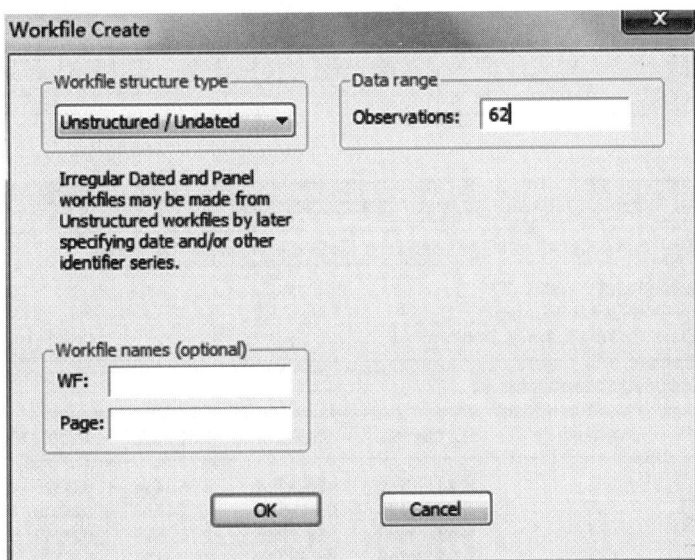

图 2 – 12　建立截面数据

建立三个变量 Y（人均食品消费）、X（人均可支配收入或人均纯收入）以及虚拟变量 DD（由于字母 D 在该系统中无法定义，故将虚拟变量设为 DD 代替之）。将 X 和 Y 的数值输入到相应表格中，并将城镇虚拟变量定义为 0，农村虚拟变量定义为 1，如图 2 – 13 所示。

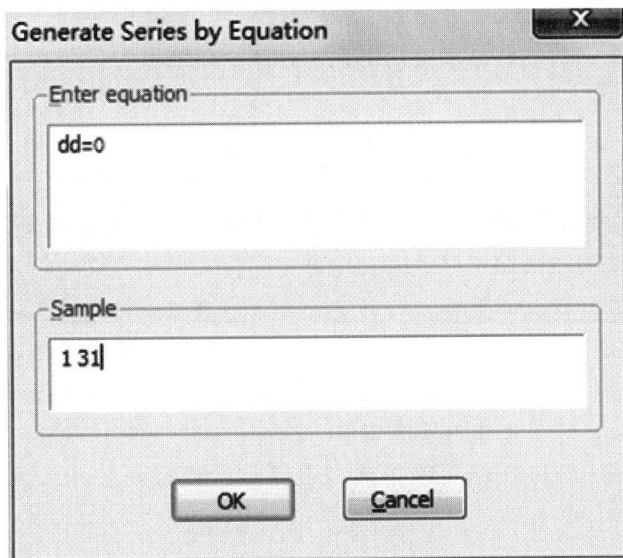

图 2 – 13　定义虚拟变量

图 2 – 13 中的意思为将 0 赋值给序列号为 1 ~ 31 号的 DD 序列，同样的方法

可以将 1 赋值给序列号为 32 ~ 62 号的 DD 序列（本文在输入 X 和 Y 值时先输入城镇数据，故 1 ~ 31 号先赋值为 0，若先输入农村数据，则 1 ~ 31 号赋值为 1）。

在命令窗口输入：ls y c x dd dd × x 进行模型估计得：

```
Equation: UNTITLED  Workfile: UNTITLED::Untitled\

View Proc Object Print Name Freeze Estimate Forecast Stats Resids

Dependent Variable: Y
Method: Least Squares
Date: 02/18/17  Time: 21:40
Sample: 1 62
Included observations: 62

Variable        Coefficient   Std. Error    t-Statistic    Prob.

C               1377.876      436.1134      3.159444      0.0025
X               0.186496      0.016591      11.24067      0.0000
DD              -897.9152     525.8085      -1.707685     0.0930
DD*X            0.039708      0.033244      1.194438      0.2372

R-squared            0.928919   Mean dependent var    4388.632
Adjusted R-squared   0.925243   S.D. dependent var    2111.955
S.E. of regression   577.4456   Akaike info criterion 15.61745
Sum squared resid    19339718   Schwarz criterion     15.75468
Log likelihood       -480.1408  Hannan-Quinn criter.  15.67133
F-statistic          252.6583   Durbin-Watson stat    1.409408
Prob(F-statistic)    0.000000
```

图 2 – 14　估计结果

由图 2 – 14 中的估计结果可以得到，具体回归结果为：

$$\hat{y}_i = 1377.88 + 0.1865x_i - 897.92D_i + 0.0397(D_ix_i) \qquad (2-74)$$
$$(3.16) \quad (11.24) \quad (-1.71) \quad (1.19)$$
$$R^2 = 0.929 \quad F = 252.658 \quad D.W. = 1.409$$

由 t 检验值可以得知，β_2、β_3 不能拒绝原假设，即不能拒绝 $\beta_2 = 0$、$\beta_3 = 0$ 的假设，因此认为城镇和农村地区人均可支配收入（或人均纯收入）对食品消费的影响没有显著差异，即随着人均可支配收入的增加，农村居民和城镇居民在食品上的开销增加相同比例，也可以认为从总体上看，城镇居民和农村居民食品支出占总支出的比例相当。城镇居民人均可支配收入较高，但随着城镇化的深入，城镇居民消费支出增长率也在不断攀升，故而可能导致其比例相差不是很大。

因此，可将 D_i 和 D_ix_i 两项去除，重新估计模型：ls y c x，估计结果如图 2 – 15 所示。

```
┌─────────────────────────────────────────────────────────────────────┐
│ ▤ Equation: UNTITLED  Workfile: UNTITLED::Untitled\        _ ▢ ✕     │
├─────────────────────────────────────────────────────────────────────┤
│ View Proc Object │ Print Name Freeze │ Estimate Forecast Stats Resids │
├─────────────────────────────────────────────────────────────────────┤
│ Dependent Variable: Y                                                 │
│ Method: Least Squares                                                 │
│ Date: 02/18/17  Time: 22:24                                           │
│ Sample: 1 62                                                          │
│ Included observations: 62                                             │
├─────────────────────────────────────────────────────────────────────┤
│    Variable      Coefficient   Std. Error   t-Statistic    Prob.      │
├─────────────────────────────────────────────────────────────────────┤
│       C           663.5734      155.6555     4.263090      0.0001     │
│       X           0.212428      0.007808     27.20769      0.0000     │
├─────────────────────────────────────────────────────────────────────┤
│ R-squared          0.925024   Mean dependent var       4388.632      │
│ Adjusted R-squared 0.923775   S.D. dependent var       2111.955      │
│ S.E. of regression 583.0884   Akaike info criterion    15.60628      │
│ Sum squared resid  20399524   Schwarz criterion        15.67490      │
│ Log likelihood    -481.7947   Hannan-Quinn criter.     15.63322      │
│ F-statistic        740.2584   Durbin-Watson stat       1.356604      │
│ Prob(F-statistic)  0.000000                                           │
└─────────────────────────────────────────────────────────────────────┘
```

图 2 - 15　新模型估计结果

则城镇和农村地区人均可支配收入（或人均纯收入）对食品消费的影响函数可写为：

$$\hat{y}_i = 663.57 + 0.212x_i \qquad (2-75)$$
$$(4.26) \quad (27.21)$$
$$R^2 = 0.925 \quad F = 740.26 \quad D.W. = 1.357$$

第 3 章

放宽基本假设的回归模型

在线性回归模型的经典假设下，运用普通最小二乘法（OLS）对线性回归模型进行参数估计，得到的估计量是最佳线性无偏估计量（BLUE）。但是，在实际的经济模型当中，能够完全满足这些基本假设的情况鲜少遇见，因此，我们需要对模型是否满足经典假设进行检验，即计量经济学检验。若出现违背经典假设的情况，需要对模型采取补救措施。下面我们将对多重共线性问题，序列相关性问题，异方差性问题和随机解释变量问题的检验以及修正，给出 EViews 的详细操作说明。

3.1　多重共线性

3.1.1　多重共线性的检验方法

首先，我们先了解一下什么是多重共线性，是什么原因导致多重共线性的出现，它会在建立模型的过程中造成什么问题。

1. 多重共线性的定义

对于多元线性回归模型：

$$y_i = \beta_0 + \beta_1 x_{i1} + \beta_2 x_{i2} + \cdots + \beta_k x_{ik} + \mu_i, \quad i = 1, 2, \cdots, n \qquad (3-1)$$

基本假设之一为：解释变量在所用样本中具有变异性，且解释变量之间不存在严重的线性相关性。如果变量之间存在严重的线性相关性，则称该模型存在多重共线性。

多重共线性分为完全共线性和近似共线性。如果解释变量存在：

$$c_1 x_{i1} + c_2 x_{i2} + \cdots + c_k x_{ik} = 0 \qquad (3-2)$$

其中，c_i 不全为 0，则称为解释变量之间存在完全共线性。

如果解释变量存在：

$$c_1 x_{i1} + c_2 x_{i2} + \cdots + c_k x_{ik} + \nu_i = 0 \qquad (3-3)$$

其中, c_i 不全为 0, v_i 为随机扰动项, 则称为解释变量之间存在近似共线性。

2. 多重共线性出现的原因

为什么会出现多重共线性呢? 原因主要有以下三点:

(1) 许多经济变量存在相关的共同趋势。比如股票价格指数与银行存款利息率之间一般存在负相关, 如果同时将股票价格指数和银行存款利息率作为解释变量引入模型中时, 有可能会导致多重共线性问题的出现。

(2) 模型设定存在缺陷。比如某个解释变量的取值范围较小, 当在模型中引入该变量的多项式时, 易造成多重共线性。

(3) 样本数据的收集受到限制。

3. 多重共线性的后果

在完全共线性的情况下, 违背了基本假设, 无法得到参数的估计量。

在近似共线性下并不意味着违背基本假设, 参数估计量仍具有无偏性, 线性等良好的统计性质, 但是依旧存在下列问题:

(1) 近似共线性下参数估计量非有效, 存在某些参数估计量的方差估计偏大。

以二元线性回归方程为例,

$$y_i = \beta_0 + \beta_1 x_{i1} + \beta_2 x_{i2} + \mu_i, \ i = 1, 2, \cdots, n \qquad (3-4)$$

对近似共线性下参数估计量的方差变大做出解释:

$$Var(\hat{\beta}_1) = \sigma^2 (X'X)_{11}^{-1} = \frac{\sigma^2 \sum x_{i2}^2}{\sum x_{i1}^2 \sum x_{i2}^2 - (\sum x_{i1} x_{i2})^2} = \frac{\dfrac{\sigma^2}{\sum x_{i1}^2}}{1 - \dfrac{(\sum x_{i1} x_{i2})^2}{\sum x_{i1}^2 \sum x_{i2}^2}}$$

$$(3-5)$$

其中, $\dfrac{(\sum x_{i1} x_{i2})^2}{\sum x_{i1}^2 \sum x_{i2}^2}$ 是解释变量 X_1 与 X_2 的相关系数, 我们用 r^2 表示, 式 (3-5) 变形为:

$$Var(\hat{\beta}_1) = \frac{\dfrac{\sigma^2}{\sum x_{i1}^2}}{1 - \dfrac{(\sum x_{i1} x_{i2})^2}{\sum x_{i1}^2 \sum x_{i2}^2}} = \frac{\sigma^2}{\sum x_{i1}^2} \cdot \frac{1}{1 - r^2} \qquad (3-6)$$

从式 (3-6) 可以看出参数估计量的方差表达式多了一项 $\dfrac{1}{1-r^2}$, 又因为 $r^2 \in [0, 1)$, 所以参数估计量的方差是变大的。我们将参数估计量的方差表达式

多了一项 $\dfrac{1}{1-r^2}$ 定义为方差膨胀因子（variance inflation factor，VIF），即：

$$VIF = \dfrac{1}{1-r^2} \tag{3-7}$$

（2）参数估计量方差和标准差变大，使得变量的显著性检验和模型预测失效。

（3）参数估计量的经济意义不合理。

我们可以看出多重共线性的存在将导致严重的后果，下面我们将对多重共线性的检验做出介绍，判断一个模型是否存在多重共线性。

4. 多重共线性的检验

多重共线性的检验首先要判断多重共线性是否存在，再确定多重共线性的范围，那些变量之间存在多重共线性。

（1）判断多重共线性是否存在。

方法一：综合统计检验法。在普通最小二乘回归下，模型的拟合优度 R^2 和 F 统计量较大，但是部分参数的 t 检验不显著，说明模型中可能存在多重共线性。

方法二：相关系数法。求出解释变量之间的相关系数矩阵，若存在两个解释变量之间的相关系数的绝对值接近于 1，则说明两个变量之间存在较强的多重共线性。

（2）确定多重共线性的范围。

这一部分我们介绍如何判断是由于哪些解释变量导致多重共线性问题的出现，常见的判断方法有：逐步回归法和判定系数检验法。

方法一：逐步回归法。以 Y 为被解释变量，逐个引入解释变量。判断依据：如果引入一个解释变量后，拟合优度 R^2 变化显著，则说明引入的解释变量是独立的；若拟合优度变化不显著，则引入的解释变量与其他变量之间存在多重共线性。

方法二：判定系数检验法。构造辅助回归：

$$x_{ij} = \alpha_0 + \alpha_1 x_{i1} + \cdots + \alpha_{j-1} x_{i,j-1} + \alpha_{j+1} x_{i,j+1} + \cdots + \alpha_k x_{i,k},$$
$$j = 1, 2, \cdots, k, \ i = 1, 2, \cdots, n \tag{3-8}$$

将每个解释变量依次作为被解释变量，与其余解释变量进行回归，计算每个辅助回归的拟合优度 R_j^2 或 F_j 统计量或方差膨胀因子 VIF_j。判断依据：若存在较强的多重共线性，拟合优度 R_j^2 较大且接近于 1。对于 F_j 统计量，先确定显著性水平 α 对应的临界值，F_j 统计量的值大于临界值，则说明存在较强的多重共线性。若方差膨胀因子 $VIF_j \geq 10$ 则说明存在严重的多重共线性。

3.1.2 克服多重共线性的方法

上面我们讲了如何判断和确定多重共线性的方法，下面我们将介绍两种方法克服多重共线性问题。

方法一：剔除导致多重共线性的解释变量。

面对严重的多重共线性，最简单的方法是将存在高度相关性的部分解释变量从模型中剔除，使得模型中剩下的解释变量并存在高度的相关性。但是剔除解释变量可能会导致模型设定偏误。对于剔除解释变量，上一小节介绍的逐步回归法，不仅仅是判断多重共线性存在的范围，而且结果中也将相应的变量剔除出模型。因此，逐步回归法被广泛的用于解决多重共线性问题。

方法二：岭回归法。

岭回归法是在 20 世纪 70 年代提出的能够处理多重共线性问题的一种方法，该方法通过减小参数估计量的方差的方法消除多重共线性带来的显著性检验，预测失效等问题。

对于多元线性回归模型

$$Y = X\beta + \mu \qquad (3-9)$$

通过普通最小二乘回归得到的系数估计量为：

$$\hat{\beta} = (X'X)^{-1}X'Y \qquad (3-10)$$

岭回归法得到的系数估计量为：

$$\hat{\beta} = (X'X + lE)^{-1}X'Y \qquad (3-11)$$

其中，l 为大于 0 的常数，E 为单位矩阵。岭回归法关键要得到 l 估计量。

对于 l 的选择，1975 年何瑞尔（Hoerl）和肯纳德（Kennard）提出了一种估计方法，主要步骤如下：

（1）对解释变量和被解释变量进行标准化处理：

$$x_{ik}^* = \frac{x_{ik} - \bar{x}_k}{\sqrt{\sum (x_{ik} - \bar{x}_k)^2}}, \quad y_i^* = \frac{y_i - \bar{y}}{\sqrt{\sum (y_i - \bar{y})^2}} \qquad (3-12)$$

（2）将标准化的解释变量和被解释变量用普通最小二乘法对下列模型进行回归：

$$y_i^* = \beta_1^* x_{i1}^* + \beta_2^* x_{i2}^* + \cdots + \beta_k^* x_{ik}^* + \mu_i^*, \quad i = 1, 2, \cdots, n \qquad (3-13)$$

得到参数与随机误差项方差的估计值 $\hat{\beta}_1^*$，$\hat{\beta}_2^*$，$\cdots$，$\hat{\beta}_k^*$，$\hat{\sigma}^2$。

（3）l 的估计量为：

$$\hat{l} = \frac{(k-1)\hat{\sigma}^2}{\sum_{j=1}^{k} (\hat{\beta}_j^*)^2} \qquad (3-14)$$

3.1.3　建模实例

【例 3.1】为了研究中国房地产行业的发展情况，现在选择各地区建筑业总产值（Y）（万元）为被解释变量，将各地区房屋竣工面积（X_1）（万平方米）、各地区建筑业企业从业人员（X_2）（万人）、各地区建筑业劳动生产率（X_3）

（元/人）、各地区人口密度（X_4）（人/平方公里）以及各地区年人均可支配收入（X_5）（元）设为解释变量。表 3 - 1 中收集全国 31 个省 2013 年中国房地产行业的样本资料。

表 3 - 1 　　　　　　　　　　　中国房地产行业相关样本资料 　　　　　　　单位：元

地区	建筑业产值 Y	房屋竣工面积 X_1	建筑业从业人员 X_2	建筑业劳动生产率 X_3	人口密度 X_4	年人均可支配收入 X_5
北京	3061699	4802.9297	46.3921	221431.9	1181	24724.89
天津	14537854	1643.6578	36.3276	292998.5	2858	19422.53
河北	20448127	7009.8658	115.5515	148527.7	2375	13441.09
山西	13554415	2320.7211	62.0259	173868.2	2918	13119.05
内蒙古	7800495.1	3238.708	42.6281	112488.2	649	14432.55
辽宁	25051692	6707.4578	108.8164	153217	1916	14392.69
吉林	9946511.5	3378.0835	38.3781	140430.7	1368	12829.45
黑龙江	10367525	2414.4924	47.9114	127266.7	4486	11581.28
上海	32457716	5723.8961	80.4667	293519.6	2978	26674.9
江苏	86015120	40735.836	479.3647	174742.3	1905	18679.52
浙江	81560602	37339.018	428.3418	189162.5	1757	22726.66
安徽	18546416	7874.2228	137.9306	131550.4	2043	12990.35
福建	18527395	7637.7618	125.7256	130392.9	2055	17961.45
江西	10329422	5238.5512	65.8739	151596.5	4680	12866.44
山东	38219345	15540.896	265.6581	127862.9	1413	16305.41
河南	28240535	10394.312	197.9685	140419.9	5967	13231.11
湖北	26050816	9152.4581	133.5411	193188.7	1823	13152.86
湖南	21154431	9077.5195	137.8791	142603.7	3380	13821.16
广东	32702756	10913.789	167.6556	191236.6	2370	19732.86
广西	7532102.4	3142.229	46.5386	160517.1	1461	14146.04
海南	1111836.9	340.7062	8.1632	133650.3	2731	12607.84
重庆	14963195	6485.3023	105.2455	122722.4	1574	14367.55
四川	25929480	9853.876	190.8288	118604.5	2677	12633.38
贵州	3936721.2	1211.035	30.1167	138043.9	3172	11758.76
云南	9069052.8	3336.738	64.6087	138551.7	3386	13250.22
西藏	729086.8	128.6617	4.2709	114296.6	1557	12481.51
陕西	16511806	3020.1031	71.0682	172509.2	5488	12857.89

续表

地区	建筑业产值 Y	房屋竣工面积 X_1	建筑业从业人员 X_2	建筑业劳动生产率 X_3	人口密度 X_4	年人均可支配收入 X_5
甘肃	4812743.7	1842.8073	42.0252	103779.7	3802	10969.41
青海	1429969.6	189.1814	7.8311	144747	2051	11640.43
宁夏	1915448	741.2245	6.5862	111434.5	883	12931.53
新疆	6253746.5	2155.975	19.2304	154516.1	4987	11432.1

资料来源：《中国统计年鉴》（2014）。

回归模型设计如下：

$$\ln(Y) = \beta_0 + \beta_1\ln(X_1) + \beta_2\ln(X_2) + \beta_3\ln(X_3) + \beta_4\ln(X_4) + \beta_5\ln(X_5) + \mu \tag{3-15}$$

1. 普通最小二乘法估计模型，并用综合统计检验法判断是否存在多重共线性

$$\ln(\hat{Y}) = -2.51 + 0.43\ln(X_1) + 0.40\ln(X_2) + 1.01\ln(X_3)$$
$$\quad\quad (-1.18)(3.58)\quad\quad (2.90)\quad\quad\quad (3.92)$$
$$-0.03\ln(X_4) + 0.19\ln(X_5)$$
$$(-0.31)\quad\quad (0.58)$$
$$R^2 = 0.9725, \ \bar{R}^2 = 0.9671, \ F = 177.30 \tag{3-16}$$

因为 $R^2 = 0.97$ 接近于1，且F统计量的值为177.30，远远大于临界值 $F_{0.05}$（5，25）= 2.60，说明各地区房地产产值与各个解释变量间总体线性关系显著。但是 $\ln(X_4)$ 与 $\ln(X_5)$ 的估计值的t值较小，未通过t检验，并且 $\ln(X_5)$ 的估计值的符号不符合经济意义，因此，可以判断该模型存在多重共线性。

2. 相关系数法

首先，我们需要建立一个包括 $\ln(X_1)$，$\ln(X_2)$，$\ln(X_3)$，$\ln(X_4)$，$\ln(X_5)$ 数据的组对象。点击主窗口菜单栏或工作文件工具栏的"Object"—"New Object…"，或者在对象栏的空白处单击鼠标右键选择"New Object…"，选择"Group"，如图3-1所示。

点击"OK"选项，将出现如图3-2所示的对话框，同时在对话框输入"log(x1)log(x2)log(x3)log(x4)log(x5)"，点击"OK"即可。

接下来，我们求出相关系数矩阵。选择"View"—"Covariance Analysis…"，出现协方差分析界面，如图3-3所示，在"Statistics"中选择"Correlation"，点击"OK"按钮，即出现相关系数矩阵，程序结果如图3-4所示。

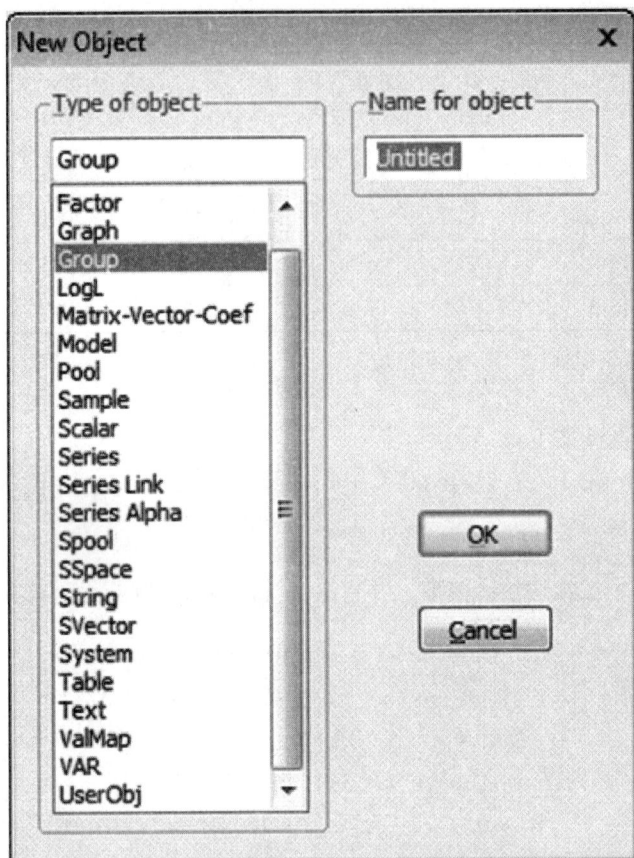

图 3 – 1 新建 "Group" 对象界面

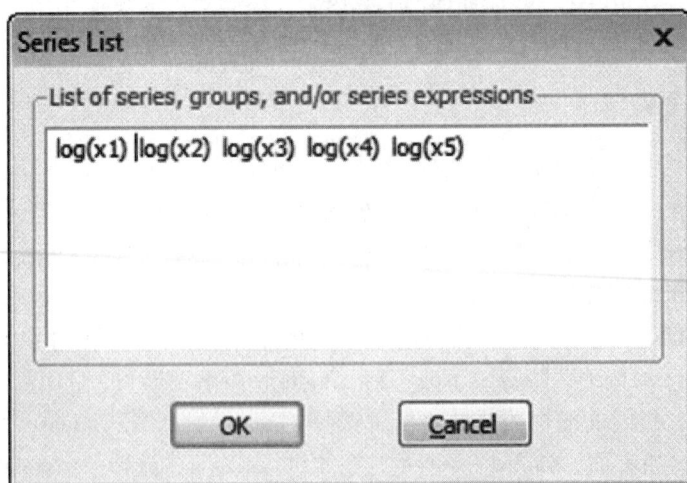

图 3 – 2 输入组对象中的变量

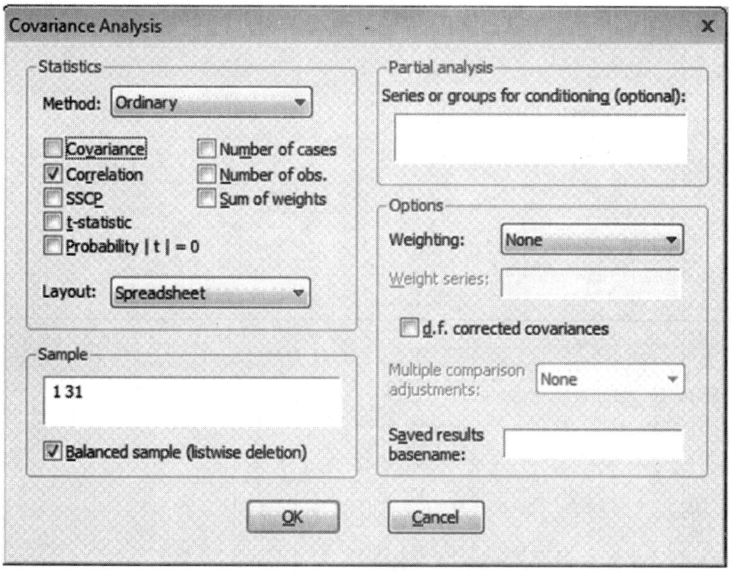

图 3 - 3 协方差分析界面

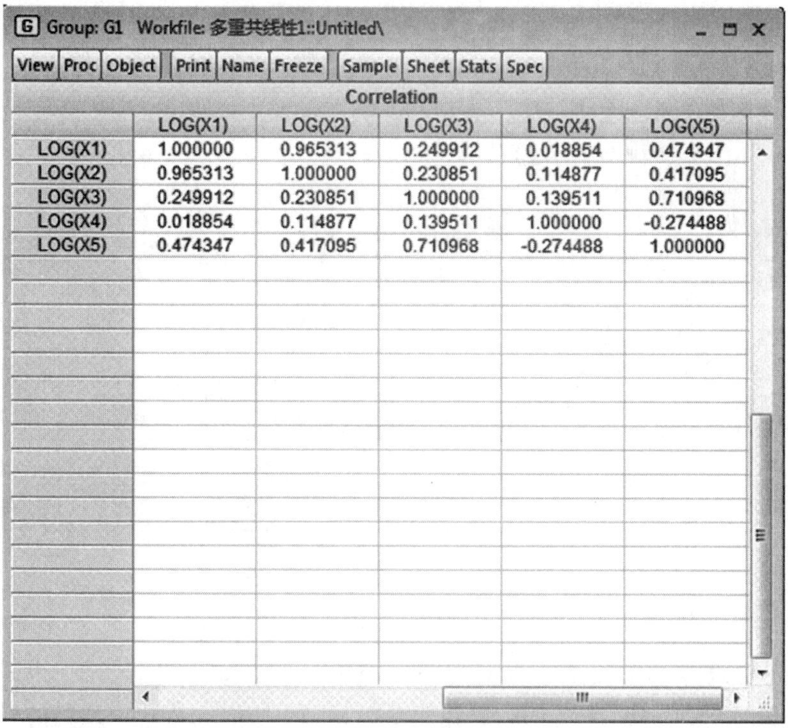

图 3 - 4 相关系数矩阵程序结果

根据表 3 - 2 中的数据可以看出，$\ln(X_1)$ 与 $\ln(X_2)$ 之间存在高度的相关性，因此，该模型存在多重共线性问题。

表 3 - 2   相关系数表

	$\ln(X_1)$	$\ln(X_2)$	$\ln(X_3)$	$\ln(X_4)$	$\ln(X_5)$
$\ln(X_1)$	1.0000	0.9653	0.2499	0.0189	0.4743
$\ln(X_2)$	0.9653	1.0000	0.2309	0.1149	0.4171
$\ln(X_3)$	0.2499	0.2309	1.0000	0.1395	0.7110
$\ln(X_4)$	0.0189	0.1149	0.1395	1.0000	-0.2745
$\ln(X_5)$	0.4743	0.4171	0.7110	-0.2745	1.0000

3. 判别系数法

分别对下列 5 个辅助方程进行普通最小二乘回归：

$$\begin{cases} X_1 = \alpha_{10} + \alpha_{11}X_2 + \alpha_{12}X_3 + \alpha_{13}X_4 + \alpha_{14}X_5 \\ X_2 = \alpha_{20} + \alpha_{21}X_1 + \alpha_{22}X_3 + \alpha_{23}X_4 + \alpha_{24}X_5 \\ X_3 = \alpha_{30} + \alpha_{31}X_1 + \alpha_{32}X_2 + \alpha_{33}X_4 + \alpha_{34}X_5 \\ X_4 = \alpha_{40} + \alpha_{41}X_1 + \alpha_{42}X_2 + \alpha_{43}X_3 + \alpha_{44}X_5 \\ X_5 = \alpha_{50} + \alpha_{51}X_1 + \alpha_{52}X_2 + \alpha_{53}X_3 + \alpha_{54}X_4 \end{cases} \qquad (3-17)$$

得到 5 个辅助方程的拟合优度 R_j^2，F_j 统计量和方差膨胀因子 VIF_j。

给定显著性水平 $\alpha = 0.05$，$F_{0.05}(3, 28) = 2.95$，而表 3 - 3 中的 F_j 统计量的值都大于 2.95，说明存在多重共线性。

表 3 - 3   辅助回归的有关统计量

被解释变量	解释变量	R_j^2	F_j
$\ln(X_1)$	$\ln(X_2)$，$\ln(X_3)$，$\ln(X_4)$，$\ln(X_5)$	0.9420	107.1769
$\ln(X_2)$	$\ln(X_1)$，$\ln(X_3)$，$\ln(X_4)$，$\ln(X_5)$	0.9418	105.1906
$\ln(X_3)$	$\ln(X_1)$，$\ln(X_2)$，$\ln(X_4)$，$\ln(X_5)$	0.6553	12.3599
$\ln(X_4)$	$\ln(X_1)$，$\ln(X_2)$，$\ln(X_3)$，$\ln(X_5)$	0.4271	4.8464
$\ln(X_5)$	$\ln(X_1)$，$\ln(X_2)$，$\ln(X_3)$，$\ln(X_4)$	0.7381	18.3170

4. 逐步回归法

在进行逐步回归之前，我们需要分别作 $\ln(Y)$ 关于 $\ln(X_1)$，$\ln(X_2)$，$\ln(X_3)$，$\ln(X_4)$，$\ln(X_5)$ 的回归，我们发现 $\ln(Y)$ 关于 $\ln(X_1)$ 回归的可决系数最大：

$$\ln(Y) = 9.45 + 0.83\ln(X_1)$$
$$(23.24) \quad (17.08)$$
$$R^2 = 0.9167, \quad \overline{R}^2 = 0.9107, \quad F = 291.62 \qquad (3-18)$$

因此，选择模型（3-18）作为逐步回归的初始模型。

下面将介绍 EViews 中自动执行逐步回归和手工执行逐步回归，对比两者的结果。

首先介绍自动执行逐步回归的操作步骤：

（1）点击主窗口菜单栏中的"Quick"—"Estimate Equation…"，在方程估计方法设定对话框的估计方法选择"STEPLS – Stepwise Least Squares"即逐步最小二乘法。在上面的对话框先输入被解释变量和必须在方程中出现的解释变量，即"log(y)log(x1)"，在下面的对话框中输入可能在方程中出现的备选解释变量，即"c log(x2)log(x3)log(x4)log(x5)"如图3-5所示。

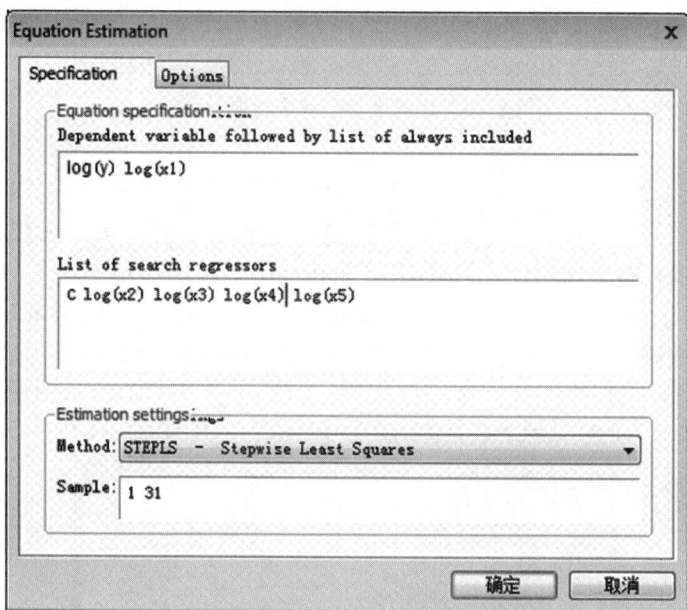

图 3-5 逐步最小二乘法变量设定对话框

（2）我们要在选项"Option"里进行一些设定。如图3-6所示。我们先在"Selection Method"中选择逐步回归的方法，EViews 中提供了四种方法，分别是："Stepwise"（逐步筛选法）、"Uni-directional"（单方向方法）、"Swapwise"（互换变量法）、"Combinatorial"（组合变量法）本题中我们选择"Stepwise"、回归方向选择"Forward"，即"逐步向前法"。

（3）选择好逐步回归的方法，我们还需要确定增加或者删除变量的准则"Stopping Criteria"，通常使用 p 值或者 t 值作为选择准则。本例题中可以选择 p 值，设定为0.05，同时可以设定"Use number of regressors"（使用回归变量的个数），该选项的用途为当增加或减少的解释变量个数达到此数值时，逐步回归程序结束。

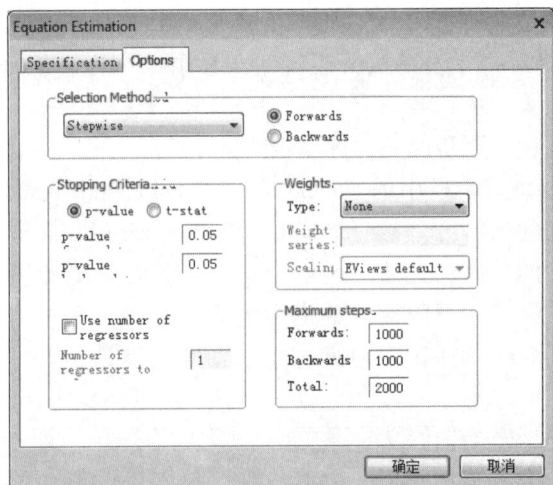

图 3 - 6   逐步最小二乘法选项对话框

（4）设定逐步回归的最大步数"Maximum steps"、"Forward"为方程中增加变量的最多步数，"Backwards"为方程中减少变量的最多步数，为逐步回归的总步数。通常我们都会设置较大的数值。"Forward"、"Backwards"、"Total"的默认值分别为 1000、1000、2000。本例题中我们将"Forward"、"Backwards"、"Total"的值设置为默认值即可。点击"OK"即可得到最终结果，如图 3 - 7 所示。

图 3 - 7   逐步最小二乘回归结果

可以看出最终方程是 $\ln(Y)$ 关于 $\ln(X_1)$，$\ln(X_2)$，$\ln(X_3)$ 的回归：

$$\log(Y) = 0.46\log(X_1) + 0.38\log(X_2) + 0.92\log(X_3)$$
$$(4.20) \qquad (25.14) \qquad (3.09)$$
$$R^2 = 0.9698,\ \bar{R}^2 = 0.9677 \qquad\qquad (3-19)$$

接下来介绍手工执行逐步回归的操作步骤。

我们将其余解释变量逐个代入原始回归模型（3-18）中，确定最佳的回归方程。

表 3-4 　　　　　　　　　　　　　　逐步回归

	C	$\ln(X_1)$	$\ln(X_2)$	$\ln(X_3)$	$\ln(X_4)$	$\ln(X_5)$	$\bar{R}^2$
$Y = f(X_1)$	9.45	0.83					0.9064
t 值	23.24	17.08					
$Y = f(X_1, X_2)$	10.37	0.56	0.32				0.9176
t 值	14.53	3.07	1.54				
$Y = f(X_1, X_3)$	-3.13	0.78	1.09				0.9627
t 值	-1.56	23.74	6.32				
$Y = f(X_1, X_2, X_3)$	-2.32	0.48	0.36	1.11			0.9684
t 值	-1.28	4.36	2.89	7.22			
$Y = f(X_1, X_2, X_3, X_4)$	-1.97	0.44	0.40	1.13	-0.06		0.9679
t 值	-1.05	3.73	2.95	7.20	-0.78		
$Y = f(X_1, X_2, X_3, X_5)$	-2.79	0.44	0.38	0.97		0.24	0.9682
t 值	-1.48	3.83	3.02	4.50		0.93	
$Y = f(X_1, X_2, X_3)$		0.46	0.38	0.92			0.9677
t 值		4.20	25.14	3.09			

表 3-4 为逐步回归结果，讨论：

第一步：在原始模型（3-16）中引入解释变量 X_2，模型的调整的可决系数 $\bar{R}^2$ 略有增加，但是 X_2 的参数估计量未通过在 10% 的显著性水平下的 t 检验。

第二步：去掉 X_2，引入 X_3，模型的 $\bar{R}^2$ 提高，参数符号符合经济意义，除了常数项，变量通过显著性水平为 5% 的 t 检验。

第三步：引入 X_2，模型的 $\bar{R}^2$ 略有提高，参数符号也符合经济意义，同时除了常数项，变量在显著性水平为 5% 的条件下通过 t 检验。

第四步：引入 X_4，模型的 $\bar{R}^2$ 略有下降，X_4 的参数估计量的符号不符合经济意义。

第五步：删掉 X_4，引入 X_5，模型的 $\bar{R}^2$ 略有上升，但是 X_5 的参数估计量在显著性水平为 10% 的条件下未通过 t 检验。

第六步：因为在第三步时常数项在显著性水平为 10% 的条件下不能通过 t 检验，因此删掉常数项。

最终的回归模型是 $\ln(Y)$ 关于 $\ln(X_1)$，$\ln(X_2)$，$\ln(X_3)$ 的方程。与方程 (3-19) 的结果一致。

5. 岭回归法

(1) 对变量 $\ln(Y)$，$\ln(X_1)$，$\ln(X_2)$，$\ln(X_3)$，$\ln(X_4)$，$\ln(X_5)$ 序列进行标准化。在 EViews 的命令行中分别输入：

genr lny1 = (log(y) - @ mean(log(y)))/@ stdev(log(y))

genr lnx11 = (log(x1) - @ mean(log(x1)))/@ stdev(log(x1))

genr lnx22 = (log(x2) - @ mean(log(x2)))/@ stdev(log(x2))

genr lnx33 = (log(x3) - @ mean(log(x3)))/@ stdev(log(x3))

genr lnx44 = (log(x4) - @ mean(log(x4)))/@ stdev(log(x4))

genr lnx55 = (log(x5) - @ mean(log(x5)))/@ stdev(log(x5))

或者，读者可以选择主窗口菜单栏或工作文件工具栏的"Object"—"Generate Series…"，出现创建新序列的对话框，如图 3-8 所示。在对话框中输入 "lny1 = (log(y) - @ mean(log(y)))/@ stdev(log(y))"，点击"OK"即可创建出标准化的 $\ln(Y)$ 序列。重复上述方法，也可以分别创建出标准化的 $\ln(X_1)$，$\ln(X_2)$，$\ln(X_3)$，$\ln(X_4)$，$\ln(X_5)$ 的序列。

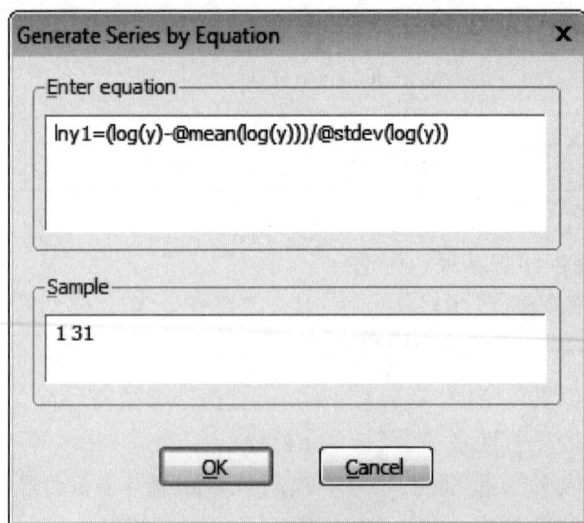

图 3-8 创建新序列对话框

(2) 得到了标准化的数据之后，对标准化的变量进行普通最小二乘回归，得到的估计结果如图 3 - 9 所示。

Variable	Coefficient	Std. Error	t-Statistic	Prob.
LNX11	0.496232	0.135825	3.653464	0.0011
LNX22	0.398633	0.134633	2.960880	0.0065
LNX33	0.220999	0.055324	3.994630	0.0005
LNX44	-0.013783	0.042911	-0.321187	0.7506
LNX55	0.037305	0.063463	0.587819	0.5617
R-squared	0.972573	Mean dependent var		-4.73E-16
Adjusted R-squared	0.968354	S.D. dependent var		1.000000
S.E. of regression	0.177894	Akaike info criterion		-0.468568
Sum squared resid	0.822803	Schwarz criterion		-0.237280
Log likelihood	12.26280	Hannan-Quinn criter.		-0.393174
Durbin-Watson stat	1.239581			

图 3 - 9 标准化变量回归结果

从标准化变量回归结果中，我们残差平方和为：RSS = 0. 8228，以及将参数的估计值：$\hat{\beta}_1^* = 0.4962$，$\hat{\beta}_2^* = 0.3987$，$\hat{\beta}_3^* = 0.2210$，$\hat{\beta}_4^* = -0.0138$，$\hat{\beta}_5^* = 0.0373$，保存成向量形式，再根据公式（3 - 14）计算 $\hat{I}$ 的值。$\hat{\sigma}^2 = 0.8228$。

将系数估计值保存成向量的 EViews 的操作过程如下：

选择主窗口菜单栏或工作文件工具栏的 "Object" — "New Object…"，在弹出的对话框中，在 "Type of Object" 中选择新建对象的类型 "Matrix - Vector - Coef"，点击 "OK"，出现如图 3 - 10 所示的对话框。在 "Type" 中选择 "Coefficient Vector"，并且将行数改成 "5"，点击 "OK"，最后将系数的估计值复制粘贴到新的矩阵，我们将新的矩阵命名为 "coef01"。

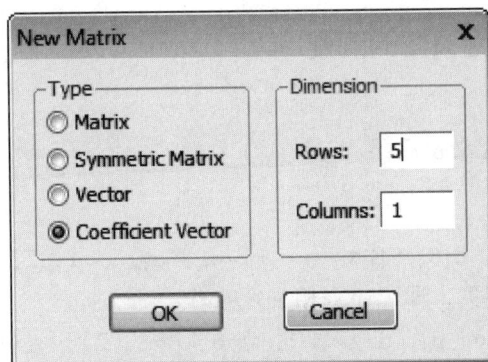

图 3 - 10 新建矩阵对象选项设置对话框

在 EViews 的命令行中输入：

scalar a = (5 − 1) × 0. 8228/(31 − 5 − 1)

scalar b = @ transpose(coef01) × coef01

scalar l = a/b

得到 l 的估计值为 $\hat{l} = 0.2890$。

（3）计算岭回归法的参数估计量。先在选择主窗口菜单栏或工作文件工具栏的"Object"—"New Object…"，在弹出的对话框中，在"Type of Object"中选择新建对象的类型"Matrix − Vector − Coef"，在"Name for object"中分别输入矩阵对象名"x"和"yy"，点击"OK"。分别打开两个对象，在矩阵名为"yy"中输入 ln(Y) 的数据，在矩阵名为"x"中输入第一列为单位向量，其余列依次输入 $\ln(X_1)$，$\ln(X_2)$，$\ln(X_3)$，$\ln(X_4)$，$\ln(X_5)$ 的数据。

先创建一个单位矩阵，在命令行输入：

matrix i = @ identity(6)

再根据公式（3 − 11），在 EViews 的命令行中输入：

vector b1 = @ inverse(@ transpose(x) × x + l × i) × @ transpose(x) × yy

可以得到岭回归估计量的值，得到：$\hat{\beta}_0^* = -0.0560$，$\hat{\beta}_1^* = 0.4312$，$\hat{\beta}_2^* = 0.4012$，$\hat{\beta}_3^* = 0.7503$，$\hat{\beta}_4^* = -0.0209$，$\hat{\beta}_5^* = 0.2480$。

于是，由岭回归法得到的模型为：

$$\ln(\hat{Y}) = -0.0560 + 0.4312\ln(X_1) + 0.4012\ln(X_2) + 0.7503\ln(X_3)$$
$$- 0.0209\ln(X_4) + 0.2480\ln(X_5) \tag{3-20}$$

3.2　序列相关性

3.2.1　序列相关性的判别

1. 序列相关的定义及后果

对于线性模型：

$$y_i = \beta_0 + \beta_1 x_{i1} + \beta_2 x_{i2} + \cdots + \beta_k x_{ik} + \mu_i, \ i = 1, 2, \cdots, n \tag{3-21}$$

随机扰动项不相关，即无序列相关意味着：

$$\text{Cov}(\mu_i, \mu_{i-s}) = 0, \ s \neq 0, \ i = 1, 2, \cdots, n \tag{3-22}$$

若随机扰动项存在序列相关性，则：

$$\text{Cov}(\mu_i, \mu_{i-s}) \neq 0, \ s \neq 0, \ i = 1, 2, \cdots, n \tag{3-23}$$

说明对于不同的样本点，随机扰动项之间存在某种相关关系，即出现序列相关性。又因为随机扰动项服从均值为 0，方差为 σ^2 的正态分布，则式（3 − 23）

也可以表示为：

$$E(\mu_i\mu_{i-s}) \neq 0, \ s \neq 0, \ i = 1, 2, \cdots, n \qquad (3-24)$$

如果仅仅存在

$$\text{Cov}(\mu_i, \ \mu_{i-1}) = E(\mu_i\mu_{i-1}) \neq 0, \ s \neq 0, \ i = 1, 2, \cdots, n \qquad (3-25)$$

则存在一阶序列相关或者自相关。

如果存在序列相关性，会造成以下后果：

（1）通过普通最小二乘法估计得到的估计量 $\hat{\beta} = (\hat{\beta}_0, \ \hat{\beta}_1, \ \cdots, \ \hat{\beta}_k)$ 是无偏的、一致的，但是非有效的。

（2）通过 OLS 估计得到的估计量 $\hat{\beta} = (\hat{\beta}_0, \ \hat{\beta}_1, \ \cdots, \ \hat{\beta}_k)$ 的显著性检验失效。

（3）模型的预测失效。

2. 序列相关的检验方法

通过上一章的学习，我们知道残差 e_i 是随机扰动项 μ_i 的估计量，想要知道随机扰动项 μ_i 是否存在序列相关性，我们可以通过残差 e_i 是否存在序列相关进行判断。判断序列相关性的方法多种多样，如：图示法、回归检验法、D. W. 检验法、拉格朗日乘数（LM）检验法、Q 统计量检验法等。下面我们将对这几种方法一一做出介绍。

（1）图示法。

画出残差 e_i 与残差的滞后一阶项 e_{i-1} 图形，对序列相关性进行简单的判断。本方法的优点在于直观，但是不能严格的给出判断。

（2）回归检验法。

将残差 e_i 作为被解释变量，将 e_{i-1}, e_{i-2} 等变量作为解释变量，建立模型，例如：

$$e_i = \rho e_{i-1} + \varepsilon_i, \ i = 2, \cdots, n \qquad (3-26)$$

$$e_i = \rho_1 e_{i-1} + \rho_2 e_{i-2} + \varepsilon_i, \ i = 2, \cdots, n \qquad (3-27)$$

对上述模型的显著性进行检验，如果其中的一种函数形式，使得方程能够显著成立，则说明原模型存在序列相关问题。回归检验法的好处在于不但判断出原模型是否存在序列相关，而且知道随机扰动项序列相关的形式。同时，该方法可以检验出任何形式的序列相关性问题。但是，回归检验法存在的问题是序列相关的形式多种多样，对每一种形式进行判断费时费力，不是一种便捷的判断方式。

（3）D. W. 检验法。

针对一阶自回归：

$$\mu_i = \rho\mu_{i-1} + \varepsilon_i, \ i = 2, \cdots, n \qquad (3-28)$$

D. W. 检验法的原假设为：H_0：$\rho = 0$，D. W. 检验的步骤如下：

①对线性模型（3 - 21）进行普通最小二乘回归，得到残差序列 e_i，$i = 2, \cdots, n$；

②构造 D. W. 统计量：

$$D. W. = \frac{\sum_{i=2}^{n}(e_i - e_{i-1})^2}{\sum_{i=1}^{n}e_i^2} \approx 2(1-\rho) \tag{3-29}$$

③根据样本容量 n 和解释变量的个数 k，查找 D. W. 检验上下界表确定临界值的上限 d_U 和下限 d_L；

④最后根据计算的 D. W. 值和下列准则进行判断：

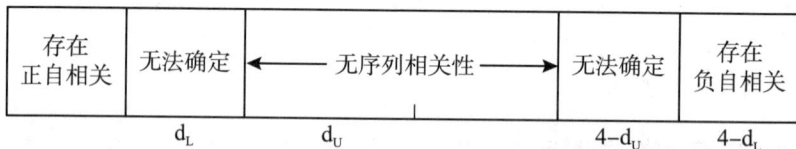

图 3-11 D. W. 检验法判断准则

D. W. 检验法的假定条件之一是随机干扰项 μ_i 为一阶自回归形式，这是该检验方法最大的弊端，但是由于许多软件能够直接报告 D. W. 的检验结果，所以该方法仍受欢迎。

（4）拉格朗日乘数（LM）检验。

拉格朗日乘数检验法与 D. W. 检验法相比，LM 检验可以检验高阶序列相关和解释变量中存在滞后项的情况。LM 检验的步骤如下：

①估计线性模型（3-21）并且求出残差 e_i

$$e_i = y_i - \hat{\beta}_0 - \hat{\beta}_1 x_{i1} - \hat{\beta}_2 x_{i2} - \cdots - \hat{\beta}_k x_{ik}, \ i = 1, 2, \cdots, n \tag{3-30}$$

②若怀疑随机扰动项是 p 阶序列相关：

$$e_i = \rho_1 e_{i-1} + \cdots \rho_p e_{i-p} + \varepsilon_i \tag{3-31}$$

该检验的原假设为 H_0：$\rho_1 = \cdots = \rho_p = 0$。

构造下列辅助回归方程：

$$e_i = \beta_0 + \beta_1 x_{i1} + \beta_2 x_{i2} + \cdots + \beta_k x_{ik} + \rho_1 e_{i-1} + \cdots \rho_p e_{i-p} + \varepsilon_i \tag{3-32}$$

③给定显著性水平 α，在原假设成立下如下 LM 统计量服从 $\chi^2(p)$：

$$LM = (n-p)R^2 \sim \chi^2(p) \tag{3-33}$$

其中，R^2 为辅助方程（3-32）回归得到的可决系数。若 LM 统计量的值超过 $\chi^2(p)$，则拒绝原假设。或者构造辅助回归方程的 F 统计量，检验原假设是否成立。

（5）自相关图。

我们可以通过残差序列 e_i 的自相关系数（Autocorrelations，AC）和偏自相关系数（Partial Autocorrelations，PAC）检验序列相关性。

下面我们简单的介绍一下自相关系数和偏自相关系数：

①自相关系数。

对于一个时间序列 x_t，其滞后 k 阶的自相关系数为：

$$r_k = \frac{\sum\limits_{t=k+1}^{n}(x_t - \bar{x})(x_{t-k} - \bar{x})}{\sum\limits_{t=1}^{n}(x_t - \bar{x})^2} \quad (3-34)$$

其中，$\bar{x}$ 为时间序列 x_t 的均值。自相关系数可以刻画出时间序列 x_t 与其滞后项的相关性的程度。

②偏自相关系数。

偏自相关系数刻画的是 x_t 与滞后 k 阶的 x_{t-k} 之间的条件相关性。x_t 与 x_{t-k} 的估计偏自相关系数 $\varphi_{k,k}$ 的计算公式为：

$$\varphi_{k,k} = \begin{cases} r_1 & k=1 \\ \dfrac{r_k - \sum\limits_{j=1}^{k-1}\varphi_{k-1,j}r_{k-j}}{1 - \sum\limits_{j=1}^{k-1}\varphi_{k-1,j}r_{k-j}} & k>1 \end{cases} \quad (3-35)$$

其中，r_k 是滞后 k 阶的自相关系数。

对于随机扰动项 μ_i，如果我们可以求出其偏自相关系数 $\varphi_{k,k}$，并在规定的显著性水平下的临界值作对比，就可以判断出随机扰动项是否存在自回归及自回归的阶数。

（6）Q 统计量检验。

怀疑随机扰动项是 p 阶序列相关，如式（3-31）所示，则原假设为 $H_0: \rho_1 = \cdots = \rho_p = 0$。Q 统计量被定义为：

$$Q = n(n+2)\sum_{j=1}^{p}\frac{r_j^2}{n-j} \quad (3-36)$$

其中，r_j 为残差滞后 j 阶的自相关系数。若 Q 统计量的值大于给定显著性水平下的临界值，则接受原假设。

3. 建模实例

【例 3.2】回归方程随机扰动项序列相关的检验。

为了研究城镇居民消费情况和城镇居民人均可支配收入的关系，下表给出了 1996~2012 年中国城镇居民消费情况和城镇居民人均可支配收入的年度数据。选取城镇居民消费水平（元）为被解释变量 Y，选取城镇居民家庭人均可支配收入（元）为解释变量 X。数据如表 3-5 所示。

表 3-5 我国城镇居民消费水平和城镇居民人均可支配收入数据 单位：元

时间	消费水平 Y	人均可支配收入 X	时间	消费水平 Y	人均可支配收入 X
1996 年	5382	4838.9	2005 年	9832	10493
1997 年	5645	5160.3	2006 年	10739	11759.5
1998 年	5909	5425.1	2007 年	12480	13785.8
1999 年	6351	5854	2008 年	14061	15780.8
2000 年	6999	6280	2009 年	15127	17174.7
2001 年	7324	6859.6	2010 年	17104	19109.4
2002 年	7745	7702.8	2011 年	19912	21809.8
2003 年	8104	8472.2	2012 年	21861	24564.7
2004 年	8880	9421.6			

资料来源：中国统计局。

建立如下线性回归模型：

$$Y = \beta_0 + \beta_1 X + \mu \tag{3-37}$$

应用最小二乘法得到估计结果：

$$Y = 1349.90 - 0.83X$$
$$(8.86) \quad (70.07)$$
$$\bar{R}^2 = 0.9968 \quad F = 4910.32 \quad D.W. = 0.69 \tag{3-38}$$

（1）图示法。

首先，选择工具栏中的"Quick"按钮，并选择"Graph…"，出现新建图像对话框，在对话框中输入"resid resid（-1）"并点击"OK"，如图3-12所示。

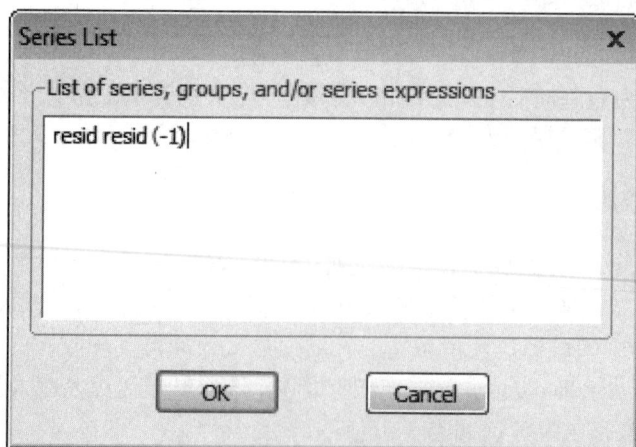

图 3-12 绘图对话框

出现图形设定对话框，我们先对图形类型"Graph Type"进行选择，对于

"General" 选择 "Basic graph", "Specific" 选择 "XY Line", 如图 3 – 13（1）
所示。

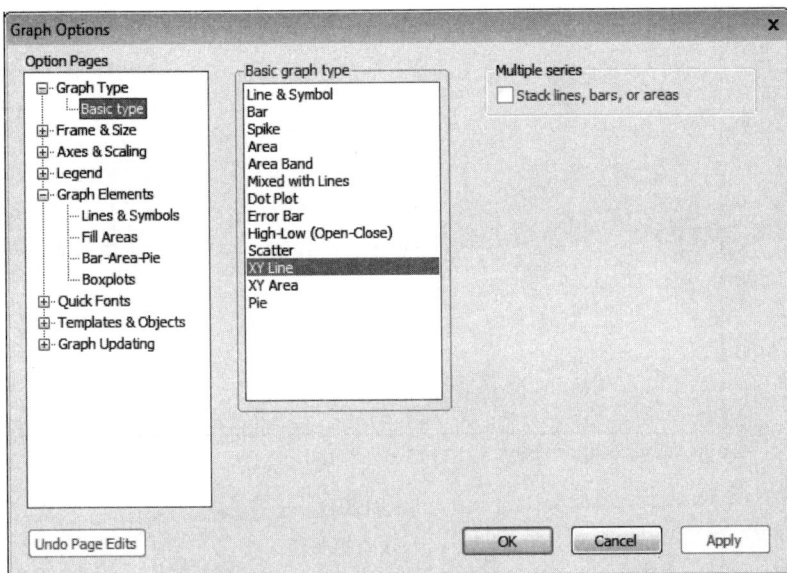

（1）

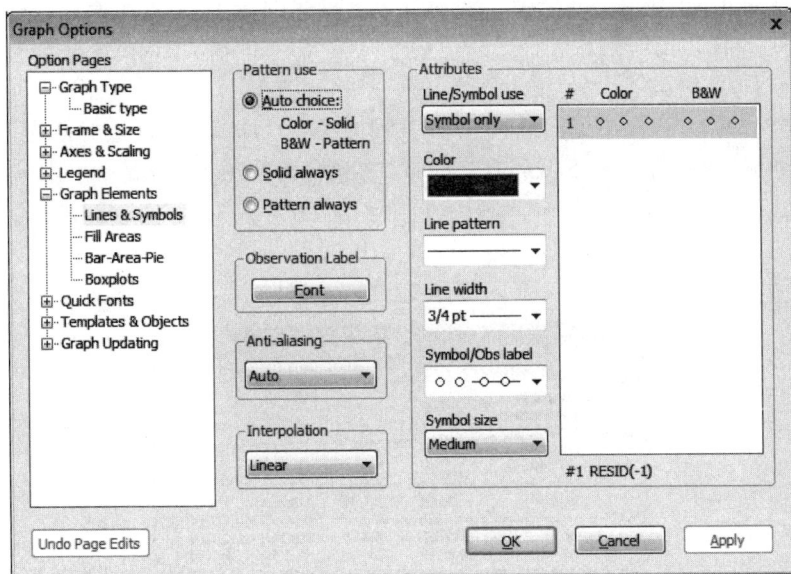

（2）

图 3 – 13　图片属性修改界面

然后，再对如图 3 – 13（2）中选择 "Graph Elements" 中的 "Lines & Sym-
bols" 在选项 "Attributes – Line/Symbol use" 中选择 "Symbol only" 即可绘制出

我们想要的残差相关图，如图 3－14。

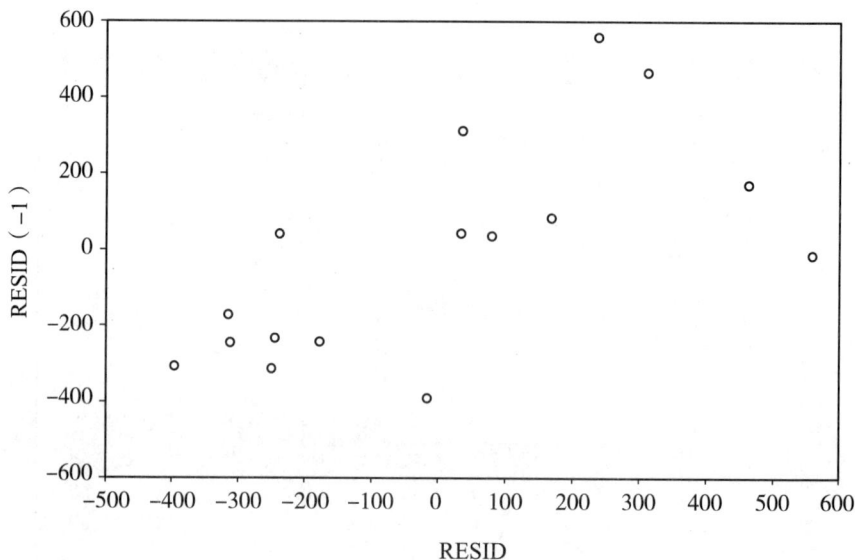

图 3－14　残差相关图

在残差相关图中，“RESID”表示 e_i，“RESID(－1)”表示 e_{i-1}，可以看出残差序列 e_i 存在正序列相关性。

（2）D. W. 检验。

在模型（3－37）的回归结果图 3－15 中报告了 D. W. 统计量的值为 D. W. = 0.69，在 5% 显著性水平下，n = 17，k = 2（包含常数项），查表得上限 $d_U = 1.38$ 和下限 $d_L = 1.13$，D. W. < d_L，所以判断模型（3－37）的随机扰动项存在正序列相关。

Equation: EQ01 Workfile: 序列相关性::Untitled\

View | Proc | Object | Print | Name | Freeze | Estimate | Forecast | Stats | Resids

Dependent Variable: Y
Method: Least Squares
Date: 02/06/17 Time: 12:00
Sample: 1996 2012
Included observations: 17

Variable	Coefficient	Std. Error	t-Statistic	Prob.
C	1349.903	152.4023	8.857496	0.0000
X	0.825260	0.011777	70.07364	0.0000

R-squared	0.996955	Mean dependent var	10791.47
Adjusted R-squared	0.996751	S.D. dependent var	5152.038
S.E. of regression	293.6446	Akaike info criterion	14.31275
Sum squared resid	1293407.	Schwarz criterion	14.41077
Log likelihood	-119.6584	Hannan-Quinn criter.	14.32249
F-statistic	4910.315	Durbin-Watson stat	0.694713
Prob(F-statistic)	0.000000		

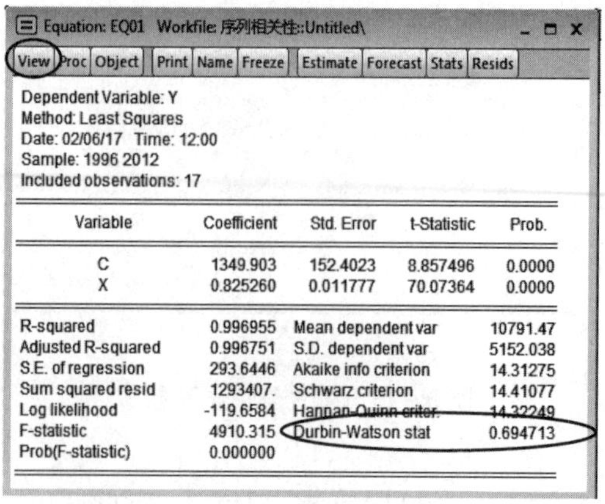

图 3－15　方程（3－37）的回归结果

（3）拉格朗日乘数（LM）检验。

拉格朗日乘数检验步骤如下：如图 3 – 16 的界面的工具栏中选择"View"，再选择"Residual Diagnostics"，最后选择"Serial Correlation LM Test…"，出现如图 3 – 16 的对话框，假设滞后阶数为 2，则在"Lags to include"的方框中输入"2"，点击"OK"，即可得到拉格朗日乘数检验结果，如图 3 – 18。

图 3 – 16　拉格朗日乘数检验对话框

从图 3 – 17 中我们能够发现拉格朗日乘数检验的结果分为两个部分。第一部分，给出了辅助回归方程（3 – 32）的 F 统计量和 LM 统计量的值和对应的 p 值，给定显著性水平 0.05，其 p 值都小于 0.05，因此拒绝模型的随机扰动项不存在序列相关性的原假设。第二部分，给出了辅助回归方程（3 – 32）的估计结果。

图 3 – 17　拉格朗日乘数检验结果

（4）Q 统计量检验和相关图。

我们想要得到 Q 统计量、自相关系数和偏自相关系数，操作步骤为：如图 3 – 15 的界面的工具栏中选择"View"，再选择"Correlogram – Q – statistics…"出现如图 3 – 18 的对话框，在"Lags to include"的方框中输入阶数"7"，点击"OK"，即可得到 Q 统计量、自相关系数和偏自相关系数，如图 3 – 19。

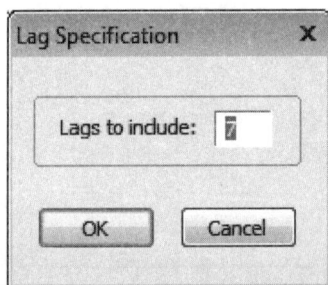

图 3 – 18　Q 统计量检验对话框

虚线之间的区域是正负两倍于估计标准差所构成的区域。如果自相关系数和偏自相关系数的值在此区域内，则在显著性水平为 0.05 的情况下与零没有区别，而在本例题中 1 阶的自相关系数和偏自相关系数都超过了该区域，说明存在 1 阶序列相关。同时，Q 统计量的 p 值都小于 0.05，说明在 0.05 的显著性水平下，拒绝模型的随机扰动项不存在序列相关性的原假设。

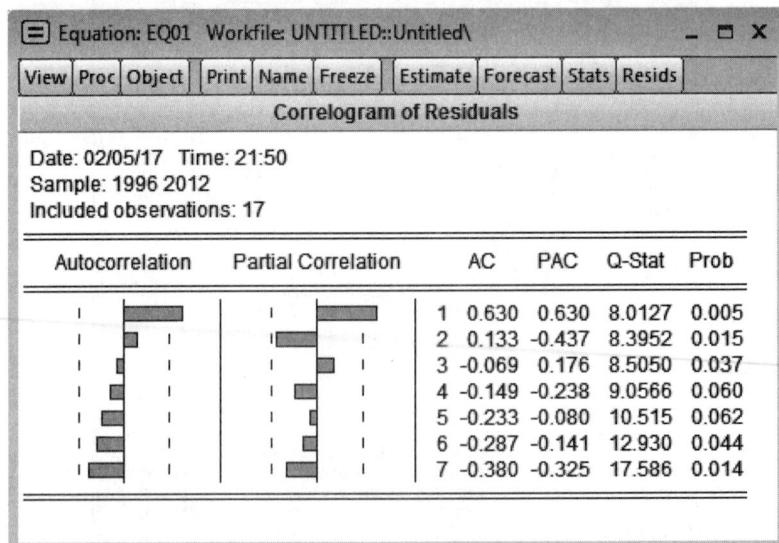

图 3 – 19　Q 统计量检验结果

3.2.2 序列相关性的修正

如果模型存在序列相关性，则需要用新的方法估计模型。我们有两种思路对模型进行修正。两种思路为：一是将存在序列相关性的模型变换成不存在序列相关的模型，再用普通最小二乘估计，该思路有两种方法分别为广义最小二乘法和广义差分法。二是先用普通最小二乘法估计模型，再对参数估计量的方差或标准差进行修正，这就是序列相关稳健估计法。

1. 广义最小二乘法

对于多元线性回归模型

$$Y = X\beta + \mu \tag{3-39}$$

如果存在序列相关性，存在

$$\text{Cov}(\mu, \mu') = \begin{pmatrix} \sigma^2 & \sigma_{12} & \cdots & \sigma_{1n} \\ \sigma_{12} & \sigma^2 & \cdots & \sigma_{2n} \\ \vdots & \vdots & & \vdots \\ \sigma_{1n} & \sigma_{2n} & \cdots & \sigma^2 \end{pmatrix} = \sigma^2 \Omega \tag{3-40}$$

从式（3-39）可以看出 Ω 是对称正定矩阵，则存在一可逆矩阵 D，使得

$$\Omega = DD' \tag{3-41}$$

将式（3-38）左乘 D^{-1}，得到：

$$D^{-1}Y = D^{-1}X\beta + D^{-1}\mu \tag{3-42}$$

令 $Y_* = D^{-1}Y$，$X_* = D^{-1}X$，$\mu_* = D^{-1}\mu$
可化为

$$Y_* = X_* \beta + \mu_* \tag{3-43}$$

其中，随机扰动项 μ_* 的方差为：

$$\text{Cov}(\mu_*, \mu_*') = E(\mu_* \mu_*') = E[D^{-1}\mu(D^{-1}\mu)'] = D^{-1}E(\mu\mu')(D^{-1})'$$
$$= D^{-1}\sigma^2\Omega(D^{-1})' = \sigma^2 I \tag{3-44}$$

因此，模型（3-42）的随机扰动项不存在序列相关。则模型（3-42）的估计量为：

$$\hat{\beta}_* = (X_*' X_*)^{-1} X_*' Y_* = (X'\Omega^{-1}X)^{-1} X'\Omega^{-1}Y \tag{3-45}$$

对于模型（3-42）的估计量 $\hat{\beta}_*$，我们只要知道随机扰动项的方差 – 协方差矩阵 $\sigma^2\Omega$，就可以得到模型（3-42）的最佳线性无偏估计量（BLUE）。

2. 广义差分法

对于模型（3-21），假设随机扰动项 μ_i 存在 p 阶自回归：

$$\mu_i = \rho_0 + \rho_1\mu_{i-1} + \cdots + \rho_p\mu_{i-p} \tag{3-46}$$

将

$$\begin{cases} \mu_i = y_i - \beta_0 - \beta_1 x_{i1} - \cdots - \beta_k x_{ik} \\ \mu_{i-1} = y_{i-1} - \beta_0 - \beta_1 x_{i-1,1} - \cdots - \beta_k x_{i-1,k} \\ \qquad\qquad\qquad\vdots \\ \mu_{i-p} = y_{i-p} - \beta_0 - \beta_1 x_{i-p,1} - \cdots - \beta_k x_{i-p,k} \end{cases} \quad (3-47)$$

代入式（3 – 44）中得：

$$y_i - \rho_1 y_{i-1} \cdots - \rho_p y_{i-p} = \beta_0 (1 - \rho_1 - \rho_p) + \beta_1 (x_{i1} - \rho_1 x_{i-1,1} \cdots - \rho_p x_{i-p,1}) + \cdots$$
$$+ \beta_k (x_{ik} - \rho_1 x_{i-1,k} \cdots - \rho_p x_{i-p,k}) + \varepsilon_i$$
$$i = 1 + p, \ 2 + p, \ \cdots, \ n \qquad (3-48)$$

把式（3 – 46）变换为

$$y_i = \beta_0 + \beta_1 x_{i1} + \beta_2 x_{i2} + \cdots + \beta_k x_{ik} + \rho_1 (y_{i-1} - \beta_0 - \beta_1 x_{i-1,1} - \cdots - \beta_k x_{i-1,k})$$
$$+ \cdots + \rho_p (y_{i-p} - \beta_0 - \beta_1 x_{i-p,1} - \cdots - \beta_k x_{i-p,k}) \qquad (3-49)$$

在 EViews 中，使用广义差分法时，ar(m) 表示 $y_{i-m} - \beta_0 - \beta_1 x_{i-m,1} - \cdots - \beta_k x_{i-m,k}$，m = 1，2，$\cdots$，p，因此（3 – 47）改写成

$$y_i = \beta_0 + \beta_1 x_{i1} + \beta_2 x_{i2} + \cdots + \beta_k x_{ik} + \rho_1 \times ar(1) + \cdots \rho_p \times ar(p) \qquad (3-50)$$

依次引入 ar(1)，ar(2)，$\cdots$ 直到模型合理为止，其中，ρ_1，$\cdots$，ρ_p 的估计值是通过科克伦—奥科特迭代法得到的。

3. 序列相关稳健标准误法

从上一章的介绍的中我们知道多元线性回归模型（3 – 21）通过普通最小二乘回归得到的系数估计值的方差估计为

$$Var(\hat{\beta}_i) = \sigma^2 c_{ii} \qquad (3-51)$$

其中，c_{ii} 是 $(X'X)^{-1}$ 第 $i + 1$ 个对角元素。但是因为存在序列相关性的问题，系数估计值的方差估计（3 – 49）不再是无偏估计。因此，序列相关稳健标准误法为了使得模型的显著性检验以及预测仍然有效，我们对估计量的方差估计进行修正，从而得到参数估计量的正确方差估计，使存在序列相关问题，采用 OLS 估计时，变量的显著性检验有效，区间预测不再失效。该方法适用于大样本的情形。

【例 3.3】序列相关性的修正。例 3.2 中检验到方程的残差序列存在 1 阶序列相关。下面我们分别介绍广义差分法和序列相关稳健标准误法的操作方法。

方法一：广义差分法。

我们知道方程的残差序列存在 1 阶序列相关，因此我们将方程形式修正为

$$y_i = \beta_0 + \beta_1 x_i + \mu_i$$
$$\mu_i = \phi_1 \mu_{i-1} + \varepsilon_i \qquad (3-52)$$

点击主窗口菜单栏中的 "Quick" — "Estimate Equation…" 或者点击 "Object" — "New Object" — "Equation"，打开方程设定对话框，估计方法选择 "LS – Least Squares（NLS and ARMA）" 即普通最小二乘法，将方程形式设定为

"y c x ar(1)",点击"OK",如图 3 – 20 所示。其中"ar(1)"表示一阶滞后项
的系数 ϕ_1。

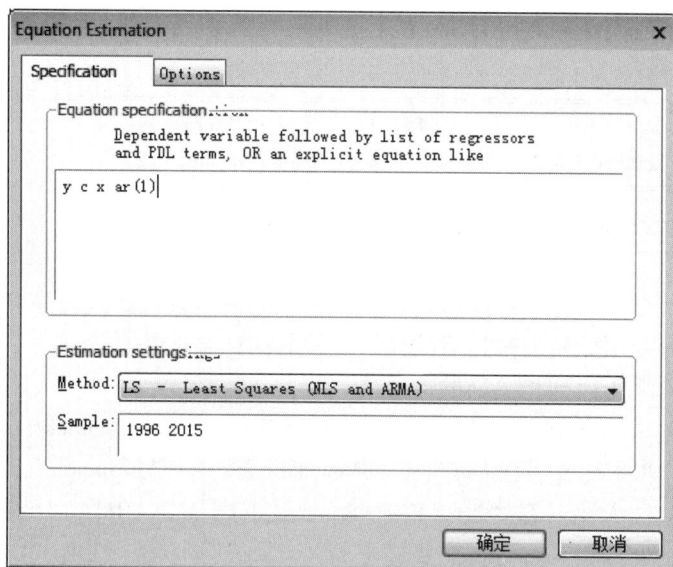

图 3 – 20 方程设定对话框

图 3 – 21 为输出结果。

Variable	Coefficient	Std. Error	t-Statistic	Prob.
C	1273.493	354.9596	3.587713	0.0030
X	0.833775	0.023063	36.15184	0.0000
AR(1)	0.662909	0.210378	3.151040	0.0071
R-squared	0.998218	Mean dependent var		10791.47
Adjusted R-squared	0.997963	S.D. dependent var		5152.038
S.E. of regression	232.5221	Akaike info criterion		13.89463
Sum squared resid	756931.5	Schwarz criterion		14.04167
Log likelihood	-115.1044	Hannan-Quinn criter.		13.90925
F-statistic	3920.530	Durbin-Watson stat		1.506706
Prob(F-statistic)	0.000000			
Inverted AR Roots	.66			

图 3 – 21 广义差分法结果

回归估计的结果如下:

$$y_i = 1273.49 + 0.83x_i + \hat{\mu}_i$$
$$(3.59) \quad (36.15)$$

$$\mu_i = 0.66\mu_{i-1} + \hat{\varepsilon}_i$$
$$(3.15)$$
$$R^2 = 0.9982, \ D.W. = 1.51 \qquad\qquad (3-53)$$

再对新的残差序列 $\hat{\varepsilon}$ 进行 LM 检验，最终检验结果如图 3 – 22 所示：

F-statistic	1.945479	Prob.F(2,12)	0.1854
Obs*R-squared	4.162512	Prob.Chi-Square(2)	0.1248

图 3 – 22　LM 检验结果

检验结果显示不能拒绝原假设，即修正后的回归方程的残差序列不存在序列相关性。因此使用此模型修正后的回归方程的估计结果是有效的。

方法二：采用序列相关稳健估计法。

与广义差分法的操作类似，点击主窗口菜单栏中的"Quick"—"Estimate Equation…"或者点击"Object"—"New Object"—"Equation"，打开方程设定对话框，估计方法选择"LS – Least Squares(NLS and ARMA)"即普通最小二乘法。不同之处在于，将方程形式设定为"y c x"，另外，选项"Options"中的"Coefficient covariance matrix"选择"HAC(Newey – West)"，如图 3 – 23 所示。点击"OK"即出现结果。

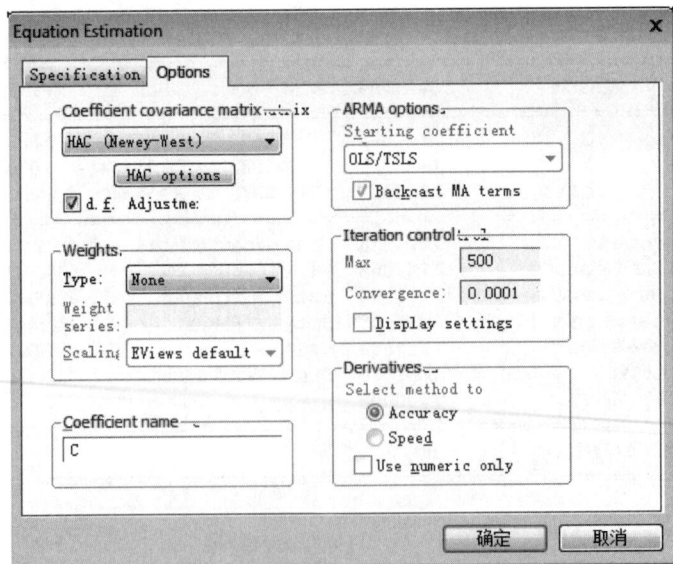

图 3 – 23　序列相关稳健估计法"Options"对话框

输出结果显示为：

Variable	Coefficient	Std. Error	t-Statistic	Prob.
C	1349.903	190.4823	7.086763	0.0000
X	0.825260	0.016501	50.01213	0.0000

R-squared	0.996955	Mean dependent var		10791.47
Adjusted R-squared	0.996751	S.D. dependent var		5152.038
S.E. of regression	293.6446	Akaike info criterion		14.31275
Sum squared resid	1293407	Schwarz criterion		14.41077
Log likelihood	−119.6584	Hannan-Quinn criter.		14.32249
F-statistic	4910.315	Durbin-Watson stat		0.694713
Prob(F-statistic)	0.000000	Wald F-statistic		2501.213
Prob(Wald F-statistic)	0.000000			

图 3-24　序列相关稳健估计法结果

回归估计的结果如下：

$$Y = 1349.90 - 0.83X$$
$$(7.09) \quad (50.01)$$
$$\overline{R}^2 = 0.9968 \quad F = 4910.32 \quad D.W. = 0.69 \tag{3-54}$$

将式（3-38）与式（3-54）对比，发现参数估计量相同，但是由于参数估计量的标准差得到了修正，从而使得变量显著性的 t 统计量与普通最小二乘法的结果不同，这时进行的变量的显著性检验和区间估计是有效的，序列相关性的后果得到了修正。

3.3　异方差性

3.3.1　异方差性的定义、类型和后果

1. 异方差性的定义和类型

对于线性模型

$$Y_i = X_i\beta + \mu_i, \ i = 1, 2, \cdots, n \tag{3-55}$$

其中，$X_i = (1, x_{i1}, x_{i2}, \cdots, x_{ik})$，$\beta = (\beta_0, \beta_1, \cdots, \beta_k)'$。基本假设中要求随机扰动项 μ_i 是同方差的，即：

$$Var(\mu_i \mid X_i) = \sigma^2 \ (\sigma^2 \text{ 为常数}) \tag{3-56}$$

若违背该假设，随机扰动项 μ_i 的方差不是一个常数，我们则称存在异方差性（heteroscedasticity），即：

$$Var(\mu_i \mid X_i) = \sigma_i^2 \tag{3-57}$$

简单来说，若随机扰动项 μ_i 是同方差的，无论 X_i 如何变化，随机扰动项 μ_i 的方差都是一个常数 σ^2。若随机扰动项 μ_i 的方差 σ_i^2 是不一样的，方差 σ_i^2 就随着 X_i 的变化而变化。

我们可以将异方差分为以下三种类型：

(1) 单调递增型：随机扰动项 μ_i 的方差 σ_i^2 随着 X_i 的增大而增大。

(2) 单调递减型：随机扰动项 μ_i 的方差 σ_i^2 随着 X_i 的增大而减小。

(3) 无规律型：随机扰动项 μ_i 的方差 σ_i^2 随着 X_i 的变化而变化，没有固定的形式。

异方差的三种分类为异方差的检验提供了一种直观的方法，我们可以通过画出 $\sigma_i^2 - X$ 的图形进行判断是否存在异方差性，具体内容我们将在下一节中做出具体的介绍。

2. 异方差性的后果

同多重共线性、序列相关性一样异方差性的存在，对于模型的估计、检验和预测将产生问题，具体会带来哪些后果呢？

(1) 参数估计量是无偏的、一致的，但不具有有效性。原因是，在证明无偏性和一致性时未用到同方差的假设。但是在证明有效性时利用了同方差的假设：

$$Var(\mu \mid X) = E(\mu\mu' \mid X) = \sigma^2 I \tag{3-58}$$

(2) 参数估计量的方差出现偏误，变量的 t 检验和 F 检验失效。我们知道，在同方差的假设下参数估计量的方差为：

$$Var(\beta \mid X) = \sigma^2 (X'X)^{-1} \tag{3-59}$$

如异方差，则参数估计量的方差出现偏误，在此基础上构造的 t 统计量不在服从 t 分布，t 检验失去意义。

(3) 异方差性将导致预测区间偏大或偏小，预测失效。

(4) 参数估计量不再是最佳线性无偏估计量（BLUE）。

3.3.2 异方差性的检验

1. 图示检验法

可以用 Y - X 的散点图判断，通过与 X 之间是否有关系判断是否存在异方差性。如果随着 X 的增大，Y 的离散程度有逐渐增大（或者减小）的趋势，则认为存在递增型（或递减型）的异方差。

另外，我们虽然无法观测随机扰动项，但我们可以判断残差。画出残差的平方 e_i^2 与某个解释变量 x_{ik} 的散点图，如果 e_i^2 随着解释变量 x_{ik} 的变化而变化，表明存在异方差。

图示法的特点是操作简单，结果形象直观，不足之处在于对异方差性的判断比较粗糙，难以准确判断，因此我们需要采用其他统计检验方法。

2. 布罗施—帕甘（Breusch – Pagan）检验

异方差性的存在意味着线性模型（3 – 55）的随机扰动项的方差是部分或者全部解释变量的某种函数形式：

$$\sigma_i^2 = \sigma^2 f(X_i) \tag{3 – 60}$$

在下面介绍的各种检验方法中我们随机干扰项的平方 μ_i^2 表示随机扰动项的方差。

布罗施—帕甘检验我们又称为 B – P 检验。该方法假定随机扰动项的方差与解释变量是线性关系：

$$\mu_i^2 = \delta_0 + \delta_1 x_{i1} + \delta_2 x_{i2} + \cdots + \delta_k x_{ik} + \varepsilon_i \tag{3 – 61}$$

该检验的原假设为同方差，原假设可表述为：

$$H_0: \delta_0 = \delta_1 = \delta_2 = \cdots = \delta_k = 0 \tag{3 – 62}$$

在实际操作中我们用普通最小二乘估计的残差的平方 e_i^2 代替 μ_i^2，则该检验构造的辅助回归为：

$$e_i^2 = \delta_0 + \delta_1 x_{i1} + \delta_2 x_{i2} + \cdots + \delta_k x_{ik} + \varepsilon_i \tag{3 – 63}$$

具体步骤如下：

第一步：对线性模型（3 – 55）进行普通最小二乘回归，并计算 $(y_i - \hat{y}_i)^2$ 得到残差的平方 e_i^2。

第二步：对辅助回归式（3 – 60）做普通最小二乘回归，并记录辅助回归的 F_{e2} 统计量和可决系数 R_{e2}^2。

第三步：构造统计量。EViews 提供了 3 个统计量，分别为：

（1）以式（3 – 61）为约束条件的受约束 F 检验，构造的 F 统计量为：

$$F = \frac{R_{e2}^2 / k}{(1 - R_{e2}^2) / (n - k - 1)} \tag{3 – 64}$$

在原假设成立的条件下，F 渐进服从 $F(k, n - k - 1)$ 分布，如果 F 值大于给定显著性水平下的临界值，说明存在异方差性。

（2）构造 LM 统计量：

$$LM = n \cdot R_{e2}^2 \tag{3 – 65}$$

在原假设成立下，LM 统计量在大样本下渐进服从 $\chi^2(k)$ 分布，与 F 统计量类似，LM 统计量的值大于给定显著性水平 α 下的临界值 $\chi_\alpha^2(k)$，表明存在异方差性。

（3）用辅助回归式（3 – 60）被解释变量 e_i^2 的平方和除以 $2\hat{\sigma}^4$，构造出服从自由度为 k 的 χ^2 分布，见式（3 – 66）。其中，$\hat{\sigma}$ 表示线性模型（3 – 55）的随机干扰项 μ_i 的标准差的估计。在原假设成立下，

$$\frac{\sum_{i=1}^{n} (e_i^2)^2}{2\hat{\sigma}^4} \sim \chi^2(k) \qquad (3-66)$$

3. Harvey 检验

Harvey 检验与 BP 检验类似，但是 Harvey 检验假定随机扰动项的方差与解释变量之间存在如下关系：

$$\mu_i^2 = \exp(\delta_0 + \delta_1 x_{i1} + \delta_2 x_{i2} + \cdots + \delta_k x_{ik} + \varepsilon_i) \qquad (3-67)$$

构造辅助回归方程为：

$$\ln(e_i^2) = \delta_0 + \delta_1 x_{i1} + \delta_2 x_{i2} + \cdots + \delta_k x_{ik} + \varepsilon_i \qquad (3-68)$$

Harvey 检验的具体步骤与 BP 检验具体步骤大致相同，不同之处有两点：第一点，辅助回归方程不同。第二点，在构造统计量时，第三种统计量应构造成：用辅助回归式 (3-68) 被解释变量 $\ln(e_i^2)$ 的平方和除以 $\psi'(0.5)$，构造出服从自由度为 k 的 χ^2 分布。其中，$\psi'(0.5)$ 表示对数伽马函数在 0.5 处的导数值。在原假设成立下，

$$\frac{\sum_{i=1}^{n} (\ln(e_i^2))^2}{\psi'(0.5)} \sim \chi^2(k) \qquad (3-69)$$

4. Glejser 检验

Harvey 检验与 BP 检验也很类似。不同之处在于：
第一，辅助回归方程为

$$|e_i^2| = \delta_0 + \delta_1 x_{i1} + \delta_2 x_{i2} + \cdots + \delta_k x_{ik} + \varepsilon_i \qquad (3-70)$$

第二，在三个统计量中，第三个统计量应构造成用辅助回归式 (3-70) 被解释变量 $|e_i^2|$ 的平方和除以 $((1-2/\pi)\hat{\sigma}^2)$，构造出服从自由度为 k 的 χ^2 分布。其中，$\hat{\sigma}$ 表示线性模型 (3-55) 的随机干扰项 μ_i^2 的标准差的估计。在原假设成立下，

$$\frac{\sum_{i=1}^{n} (e_i^2)^2}{(1-2/\pi)\hat{\sigma}^2} \sim \chi^2(k) \qquad (3-71)$$

5. White 检验

White 检验的辅助回归方程假定为：以原方程的残差 e_i 的平方作为因变量，对自变量为原方程的所有解释变量及其平方项和交叉项。

下面我们以二元线性模型为例，介绍 White 检验的具体步骤。

(1) 用最小二乘法估计

$$y_i = \beta_0 + \beta_1 x_{i1} + \beta_2 x_{i2} + \mu_i \qquad (3-72)$$

计算残差 $e_i = y_i - \hat{y}_i$，并求出残差的平方 e_i^2。

（2）作 e_i^2 关于 x_{i1}，x_{i2}，x_{i1}^2，x_{i2}^2，$x_{i1}x_{i2}$ 的辅助回归：

$$e_i^2 = \alpha_0 + \alpha_1 x_{i1} + \alpha_2 x_{i2} + \alpha_3 x_{i1}^2 + \alpha_4 x_{i2}^2 + \alpha_5 x_{i1}x_{i2} + \varepsilon_i \qquad (3-73)$$

（3）计算 F 统计量或者 LM 统计量 nR_{e2}^2，其中，n 为样本容量，R_{e2}^2 为辅助方程的可决系数。

（4）F 统计量渐进服从 $F(k, n-k-1)$ 分布，LM 统计量 nR_{e2}^2 渐进服从 $\chi^2(k)$ 分布，其中，k 表示辅助回归方程中解释变量的个数，辅助回归方程（3-73）解释变量个数 $k=5$。给定显著性水平 α，如果 F 统计量的值大于临界值 $F_\alpha(5, n-5-1)$，或者 $nR_{e2}^2 > \chi_\alpha^2(5)$，则拒绝同方差的原假设，表明模型的随机误差存在异方差。

6. ARCH 检验

ARCH 检验的思想是：在时间序列数据中，可能存在异方差性为 ARCH（自回归条件异方差）过程，并通过检验这一过程是否成立判断时间序列是否存在异方差。

首先，简单介绍一下 ARCH 过程。设 ARCH 过程为：

$$\sigma_i^2 = \delta_0 + \delta_1 \sigma_{i-1}^2 + \delta_2 \sigma_{i-2}^2 + \cdots + \delta_p \sigma_{i-p}^2 + \varepsilon_i \qquad (3-74)$$

其中，p 为 ARCH 过程的阶数，并且 $\delta_0 > 0$，$\delta_i \geq 0 (i=1, 2, \cdots, p)$，$\varepsilon_i$ 是方程（3-74）的随机误差项。

ARCH 检验的主要步骤为：

（1）ARCH 检验的原假设为时间序列是同方差的。即

$$H_0: \delta_1 = \delta_2 = \cdots = \delta_p = 0, \; H_1: \delta_i(i=1, 2, \cdots, p) \text{ 中至少有一个不为零。}$$
$$\qquad (3-75)$$

（2）对原模型做 OLS 估计，求出残差 e_i，并计算残差平方序列 e_i^2，e_{i-1}^2，$\cdots$，e_{i-p}^2，以分别作为对 σ_i^2，σ_{i-1}^2，$\cdots$，σ_{i-p}^2 的估计。

（3）作辅助回归

$$e_i^2 = \delta_0 + \delta_1 e_{i-1}^2 + \delta_2 e_{i-2}^2 + \cdots + \delta_p e_{i-p}^2 + \varepsilon_i \qquad (3-76)$$

（3）计算 F 统计量或者 LM 统计量 $(n-p)R^2$，其中，n 为样本容量，R^2 为辅助方程（3-76）的可决系数。

（4）在原假设成立下，F 统计量渐进服从 $F(p, n-p-1)$ 分布，LM 统计量 $(n-p)R^2$ 渐进服从 $\chi^2(p)$ 分布。给定显著性水平 α，如果 F 统计量的值大于临界值 $F_\alpha(p, n-p-1)$，或者 $(n-p)R^2 > \chi_\alpha^2(p)$，则拒绝同方差的原假设，表明时间序列随机误差存在异方差。

7. 戈德菲尔德—夸特（Goldfeld-Quanadt）检验

戈德菲尔德—夸特检验坚持 GQ 检验，可以检验递增型或者递减型异方差。其基本思想是将样本分为两部分，然后分别对两个样本进行 OLS 回归，并计算比

较两个回归的残差平方和是否有明显的差异，若存在明显的差异，则存在异方差性。

具体步骤为：

（1）排序。将样本观测值按照解释变量 X_i 的大小顺序排列。如果在大致判断是存在递增型异方差，则将观测值从小到大排列；若大致判断是存在递减型异方差，则将观测值从大到小排列。

（2）将排列中的 c 个观测值删除掉，c 的取值大约等于观测值个数的 1/4，再将剩余的观测值分成两部分，每部分观测值的个数为（n − c）/2。

（3）提出假设。原假设为两部分数据的方差相等。备择假设为两部分数据的方差不相等。

（4）构造 F 统计量。分别对两部分观测值做 OLS 回归，得到两个部分的残差平方和，用 $\sum_{i=1}^{n} e_{i1}^2$ 表示前一部分回归的残差平方和，用 $\sum_{i=1}^{n} e_{i2}^2$ 表示前一部分回归的残差平方和，并且 $\sum_{i=1}^{n} e_{i1}^2$ 和 $\sum_{i=1}^{n} e_{i2}^2$ 分别服从自由度为 $\frac{n-c}{2} - k$ 的 χ^2 分布。在原假设成立下，构造出的 F 统计量服从 $F\left(\frac{n-c}{2} - k, \frac{n-c}{2} - k\right)$ 分布。

$$F = \frac{\sum_{i=1}^{n} e_{i2}^2 / \left[\frac{n-c}{2} - k\right]}{\sum_{i=1}^{n} e_{i1}^2 / \left[\frac{n-c}{2} - k\right]} = \frac{\sum_{i=1}^{n} e_{i2}^2}{\sum_{i=1}^{n} e_{i1}^2} \sim F\left(\frac{n-c}{2} - k, \frac{n-c}{2} - k\right) \quad (3-77)$$

（5）判断准则。给定显著性水平 α，临界值为 $F_\alpha\left(\frac{n-c}{2} - k, \frac{n-c}{2} - k\right)$，当 F 统计量的值大于临界值时，拒绝原假设，认为模型的随机误差存在异方差性。

3.3.3 异方差性的修正

1. 加权最小二乘法（WLS）

加权最小二乘法是对原模型（3 − 55）加入权 w_i，使得变换后的模型

$$w_i Y_i = w_i X_i \beta + w_i \mu_i, \quad i = 1, 2, \cdots, n \quad (3-78)$$

不存在异方差性，再对变换后的模型采用普通最小二乘法估计参数

如何确定赋予多大的权 w_i 呢？

假如我们知道原模型的随机误差的方差与解释变量存在如下形式：

$$Var(\mu_i) = \sigma_i^2 = f(X_i) \sigma^2 \quad (3-79)$$

则令权

$$w_i = \frac{1}{\sqrt{f(X_i)}} \quad (3-80)$$

将权代入原模型得到新模型为：

$$\frac{1}{\sqrt{f(X_i)}}Y_i = \frac{1}{\sqrt{f(X_i)}}X_i\beta + \frac{1}{\sqrt{f(X_i)}}\mu_i,\ i = 1,\ 2,\ \cdots,\ n \qquad (3-81)$$

新模型的随机误差的方差为：

$$\mathrm{Var}\left(\frac{1}{\sqrt{f(X_i)}}\mu_i\right) = \frac{1}{f(X_i)}\sigma_i^2 = \frac{1}{f(X_i)} \cdot f(X_i)\sigma^2 = \sigma^2 \qquad (3-82)$$

可以发现新模型不存在异方差性。

加权最小二乘法中的权，是此方法的关键，我们需要找出原模型的随机误差的方差与解释变量的关系。

加权最小二乘法的主要步骤：

（1）采用普通最小二乘法估计原模型（3-55），并计算 $(y_i - \bar{y}_i)^2$ 得到残差的平方 e_i^2。

（2）估计 e_i^2 与解释变量 X_i 之间的函数关系 $f(X_i)$，得到权 w_i。

（3）将权 w_i 引入元原模型得到新模型（3-81），并对新模型采用普通最小二乘法估计参数。

由于原模型的随机误差的方差 σ_i^2 与解释变量 X_i 之间的函数关系是估计出来的，因此此方法又称为可行的广义最小二乘法。

2. 异方差稳健标准误法

异方差稳健标准误法先采用普通最小二乘估计量，再对估计量的方差进行修正，消除异方差性的后果。

怀特提出一元线性模型中斜率的估计值 $\hat{\beta}_1$ 的样本方差修正为：

$$S_{\hat{\beta}_1}^2 = \frac{\sum (x_i - \bar{x})^2 e_i^2}{[\sum (x_i - \bar{x})^2]^2} \qquad (3-83)$$

将 $S_{\hat{\beta}_1}$ 称为 $\hat{\beta}_1$ 的样本稳健标准误差。

因为加权最小二乘法中估计 e_i^2 与解释变量 X_i 之间的函数关系并不容易，而在 EViews 中用标准的程序可直接求出异方差稳健标准误，此方法被广泛地运用。

3.3.4　建模实例

为了研究三大产业增长对我国经济增长的贡献，可使用如下模型：

$$Y = \beta_0 + \beta_1X_1 + \beta_2X_2 + \beta_3X_3 + \mu \qquad (3-84)$$

其中，Y 表示 GDP 增长率，X_1，X_2，X_3 分别表示第一产业增长率、第二产业增长率，第三产业增长率。表 3-6 中收集中国 1981～2014 年 GDP 和各产业增长率的数据。31 个省 2013 年中国房地产行业的样本资料。

表 3 – 6 　　　　　　　　1981 ~ 2014 年 GDP 和各产业增长率样本资料

年度	GDP增长率	第一产业增长率	第二产业增长率	第三产业增长率	年度	GDP增长率	第一产业增长率	第二产业增长率	第三产业增长率
1981	5.2	6.89	1.87	10.42	1998	7.8	3.5	8.91	8.37
1982	9.1	11.53	5.56	12.98	1999	7.6	2.8	8.14	9.33
1983	10.9	8.33	10.37	15.17	2000	8.4	2.4	9.43	9.75
1984	15.2	12.88	14.48	19.35	2001	8.3	2.8	8.44	10.26
1985	13.5	1.84	18.57	18.16	2002	9.1	2.9	9.83	10.44
1986	8.8	3.32	10.22	12.04	2003	10	2.5	12.67	9.5
1987	11.6	4.7	13.69	14.36	2004	10.1	6.3	11.11	10.06
1988	11.3	2.54	14.52	13.16	2005	11.3	5.2	12.1	12.2
1989	4.1	3.07	3.77	5.36	2006	12.7	5	13.4	14.1
1990	3.8	7.33	3.17	2.33	2007	14.2	3.7	15.1	16
1991	9.2	2.4	13.85	8.87	2008	9.6	5.4	9.9	10.4
1992	14.2	4.7	21.15	12.44	2009	9.2	4.2	9.9	9.6
1993	14	4.7	19.87	12.19	2010	10.6	4.3	12.2	9.5
1994	13.1	4	18.36	11.09	2011	9.5	4.2	10.6	9.5
1995	10.9	5	13.88	9.84	2012	7.7	4.5	8.2	8
1996	10	5.1	12.11	9.43	2013	7.7	3.8	7.9	8.3
1997	9.3	3.5	10.48	10.72	2014	7.4	4.1	7.3	8.1

资料来源：中国统计局。

OLS 法的结果为：

$$\hat{Y} = 0.83 + 0.19X_1 + 0.46X_2 + 0.28X_3$$
$$(2.30)(4.09) \quad (15.65) \quad (6.94)$$
$$R^2 = 0.9648, \quad \bar{R}^2 = 0.9612, \quad F = 273.72 \qquad (3-85)$$

不同时期第一产业，第二产业，第三产业对 GDP 的增长贡献程度都是不一样的，因此，模型中可能会存在异方差的问题。下面我们先介绍在 EViews 中，检验是否存在异方差性的具体操作。

1. 异方差性的检验

（1）图示法。

首先，我们计算估计结果式（3-85）的残差序列的平方，并且将新序列命名为"r2"。我们点击菜单栏中的"Quick"按钮，并选择"Generate Series…"，出现新建序列对话框，如图 3 – 25 所示，输入"r2 = resid^2"，点击"OK"形成新序列。或者在命令行输入命令"gene r2 = resid^2"。

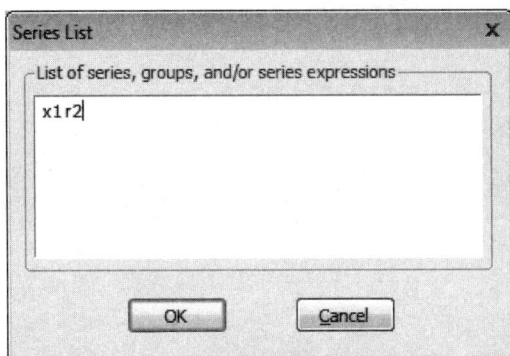

图 3 – 25 新建图像对话框

接下来，我们分别画出残差的平方 e_i^2 与解释变量 X_1，X_2，X_3 之间的散点图。选择工具栏中的"Quick"按钮，并选择"Graph…"，出现新建图像对话框，输入"x1 r2"，如图 3 – 25 所示。点击"OK"，出现图形设定对话框，我们先对图形类型"Graph Type"进行选择，对于"General"选择"Basic graph"，"Specific"中选择"XY Line"，如图 3 – 26（1）所示。

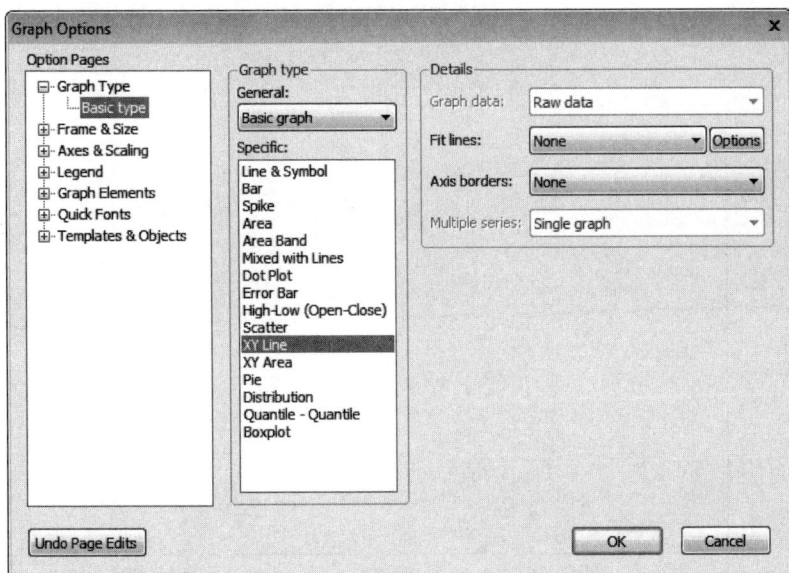

（1）

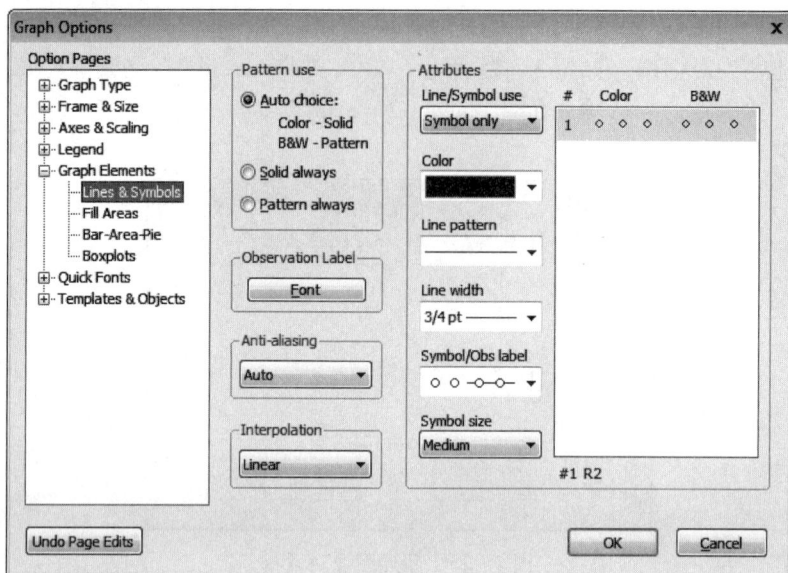

（2）

图 3 - 26 图形设定对话框

再对线性进行设置，如图 3 - 26（2）所示，即对"Graph Elements"中的"Lines & Symbol"进行设置，选择"Attributes"中的"Lines/Symbol use"，将其设定为"Symbol only"，点击"OK"即可得到残差的平方 e_i^2 与解释变量 X_1 之间的散点图，如图 3 - 27（1）所示。用相同的方法分别画出残差的平方 e_i^2 与解释变量 X_2，X_3 之间的散点图，如图 3 - 27（2）、图 3 - 27（3）所示。

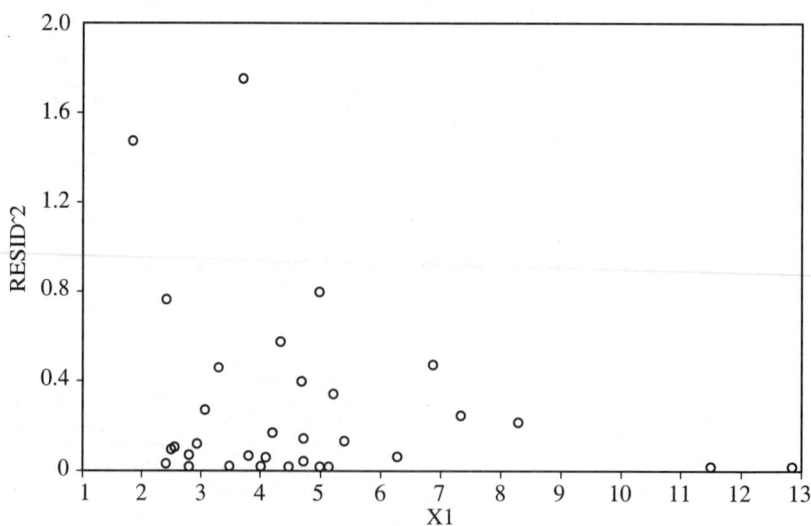

（1）

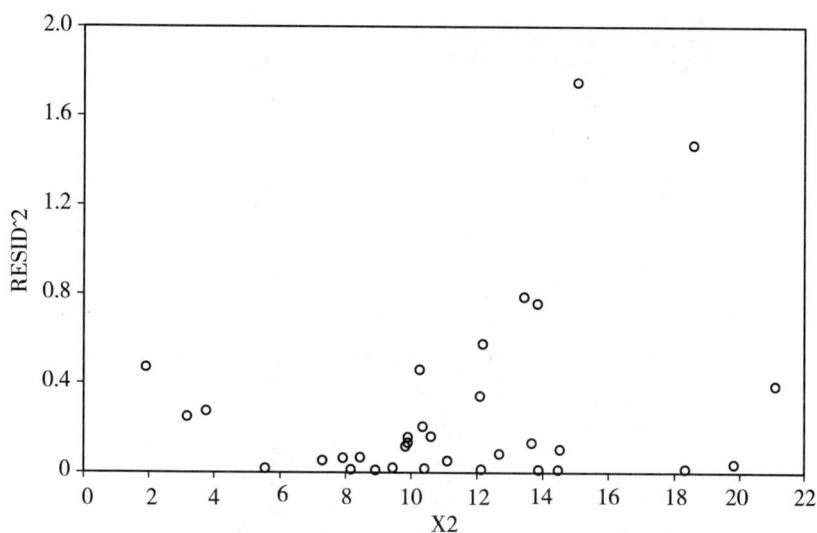

（2）

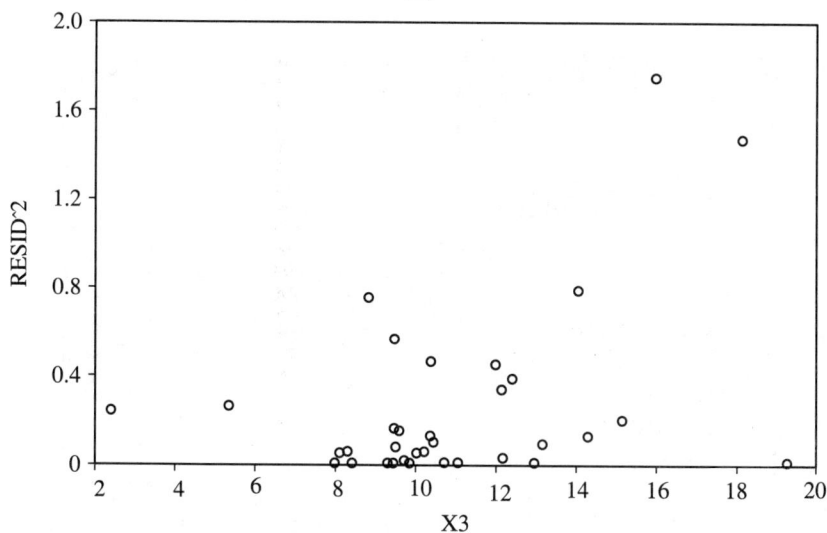

（3）

图 3 - 27 残差的平方与解释变量之间的散点图

我们从散点图中可以看出，样本点都没有落在一个固定区域，因此残差的平方 e_i^2 可能存在异方差性。

（2）White 检验与 BP 检验。

先对原方程进行 OLS 回归，得到回归结果，如图 3 - 28 所示，选择工具栏中的 "View"，再选择 "Residual Diagnostics" —— "Heteroskedasticity Test⋯"，出现异方差检验对话框，如图 3 - 29 所示。在 "Test type" 中依次为 BP 检验、Harvey 检验、Glejesr 检验、ARCH 检验和 White 检验，最后一种是自定义检验方法。对异方差性的检验中，我们较常用的方法是 BP 检验和 White 检验。

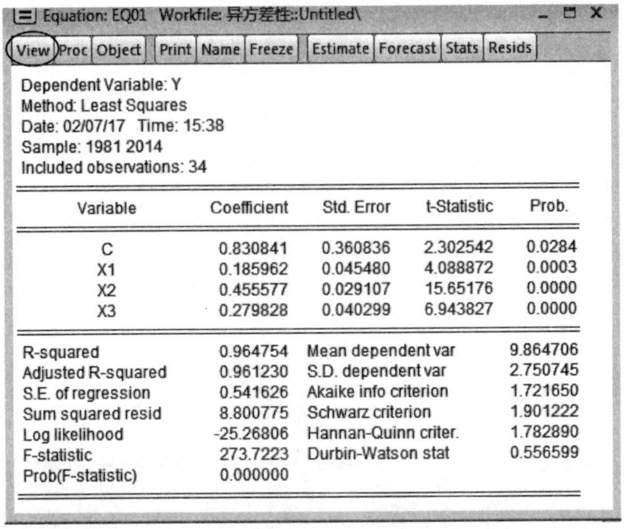

Dependent Variable: Y
Method: Least Squares
Date: 02/07/17 Time: 15:38
Sample: 1981 2014
Included observations: 34

Variable	Coefficient	Std. Error	t-Statistic	Prob.
C	0.830841	0.360836	2.302542	0.0284
X1	0.185962	0.045480	4.088872	0.0003
X2	0.455577	0.029107	15.65176	0.0000
X3	0.279828	0.040299	6.943827	0.0000

R-squared	0.964754	Mean dependent var	9.864706
Adjusted R-squared	0.961230	S.D. dependent var	2.750745
S.E. of regression	0.541626	Akaike info criterion	1.721650
Sum squared resid	8.800775	Schwarz criterion	1.901222
Log likelihood	-25.26806	Hannan-Quinn criter.	1.782890
F-statistic	273.7223	Durbin-Watson stat	0.556599
Prob(F-statistic)	0.000000		

图 3－28 回归结果

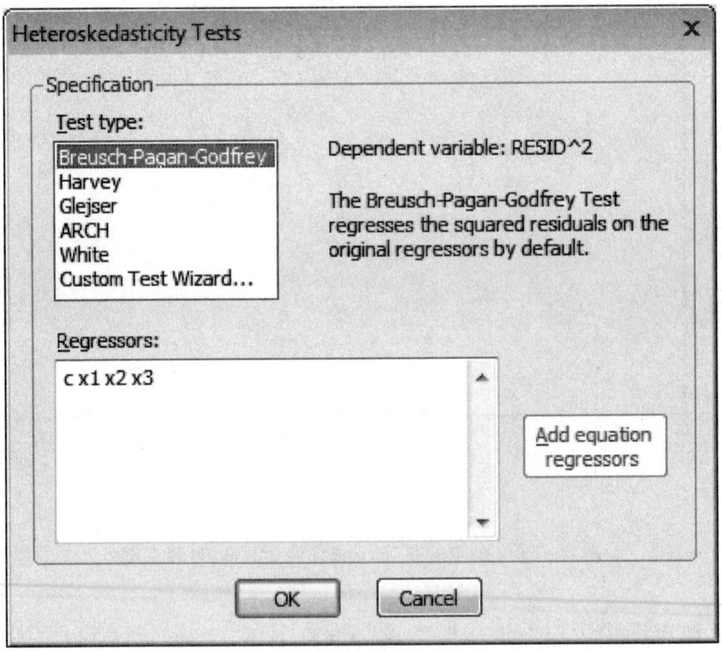

图 3－29 异方差检验对话框

在“Test type”中选择“Breusch－Pagan－Godfrey”，将检验方法设定为 BP 检验，图 3－29 为 BP 检验的设定窗口，我们看到辅助方程的被解释变量是残差的平方，在解释变量“Regressors”中输入“c x1 x2 x3”，点击“OK”即可。BP 检验的结果如图 3－30 所示，我们发现三个统计量的值分别为：

$$F = 4.13 \qquad\qquad (3-86)$$

$$LM = nR^2 = 9.94 \qquad\qquad (3-87)$$

$$\frac{\sum_{i=1}^{n} (e_i^2)^2}{2\hat{\sigma}^4} = 9.28 \qquad\qquad (3-88)$$

Heteroskedasticity Test: Breusch-Pagan-Godfrey

F-statistic	4.131786	Prob. F(3,30)	0.0145
Obs*R-squared	9.940762	Prob. Chi-Square(3)	0.0191
Scaled explained SS	9.277819	Prob. Chi-Square(3)	0.0258

Test Equation:
Dependent Variable: RESID^2
Method: Least Squares
Date: 02/13/17　Time: 16:26
Sample: 1981 2014
Included observations: 34

Variable	Coefficient	Std. Error	t-Statistic	Prob.
C	−0.085314	0.239121	−0.356780	0.7238
X1	−0.069441	0.030139	−2.304013	0.0283
X2	−0.012725	0.019289	−0.659707	0.5145
X3	0.074387	0.026706	2.785440	0.0092

R-squared	0.292375	Mean dependent var	0.258846
Adjusted R-squared	0.221613	S.D. dependent var	0.406827
S.E. of regression	0.358929	Akaike info criterion	0.898744
Sum squared resid	3.864892	Schwarz criterion	1.078316
Log likelihood	−11.27866	Hannan-Quinn criter.	0.959984
F-statistic	4.131786	Durbin-Watson stat	1.256062
Prob(F-statistic)	0.014486		

图 3 − 30　BP 检验结果

在 5% 的显著性水平下，自由度为（3，30）的 F 分布的临界值为 $F_{0.05}(3,30) = 2.92$，自由度为 3 的 χ^2 分布的临界值为 $\chi^2_{0.05}(3) = 7.81$。因此，在 5% 的显著性水平下拒绝原模型随机扰动项方差是同方差的原假设。

在 "Test type" 中选择 "White"，将检验方法设定为 White 检验，可以看到 White 检验的选项对话框中出现 "Include White cross terms"，如图 3 − 31 所示，该选项的意思是：是否在辅助回归中包含交叉项，EViews 中默认为勾选该项，即包含交叉项，若不勾选该选项，则认为辅助回归中不包含交叉项。该例题中，我们选择辅助回归中包含交叉项，White 检验的结果为：

$$F = 5.01 \qquad\qquad (3-89)$$
$$LM = nR^2 = 22.19 \qquad\qquad (3-90)$$

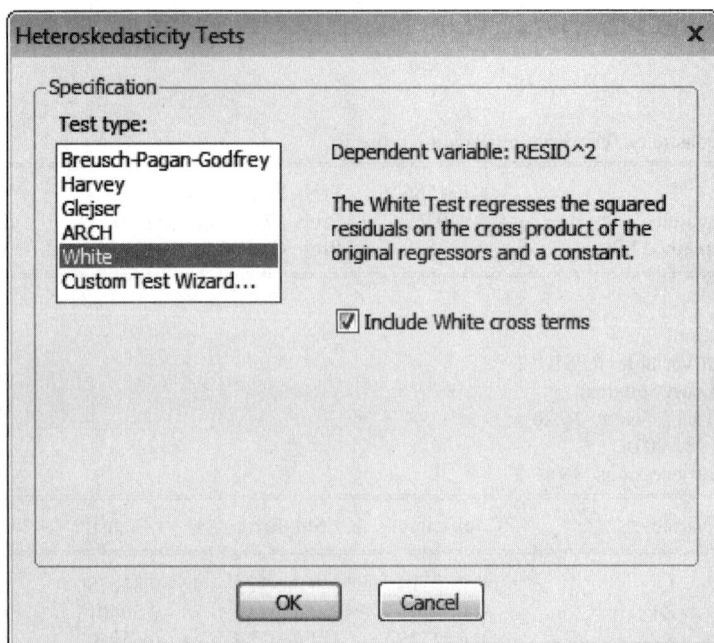

图 3-31　White 检验选项对话框

在5%的显著性水平下，自由度为（9，24）的 F 分布的临界值为 $F_{0.05}(9, 24) = 2.30$，自由度为3的 χ^2 分布的临界值为 $\chi_{0.05}^2(9) = 16.92$。因此，在5%的显著性水平下拒绝原模型随机扰动项方差是同方差的原假设。图 3-32 是 White 检验结果。

（3）GQ 检验。

在 EViews 中，GQ 检验没有标准化的程序，可以直接得到结果，因此我们需根据 GQ 检验的具体步骤得到检验结果。

①排序。

我们对某一个解释变量的观测值进行排序。这里我们选择对 X_3 的观测值进行排序。在选择工具栏中的"Proc"选择"Sort Current page"，跳出序列排序对话框，如图 3-33 所示。在"Sort key(s)"中输入"x3"，"Sort order"是选择将序列升序排列还是降序排列。"Ascengding"是从小到大升序排列，"Descending"是降序排列。我们从图 3-27 中看出残差的平方与 X_3 之间存在递增关系，因此我们选择"Ascending"，升序排列，点击"OK"按钮，即对数据进行了排列。

Heteroskedasticity Test: White

F-statistic	5.010373	Prob. F(9,24)	0.0007
Obs*R-squared	22.18989	Prob. Chi-Square(9)	0.0083
Scaled explained SS	20.71006	Prob. Chi-Square(9)	0.0140

Test Equation:
Dependent Variable: RESID^2
Method: Least Squares
Date: 02/13/17　Time: 16:45
Sample: 1981 2014
Included observations: 34

Variable	Coefficient	Std. Error	t-Statistic	Prob.
C	0.466716	0.654308	0.713297	0.4825
X1^2	−0.031476	0.016368	−1.923030	0.0664
X1*X2	−0.025898	0.018873	−1.372243	0.1827
X1*X3	0.019152	0.023830	0.803692	0.4295
X1	0.291211	0.130404	2.233142	0.0351
X2^2	0.001056	0.004869	0.216812	0.8302
X2*X3	−0.008897	0.022074	−0.403052	0.6905
X2	0.182826	0.126370	1.446755	0.1609
X3^2	0.022596	0.016613	1.360101	0.1864
X3	−0.401597	0.171993	−2.334959	0.0282

R-squared	0.652644	Mean dependent var	0.258846
Adjusted R-squared	0.522385	S.D. dependent var	0.406827
S.E. of regression	0.281157	Akaike info criterion	0.540122
Sum squared resid	1.897184	Schwarz criterion	0.989052
Log likelihood	0.817920	Hannan-Quinn criter.	0.693220
F-statistic	5.010373	Durbin-Watson stat	1.664877
Prob(F-statistic)	0.000747		

图 3 - 32　White 检验结果

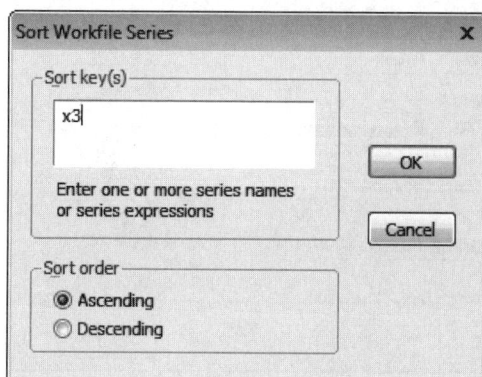

图 3 - 33　序列排序对话框

②本例题中观测值有34组，观测值的1/4约为8，因此将排列中的8个观测值删除掉，再将剩余的观测值分成两部分，每部分观测值的个数为13。在进行OLS法时应该将样本区间设为：1~13和22~34。

③构造 F 统计量。

分别对两部分观测值做 OLS 回归，得到两部分的残差平方和，前一部分回归的残差平方和为 $\sum_{i=1}^{n} e_{i1}^2 = 0.8394$，后一部分回归的残差平方和 $\sum_{i=1}^{n} e_{i2}^2 = 5.3688$，得到 F 统计量的值为：

$$F = \frac{\sum_{i=1}^{n} e_{i2}^2}{\sum_{i=1}^{n} e_{i1}^2} = 6.3960 \qquad (3-91)$$

④判断。

给定显著性水平5%，自由度为（10，10）临界值为 $F_{0.05}(10, 10) = 2.97$，F 统计量的值大于临界值，拒绝原假设，认为模型的随机误差存在异方差性。

2. 异方差性的修正

方法一：采用异方差稳健估计法

与序列相关稳健估计法的操作类似，点击主窗口菜单栏中的"Quick"—"Estimate Equation…"或者点击"Object"—"New Object"—"Equation"，打开方程设定对话框，估计方法选择"LS - Least Squares（NLS and ARMA）"，即普通最小二乘法。将方程形式设定为"y c x1 x2 x3"。与序列相关稳健估计法不同之处在于：选项"Options"中的"Coefficient covariance matrix"选择"White"，如图3-34所示。点击"OK"即出现结果。

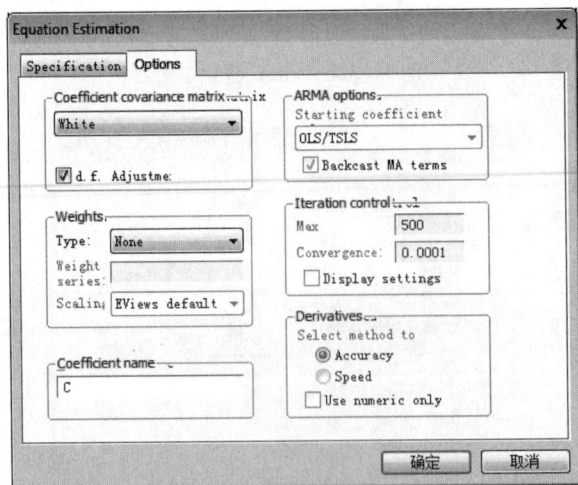

图 3-34 异方差稳健估计法"Options"对话框

输出结果见图 3 – 35。

Variable	Coefficient	Std. Error	t-Statistic	Prob.
C	0.830841	0.311397	2.668103	0.0122
X1	0.185962	0.048408	3.841603	0.0006
X2	0.455577	0.027827	16.37168	0.0000
X3	0.279828	0.057690	4.850534	0.0000
R-squared	0.964754	Mean dependent var		9.864706
Adjusted R-squared	0.961230	S.D. dependent var		2.750745
S.E. of regression	0.541626	Akaike info criterion		1.721650
Sum squared resid	8.800775	Schwarz criterion		1.901222
Log likelihood	−25.26806	Hannan-Quinn criter.		1.782890
F-statistic	273.7223	Durbin-Watson stat		0.556599
Prob(F-statistic)	0.000000	Wald F-statistic		406.1225
Prob(Wald F-statistic)	0.000000			

图 3 – 35 异方差稳健估计法结果

$$\hat{Y} = 0.83 + 0.19X_1 + 0.46X_2 + 0.28X_3$$
$$(2.67)\,(3.84)\quad(16.37)\quad(4.85)$$
$$R^2 = 0.9648,\ \overline{R}^2 = 0.9612,\ F = 273.72 \tag{3-92}$$

可以看出，估计的参数与 OLS 法估计的结果相同，但是异方差稳健估计法将参数的标准差进行了修正，得到的 t 值与 OLS 法的不同。

方法二：采用加权最小二乘法

加权最小二乘法的关键在于计算权。

第一步：找到残差平方与解释变量具体的函数关系。

经过试算，残差的平方 e^2 与 X_1^2，X_3^2 有显著的回归关系：

$$e^2 = -0.0059X_1^2 + 0.0033X_3^2$$
$$(-3.20)\quad\quad(6.24)$$
$$R^2 = 0.3924 \tag{3-93}$$

第二步：计算权重。根据第一步的函数关系，可以得到权为：

$$w_i = 1/\sqrt{\hat{f}_i} = 1/\sqrt{-0.0059X_{i1}^2 + 0.0033X_{i3}^2} \tag{3-94}$$

现在我们需要在 EViews 中新建一个向量，保存每个样本观测值的权重。

点击主窗口菜单栏中的 "Quick" — "Generate series…"，打开新建序列对话框，在 "Enter equation" 中输入 "w1 = − 0.0059 × x1^2 + 0.0033 × x3^2"，点击 "OK" 按钮，即可得到名为 "w1" 的新序列，如图 3 – 36 所示。

第三步：进行加权最小二乘法估计参数。点击主窗口菜单栏中的 "Quick" — "Estimate Equation…" 或者点击 "Object" — "New Object" — "Equation"，打开方程设定对话框，仍然将估计方法设定为 "LS – Least Squares（NLS and ARMA）" 即普通最小二乘法。将方程形式设定为 "y c x1 x2 x3"。与普通最小二乘法不同

点："选项"Options"中的有关权重的设定"Weights"中，类型"Type"选择
"Inverse variance"，将权"Weight series"设为"w1"，"Scaling"中选择"Aver-
age"，点击"OK"即可得到加权最小二乘估计的结果。如图 3 – 37 所示。

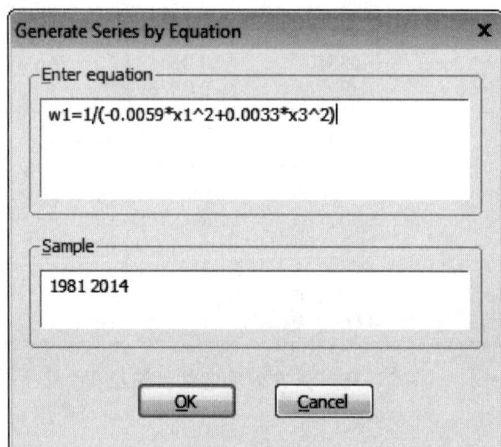

图 3 – 36　新建序列对话框

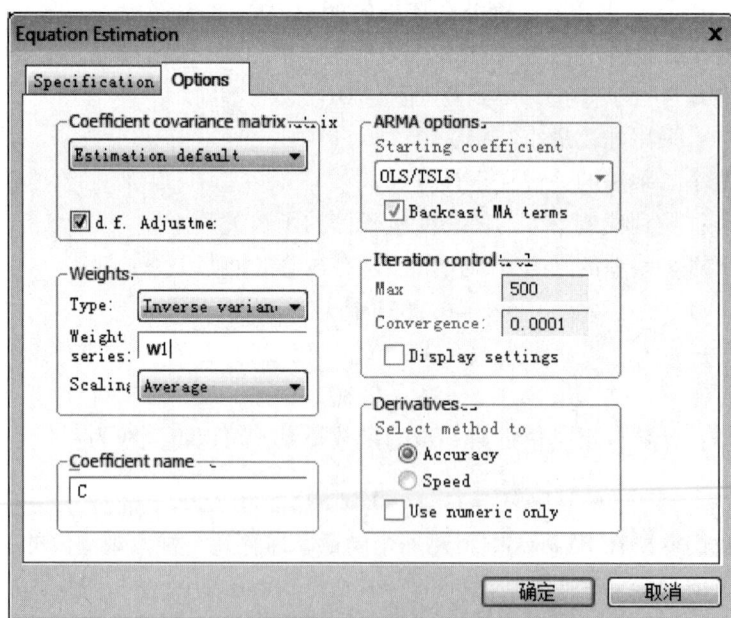

图 3 – 37　加权最小二乘法"**Options**"对话框

加权最小二乘法估计的结果为：

$$\hat{Y} = 0.48 + 0.19X_1 + 0.50X_2 + 0.27X_3$$
$$(1.72)\ (3.31)\ (20.03)\ (5.36)$$

$$R^2 = 0.9795, \quad \overline{R}^2 = 0.9773, \quad F = 446.12 \qquad (3-95)$$

图 3 - 38 为软件输出的加权最小二乘法估计的结果。

Variable	Coefficient	Std. Error	t-Statistic	Prob.
C	0.476499	0.276861	1.721074	0.0963
X1	0.194993	0.058945	3.308078	0.0026
X2	0.497250	0.024828	20.02739	0.0000
X3	0.266711	0.049734	5.362779	0.0000
Weighted Statistics				
R-squared	0.979507	Mean dependent var		8.808544
Adjusted R-squared	0.977312	S.D. dependent var		1.997623
S.E. of regression	0.435672	Akaike info criterion		1.292613
Sum squared resid	5.314676	Schwarz criterion		1.475830
Log likelihood	−16.68181	Hannan-Quinn criter.		1.353344
F-statistic	446.1153	Durbin-Watson stat		0.212289
Prob(F-statistic)	0.000000	Weighted mean dep.		8.564560
Unweighted Statistics				
R-squared	0.954812	Mean dependent var		10.07813
Adjusted R-squared	0.949970	S.D. dependent var		2.608143
S.E. of regression	0.583374	Sum squared resid		9.529109
Durbin-Watson stat	0.466810			

图 3 - 38　加权最小二乘法估计的结果

即使对原模型加上了权，依然有可能存在异方差问题，我们根据上面介绍的 White 检验的步骤对原模型进行检验，LM 统计量的值 $LM = nR^2 = 11.69$，在 5% 的显著性水平下，自由度为 9 的 χ^2 分布的临界值为 $\chi^2_{0.05}(9) = 16.92$，不能拒绝原假设，加权最小二乘估计得到的模型的随机扰动项不存在异方差性。

3.4　随机解释变量问题

3.4.1　随机解释变量的检验方法

对于线性模型

$$y_i = \beta_0 + \beta_1 x_{i1} + \beta_2 x_{i2} + \cdots + \beta_k x_{ik} + \mu_i, \quad i = 1, 2, \cdots, n \qquad (3-96)$$

在基本假设中要求解释变量 x_1, x_2, $\cdots$, x_k 是确定性变量。若一个或者多个解释变量是随机变量，则称原模型存在随机解释变量问题。

1. 随机解释变量问题的分类和后果

我们假设方程（3-96）中 x_1 为随机解释变量。随机解释变量问题通常可以分为 3 类。

（1）随机解释变量与随机扰动项不相关：

$$\text{Cov}(x_1, \ \mu) = 0 \tag{3-97}$$

在该情况下，参数估计量是无偏的且一致的。

（2）随机解释变量与随机扰动项同期不相关，异期相关：

$$\text{Cov}(x_{i1}, \ \mu_i) = 0$$
$$\text{Cov}(x_{i1}, \ \mu_{i-s}) \neq 0, \ s \neq 0 \tag{3-98}$$

在该情况下，参数估计量是有偏的，但是仍是一致的。

（3）随机解释变量与随机扰动项同期相关：

$$\text{Cov}(x_{i1}, \ \mu_i) \neq 0 \tag{3-99}$$

在该情况下，得到的 OLS 参数估计量是有偏且不具有一致性。

第二种和第三种情况又称为内生解释变量问题，并且将解释变量 x_1 称为内生解释变量。

2. 解释变量的内生性检验

解释变量的内生性检验又称为豪斯曼（Hausman）检验，检验步骤为：

（1）先对方程（3-96）进行普通最小二乘回归，得到参数估计量。

（2）若怀疑 X_j 是内生变量，则引入工具变量 Z_j，并对

$$X_j = \alpha_0 + \alpha_1 X_1 + \cdots + \alpha_{j-1} X_{j-1} + \alpha_j Z_j + \cdots + \alpha_k X_k + \nu \tag{3-100}$$

作普通最小二乘回归，并将残差值 $\hat{\nu}$ 保存下来。

（3）再对方程

$$Y_i = \beta_0 + \beta_1 X_1 + \cdots + \beta_k X_k + \delta \hat{\nu} + \varepsilon \tag{3-101}$$

作普通最小二乘回归，得到 δ 的参数估计值和显著性检验结果。

（4）若 δ 显著不为零，则认为解释变量 X_i 是同期内生变量，否则判断解释变量 X_i 是同期外生变量。

3. 过度识别约束检验

当一个内生解释变量对应多个工具变量时，可以对该组工具变量的外生性进行检验，这个检验就称作过度识别约束检验。检验步骤为：

（1）先对方程（3-96）进行普通最小二乘回归，并计算残差

$$e = Y_i - (\hat{\beta}_0 + \hat{\beta}_1 X_1 + \cdots + \hat{\beta}_k X_k) \tag{3-102}$$

（2）若怀疑 X_i 是内生变量，且存在 p 个工具变量 Z_1, Z_2, $\cdots$, Z_p，并对

$$e_i = \alpha_0 + \alpha_1 X_1 + \cdots + \alpha_{i-1} X_{i-1} + \alpha_{i+1} X_{i+1} + \cdots + \alpha_k X_k + \delta_1 Z_1 + \cdots + \delta_p Z_p + \nu$$
$$(3-103)$$

作普通最小二乘回归，同时计算检验 H_0：$\delta_1 = \cdots = \delta_p = 0$ 的 F 统计量。

（3）在原假设成立下，F 统计量渐进服从自由度为 $(k+p-1, n-k-p-2)$ 的 F 分布。或利用工具变量进行 GMM 估计，计算 J 统计量 $J = nR^2$，它在原假设成立的条件下，渐近服从 $\chi^2(p-k)$ 分布。给定显著性水平 α，若 F 统计量的值或者 J 统计量的值大于临界值，则拒绝工具变量 Z_1，Z_2，$\cdots$，Z_p 的都为外生变量的假设，其中至少有一个为内生变量。

3.4.2　工具变量法与两阶段最小二乘法

原模型中内生解释变量与随机干扰项同期相关时，普通最小二乘估计量是有偏且不一致的。为了得到大样本下的一致估计量，常用的估计方法是工具变量法。

1. 工具变量的选取

假设内生解释变量 X_i 有工具变量 Z，则 Z 必须满足以下条件：

（1）与所替代的内生解释变量高度相关，即 $\mathrm{Cov}(X_i, Z) \neq 0$。

（2）与随机扰动项不相关，即 $\mathrm{Cov}(\mu, Z) = 0$。

（3）与所模型中的其他解释变量不高度相关。

2. 工具变量的使用

对于一元线性模型：
$$Y_i = \beta_0 + \beta_1 X_i + \mu_i, \ i = 1, 2, \cdots, n \qquad (3-104)$$
若 X_i 与 μ_i 相关，且内生解释变量 X_i 有工具变量 $Z = (Z_1, Z_2, \cdots, Z_n)'$，于是，参数估计量为
$$\tilde{\beta}_1 = \frac{\sum (Z_i - \bar{Z})(Y_i - \bar{Y})}{\sum (Z_i - \bar{Z})(X_i - \bar{X})}, \ \tilde{\beta}_0 = \bar{Y} - \tilde{\beta}_1 \bar{X} \qquad (3-105)$$
该估计方法称为工具变量法。

对于多元线性模型的矩阵形式：
$$Y_i = X_i \beta + \mu_i, \ i = 1, 2, \cdots, n \qquad (3-106)$$
其中，$X_1 = (1, x_{11}, x_{12}, \cdots, x_{1k})$，$\beta = (\beta_0, \beta_1, \cdots, \beta_k)'$。若 X_1 与 μ_i 相关，且内生解释变量 X_1 有工具变量 $Z = (z_1, z_2, \cdots, z_n)'$，因此得到工具变量矩阵：

$$Z = \begin{pmatrix} 1 & z_1 & x_{21} & \cdots & x_{n1} \\ 1 & z_2 & x_{22} & \cdots & x_{n2} \\ \vdots & \vdots & \vdots & & \vdots \\ 1 & z_n & x_{2n} & \cdots & x_{nn} \end{pmatrix} \qquad (3-107)$$

式（3-106）的参数估计量为

$$\tilde{\beta} = (Z'X)^{-1}Z'Y \qquad (3-108)$$

下面以一元线性回归为例，说明工具变量法估计量在大样本下是一致估计量。

$$\tilde{\beta}_1 = \frac{\sum(Z_i - \bar{Z})(Y_i - \bar{Y})}{\sum(Z_i - \bar{Z})(X_i - \bar{X})} = \beta_1 + \frac{\sum(Z_i - \bar{Z})\mu_i}{\sum(Z_i - \bar{Z})(X_i - \bar{X})} \qquad (3-109)$$

两边取概率极限得：

$$\text{Plim}(\tilde{\beta}_1) = \beta_1 + \frac{\text{Plim}\left(\frac{1}{n}\sum(Z_i - \bar{Z})\mu_i\right)}{\text{Plim}\left(\frac{1}{n}\sum(Z_i - \bar{Z})(X_i - \bar{X})\right)} \qquad (3-110)$$

又因为

$$\begin{cases} \text{Plim}\left(\frac{1}{n}\sum(Z_i - \bar{Z})\mu_i\right) = \text{Cov}(Z_i, \mu_i) = 0 \\ \text{Plim}\left(\frac{1}{n}\sum(Z_i - \bar{Z})(X_i - \bar{X})\right) = \text{Cov}(Z_i, x_i) \neq 0 \end{cases} \qquad (3-111)$$

因此可得

$$\text{Plim}(\tilde{\beta}_1) = \beta_1 \qquad (3-112)$$

所以工具变量法估计量具有一致性。需要说明的是，在小样本的情况下仍是有偏的。

3. 两阶段最小二乘法

工具变量法可以等价地分解成两个阶段的普通最小二乘估计，因此称为两阶段最小二乘法。

情况一：一个内生解释变量拥有 1 个工具变量的情况。

对于一元线性模型（3-104）若 X_i 为内生解释变量，且有工具变量 Z_i，两阶段最小二乘法步骤为：

第一阶段：用普通最小二乘法对 X 作关于工具变量 Z 的回归。

$$\hat{X}_i = \hat{\alpha}_0 + \hat{\alpha}_1 Z_i \qquad (3-113)$$

第二阶段：将第一阶段得到的 X_i 的估计值 $\hat{X}_i$ 代替线性模型（3-104）中的 X_i，进行普通最小二乘回归。

$$Y_i = \beta_0 + \beta_1 \hat{X}_i + \mu_i, \quad i = 1, 2, \cdots, n \qquad (3-114)$$

对于二元线性模型

$$Y_i = \beta_0 + \beta_1 X_{i1} + \beta_2 X_{i2} + \mu_i \qquad (3-115)$$

若 X_{i1} 为内生解释变量，且有工具变量 Z_i，两阶段最小二乘法步骤为：

第一阶段：用普通最小二乘法对 X_1 作关于工具变量 Z 和解释变量 X_2 的回归。

$$\hat{X}_{i1} = \hat{\alpha}_0 + \hat{\alpha}_1 Z_i + \hat{\alpha}_2 X_{i2} \qquad (3-116)$$

第二阶段：将第一阶段得到的 X_i 的估计值 $\hat{X}_i$ 代替线性模型（3-114）中的 X_i，进行普通最小二乘回归。

$$Y_i = \beta_0 + \beta_1 \hat{X}_{i1} + \beta_2 X_{i2} + \mu_i \qquad (3-117)$$

情况二：一个内生解释变量拥有 2 个工具变量的情况。

对于二元线性模型（3-115），若 X_{i1} 为内生解释变量，且有两个工具变量分别为 Z_{i1}、Z_{i2}，两阶段最小二乘法步骤为：

第一阶段：用普通最小二乘法对 X_1 作关于工具变量 Z_{i1}、Z_{i2} 和解释变量 X_2 的回归。

$$\hat{X}_{i1} = \hat{\alpha}_0 + \hat{\alpha}_1 Z_{i1} + \hat{\alpha}_2 Z_{i2} + \hat{\alpha}_3 X_{i2} \qquad (3-118)$$

第二阶段：将第一阶段得到的 X_i 的估计值 $\hat{X}_i$ 代替线性模型（3-114）中的 X_i，进行普通最小二乘回归。

$$Y_i = \beta_0 + \beta_1 \hat{X}_{i1} + \beta_2 X_{i2} + \mu_i \qquad (3-119)$$

情况三：一个内生解释变量拥有多个工具变量的情况。

类似情况二，在此略。

3.4.3 建模实例

为了研究人口增长的影响因素，我们利用中国相关的数据为样本观测值建立模型。根据理论研究，人口的增长与经济的发展、教育事业的发展有关，因此收集了 1978～2015 年的人口自然增长率 P、国内生产总值 GDP 和每十万人口高等学校平均在校生数 S 的样本数据，人口的增长模型可以写成

$$\ln(P) = \beta_0 + \beta_1 \ln(GDP) + \beta_2 \cdot S + \mu \qquad (3-120)$$

但是，考虑到人口自然增长率与国内生产总值可能存在相互影响，所以国内生产总值 GDP 可能具有内生性，对方程（3-120）的估计值是有偏且不一致的，因此我们需要找到合适的工具变量。我们发现资本形成总额和财政收入不会直接影响人口的增长，但是却能在一定程度上反映出国内生产总值 GDP 的波动，因此我们将资本形成总额 Z_1 和财政收入 Z_2 作为工具变量，表 3-7 给出了 1978～2015 年 38 年间人口自然增长率 P、国内生产总值 GDP、每十万人口高等学校平均在校生数 S、资本形成总额 Z_1 和财政收入 Z_2 的数据。

表 3-7 中国人口增长相关样本资料

年份	人口自然增长率（‰）	国内生产总值（亿元）	每十万人口高等学校平均在校生数（人）	资本形成总额（亿元）	财政收入（亿元）
1978	12.00	3678.7	89	1412.7	1132.26
1979	11.61	4100.5	105	1519.9	1146.38
1980	11.87	4587.6	116	1623.1	1159.93
1981	14.55	4935.8	128	1662.8	1175.79
1982	15.68	5373.4	114	1759.6	1212.33
1983	13.29	6020.9	117	1968.3	1366.95
1984	13.08	7278.5	134	2560.2	1642.86
1985	14.26	9098.9	161	3629.6	2004.82
1986	15.57	10376.2	175	4001.9	2122.01
1987	16.61	12174.6	179	4644.7	2199.35
1988	15.73	15180.4	186	6060.3	2357.24
1989	15.04	17179.7	185	6511.8	2664.90
1990	14.39	18872.9	326	6555.3	2937.10
1991	12.98	22005.6	304	7892.5	3149.48
1992	11.60	27194.5	313	10833.5	3483.37
1993	11.45	35673.2	376	15782.9	4348.95
1994	11.21	48637.5	433	19916.3	5218.10
1995	10.55	61339.9	457	24342.5	6242.20
1996	10.42	71813.6	470	27556.6	7407.99
1997	10.06	79715	482	28966.2	8651.14
1998	9.14	85195.5	519	30396.6	9875.95
1999	8.18	90564.4	594	31665.6	11444.08
2000	7.58	100280.1	723	34526.1	13395.23
2001	6.95	110863.1	931	40378.8	16386.04
2002	6.45	121717.4	1146	45129.8	18903.64
2003	6.01	137422	1298	55836.7	21715.25
2004	5.87	161840.2	1420	69420.5	26396.47
2005	5.89	187318.9	1613	77533.6	31649.29
2006	5.28	219438.5	1816	89823.3	38760.20
2007	5.17	270232.3	1924	112046.8	51321.78

续表

年份	人口自然增长率（‰）	国内生产总值（亿元）	每十万人口高等学校平均在校生数（人）	资本形成总额（亿元）	财政收入（亿元）
2008	5.08	319515.5	2042	138242.8	61330.35
2009	4.87	349081.4	2128	162117.9	68518.30
2010	4.79	413030.3	2189	196653.1	83101.51
2011	4.79	489300.6	2253	233327.2	103874.43
2012	4.95	540367.4	2335	255240.0	117253.52
2013	4.92	595244.4	2418	282072.9	129209.64
2014	5.21	643974.0	2488	302717.5	140370.03
2015	4.96	689052.0	2524	312835.7	152269.23

资料来源：《中国统计年鉴》，国家统计局。

首先对方程（3－120）进行普通最小二乘回归。点击主窗口菜单栏中的"Quick"—"Estimate Equation…"或者点击"Object"—"New Object"—"Equation"，打开方程设定对话框，估计方法选择"LS－Least Squares（NLS and ARMA）"。将方程形式设定为"p c log(gdp)s"，如图3－39所示。或者在命令行中输入命令"ls p c log(gdp)s"。

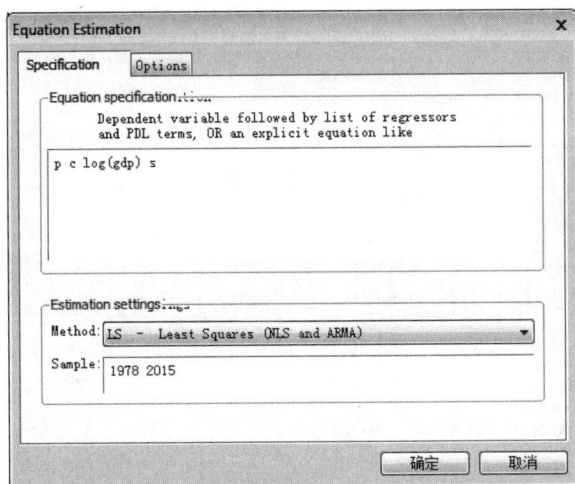

图 3－39 普通最小二乘法设定对话框

得到回归结果如下：

$$\widehat{\ln(P)} = 23.97 - 1.98\ln(GDP) - 0.0019S$$
$$(6.00) \quad (-2.63) \quad (-2.05)$$

$$R^2 = 0.8336, \ \overline{R}^2 = 0.8241, \ F = 87.68 \qquad (3-121)$$

可以看出国内生产总值 GDP 是影响人口自然增长率 P 的重要因素，可是国内生产总值 GDP 与人口自然增长率 P 之间存在双向因果关系，使得 GDP 具有内生性，导致估计量是有偏且不一致的。

接下来，我们用豪斯曼检验来判定国内生产总值 GDP 是否是内生变量。我们选择资本形成总额 Z_1 和财政收入 Z_2 作为工具变量。

第一步，做 $\ln(GDP)$ 过于 $\ln(Z_1)$、$\ln(Z_2)$ 和外生解释变量 S 的普通最小二乘回归，结果如图 3 - 40 所示。

$$\widehat{\ln(GDP)} = -0.022 + 0.38\ln(Z_1) + 0.29\ln(Z_2) - 9.75 \times 10^{-5}S \qquad (3-122)$$

```
 ≡ Equation: H  Workfile: UNTITLED::Untitled\               _  □  X
 View Proc Object  Print Name Freeze  Estimate Forecast Stats Resids

 Dependent Variable: LOG(GDP)
 Method: Least Squares
 Date: 02/17/17  Time: 23:27
 Sample: 1978 2015
 Included observations: 38

   Variable      Coefficient   Std. Error    t-Statistic    Prob.

      C           -0.022163     0.256418     -0.086434      0.9316
   LOG(Z1)         0.378865     0.052043      7.279797      0.0000
   LOG(Z2)         0.289003     0.087181      3.314982      0.0022
      S           -9.75E-05     6.94E-05     -1.405345      0.1690

 R-squared          0.997896    Mean dependent var      6.318421
 Adjusted R-squared 0.997710    S.D. dependent var      1.054613
 S.E. of regression 0.050466    Akaike info criterion  -3.035733
 Sum squared resid  0.086592    Schwarz criterion      -2.863356
 Log likelihood    61.67893     Hannan-Quinn criter.   -2.974403
 F-statistic       5374.696     Durbin-Watson stat      0.391312
 Prob(F-statistic)  0.000000
```

图 3 - 40　方程（3 - 121）回归结果

并记录残差序列 $\hat{v}$，保存残差序列方法有两种。一种是在命令行输入命令"genr r = resid"，点击主窗口菜单栏或工作文件工具栏的"Object"—"New Object…"，或者在对象栏的空白处单击鼠标右键选择"New Object…"，再选择"series"，并命名为"r"。另外我们需要找到残差序列，点击工具栏中的"View"，选择"Actual, Fitted, Residual"，点击选择"Actual, Fitted, Residual Table"，将"Residual"一栏数据复制粘贴到序列"r"中即可。

将残差序列 $\hat{v}$ 加入原模型（3 - 120）中，进行普通最小二乘估计，得到回归结果：

$$\widehat{\ln(P)} = 31.64 - 3.47\ln(GDP) - 0.0015S + 16.95\hat{v}$$
$$(7.19) \ \ (-3.40) \qquad (-1.90) \ (3.33) \qquad (3-123)$$

给定显著性水平 $\alpha = 0.05$，查表得到 $t_{0.025}(34) = 2.04$，因此在 0.05 显著性

水平下，拒绝残差序列 $\hat{v}$ 的参数为 0 的假设，可判断国内生产总值 GDP 是内生变量。

然后，根据过度识别约束检验判断资本形成总额 Z_1 和财政收入 Z_2 作为工具变量是否具有外生性。

先将原模型的残差 $\hat{\mu}$ 记录下来，做残差 $\hat{\mu}$ 关于资本形成总额 Z_1，财政收入 Z_2 和外生解释变量 S 的 OLS 回归，回归结果为：

$$\hat{\mu} = 16.71 + 3.33\ln(Z_1) - 5.91\ln(Z_2) + 0.0046S$$
$$(2.05)\quad(2.01)\qquad(-2.13)\qquad(2.07)$$
$$R^2 = 0.1194,\ F = 1.54 \tag{3-124}$$

从 F 统计量上看，在显著性水平为 $\alpha = 0.05$ 的条件下，临界值为 $F_{0.05}(3, 34) = 2.88$，因此不能拒绝参数估计量都为 0 的假设。从 J 统计量上看，由于 $nR^2 = 38 \times 0.1194 = 4.5372$，在显著性水平为 $\alpha = 0.025$ 的条件下，自由度为 1 的 χ^2 分布的临界值为 $\chi^2(1) = 5.02$，可见也不能拒绝资本形成总额 Z_1 和财政收入 Z_2 作为工具变量的外生性。

接下来，用资本形成总额 Z_1 作为工具变量，运用工具变量法对模型进行回归分析。

点击主窗口菜单栏中的"Quick"—"Estimate Equation…"或者点击"Object"—"New Object"—"Equation"，打开方程设定对话框，估计方法选择"TSLS - Two - Stage Least Squares（TSNLS and ARMA）"。上面的方框中输入方程形式"p c log(gdp) s"，下面的方框中输入工具变量"log(z1) s"，点击"OK"即可得到回归结果，如图 3-41 所示。回归结果如图 3-42 所示。

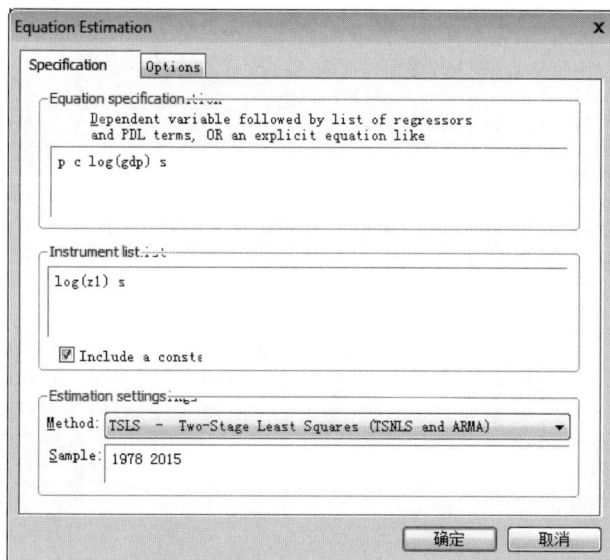

图 3-41　工具变量法设定对话框

```
Dependent Variable: P
Method: Two-Stage Least Squares
Date: 02/18/17   Time: 15:14
Sample: 1978 2015
Included observations: 38
Instrument specification: LOG(Z1)S
Constant added to instrument list
```

Variable	Coefficient	Std. Error	t-Statistic	Prob.
C	24.90489	4.042120	6.161342	0.0000
LOG(GDP)	−2.163070	0.763961	−2.831387	0.0076
S	−0.001675	0.000925	−1.810368	0.0788

R-squared	0.833350	Mean dependent var	9.685263
Adjusted R-squared	0.823827	S.D. dependent var	4.017585
S.E. of regression	1.686298	Sum squared resid	99.52599
F-statistic	88.09331	Durbin-Watson stat	0.270867
Prob(F-statistic)	0.000000	Second-Stage SSR	96.21253
J-statistic	3.74E-39	Instrument rank	3

图 3 - 42　工具变量法估计结果

可以发现，工具变量法对参数估计值进行了修正。

最后引入资本形成总额 Z_1 和财政收入 Z_2 作为工具变量进行两阶段最小二乘法。分为两步：

第一步：做内生变量 GDP 关于工具变量资本形成总额 Z_1，财政收入 Z_2 和外生变量 S 普通最小二乘回归，并记录 ln(GDP) 的拟合值。估计结果为：

$$\widehat{\ln(GDP)} = -0.022 + 0.38\ln(Z_1) + 0.29\ln(Z_2) - 9.75\times10^{-5}S \quad (3-125)$$

点击工具栏中的"Forecast"，如图 3 - 43 所示。预测界面如图 3 - 44 所示，预测变量"Series to forecast"选择"LOG(GDP)"，ln(GDP) 的拟合值命名为"gdpf"。

图 3 - 43　两阶段最小二乘法第一阶段估计结果

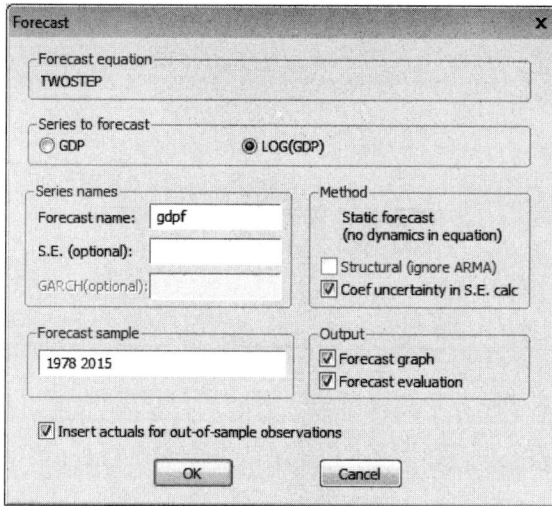

图3-44 预测界面

第二步：将原模型中的 $\ln(\text{GDP})$ 替换成 $\ln(\text{GDP})$ 的拟合值 $\widehat{\ln(\text{GDP})}$，回归结果如下：

$$\widehat{\ln(P)} = 25.51 - 2.28\,\widehat{\ln(\text{GDP})} - 0.0015S$$
$$(6.53) \quad (-3.09) \qquad (-1.72)$$
$$R^2 = 0.8433, \quad \overline{R}^2 = 0.8344, \quad F = 94.21 \qquad (3-126)$$

可以发现，两阶段最小二乘法对参数估计值进行了修正。

第 4 章

面板数据分析

本章主要介绍面板数据模型、EViews 中 Pool 对象的建立及操作、经典面板数据模型的设定及检验、固定效应和随机效应模型和 Panel 工作文件的建立。

4.1　面板数据模型概述

时间序列数据或截面数据都是一维数据。面板数据（Panel Data）是同时在时间和截面空间上取得的二维数据。与一般的混合横截面时间序列数据不同的是，面板数据是对多个相同的个体在不同时期的观测。伴随着经济理论、计算机技术、统计方法和数据采集技术的发展，Panel Data 得到了越来越广泛的应用。

面板数据用双下标变量表示，例如：

$$y_{it}, \ i = 1, \ 2, \ \cdots, \ N; \ t = 1, \ 2, \ \cdots, \ T$$

N 表示面板数据中含有 N 个个体。T 表示时间序列的最大长度。若固定 t 不变，$y_{i.}$，（$i = 1, \ 2, \ \cdots, \ N$）是横截面上的 N 个随机变量；若固定 i 不变，$y_{.t}$，（$t = 1, \ 2, \ \cdots, \ T$）是纵剖面上的一个时间序列（个体）。

面板数据模型的一般形式：

$$y_{it} = \alpha_i + X_{it}\beta_i + u_{it} \ (i = 1, \ 2, \ \cdots, \ N; \ t = 1, \ 2, \ \cdots, \ T) \qquad (4-1)$$

其中，x_{it} 为 $1 \times K$ 向量，β_i 为 $K \times 1$ 向量，K 为解释变量的数目。

面板数据可以根据两个维度的大小分为两种类型：①N 大 T 小，一般称短面板，常见于各种微观调查数据；②N 小 T 大，一般称长面板，常见于宏观数据。

面板数据因同时含有时间序列数据和截面数据，所以其统计性质既带有时间序列的性质，又包含一定的横截面特点。因而，以往采用的计量模型和估计方法就需要有所调整。

用面板数据建立的模型通常有 3 种。即混合（pool）估计模型、固定效应模型和随机效应模型。

模型（$4-1$）常用的有如下三种情形：

情形 1：$\alpha_i = \alpha_j$，$\beta_i = \beta_j$

情形 2：$\alpha_i \neq \alpha_j$，$\beta_i = \beta_j$

情形 3：$\alpha_i \neq \alpha_j$，$\beta_i \neq \beta_j$

对于情形 1，在横截面上无个体影响、无结构变化，则普通最小二乘估计给出了 α 和 β 的一致有效估计。相当于将多个时期的截面数据放在一起作为样本数据。对于情形 2，称为变截距模型，在横截面上个体影响不同，个体影响表现为模型中被忽略的反映个体差异的变量的影响，又分为固定影响和随机影响两种情况。对于情形 3，称为变系数模型，除了存在个体影响外，在横截面上还存在变化的经济结构，因而结构参数在不同横截面单位上是不同的。

4.1.1　混合估计模型

如果从时间上看，不同个体之间不存在显著性差异；从截面上看，不同截面之间也不存在显著性差异，那么就可以直接把面板数据混合在一起用普通最小二乘法（OLS）估计参数。

$$y_{it} = \alpha + X_{it}\beta + u_{it}$$

混合估计模型的特点是对各个个体和截面，回归系数 α 和 β 均相同。

4.1.2　固定效应模型

一般为了分析每个个体的特殊效应，对随机误差项 u_{it} 的设定是

$$u_{it} = \alpha_i + \varepsilon_{it} \tag{4-2}$$

其中，α_i 代表个体的特殊效应，它反映了不同个体之间的差别。

最常见的两种面板数据模型是建立在 α_i 的不同假设基础之上。一种假设假定 α_i 是固定的常数，这种模型被称为固定效应（fixed effect，FE）模型，另一种假设假定 α_i 不是固定的，而是随机的，这种模型被称为随机效应（random effect，RE）模型。

固定效应模型：

$$y_{it} = \alpha_i + X_{it}\beta + u_{it} \tag{4-3}$$

其中，α_i 是对每一个个体是固定的常数，代表个体的特殊效应，也反映了个体间的差异。

4.1.3　随机效应模型

与固定效应模型不同的是，随机效应模型假定 α_i 与 ε_{it} 同为随机变量

随机效应模型可以表达如下：

$$Y_{it} = \alpha + X_{it}\beta + \alpha_i + \varepsilon_{it}, \ i = 1, \cdots, n, \ t = 1, \cdots, T \tag{4-4}$$

其中，α_i 是一个随机变量，代表个体的随机效应。由于模型的误差项为二种随机误差之和，所以也称该模型为误差构成模型（error component model）。

4.2   EViews 中 pool 对象的建立及操作

EViews 对面板模型的估计是通过含有 pool 对象的工作文件或使用面板结构工作文件来实现的。根据 EViews 用户手册的建议，一般 pool 对象适用于截面数量比较少，即 N 较小的数据，而对 N 很大的数据建议使用面板结构工作文件。

本章使用一个经典案例来介绍 EViews 的面板数据模型操作。

案例：酒精税和交通事故死亡率

在美国每年有 4 万高速公路交通事故，约 1/3 涉及酒后驾车。这个比率在饮酒高峰期会上升。早晨 1~3 点 25% 的司机饮酒。饮酒司机出交通事故数是不饮酒司机的 13 倍。现有 1982~1988 年 48 个州共 336 组美国公路交通事故死亡人数与啤酒税的数据。本案例研究酒精税和关于酒后驾车的法律规定对交通死亡事故的效应。

原始数据的 excel 文件为：fatality. xls 或 fatality. xlsx。

首先建立时间序列（年度）工作文件：Fatality_pool. wfl. , 如图 4 - 1 所示。

图 4 - 1　建立工作文件

然后建立新的对象：EViews 菜单，"Object - New object - pool", 如图 4 - 2 和图 4 - 3 所示。

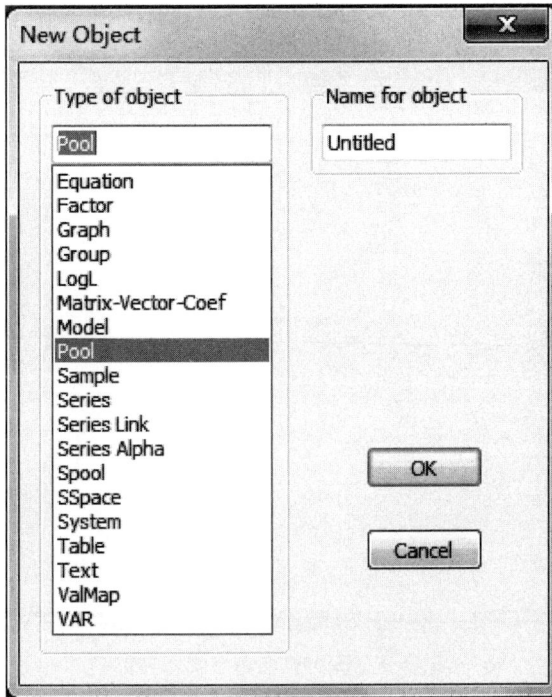

图4-2 建立新的 pool 对象

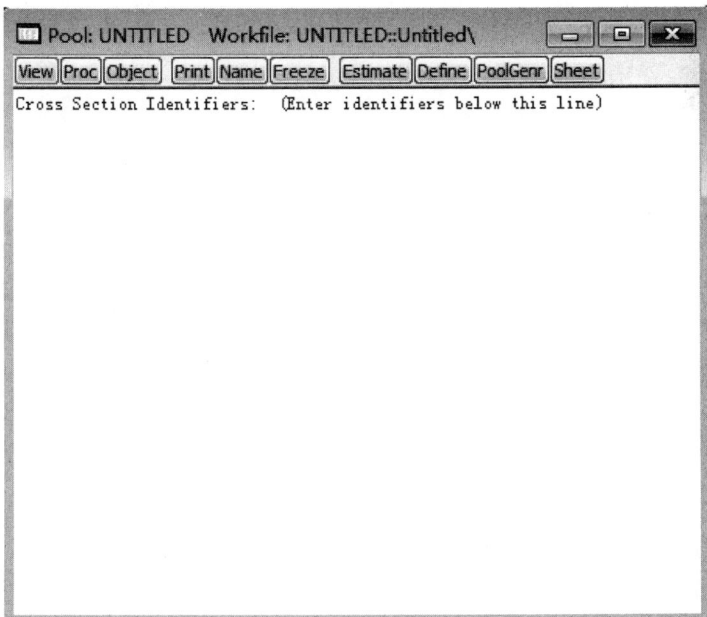

图4-3 新建的空白 pool 对象

在窗口中输入 48 个州的标识（注：也可输入_1，_2……类似格式）

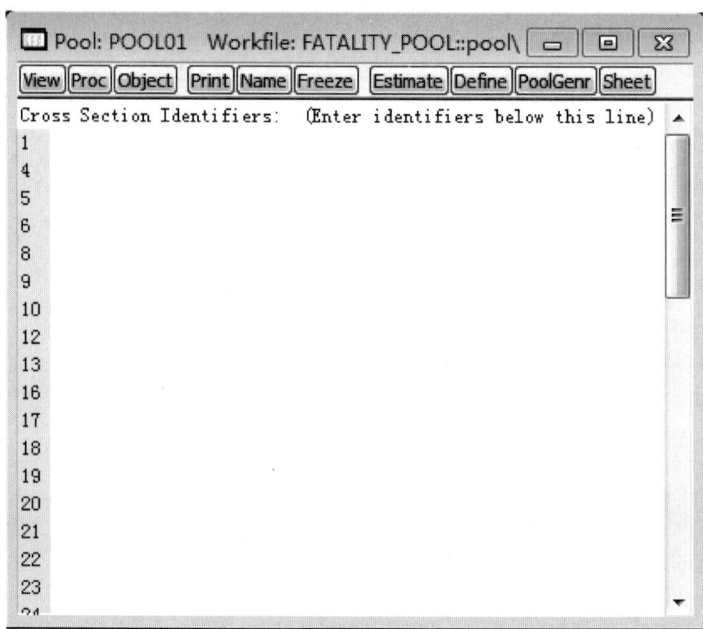

图 4 – 4 在 pool 对象中输入标识

在新建的混合数据库（Pool）窗口的工具栏中点击"Sheet"键（第 2 种路径是，点击"View"键，选"Spreadsheet"（stacked data）功能），从而打开"Series List"（列写序列名）窗口，定义时间序列变量"mrall? Beertax?"，其中，"?"表示与 marll 和 beertax 相关的 48 个州标识，如图 4 – 5 所示。

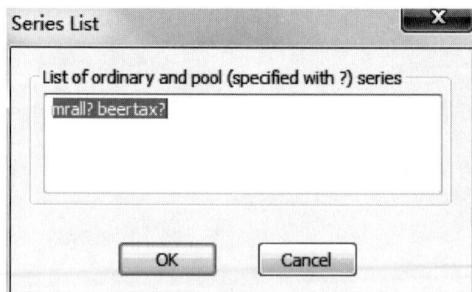

图 4 – 5 定义时间序列变量

点击"OK"键，从而打开混合数据库（Pool）窗口（图 4 – 6）。

点击"Edit + / – "键，使 EViews 处于可编辑状态，用复制和粘贴的方法输入数据。（提示：注意 excel 数据中的排序）

图 4 – 6 所示为以时间为序的堆积数据（stacked data）。点击"Order + / – "键，还可以变换为以截面为序的堆积数据。输入完成后的情形见图 4 – 7。

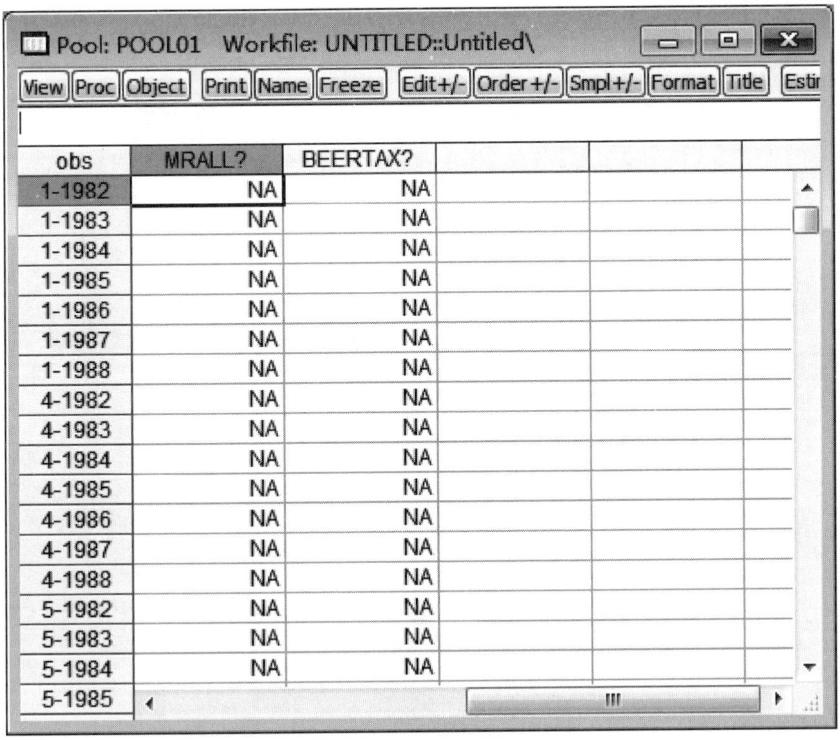

Pool: POOL01 Workfile: UNTITLED::Untitled\

View | Proc | Object | Print | Name | Freeze | Edit+/- | Order+/- | Smpl+/- | Format | Title | Estir

obs	MRALL?	BEERTAX?
1-1982	NA	NA
1-1983	NA	NA
1-1984	NA	NA
1-1985	NA	NA
1-1986	NA	NA
1-1987	NA	NA
1-1988	NA	NA
4-1982	NA	NA
4-1983	NA	NA
4-1984	NA	NA
4-1985	NA	NA
4-1986	NA	NA
4-1987	NA	NA
4-1988	NA	NA
5-1982	NA	NA
5-1983	NA	NA
5-1984	NA	NA
5-1985		

图4－6　打开 pool 数据库窗口

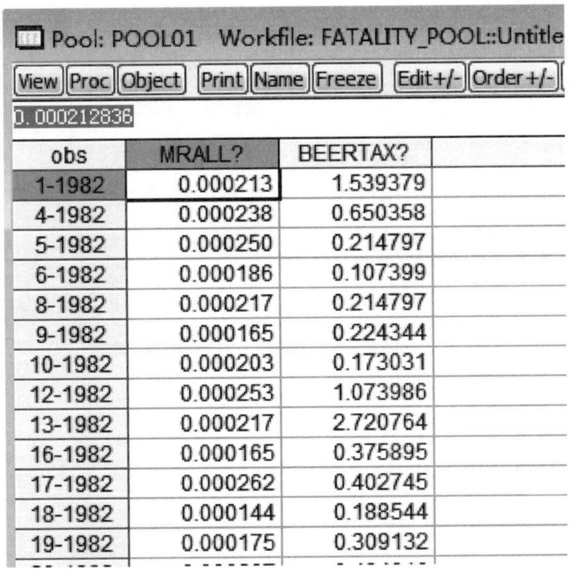

Pool: POOL01 Workfile: FATALITY_POOL::Untitle

View | Proc | Object | Print | Name | Freeze | Edit+/- | Order+/-

0.000212836

obs	MRALL?	BEERTAX?
1-1982	0.000213	1.539379
4-1982	0.000238	0.650358
5-1982	0.000250	0.214797
6-1982	0.000186	0.107399
8-1982	0.000217	0.214797
9-1982	0.000165	0.224344
10-1982	0.000203	0.173031
12-1982	0.000253	1.073986
13-1982	0.000217	2.720764
16-1982	0.000165	0.375895
17-1982	0.000262	0.402745
18-1982	0.000144	0.188544
19-1982	0.000175	0.309132

图4－7　输入数据

点击“PoolGener”可以通过公式用已有的变量生成新变量。（注意：输入变量时，不要忘记带变量后缀“?”）

如 mrall 为每万人死亡率，定义死亡人数：vfrall = 10000 × mrall。

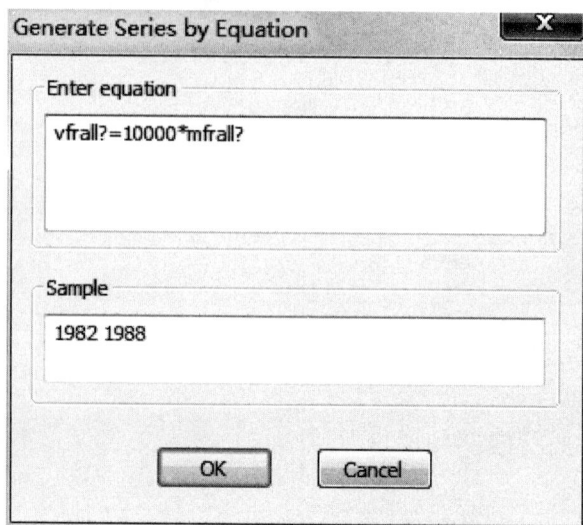

图 4 – 8　生成新的数据 vfrall

至此我们已经建立了"pool"对象。

点击"pool"对象，点击"estimate"，如图 4 – 9 所示。

图 4 – 9　pool 对象的估计

出现对话框，pool 回归估计，如图 4 – 10 所示：

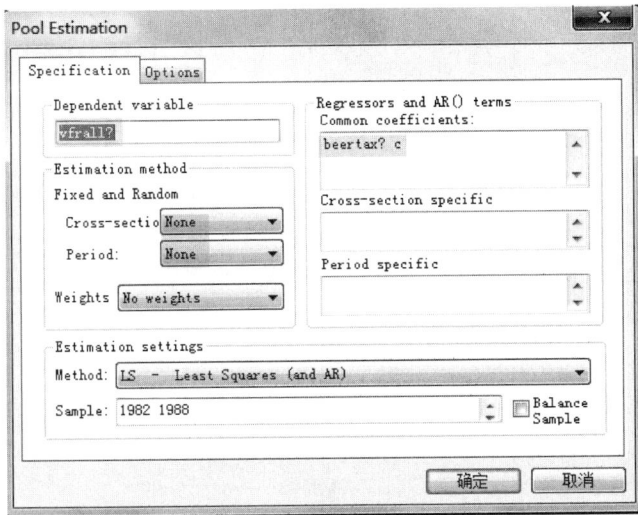

图 4 – 10　对象的估计对话框

得到结果，如图 4 – 11 所示：

Dependent Variable: VFRALL?
Method: Pooled Least Squares
Date: 05/06/14　Time: 16:29
Sample: 1982 1988
Included observations: 7
Cross-sections included: 48
Total pool (balanced) observations: 336

Variable	Coefficient	Std. Error	t-Statistic	Prob.
BEERTAX?	0.364605	0.062170	5.864668	0.0000
C	1.853308	0.043567	42.53913	0.0000

R-squared	0.093363	Mean dependent var	2.040444
Adjusted R-squared	0.090648	S.D. dependent var	0.570194
S.E. of regression	0.543736	Akaike info criterion	1.625230
Sum squared resid	98.74685	Schwarz criterion	1.647951
Log likelihood	-271.0387	Hannan-Quinn criter	1.634287
F-statistic	34.39433	Durbin-Watson stat	0.132716
Prob(F-statistic)	0.000000		

图 4 – 11　pool 回归估计结果

这就是混合回归估计。

4.3 经典面板数据模型的设定及检验

面板数据模型设定时，必须考虑样本数据在个体间的差异（异质性），时间上的变化（时变性），以及各可观测影响因素（即各解释变量）的效应变化（系数的改变性）。就线性回归模型而言，理论上通常划分为两类：一类具有相同斜率系数的模型，即不变系数模型；另一类是变系数模型。对不变系数模型还要检验截距是否相同。

通常使用协方差分析检验，主要检验如下两个假设：

对面板数据模型（4-1）有三种类型的约束条件，分别是：

$$Y_{it} - \alpha_i + X_{it}\beta_i + u_{it}, \ i=1, \cdots, n, \ t=1, \cdots, T$$

H1：回归斜率系数相同，但截距不同

$$Y_{it} = \alpha_i + X_{it}\beta + u_{it} \tag{4-5}$$

H2：回归截距相同，但斜率系数不同

$$Y_{it} = \alpha + X_{it}\beta_i + u_{it} \tag{4-6}$$

H3：斜率和截距都相同

$$Y_{it} = \alpha + X_{it}\beta + u_{it} \tag{4-7}$$

因斜率不相等时讨论截距是否相等意义不大，故一般不考虑模型（4-6）对应的约束类型。我们称模型（4-1）是无约束模型，模型（4-5）是个体均值修正回归模型或组均值修正回归模型，称模型（4-7）为混合回归模型。

可以使用约束回归检验的 F 统计量来检验

$$F = \frac{(RSS_R - RSS_U)/(k_U - k_R)}{RSS_U/(m - k_U - 1)} \sim F(k_U - k_R, \ m - k_U - 1) \tag{4-8}$$

根据上式，构造检验 H1 的 F 统计量：

$$F_1 = \frac{(S_2 - S_1)/[(n-1)k]}{S_1/[nT - n(K+1)]} \sim F[(n-1)K, \ n(T-K-1)]$$

构造检验 H3 的 F 统计量：

$$F_2 = \frac{(S_2 - S_1)/[(n-1)(K+1)]}{S_1/[nT - n(K+1)]} \sim F[(n-1)(K+1), \ n(T-K-1)]$$

式中，S1，S2，S3 分别为模型（4-1）、模型（4-5）、模型（4-7）的回归残差平方和。

EViews 提供了一个内置的工具来检验固定效应，在 pool 对象中，见菜单：View \ Fixed/Random Effects Testing \ Redundant Fixed Effects – Likelihood Ratio，如图 4-12 所示。

注意在使用这个检验前，检验结果可与之前 pool 估计的形式有关，如果你使用的是双向因素设定，则会报告不同形式的 F 检验结果。图 4 – 13 为单因素固定效应回归设定检验。图 4 – 14 为双因素固定效应回归设定检验。

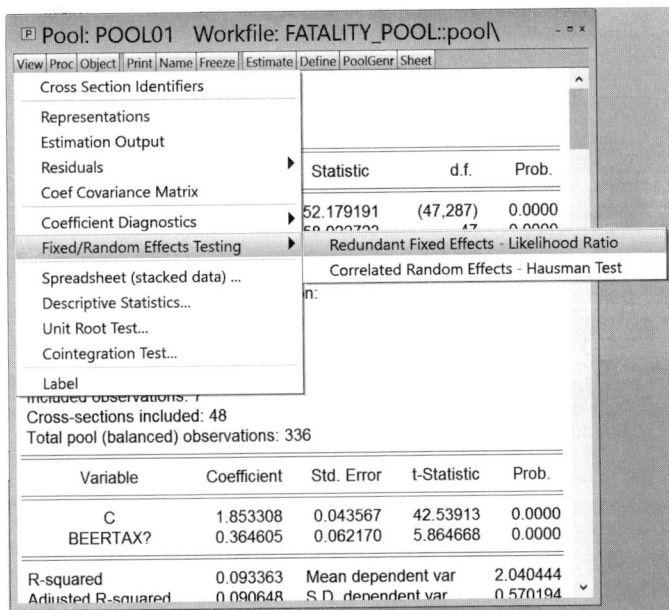

图 4 – 12　固定效应回归设定检验

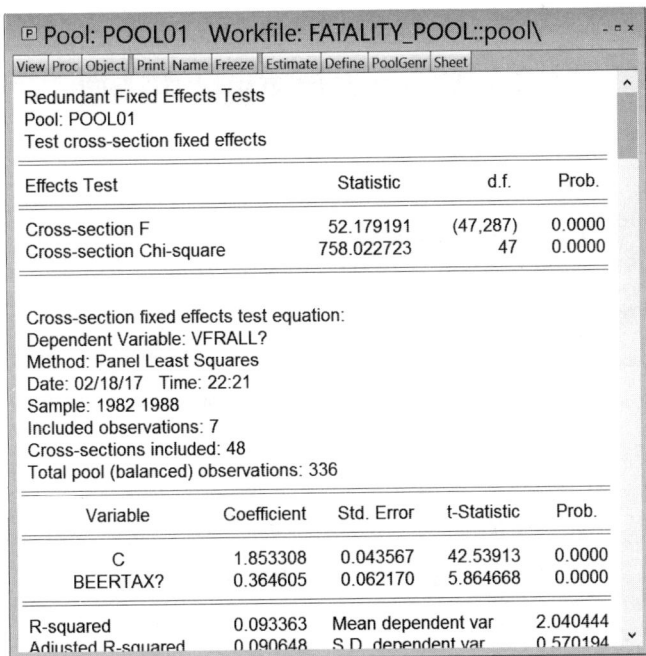

图 4 – 13　单因素固定效应回归设定检验

Pool: POOL01 Workfile: FATALITY_POOL::pool\

View | Proc | Object | Print | Name | Freeze | Estimate | Define | PoolGenr | Sheet

Redundant Fixed Effects Tests
Pool: POOL01
Test cross-section and period fixed effects

Effects Test	Statistic	d.f.	Prob.
Cross-section F	53.192635	(47,281)	0.0000
Cross-section Chi-square	770.189465	47	0.0000
Period F	2.011676	(6,281)	0.0642
Period Chi-square	14.131153	6	0.0282
Cross-Section/Period F	47.478506	(53,281)	0.0000
Cross-Section/Period Chi-square	772.153876	53	0.0000

Cross-section fixed effects test equation:
Dependent Variable: VFRALL?
Method: Panel Least Squares
Date: 02/19/17 Time: 10:41
Sample: 1982 1988
Included observations: 7
Cross-sections included: 48
Total pool (balanced) observations: 336

Variable	Coefficient	Std. Error	t-Statistic	Prob.

图 4－14 双因素固定效应回归设定检验

EViews 只提供了检验 H1 的检验，在实践中我们通常也只检验 H1，如果只对系数相同的约束条件检验不能通过，那我们也没有必要再去检验系数和截距都相同的约束条件是否成立。

4.4 固定效应和随机效应模型

4.4.1 固定效应变截距模型

固定效应模型：

$$Y_{it} = \alpha_i + X_{it}\beta + \varepsilon_{it}, \quad i = 1, \cdots, n, \quad t = 1, \cdots, T \qquad (4-9)$$

其中，α_i 是对每一个个体是固定的常数，代表个体的特殊效应，也反映了个体间的差异。

固定效应模型中有 N 个虚拟变量系数和 K 个解释变量系数需要估计，因此总共有 N＋K 个参数需要估计。当 N 不是很大时，可直接采用普通最小二乘法进行估计。但是当 N 很大时，直接使用 OLS 方法的计算量就变得非常大，甚至有可能超过计算机的存储容量。

一个解决问题的办法就是分成两步来对面板数据模型进行回归分析。由这种方法导出的估计量常被称为组内估计量（within group estimator），有时也记为$\hat{\beta}_w$，即固定效应（FE）估计量。

设 $\qquad \overline{Y}_i = \dfrac{1}{T}\sum_{t=1}^{T} Y_{it}$，$\overline{X}_i = \dfrac{1}{T}\sum_{t=1}^{T} X_{it}$ 以及 $\overline{\varepsilon}_i = \dfrac{1}{T}\sum_{t=1}^{T} \varepsilon_{it}$

式（4-3）减去各截面时间上的均值，即组内均值，可得：

$$Y_{it} - \overline{Y}_i = \alpha_i - \alpha_i + (X_{it} - \overline{X}_t)\beta + \varepsilon_{it} - \overline{\varepsilon}_i$$

得出：

$$\widetilde{Y}_{it} = (\widetilde{X}_{it})\beta + \widetilde{\varepsilon}_{it}$$

对以上组内变换数据进行 OLS 估计将产生 β 的一致估计。

点击之前建立的"pool"对象，点击"estimate"，出现如图 4-15 所示对话框。

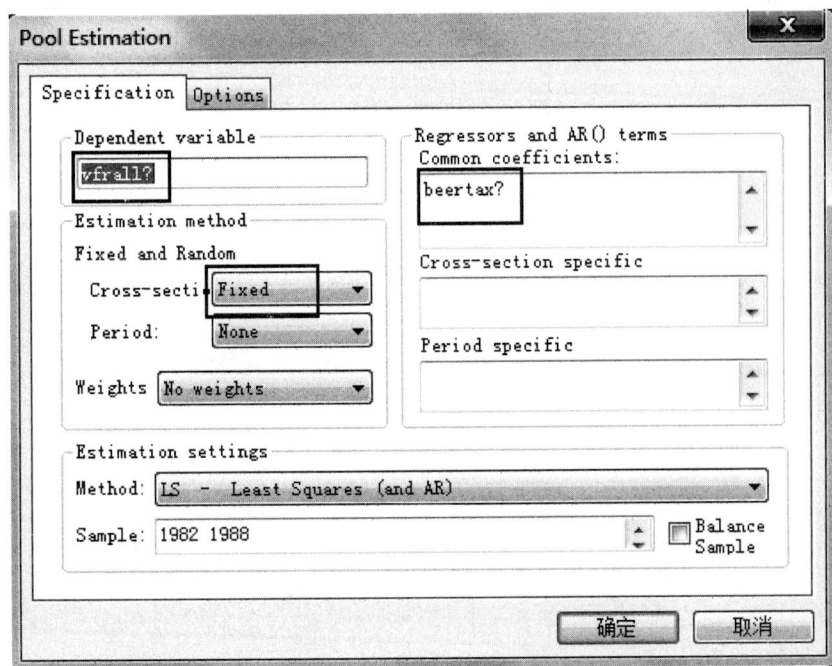

图 4-15　固定效应估计

得到结果如图 4-16 所示：

```
Dependent Variable: VFRALL?
Method: Pooled Least Squares
Date: 05/06/14  Time: 16:23
Sample: 1982 1988
Included observations: 7
Cross-sections included: 48
Total pool (balanced) observations: 336
```

Variable	Coefficient	Std. Error	t-Statistic	Prob.
C	2.377075	0.096970	24.51354	0.0000
BEERTAX?	-0.655874	0.187850	-3.491476	0.0006
Fixed Effects (Cross)				
1–C	1.100555			
4–C	0.445604			
5–C	0.532828			
6–C	-0.408914			
8–C	-0.383725			
9–C	-0.761702			
10–C	-0.207047			
12–C	0.832425			
13–C	1.625158			
16–C	-0.443377			
17–C	0.431533			
18–C	-0.861067			
19–C	-0.360986			
20–C	-0.122661			
21–C	-0.116962			
22–C	0.253439			
23–C	-1.009191			

图 4 – 16　固定效应估计结果

4.4.2　随机效应变截距模型

与固定效应模型不同的是，随机效应模型假定 α_i 与 ε_{it} 同为随机变量。

随机效应模型可以表达如下：

$$Y_{it} = a + X_{it}\beta + (\alpha_i + \varepsilon_{it}),\ i=1,\ \cdots,\ n,\ t=1,\ \cdots,\ T \qquad (4-10)$$

其中，α_i 是一个随机变量，代表个体的随机效应。由于模型的误差项为两种随机误差之和，所以也称该模型为误差构成模型（error component model）。

其中，$\alpha_i + \varepsilon_{it}$ 为综合误差项。该模型的关键假定是 α_i 与回归元 X_{it} 不相关。这个正交性假设意味着，通过 OLS 及组间估计量可以得到一致的估计参数，但这些估计量不是有效的。RE 估计量利用 α_i 与回归元不相关的假设，构造更有效的估计量。如果回归元与 α_i 相关，那么回归元便和综合误差项相关，从而 RE 估计量是非一致的。

对 RE 模型一般采用 GLS 方法估计，具体理论可见教材，在 EViews 中，图 4 – 17 为随机效应估计。

估计结果如图 4 – 18 所示：

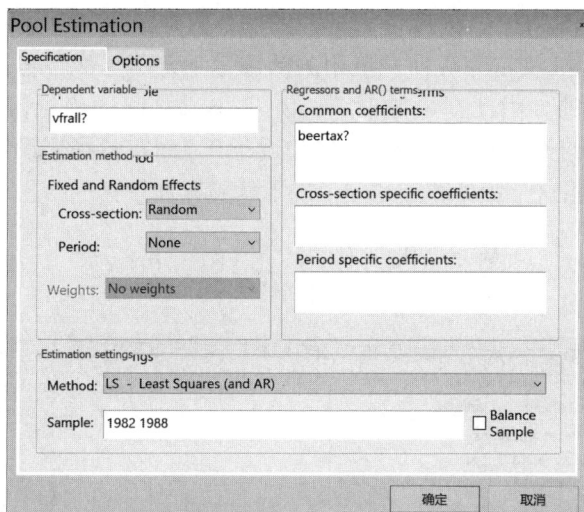

图 4 - 17　随机效应估计

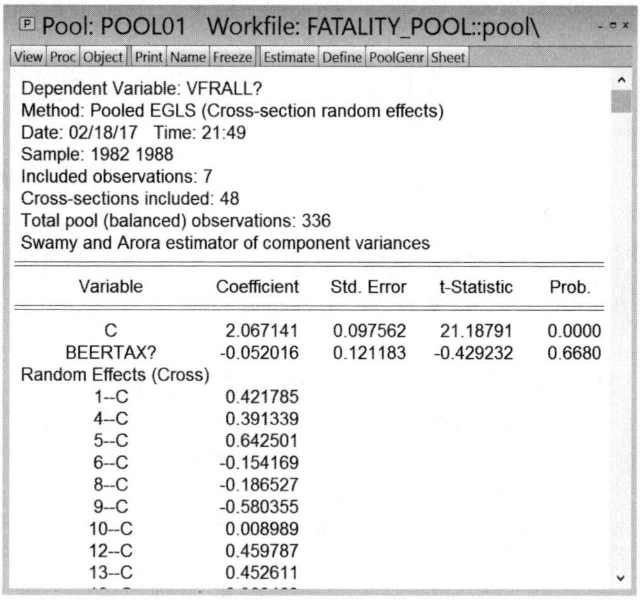

图 4 - 18　随机效应估计结果

4.4.3　固定效应和随机效应的选择

对同一参数的两个估计量差异的显著性检验称作 Hausman 检验。可以使用 Hausman 检验来选择固定效应模型还是随机效应模型。

Hausman 检验的前提是如果模型包含随机效应，它应与解释变量相关。因此，在原假设 H_0：随机效应与解释变量不相关的假定下，组内估计量（对虚拟

变量模型）和 GLS 得出的估计量均是一致的，但是组内估计量不是有效的；在
备择假设 H_1：随机效应与解释变量相关的假定下，GLS 不再是一致的，而组内
估计量仍是一致的。因此在原假设下，$\hat{\beta}_w$ 与 $\hat{\beta}_{GLS}$ 之间的绝对值差距应该不大，
而且应该随样本的增加而缩小，并渐进趋近于 0。而在备择假设下，这一点不成
立。Hausman 利用这个统计特点建立了以下检验统计量：

$$W = (\hat{\beta}_w - \hat{\beta}_{GLS})' \sum_{\beta}^{-1} (\hat{\beta}_w - \hat{\beta}_{GLS})$$

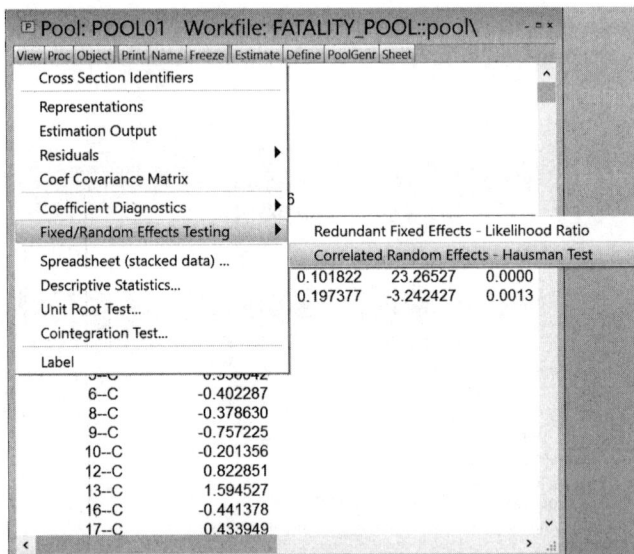

图 4 – 19　Hausman 检验

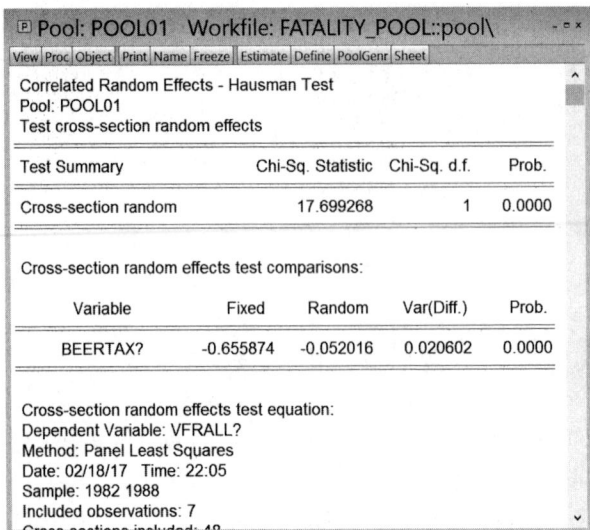

图 4 – 20　Hausman 检验的结果

注意，只有在使用随机效应估计时才可以使用 Hausman 检验。

4.4.4　双因素模型

现考虑随机误差项含有双因素误差的情况，即

$$u_{it} = \alpha_i + \lambda_t + \varepsilon_{it}$$

其中，λ_t 表示未观测到的时间效应，它仅随时间变化不随个体变化，它可以表示所有未包含在回归模型中的发生在特定时期的影响。这是一个双因素误差固定效应模型。

可以通过在固定效应模型中引入时间虚拟变量来估计该类模型。

在 EViews 中，在 pool 对象的估计对话框中，考虑时间估计效应，如图 4 - 21 所示：

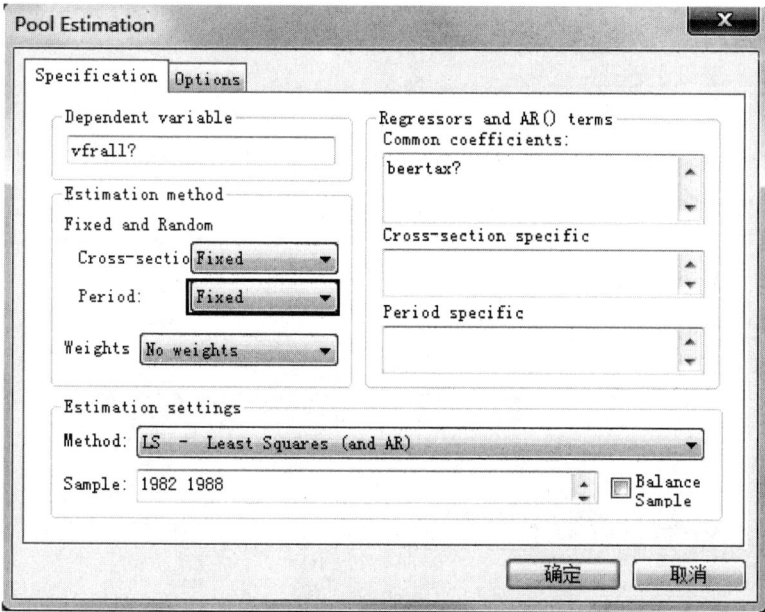

图 4 - 21　双因素固定效应模型估计

4.5　Panel 工作文件的建立

建立一个新的 Panel 结构的工作文件，如图 4 - 22 所示：

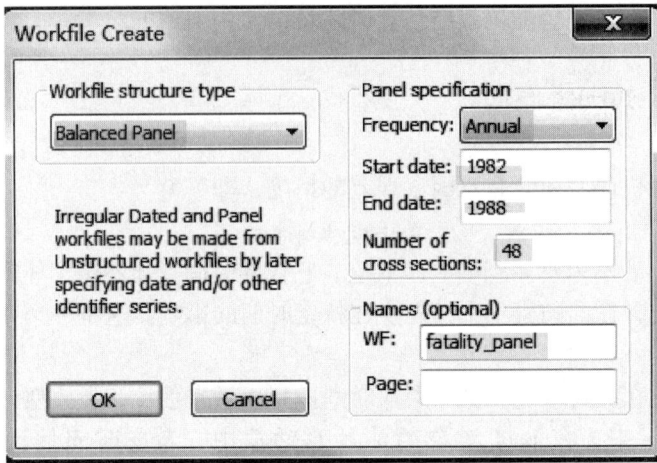

图 4 – 22 Panel 工作文件的建立

可以使用复制粘贴方式导入数据（fatality. xlsx）

在命令窗口中输入：

data state year spircons unrate perinc emppop beertax sobapt mormon mldadry yngdrv vmiles breath jaild comserd allmort mrall allnite mralln allsvn a1517 mra1517 a1517n mra1517n a1820 a1820n mra1820 mra1820n a2124 mra2124 a2124n mra2124n aidall mraidall pop pop1517 pop1820 pop2124 miles unus epopus gspch

得到数据的组对，如图 4 – 23 所示。

图 4 – 23 数据的组对象

然后从 excel 表中将对应数据复制粘贴过来，生成新数据：vfrall = 10000 × mrall，如图 4 – 24 所示：

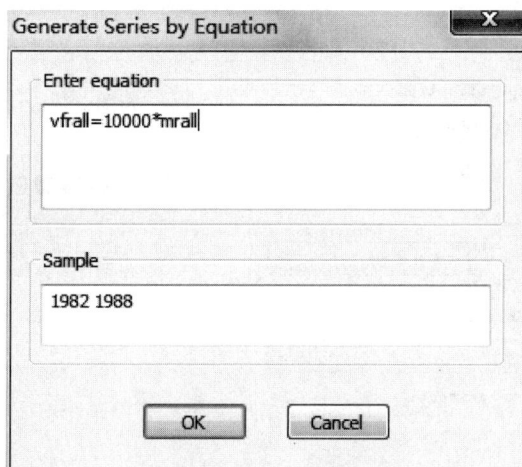

图 4 – 24　生成新数据 **vfrall**

建立好 Panel 格式的工作文件后，接下来的操作就和 pool 对象中的操作类似。比如对固定效应回归，在估计方程对话框中选"Panel Options"，如图 4 – 25 所示：

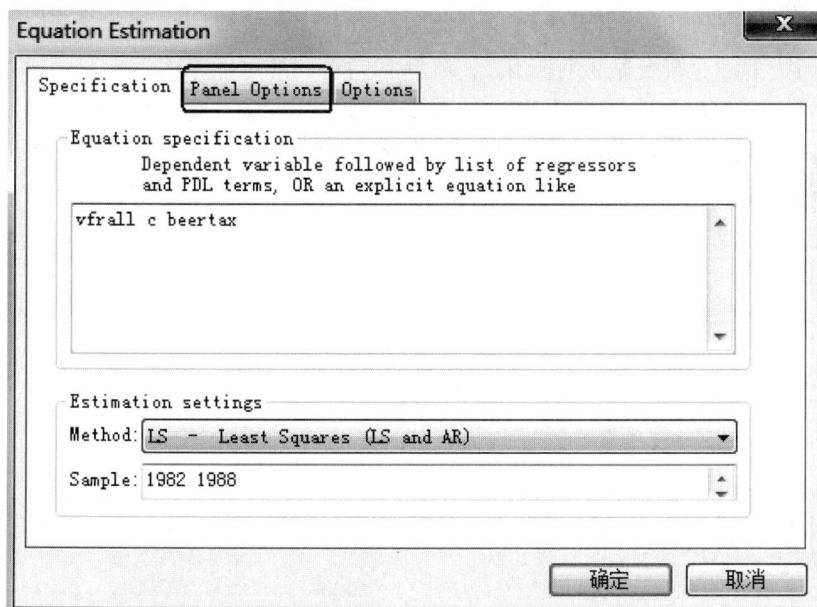

图 4 – 25　**Panel** 工作文件中方程设定 1

如果都选 None，是 pool 回归，如图 4 – 26 所示：

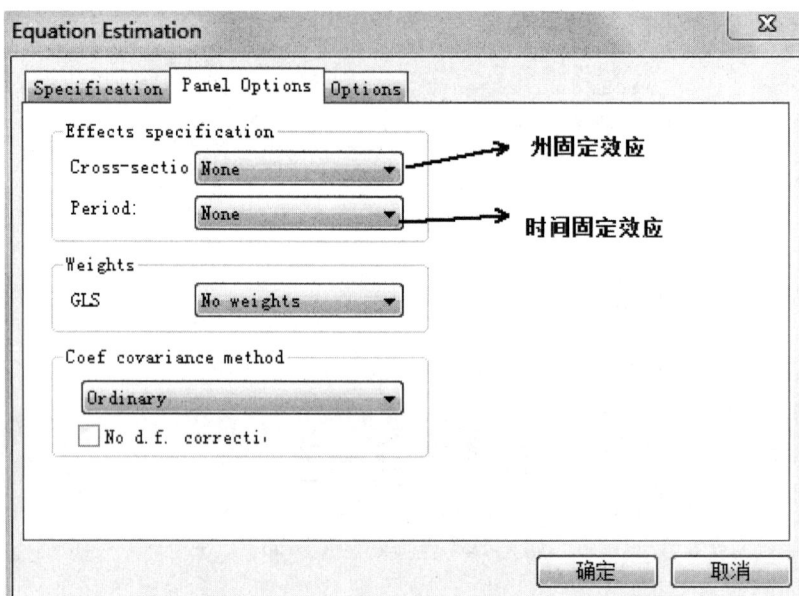

图 4 – 26 Panel 工作文件中的方程设定 2

小组讨论题：

1. 分别对 1982 年数据、1988 年数据建立交通事故死亡率和啤酒税的简单回归模型，比较它们的斜率系数和 pool 回归，以及固定效应回归系数的不同，它们的差异很大吗？（符合是否有变化），解释它们不同的可能原因。

2. 使用 1988 年数据减去 1982 年数据后的差分数据，建立同上的简单回归模型，和固定效应回归的结果进行比较，差异大吗？思考差分数据和减去组内均值数据的不同。

第 5 章

相 关 检 验

本章主要介绍时间序列和面板数据的平稳性检验、协整检验、误差修正模型和格兰杰因果关系。每一小节都从理论开始，从理论模型出发简单介绍，使得读者对理论部分有一个大概的理解，但是并不深究理论推导；给出 EViews 软件中这一章节主要涉及的统计量和检验方法的理论基础并且以相关案例解释说明，帮助读者对软件的检验结果中涉及的各种统计量和模型有一个比较深刻的理解，以达到使读者能够应用自己的样本对数据进行一系列相关性检验操作和理解 EViews 给出的报告结果的目的。

5.1　平稳性检验

5.1.1　平稳性的定义及判别

假定某序列由某一随机过程生成，即序列 $\{X_t\}$（$t = 1$，2，$\cdots$）的每个数值都是从一个概率分布中随机得到的，如果 X_t 满足下列条件：

（1）均值 $E(X_t) = u$，与时间 t 无关的常数；

（2）方差 $Var(X_t) = \sigma^2$，与时间 t 无关的常数；

（3）协方差 $Cov(X_t X_{t+k}) = \gamma_k$，只与时期间隔 k 有关，与时间 t 无关的常数。

则称该随机序列是（宽）平稳的，而该随机过程是一个平稳随机过程。

一个简单的随机时间序列由如下过程生成：

$$X_t = X_{t-1} + u_t \qquad (5-1)$$

这里，u_t 是一个白噪声。显然，序列 X_t 的方差随时间 t 变大，但它是一个差分平稳序列，因为序列 X_t 的一阶差分是平稳的：

$$X_t - X_{t-1} = u_t \qquad (5-2)$$

由于 u_t 是一个白噪声，因此差分后的序列 $\{\Delta X_t\}$ 是平稳的。

如果一个时间序列经过一次差分变成平稳的，就称原序列是一阶单整序列，记为 I(1)。一般的,如果一个时间序列经过 d 次差分后变成平稳时间序列,则称原序列是 d 阶单整序列,记为 I(d)。显然,I(0) 代表平稳时间序列。

大多数非平稳的时间序列一般都可以通过一次或者多次差分变为平稳的。但是也有一些时间序列,无论经过多少次差分,都不能变为平稳的,这种序列称为非单整的。

5.1.2 时间序列平稳性检验

检查序列平稳性的标准方法是单位根检验。本节介绍六种单位根检验方法:ADF、DFGLS、PP、KPSS、ERS 和 NP 检验。前三种方法出现得比较早,在实际应用中比较常见,但是,由于这三种方法均需要对被检验的序列做可能包含的截距项和趋势项的假设,应用起来比较不方便;后三种方法在剔除原序列趋势的基础上,构造统计量检验序列是否存在单位根,应用起来比较方便。

1. DF 检验

考虑 3 种形式的回归模型

$$y_t = \rho y_{t-1} + u_t, \ t = 1, 2, \cdots, T \tag{5-3}$$

$$y_t = \rho y_{t-1} + a + u_t, \ t = 1, 2, \cdots, T \tag{5-4}$$

$$y_t = \rho y_{t-1} + a + \delta t + u_t, \ t = 1, 2, \cdots, T \tag{5-5}$$

其中,a 是常数,δt 是线性趋势函数,$u \sim i.i.d. N(0, \sigma^2)$。如果 $|\rho| < 1$,则 y_t 平稳。如果 $\rho = 1$,y 序列是一阶单整非平稳序列。如果 $|\rho| > 1$,序列发散。因此,原假设为 $H_0: \rho = 1$,备择假设为 $H_1: \rho < 1$。

对以上 3 种形式的回归模型两边同时减去 y_{t-1} 得:

$$\Delta y_t = \eta y_{t-1} + u_t, \ t = 1, 2, \cdots, T \tag{5-6}$$

$$\Delta y_t = \eta y_{t-1} + a + u_t, \ t = 1, 2, \cdots, T \tag{5-7}$$

$$\Delta y_t = \eta y_{t-1} + a + \delta t + u_t, \ t = 1, 2, \cdots, T \tag{5-8}$$

其中,$\eta = \rho - 1$,因此将原假设和备择假设改写为:

$$\begin{cases} H_0: \ \eta = 0 \\ H_1: \ \eta < 0 \end{cases} \tag{5-9}$$

利用 OLS 估计,得到 η 的估计值 $\hat{\eta}$,并构造 t 统计量检验 $\hat{\eta}$ 的显著性,如果 t 统计量的值大于临界值,则不能拒绝原假设,断定存在单位根。需要注意的是这一检验只有在序列为一阶滞后时才有效。

2. ADF 检验

ADF 检验为扩展修正的 DF 检验,以解决高阶滞后的单位根检验问题。考虑 y 存在截距项的 p 阶序列相关:

$$y_t = a + \phi_1 y_{t-1} + \phi_2 y_{t-2} + \cdots + \phi_p y_{t-p} + u_t \tag{5-10}$$

用 p 阶自回归过程来修正，上式两边同时减去 y_{t-1}，得：

$$\Delta y_t = a + \eta y_{t-1} + \sum_{i=1}^{p-1} \beta_i \Delta y_{t-i} + u_t \qquad (5-11)$$

其中：

$$\eta = \sum_{i=1}^{p} \phi_i - 1, \quad \beta_i = -\sum_{j=i+1}^{p} \phi_j \qquad (5-12)$$

同理可得如下无截距和趋势、有截距无趋势和有截距有趋势 3 种情况：

$$\Delta y_t = \eta y_{t-1} + \sum_{i=1}^{p-1} \beta_i \Delta y_{t-i} + u_t, \ t = 1, 2, \cdots, T \qquad (5-13)$$

$$\Delta y_t = \eta y_{t-1} + a + \sum_{i=1}^{p-1} \beta_i \Delta y_{t-i} + u_t, \ t = 1, 2, \cdots, T \qquad (5-14)$$

$$\Delta y_t = \eta y_{t-1} + a + \delta t + \sum_{i=1}^{p-1} \beta_i \Delta y_{t-i} + u_t, \ t = 1, 2, \cdots, T \qquad (5-15)$$

扩展后的 ADF 将检验原假设和备择假设如下：

$$\begin{cases} H_0: \ \eta = 0 \\ H_1: \ \eta < 0 \end{cases} \qquad (5-16)$$

检验 η 的估计值 $\hat{\eta}$，以此判断高阶自相关序列过程是否平稳。ADF 检验的临界值与 DF 检验的临界值一样。

3. DFGLS 检验

定义序列 y 的拟差分序列如下：

$$d(y_t \mid a) = \begin{cases} y_t, \ t = 1 \\ y_t - a y_{t-1}, \ t > 1 \end{cases} \qquad (5-17)$$

估计如下回归方程：

$$d(y_t \mid a) = d(x_t' \mid a) \delta(a) + u_t \qquad (5-18)$$

其中，$x_t = (1)$ 表示 y 中只含有截距项，$x_t = (1, t)'$ 表示 y 中含有截距项和趋势项。令 $\hat{\delta}(a)$ 表示回归方程的参数的 GLS 估计量，定义参数 a：

$$a = \begin{cases} 1 - 7/T, \ x_t = (1) \\ 1 - 13.5/T, \ x_t = (1, t)' \end{cases} \qquad (5-19)$$

退势后的序列 y^d 为：

$$y_t^d = y_t - x_t' \hat{\delta}(\bar{\alpha}) \qquad (5-20)$$

对退势后的序列 y^d，应用 ADF 检验，即为 DFGLS 检验。过程如下：

$$\Delta y_t = \eta y_{t-1}^d + \sum_{i=1}^{p-1} \beta_i \Delta y_{t-i}^d + u_t \qquad (5-21)$$

原假设和备择假设为：

$$\begin{cases} H_0: \ \eta = 0 \\ H_1: \ \eta < 0 \end{cases} \qquad (5-22)$$

4. PP 检验

考虑一种非参数方法来检验一阶自回归过程的平稳性，对于方程

$$\Delta y_t = \eta y_{t-1} + u_t, \quad t = 1, 2, \cdots, T \tag{5-23}$$

$$\Delta y_t = \eta y_{t-1} + a + u_t, \quad t = 1, 2, \cdots, T \tag{5-24}$$

$$\Delta y_t = \eta y_{t-1} + a + \delta t + u_t, \quad t = 1, 2, \cdots, T \tag{5-25}$$

原假设和备择假设为：

$$\begin{cases} H_0: \eta = 0 \\ H_1: \eta < 0 \end{cases} \tag{5-26}$$

接受原假设就说明存在单位根，否则接受备择假设就意味着不平稳。PP 检验构造一个服从 t 分布的统计量 $t_{p,p}$ 来检验，此时的 t 统计量相对于 DF 检验的统计量更为稳健。$t_{p,p}$ 的具体构造形式如下：

$$t_{p,p} = t_{\hat{\eta}} \left(\frac{\gamma_0}{f_0} \right)^{\frac{1}{2}} - \frac{T(f_0 - \gamma_0) s_{\hat{\eta}}}{2 f_0^{\frac{1}{2}} \hat{\sigma}} \tag{5-27}$$

其中，f_0 是频率为零时的残差谱密度估计值，$t_{\hat{\eta}}$ 是 $\hat{\eta}$ 的 t 统计量，$s_{\hat{\eta}}$ 是 $\hat{\eta}$ 的标准差，$\hat{\sigma}$ 是回归残差的标准差。γ_0 是回归残差方差的一致估计量，即：

$$\gamma_0 = \frac{T-k}{T} \hat{\sigma}^2 \tag{5-28}$$

k 是外生变量的个数。

5. KPSS 检验

建立如下回归方程：

$$y_t = x_t' \delta + u_t, \quad t = 1, 2, \cdots, T \tag{5-29}$$

其中，y 是被检验的序列，x_t 是外生变量向量序列。$x_t = (1)$ 表示 y_t 中只含有截距项，$x_t = (1, t)'$ 表示 y 中含有截距项和趋势项。对方程作最小二乘回归，得到残差序列的估计 $\hat{u}_t$。那么，$\hat{u}_t = y_t - x_t' \delta$ 是没有趋势和截距项的序列。KPSS 检验以此为基础，令：

$$S(t) = \sum_{r=1}^{t} \hat{u}_r \tag{5-30}$$

则 KPSS 检验的 LM 统计量构造如下：

$$LM = \sum_t S(t)^2 / (T^2 f_0) \tag{5-31}$$

其中，f_0 是频率为零时的残差谱密度。KPSS 检验的原假设是序列 y 平稳，备择假设是序列 y 不平稳。

6. ERS 检验

定义序列 y 的拟差分序列如下：

$$d(y_t \mid a) = \begin{cases} y_t, & t = 1 \\ y_t - ay_{t-1}, & t > 1 \end{cases} \tag{5-32}$$

建立如下回归方程：

$$d(y_t \mid a) = d(x_t' \mid a)\delta(a) + \eta_t \tag{5-33}$$

其中，x_t 是包含常数项或者常数项和趋势项的外生变量。令 $\hat{\delta}(a)$ 表示方程的最小二乘估计量，定义 a：

$$a = \begin{cases} 1 - 7/T, & x_t = (1) \\ 1 - 13.5/T, & x_t = (1, t)' \end{cases} \tag{5-34}$$

对上述回归方程估计，得残差估计为：

$$\hat{\eta}_t(a) = d(y_t \mid a) - d(x_t \mid a)\hat{\delta}(a) \tag{5-35}$$

ERS 检验的统计量构造如下：

$$P_T = (SSR(a) - aSSR(1))/f_0 \tag{5-36}$$

同样，f_0 是频率为零时的残差谱密度，其中：

$$SSR(a) = \sum \hat{\eta}_t^2(a) \tag{5-37}$$

$$SSR(1) = \sum \hat{\eta}_t^2(1) \tag{5-38}$$

ERS 检验的原假设是序列 y 有一个单位根；备择假设是序列 y 平稳。

7. NP 检验

NP 检验以序列 y 的 GLS 退势序列 $\hat{u}$ 为基础，构造四个统计量检验序列的平稳性。$\hat{u}$ 的定义为

$$\hat{u}_t = y_t - x_t'\hat{\delta}(a) \tag{5-39}$$

其中，x_t 包含了常数项或者常数项和趋势项的外生变量，$\hat{\delta}(a)$ 表示方程参数的 GLS 估计量，参考高铁梅等（2016）基于 $\hat{u}$ 构造的 4 个统计量具体如下：

$$\begin{cases} MZ_a^d = (T^{-1}(\hat{u}_T)^2 - f_0)/(2k) \\ MZ_t^d = MZ_a \times MSB \\ MSB^d = (k/f_0)^{1/2} \\ MP_T^d = \begin{cases} (\bar{C}^2 k - \bar{c}T^{-1}(\hat{u}_T)^2)/f_0, & x_t = (1) \\ (\bar{C}^2 k + (1-\bar{c})T^{-1}(\hat{u}_T)^2)/f_0, & x_t = (1, t)' \end{cases} \end{cases} \tag{5-40}$$

同样，f_0 是频率为零的残差谱密度，其中：

$$k = \sum_{t=2}^{T} (\hat{u}_{t-1})^2/T^2, \quad \bar{c} = \begin{cases} -7, & x_t = (1) \\ -13.5, & x_t = (1, t)' \end{cases} \tag{5-41}$$

NP 检验的原假设是序列 y 有一个单位根；备择假设是序列 y 平稳。

8. 残差谱密度 f_0 估计方法

前面涉及的 f_0 是频率为零时的残差谱密度估计值。主要有两种估计方法：协

方差核估计和自回归谱密度估计量。

（1）协方差核估计。

在该估计方法下，f_0 的估计值为：

$$\hat{f}_0 = \sum_{j=-(T-1)}^{T-1} \hat{\gamma}_j K(j/l) \tag{5-42}$$

其中，l 是带宽参数，代表协方差加权的截断滞后，K 是核函数，$\hat{\gamma}_j$ 是残差序列 $\hat{u}$ 的 j 阶滞后的自协方差，即

$$\hat{\gamma}_j = \sum_{t=j+1}^{T} (\hat{u}_t \hat{u}_{t-j})/T \tag{5-43}$$

在不同的检验方法中，残差序列 $\hat{u}$ 的估计方式是不同的。通常核函数 K 有如下 3 种函数形式：

①Barlett 函数形式：

$$K(x) = \begin{cases} 1 - |x|, & |x| \leqslant 1 \\ 0, & |x| > 1 \end{cases} \tag{5-44}$$

②Parzen 函数形式：

$$K(x) = \begin{cases} 1 - 6x^2 + 6|x|^3, & 0 \leqslant |x| \leqslant 1/2 \\ 2(1-|x|)^3, & 1/2 < |x| \leqslant 1 \\ 0, & |x| > 1 \end{cases} \tag{5-45}$$

③Quadratic Spectral 函数形式：

$$K(x) = \frac{25}{12\pi^2 x^2} \left[\frac{\sin(6\pi x/5)}{6\pi x/5} - \cos(6\pi x/5) \right] \tag{5-46}$$

（2）自回归谱密度估计量。

f_0 的自回归谱密度估计量定义如下：

$$\hat{f}_0 = \hat{\sigma}_u^2 / (1 - \hat{\beta}_1 - \hat{\beta}_2 - \cdots - \hat{\beta}_p) \tag{5-47}$$

其中，$\hat{\beta}_1$，$\hat{\beta}_2$，$\cdots$，$\hat{\beta}_p$ 是如下方程参数的最小二乘估计量，

$$\Delta u_t = \alpha u_{t-1} + x_t \delta + \sum_{i=1}^{P} \beta_i \Delta u_{t-i} + \varepsilon_t \tag{5-48}$$

其中，x_t 包含了常数项或者常数项和趋势项，$\hat{\sigma}_\varepsilon^2$ 是方程的残差方差的估计量，即：

$$\hat{\sigma}_\varepsilon^2 = \sum \hat{\varepsilon}_t^2 / T \tag{5-49}$$

【例 5.1】以 1992 ~ 2011 年的山东省外国直接投资（FDI）对生产总值（GDP）的影响为例，对序列取对数以消除一定的趋势记为 LNFDI、LNGDP，检验 LNGDP 和 LNFDI 时间序列的平稳性。在 LNFDI 的界面中，单击"View – Unit Root Test"按钮，出现图 5 – 1 的界面：

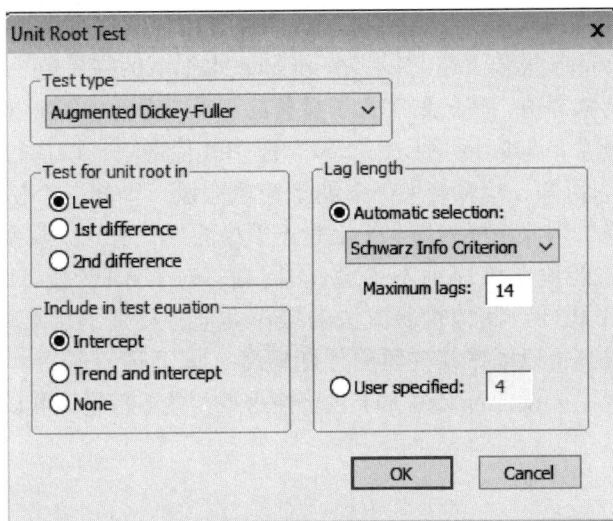

图 5 – 1　单位根检验

可以看到有四个可选框，左边的三个框用来确定单位根检验的基本形式，右边的第四个框用来设定滞后长度的选择。

首先，点开"Test type"的下拉菜单，选择执行的单位根检验的类型，有六个检验类型可选：ADF、DFGLS、PP、KPSS、ERS 和 NP。

其次，在"Test for unit root in"框中选择执行单位根检验的序列类型。依次是水平、一阶差分和二阶差分。

最后，在"Indude in test equation"框中选择检验模型的外生解释变量，有三个类型可选。依次是包含截距项、截距项和趋势项和两者都不包含对应之前涉及的三个模型。当然，你还可以使用"Lag lenth"框来选择滞后长度等更高级的设置，在全部设置好后，点击"OK"以执行单位根检验。

例如，我们对 LNFDI 执行一个水平序列不包含截距项和趋势（即"Indude in test equation"框中选择 None 项）的 ADF 检验，并选择用户定义模型滞后阶数为 1，结果如图 5 – 2 所示：

Null Hypothesis: LNFDI has a unit root
Exogenous: None
Lag Length: 1 (Fixed)

		t-Statistic	Prob.*
Augmented Dickey-Fuller test statistic		0.700599	0.8576
Test critical values:	1% level	-2.699769	
	5% level	-1.961409	
	10% level	-1.606610	

图 5 – 2　ADF 检验结果

由检验的结果可知 t 统计值为 0.70，原假设的伴随概率为 0.86（即 P 值为 0.86），并且 EViews 报告了在 1%、5% 和 10% 水平下的临界值。注意到 t_α 值大于三个水平下的临界值，伴随概率大于显著性水平。因此，不能拒绝原假设。同理，再分别选择"Indude in test equation"框中其他选项，以执行其他两个模型下的 ADF 检验。可知，检验结果都不能拒绝原假设，得知三个模型下的检验都不能拒绝原假设，因此该序列在水平上是不平稳的（只有三个模型都不能拒绝原假设的情况下才能说明该序列不平稳）。同理，对 LNGDP 做 ADF 检验，可知 LNGDP 也是不平稳的。其他检验方法的操作类似，只是下拉菜单中选项不同，不同的检验结果都可以根据其检验的伴随概率（即 P 值）是否大于显著性水平来判断是否拒绝原假设，若 P 值大于显著性水平，就不拒绝原假设，否则拒绝原假设。

表 5-1 　　　　　　　　　山东省 FDI、GDP　　　　　　　　单位：亿元

时间	FDI	GDP	时间	FDI	GDP
1992	53.67928	2196.53	2002	462.3557	10275.5
1993	106.2028	2770.37	2003	587.1464	12078.15
1994	218.5409	3844.5	2004	720.1346	15021.84
1995	217.7186	4953.35	2005	734.8545	18366.87
1996	215.3719	5883.8	2006	797.235	21900.19
1997	207.2815	6537.07	2007	837.3213	25776.91
1998	184.0129	7021.35	2008	569.669	30933.28
1999	204.4051	7493.84	2009	547.1679	33896.65
2000	245.9313	8337.47	2010	620.6501	39169.92
2001	299.7044	9195.04	2011	720.8163	45361.85

资料来源：《山东省统计年鉴》。

5.1.3　面板数据平稳性检验

检验序列平稳性的标准方法是单位根检验。面板数据的单位根检验方法和时间序列的单位根检验方法有点相似，但又有点区别。以下简要地介绍五种面板数据的单位根检验的理论，并演示其中几种方法的软件操作。

考虑下面模型：

$$y_{it} = \rho_i y_{it-1} + x'_{it}\delta_i + u_{it} \quad i=1, 2, \cdots, N \quad t=1, 2, \cdots, T_i \quad (5-50)$$

其中，x_{it} 表示包括各截面的固定影响和时间趋势的外生变量。N 表示截面个数，T_i 表示第 i 个截面的时期数，参数 ρ_i 为自回归的系数，随机误差项 u_{it} 满足

独立同分布假设。若 $|\rho| < 1$，则序列为平稳的序列，如果 $|\rho| = 1$，则序列为非平稳序列。

根据参数 ρ_i 的不同，将检验方法分为两大类。一类假设各个截面的每个截面的参数 ρ_i 都相同；另一类检验方法允许每个截面的参数 ρ_i 都不同。

1. 参数 ρ_i 相同时的单位根检验

（1）LLC 检验。

LLC 检验采用 ADF 检验形式，即检验的模型为：

$$\Delta y_{it} = \eta y_{it-1} + \sum_{j=1}^{p_i} \beta_{ij} \Delta y_{it-j} + x'_{it}\delta + u_{it}$$
$$i = 1, 2, \cdots, N \quad t = 1, 2, \cdots, T \tag{5-51}$$

其中，$\eta = \rho - 1$，p_i 为第 i 个截面的滞后阶数，在这个模型中，原假设为面板数据中的各个截面序列都有一个相同的单位根，备择假设为各个截面均没有单位根。

具体检验方法的步骤为：

①确定滞后阶数 p_i，剔除 Δy_{it} 和 Δy_{it-1} 中 Δy_{it-j} 和外生变量的影响，并对其标准化，设：

$$\Delta \bar{y}_{it} = \Delta y_{it} - \sum_{j=1}^{p_i} \hat{\beta}_{ij} \Delta y_{it-j} - x'_{it}\hat{\delta} \tag{5-52}$$

$$\bar{y}_{it-1} = y_{it-1} - \sum_{j=1}^{p_i} \dot{\beta}_{ij} \Delta y_{it-j} - x'_{it}\dot{\delta} \tag{5-53}$$

其中，$(\hat{\beta}_{ij}, \hat{\delta})$ 和 $(\dot{\beta}_{ij}, \dot{\delta})$ 分别为 Δy_{it} 和 y_{it-1} 对滞后差分项 Δy_{it-j} 以及外生变量 x_{it} 回归得到的相应参数的估计值。

则 Δy_{it} 和 y_{it-1} 的代理变量 $\Delta \tilde{y}_{it}$ 和 $\tilde{y}_{it-1}$ 分别为：

$$\Delta \tilde{y}_{it} = \Delta \bar{y}_{it}/s_i, \quad \tilde{y}_{it-1} = \bar{y}_{it-1}/s_i \tag{5-54}$$

其中，s_i 为模型对应的第 i 个截面的 ADF 检验式的估计标准差。

②利用回归模型 $\Delta \tilde{y}_{it} = \eta \tilde{y}_{it-1} + \varepsilon_{it}$，估计参数 η，其对应的 t 统计量渐近服从标准正态分布。

（2）Breitung 检验。

与 LLC 几乎相同，只是该检验的代理变量形式不同，具体如下：

$$\Delta \tilde{y}_{it} = \left(\Delta y_{it} - \sum_{j=1}^{p_i} \hat{\beta}_{ij} \Delta y_{it-j}\right)/s_i,$$

$$\tilde{y}_{it-1} = \left(y_{it-1} - \sum_{j=1}^{p_i} \dot{\beta}_{ij} \Delta y_{it-j}\right)/s_i \tag{5-55}$$

对应的 Δy_{it} 和 y_{it-1} 的代理变量分别为：

$$\Delta y_{it}^* = \sqrt{\frac{T-t}{T-t-1}}\left(\Delta \tilde{y}_{it} - \frac{\Delta \tilde{y}_{it+1} + \cdots + \Delta \tilde{y}_{it+T}}{T-t}\right),$$

$$y_{it-1}^* = \tilde{y}_{it-1} - c_{it} \qquad (5-56)$$

其中:

$$c_{it} = \begin{cases} 0 & (1) \\ \tilde{y}_{i1} & (2) \\ \tilde{y}_{i1} + [(t-1)/T]\tilde{y}_{iT} & (3) \end{cases} \qquad (5-57)$$

式 (5-57) 中的 (1)、(2) 和 (3) 分别表示检验式中无截距项和趋势、有截距无趋势、有截距和趋势时 c_{it} 的对应取值。回归模型 $\Delta y_{it}^* = \eta y_{it-1}^* + \varepsilon_{it}$，估计参数 η，从而进行单位根检验。

(3) Hadri 检验。

Hadri 检验与 KPSS 检验类似。原假设为各个截面都不含有单位根。建立如下回归模型:

$$y_{it} = \delta_i + a_i t + u_{it} \qquad (5-58)$$

利用各个截面该回归的残差项，构造统计量 LM，如下:

$$LM_1 = \frac{1}{N}\left\{ \sum_{i=1}^{N} \left[\sum_t S_i(t)^2/T^2 \right]/\bar{f}_0 \right\} \qquad (5-59)$$

$$LM_2 = \frac{1}{N}\left\{ \sum_{i=1}^{N} \left[\sum_t S_i(t)^2/T^2 \right]/f_{i0} \right\} \qquad (5-60)$$

其中:

$$S_i(t) = \sum_{s=1}^{t} \hat{u}_{is}, \quad \bar{f}_0 = \frac{1}{N}\sum_{i=1}^{N} f_{i0} \qquad (5-61)$$

其中，f_{i0} 为第 i 个截面回归所对应的频率为零时的残差谱密度。

最后构造统计量如下:

$$Z = \frac{\sqrt{N}(LM - \lambda)}{\omega} \qquad (5-62)$$

其中，参数 λ 和 ω 的取值与其所表示的回归形式有关，当回归中只包含常数时 $\lambda = 1/6$，$\omega = 1/45$，否则，$\lambda = 1/15$，$\omega = 11/6300$。并且该统计量渐近服从标准正态分布。

2. 参数 ρ_i 不相同时的单位根检验

(1) Im-Pesaran-Skin 检验中，首先对每个截面成员进行单位根检验:

$$\Delta y_{it} = \eta_i y_{it-1} + \sum_{j=1}^{p_i} \beta_{ij} \Delta y_{it-j} + x_{it}' \delta + \varepsilon_{it}$$
$$i = 1, 2, \cdots, N \quad t = 1, 2, \cdots, T \qquad (5-63)$$

原假设和备择假设为:

$$H_0: \eta_i = 0, \text{ for all } i, H_1: \begin{cases} \eta_i = 0, \text{ for } i = 1, 2, \cdots, N_i \\ \eta_i < 0, \text{ for } i = N_1 + 1, N_2 + 2, \cdots, N \end{cases}$$

$$(5-64)$$

从而得到每个截面成员单位根检验的 t 统计量,记为:$t_{iT_i}(p_i)$,利用截面的单位根检验的 t 统计量,构造该面板数据 t 统计量如下:

$$\bar{t}_{NT} = \left[\sum_{i=1}^{N} t_{iT_i}(p_i) \right] / N \qquad (5-65)$$

如果截面成员中包含滞后项,则利用 $\bar{t}_{NT}$ 构造统计量 $W_{t_{NT}}$,

$$W_{t_{NT}} = \frac{\sqrt{N}\{\bar{t}_{NT} - N^{-1} \sum_{i=1}^{N} E[\bar{t}_{iT}(p_i)]\}}{\sqrt{N^{-1} \sum_{i=1}^{N} Var[t_{iT}(p_i)]}} \to N(0,1) \qquad (5-66)$$

$W_{t_{NT}}$ 服从渐近正态分布,可以检验存在滞后项的面板数据。此外,在此检验中,需要确定每个截面是否有截距项或者时间趋势项。

(2) Fisher – ADF 检验和 Fisher – PP 检验。两个检验的原假设和备择假设都为:

$$H_0: \eta_i = 0, \text{ for all } i, H_1: \begin{cases} \eta_i = 0, \text{ for } i = 1, 2, \cdots, N_1 \\ \eta_i < 0, \text{ for } i = N_1 + 1, N_2 + 2, \cdots, N \end{cases}$$

$$(5-67)$$

利用各个截面单位根检验的 P 值,分别构造如下两个统计量:

$$-2 \sum_{i=1}^{N} \log(\pi_i) \to \chi^2(2N), Z = \frac{1}{\sqrt{N}} \sum_{i=1}^{N} \phi^{-1}(\pi_i) \to N(0, 1) \qquad (5-68)$$

其中,π_i 为第 i 组截面成员单位根检验的 P 值,服从自由度为 2N 的卡方分布。ϕ^{-1} 是标准正态分布函数的反函数。

在利用 Fisher – ADF 检验时,需要确定截面是否包含常数项或者时间趋势项;在利用 Fisher – PP 检验时,需要确定具体的核函数 f_0。

【例 5.2】为了研究我国各个省市的城镇就业问题,我们收集了 2008 ~ 2015 年 31 个省市的生产总值和城镇就业单位的数据。出于消除趋势和模型建立的考虑,对这两个经济变量取对数,分别记为 LNL 和 LNGDP。利用前面所学知识,将数据输入 EViews,建立 pool 对象(平稳性问题是针对含有时间序列的)。下面以变量 LNL 为例,对 LNL 做一个综合的单位根检验:

在变量 LNL 的界面的工具栏中依次单击 "View – Unit Root Test",出现如下界面。在空白框内输入需要检验的序列 LNL,与时间序列单位根类似,分别选择检验方法、数据类型、包含的截距项滞后阶数等,这里不再复述。本例中,经尝试假设各选项设定如图 5 – 3 所示:

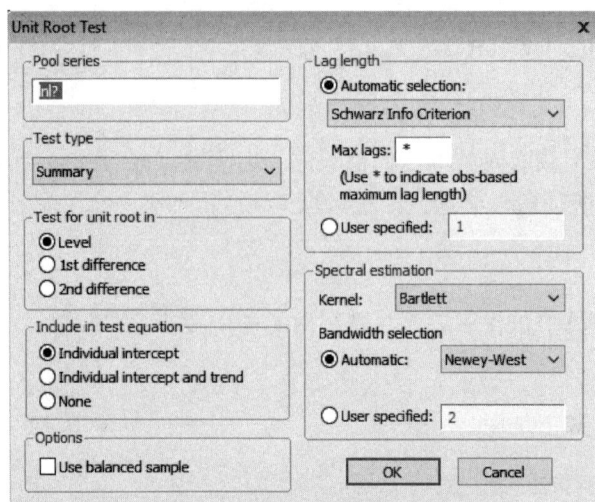

图 5-3 面板数据 LNL 的综合检验设置

点击 "OK" 确认，EViews 报告结果如图 5-4 所示：

Pool unit root test: Summary
Series: LNL_BEIJING, LNL_TIANJIN, LNL_HEBEI, LNL_SANXI,
    LNL_HAINAN, LNL_LIAONING, LNL_JILIN, LNL_HEILONGJIAN,
    LNL_SHANGHAI, LNL_JIANSU, LNL_ZHEJIAN, LNL_ANHUI,
    LNL_FUJIAN, LNL_JIANXI, LNL_SANDONG, LNL_HENAN,
    LNL_HUBEI, LNL_HUNAN, LNL_GUANDONG, LNL_GUANXI,
    LNL_NEIMENG, LNL_CHONGQIN, LNL_SICHUAN, LNL_GUIZHOU,
    LNL_YUNNAN, LNL_XIZANG, LNL_SHANGXI, LNL_GANSU,
    LNL_QINHAI, LNL_NINGXIA, LNL_XINGJIAN
Date: 02/09/17   Time: 17:01
Sample: 2008 2015
Exogenous variables: Individual effects
Automatic selection of maximum lags
Automatic lag length selection based on SIC: 0 to 1
Newey-West automatic bandwidth selection and Bartlett kernel

Method	Statistic	Prob.**	Cross-sections	Obs
Null: Unit root (assumes common unit root process)				
Levin, Lin & Chu t*	-6.06803	0.0000	31	211
Null: Unit root (assumes individual unit root process)				
Im, Pesaran and Shin W-stat	1.90292	0.9715	31	211
ADF - Fisher Chi-square	35.6390	0.9971	31	211
PP - Fisher Chi-square	50.9448	0.8409	31	217

图 5-4 LNL 的综合检验结果

报告的顶端显示了单位根检验的类型、检验的不同截面对应的 LNL 序列、外生变量、最大滞后阶数等设定，在下端的表格中分别显示了 LLC、IPS、Fisher－ADF 和 Fisher－PP 检验的统计值、P 值截面个数和样本个数，由表可知 LLC 检验的伴随概率为 0，因此拒绝序列各个截面有共同单位根的原假设。IPS、Fisher－ADF 和 Fisher－PP 检验的伴随概率大于 1% 的显著性水平，因此，不拒绝各个截面成员存在不同单位根的原假设。同理，对 LNGDP 做单位根检验，可知 LNGDP 是平稳的。当然，如果想知道某个检验类型的更多细节，可以单独改选为那个类型的检验，以下不做过多介绍。

表 5－2　　　　　　　　　　分省城镇就业人数　　　　　　　　　单位：万人

省区	2008 年	2009 年	2010 年	2011 年	2012 年	2013 年	2014 年	2015 年
北京市	570.26	619.35	646.6	685.9	717.37	742.26	755.86	777.34
天津市	200.61	201.65	205.7	268.24	289.07	302.44	295.51	294.78
河北省	501.02	503.06	519.6	555.42	619.95	653.36	656.18	643.65
山西省	375.18	385.8	394.4	409.69	436	464.04	452.09	440.27
海南省	76.79	79.32	81.3	85.13	90.08	98.76	101.52	100.36
辽宁省	510.79	509.55	518.1	579.58	598.73	689.07	665.17	618.39
吉林省	262.02	265.26	267.6	277.86	285.48	338.44	334.42	325.06
黑龙江省	475.07	469.06	460	466.2	470.98	467.79	450.88	433.52
上海市	377.22	385.41	392.9	497.32	555.73	618.84	648.88	637.23
江苏省	707.64	721.34	763.8	811.28	830.94	1503.25	1602.4	1552.08
浙江省	741.2	813.93	883.6	995.67	1070.12	1071.61	1102.68	1083.41
安徽省	343.72	359.86	372.9	411.55	436.83	519.67	521.74	513.79
福建省	458.69	473.96	507.1	596.33	637.86	644.03	654.64	663.08
江西省	289.23	289.63	297.4	344.4	385.79	445.01	465.26	480.49
山东省	901.45	922.26	956.2	1050.44	1110.17	1290.6	1266.34	1236.72
河南省	714.42	734.73	751.7	839.09	881.35	1075.99	1108.89	1125.85
湖北省	470.25	487.08	510.3	586.05	598	696.51	706.8	712.33
湖南省	454.69	481.02	505.7	551.43	567.49	600.99	597.9	579.15
广东省	1007.87	1055.03	1118.5	1238.22	1303.98	1966.98	1973.28	1948.04
广西壮族自治区	292.81	301.42	316.7	341.63	357.98	402.99	401.46	405.41
内蒙古自治区	244.83	245.83	249.2	262.39	270.77	303.84	301.45	298.27
重庆市	241.73	248.75	266.4	337.2	353.19	402.02	414.47	415.61
四川省	550.95	564.38	570.6	614.02	640.89	846.25	808.75	795.47
贵州省	211.03	218.7	224.3	241.05	269.5	296.71	304.75	307.47
云南省	303.5	312.04	322.8	350.07	392.67	428.13	419.57	414.66
西藏自治区	20.29	21.11	22.2	23.32	25.19	31.02	32.54	33.39
陕西省	344.39	352.39	364.8	393.7	411.22	505.33	516.52	511.84

续表

省区	2008 年	2009 年	2010 年	2011 年	2012 年	2013 年	2014 年	2015 年
甘肃省	192.55	192.98	194.3	199.29	211.33	256.65	264.74	261.76
青海省	47.02	50.63	52.6	60.59	61.69	64.19	63.19	62.71
宁夏回族自治区	57.13	58.1	59.3	60.85	67.42	72.18	73.25	73.12
新疆维吾尔自治区	248.17	249.42	255	279.38	288.77	309.51	316.65	317.25

资料来源：《中国统计年鉴》。

表 5 - 3 分省 GDP 单位：万元

省区	2008 年	2009 年	2010 年	2011 年	2012 年	2013 年	2014 年	2015 年
北京市	11115	12153.03	14113.58	16251.93	17879.4	19800.81	21330.83	23014.59
天津市	6719.01	7521.85	9224.46	11307.28	12893.88	14442.01	15726.93	16538.19
河北省	16011.97	17235.48	20394.26	24515.76	26575.01	28442.95	29421.15	29806.11
山西省	7315.4	7358.31	9200.86	11237.55	12112.83	12665.25	12761.49	12766.49
海南省	1503.06	1654.21	2064.5	2522.66	2855.54	3177.56	3500.72	3702.76
辽宁省	13668.58	15212.49	18457.27	22226.7	24846.43	27213.22	28626.58	28669.02
吉林省	6426.1	7278.75	8667.58	10568.83	11939.24	13046.4	13803.14	14063.13
黑龙江省	8314.37	8587	10368.6	12582	13691.58	14454.91	15039.38	15083.67
上海市	14069.86	15046.45	17165.98	19195.69	20181.72	21818.15	23567.7	25123.45
江苏省	30981.98	34457.3	41425.48	49110.27	54058.22	59753.37	65088.32	70116.38
浙江省	21462.69	22990.35	27722.31	32318.85	34665.33	37756.58	40173.03	42886.49
安徽省	8851.66	10062.82	12359.33	15300.65	17212.05	19229.34	20848.75	22005.63
福建省	10823.01	12236.53	14737.12	17560.18	19701.78	21868.49	24055.76	25979.82
江西省	6971.05	7655.18	9451.26	11702.82	12948.88	14410.19	15714.63	16723.78
山东省	30933.28	33896.65	39169.92	45361.85	50013.24	55230.32	59426.59	63002.33
河南省	18018.53	19480.46	23092.36	26931.03	29599.31	32191.3	34938.24	37002.16
湖北省	11328.92	12961.1	15967.61	19632.26	22250.45	24791.83	27379.22	29550.19
湖南省	11555	13059.69	16037.96	19669.56	22154.23	24621.67	27037.32	28902.21
广东省	36796.71	39482.56	46013.06	53210.28	57067.92	62474.79	67809.85	72812.55
广西壮族自治区	7021	7759.16	9569.85	11720.87	13035.1	14449.9	15672.89	16803.12
内蒙古自治区	8496.2	9740.25	11672	14359.88	15880.58	16916.5	17770.19	17831.51
重庆市	5793.66	6530.01	7925.58	10011.37	11409.6	12783.26	14262.6	15717.27
四川省	12601.23	14151.28	17185.48	21026.68	23872.8	26392.07	28536.66	30053.1
贵州省	3561.56	3912.68	4602.16	5701.84	6852.2	8086.86	9266.39	10502.56
云南省	5692.12	6169.75	7224.18	8893.12	10309.47	11832.31	12814.59	13619.17
西藏自治区	394.85	441.36	507.46	605.83	701.03	815.67	920.83	1026.39
陕西省	7314.58	8169.8	10123.48	12512.3	14453.68	16205.45	17689.94	18021.86

续表

省区	2008 年	2009 年	2010 年	2011 年	2012 年	2013 年	2014 年	2015 年
甘肃省	3166.82	3387.56	4120.75	5020.37	5650.2	6330.69	6836.82	6790.32
青海省	1018.62	1081.27	1350.43	1670.44	1893.54	2122.06	2303.32	2417.05
宁夏回族自治区	1203.92	1353.31	1689.65	2102.21	2341.29	2577.57	2752.1	2911.77
新疆维吾尔自治区	4183.21	4277.05	5437.47	6610.05	7505.31	8443.84	9273.46	9324.8

资料来源:《中国统计年鉴》。

5.2 协整与误差修正模型

5.2.1 协整的提出

宏观时间序列可能包含单位根的发现,推动了对非平稳时间序列理论的发展。恩格尔和格兰杰(1987)指出,两个或者多个非平稳的时间序列的线性组合可能是平稳的,如果这样的线性组合存在,那么称这个非平稳的时间序列是协整的。这种平稳的线性组合被称为协整方程且可以被解释为变量之间的长期稳定均衡关系。假如这样一种平稳的或者 $I(0)$ 的线性组合存在,这些非平稳时间序列之间被认为具有协整的关系,下面给出协整的定义:

k 维向量时间序列 $y_t = (y_{1t}, y_{2t}, \cdots, y_{kt})'$($t = 1, 2, \cdots, T$),的分量序列间被称为 d,b 阶协整,记为 $y_t \sim CI(d, b)$,如果满足:

1. $y_t \sim I(d)$,要求 y_t 的每个分量都是 d 阶单整的;
2. 存在非零向量 β,使得 $\beta' y_t \sim I(d, b)$,$0 < b \leqslant d$。

简称 y_t 是协整的,向量 β 又称为协整向量。

需要注意的是,第一,作为对非平稳变量之间的关系的描述,协整向量是不唯一的;第二,协整变量必须具有相同的单整阶数;第三,最多可能存在 k − 1 个线性无关的协整向量(y_t 的维数是 k);第四,协整变量之间具有共同的趋势成分,在数量上成比例。

5.2.2 时间序列协整检验

恩格尔和格兰杰(1987)提出的协整检验方法。这种协整检验方法是对回归方程的残差进行单位根检验。从协整理论的思想来看,自变量和因变量之间存在协整关系,也就是说,因变量能被自变量的线性组合所解释,两者之间存在稳定的均衡关系,因变量不能被自变量所解释的部分构成一个残差序列,这个残差序列应该是平稳的。

因此，检验一组变量（因变量和解释变量）之间是否存在协整关系等价于检验回归方程的残差序列是否是一个平稳序列。通常地，可以应用上节中的 ADF 检验来判断残差序列的平稳性，进而判断因变量和解释变量之间的协整关系是否存在。

检验的主要步骤如下：

1. 若 k 个序列 y_1，y_2，$\cdots$，y_k 都是 1 阶单整序列，建立回归方程

$$y_{1t} = \beta_1 + \beta_2 y_{2t} + \beta_3 y_{3t} + \cdots + \beta_k y_{kt} + u_t, \quad t = 1, 2, \cdots, T \qquad (5-69)$$

模型估计的残差为：

$$\hat{u}_t = y_{1t} - \hat{\beta}_1 - \hat{\beta}_2 y_{2t} - \hat{\beta}_3 y_{3t} - \cdots - \hat{\beta}_k y_{kt} \qquad (5-70)$$

2. 检验残差序列 $\hat{u}_t$ 是否平稳，也就是判断序列 $\hat{u}_t$ 是否含有单位根。通常用 ADF 检验来判断残差序列 $\hat{u}_t$ 是否是平稳的。

3. 如果残差序列 $\hat{u}_t$ 是平稳的，则可以确定回归方程中的 k 个变量（y_1，y_2，$\cdots$，y_k）之间存在协整关系，并且协整向量为 $(1, -\hat{\beta}_2, \cdots, -\hat{\beta}_k)'$；否则更换被解释变量，继续以上步骤，当所有变量都被作为被解释变量检验后，仍不能得到平稳的残差序列，则称（y_1，y_2，$\cdots$，y_k）之间不存在协整关系。

也可以通过协整检验来判断线性回归方程设定是否合理、稳定，这两者的检验思想和过程是完全相同的。

【例 5.3】为了进一步分析山东省 FDI 对 GDP 的影响，我们继续对 LNFDI 的一阶差分做单位根检验。选择"1st difference"，表示 ADF 检验的对象为原序列 LNFDI 的一阶差分，其他具体设定如图 5-5 所示：

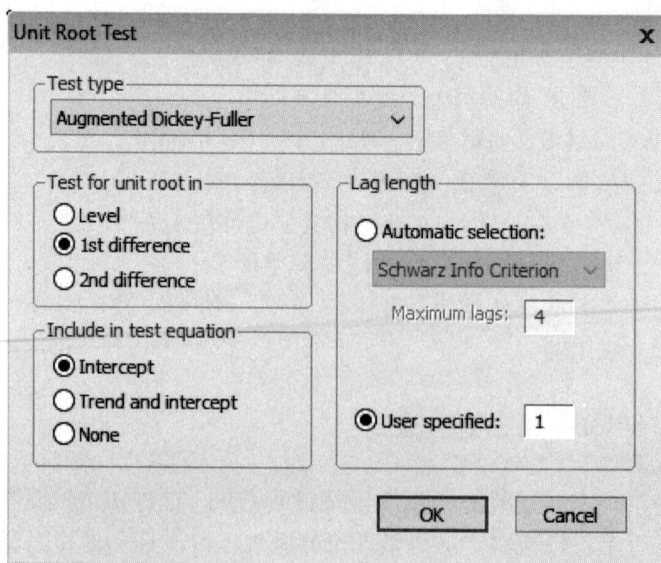

图 5-5　LNFDI 的一阶差分平稳性检验设置

点击确定，报告检验结果如图 5 - 6 所示：

Null Hypothesis: D(LNFDI) has a unit root
Exogenous: Constant
Lag Length: 1 (Fixed)

		t-Statistic	Prob.*
Augmented Dickey-Fuller test statistic		-4.244187	0.0049
Test critical values:	1% level	-3.886751	
	5% level	-3.052169	
	10% level	-2.666593	

图 5 - 6　LNFDI 的一阶差分平稳性检验设置结果

从报告的结果可知，t 值为 - 4. 24，小于 1% 显著性水平的临界值，P 值为 0. 0049，小于 1% 的显著性水平。所以，在 1% 的显著性水平下，LNFDI 的一阶差分序列是平稳的。由于在 5.1.2 节的案例中，我们已知 LNFDI 的原序列是非平稳的。因此，LNFDI 是一阶单整序列。同理，对 LNGDP 的一阶差分做 ADF 检验。可知，LNGDP 也是一阶单整的序列。

由于 LNFDI 与 LNGDP 是同阶单整序列，可以尝试进行回归分析，以得到回归的残差，进一步检验是否存在协整关系。建立回归模型：

$$LNGDP = \beta_0 + \beta_1 LNFDI + u$$

用通常的 OLS 回归，结果如图 5 - 7 所示：

Dependent Variable: LNGDP
Method: Least Squares
Date: 02/07/17   Time: 17:23
Sample: 1992 2011
Included observations: 20

Variable	Coefficient	Std. Error	t-Statistic	Prob.
C	3.170241	0.710302	4.463231	0.0003
LNFDI	1.051778	0.120841	8.703810	0.0000

R-squared	0.808013	Mean dependent var	9.303737
Adjusted R-squared	0.797347	S.D. dependent var	0.885168
S.E. of regression	0.398476	Akaike info criterion	1.092301
Sum squared resid	2.858097	Schwarz criterion	1.191874
Log likelihood	-8.923009	Hannan-Quinn criter.	1.111739
F-statistic	75.75630	Durbin-Watson stat	0.401194
Prob(F-statistic)	0.000000		

图 5 - 7　OLS 回归结果

在回归报告的界面下，点击 "Quick - Generate Series by Equation"，在跳出

的如下界面中输入"ECM = resid"将回归产生的残差序列赋予新序列 ECM，如图 5 - 8 所示。

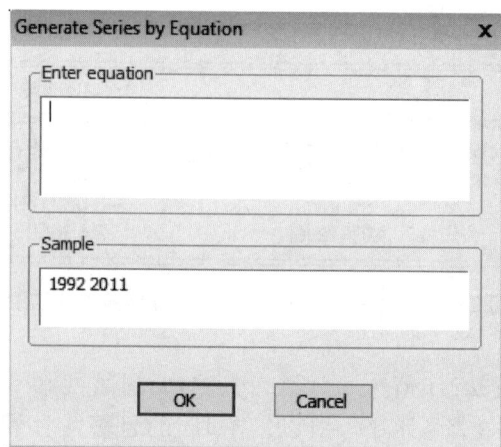

图 5 - 8　误差修正项的产生

对序列 ECM 进行单位根检验，在水平的无截距无趋势，滞后阶为 SIC 准则，最大 4 阶的设定下，报告结果如图 5 - 9 所示：

Null Hypothesis: ECM has a unit root
Exogenous: None
Lag Length: 1 (Automatic - based on SIC, maxlag=4)

		t-Statistic	Prob.*
Augmented Dickey-Fuller test statistic		-2.102816	0.0373
Test critical values:	1% level	-2.699769	
	5% level	-1.961409	
	10% level	-1.606610	

图 5 - 9　误差修正项平稳性的检验结果

由报告的结果可知，P 值为 0.0373，在 5% 的显著性水平下，ECM 是平稳的。因此 LNFDI 和 LNGDP 存在协整关系，协整向量为（1，- 1.052）。协整方程为：

$$\ln \widehat{GDP}_t = 3.17 + 1.052 \ln FDI_t$$
$$(4.46)　(8.70)$$
$$R^2 = 0.81 \quad D.W. = 0.40$$

表示长期中，LNGDP 与 LNFDI 之间存在的均衡关系。

5.2.3 面板数据协整检验

1. Pedroin 检验

Pedroin（1999）提出了以恩格尔和格兰杰二步法为基础的面板数据的协整检验方法，该方法利用协整方程的回归残差构造了七个统计量来检验面板数据之间的协整关系。

Pedroin 检验在对残差使用平稳性检验时，具体的原假设和备择假设如下：

（1）H_0：$\rho_i = 1$，H_1：$\rho_i < 1(\rho_i = \rho)$；

（2）H_0：$\rho_i = 1$，H_1：$\rho_i < 1$。

第一种情形主要用于检验同质面板数据的协整关系，有四个统计量用于检验这个情形，即：

Panel v – Statistic：

$$Z_{\hat{v}} = \left(\sum_{i=1}^{N} \sum_{t=1}^{T} \hat{L}_{11i}^{-2} \hat{u}_{i,t-1}^2 \right)^{-1}$$

Panel rho – Statistic：

$$Z_{\hat{\rho}} = \left(\sum_{i=1}^{N} \sum_{t=1}^{T} \hat{L}_{11i}^{-2} \hat{u}_{i,t-1}^2 \right)^{-1} \sum_{i=1}^{N} \sum_{t=1}^{T} \hat{L}_{11i}^{-2} (\hat{u}_{i,t-1} \Delta \hat{u}_{i,t} - \hat{\lambda}_i)$$

Panel PP – Statistic：

$$Z_t = \left(\tilde{\sigma}^2 \sum_{i=1}^{N} \sum_{t=1}^{T} \hat{L}_{11i}^{-2} \hat{u}_{i,t-1}^2 \right)^{-1/2} \sum_{i=1}^{N} \sum_{t=1}^{T} \hat{L}_{11i}^{-2} (\hat{u}_{i,t-1} \Delta \hat{u}_{i,t} - \hat{\lambda}_i)$$

Panel ADF – Statistic：

$$Z_t^* = \left(\tilde{s}^{*2} \sum_{i=1}^{N} \sum_{t=1}^{T} \hat{L}_{11i}^{-2} \hat{u}_{i,t-1}^{*2} \right)^{-1/2} \sum_{i=1}^{N} \sum_{t=1}^{T} \hat{L}_{11i}^{-2} \hat{u}_{i,t-1}^* \Delta \hat{u}_{i,t}^*$$

第二种情形主要用于检验异质面板数据的协整关系，有三个统计量用于检验这个情形，即：

Group rho – Statistic：

$$\tilde{Z}_{\hat{\rho}} = \sum_{i=1}^{N} \left(\sum_{t=1}^{T} \hat{u}_{i,t-1}^2 \right)^{-1} \sum_{i=1}^{T} (\hat{u}_{i,t-1} \Delta \hat{u}_{i,t} - \hat{\lambda}_i)$$

Group PP – Statistic：

$$\tilde{Z}_t = \sum_{i=1}^{N} \left(\hat{\sigma}_i^2 \sum_{i=1}^{T} \hat{u}_{i,t-1}^2 \right)^{-1/2} \sum_{i=1}^{T} (\hat{u}_{i,t-1} \Delta \hat{u}_{i,t} - \hat{\lambda}_i)$$

Group ADF – Statistic：

$$\tilde{Z}_t^* = \sum_{i=1}^{N} \left(\sum_{t=1}^{T} \hat{s}_i^{*2} \hat{u}_{i,t-1}^{*2} \right)^{-1/2} \sum_{i=1}^{T} \hat{u}_{i,t-1}^* \Delta \hat{u}_{i,t}^*$$

其中：

$$\hat{\lambda}_i = \frac{1}{T} \sum_{l=1}^{p_i} \left(1 - \frac{1}{p_i + 1}\right) \sum_{t=l+1}^{T} \hat{v}_{it} \hat{v}_{it-1}, \quad \hat{s}_i^2 = \frac{1}{T} \sum_{t=1}^{T} \hat{v}_{it}^2,$$

$$\hat{\sigma}_i^2 = \hat{s}_i^2 + 2\hat{\lambda}_i, \quad \tilde{\sigma}^2 = \frac{1}{N} \sum_{i=1}^{N} \hat{L}_{11i}^{-2} \hat{\sigma}_i^2$$

$$\hat{s}_i^{*2} = \frac{1}{T} \sum_{t=1}^{T} \hat{v}_{it}^{*2}, \quad \hat{s}^{*2} = \frac{1}{N} \sum_{i=1}^{N} \hat{s}_i^{*2}$$

$\hat{v}_{it}$ 和 $\hat{v}_{it}^*$ 分别是辅助回归 $\hat{u}_{it} = \rho_i \hat{u}_{it-1} + v_{it}$，$i = 1, 2, \cdots, N$，$\hat{u}_{it} = \rho_i \hat{u}_{it-1} + \sum_{j=1}^{p_i} \psi_{ij} \Delta \hat{u}_{it-j} + v_{it}$，$i = 1, 2, \cdots, N$ 的随机扰动项的估计量。

2. Kao 检验

Kao 检验是在恩格尔和格兰杰二步法的基础上提出来的。其检验过程可以分为以下两个阶段：

第一阶段：

设定每一个截面有不同的截距项和相同系数：

$$y_{it} = \alpha_i + \delta_i t + x_{it}' \beta + u_{it} \qquad (5-71)$$

即回归估计式中 α_i 是不同的，β 是相同的，并且设定 $\delta_i = 0$。

第二阶段：

对第一阶段的残差序列 $\hat{u}_{it}$ 进行单位根检验，在原假设 $H_0: \rho = 1$，即不存在协整关系的条件下，构造如下统计量：

$$DF_\rho = \frac{T \sqrt{N}(\hat{\rho} - 1) + 3 \sqrt{N}}{\sqrt{10.2}}$$

$$DF_t = \sqrt{1.25 t_\rho} + \sqrt{1.875 N}$$

$$DF_\rho^* = \frac{\sqrt{N} T(\hat{\rho} - 1) + 3 \sqrt{N} \hat{\sigma}_v^2 / \tilde{\sigma}_v^2}{\sqrt{3 + 36 \hat{\sigma}_v^4 / (5 \tilde{\sigma}_v^4)}}$$

$$DF_t^* = \frac{t_\rho + \sqrt{6N} \hat{\sigma}_v / (2 \tilde{\sigma}_v)}{\sqrt{\hat{\sigma}_v^2 / (2 \tilde{\sigma}_v^2) + 3 \hat{\sigma}_v^2 / (10 \tilde{\sigma}_v^2)}}$$

当 $p > 0$ 时，统计量为：

$$ADF = \frac{t_{\tilde{\rho}} + \sqrt{6N} \hat{\sigma}_v / (2 \tilde{\sigma}_v)}{\sqrt{\hat{\sigma}_v^2 / (2 \tilde{\sigma}_v^2) + 3 \hat{\sigma}_v^2 / (10 \tilde{\sigma}_v^2)}}$$

3. Johansen 面板协整检验

Johansen 面板协整检验联合单个截面成员的检验结果，从而构造用于检验面板的统计量。主要步骤如下：

（1）对各个截面成员进行协整检验，设第 i 个截面的特征根迹统计量或最大特征根统计量对应的 p 值为 π_i。

（2）构造基于 Fisher 结论的用于面板数据协整检验的统计量如下：

$$\text{Fisher} = -2 \sum_{i=1}^{N} \ln(\pi_i) \qquad (5-72)$$

该统计量渐近服从 $\chi^2(2N)$，检验的原假设为：存在相应个数协整向量。

【例 5.4】为了检验 LNL 和 LNGDP 是否存在协整关系。利用前面所学知识，将数据输入 EViews，建立面板结构的工作文件对象。同时选择变量 LNL 和 LNGDP 将其以组对象打开（同时选中两变量后右键，依次点击 "Open – as Group"），在由这两个变量组成的组对象界面的工具栏中依次单击 "View – Cointegration Test – Panel Cointegration Test"，出现如下界面。本例中，经尝试各选项设定如图 5 – 10 所示：

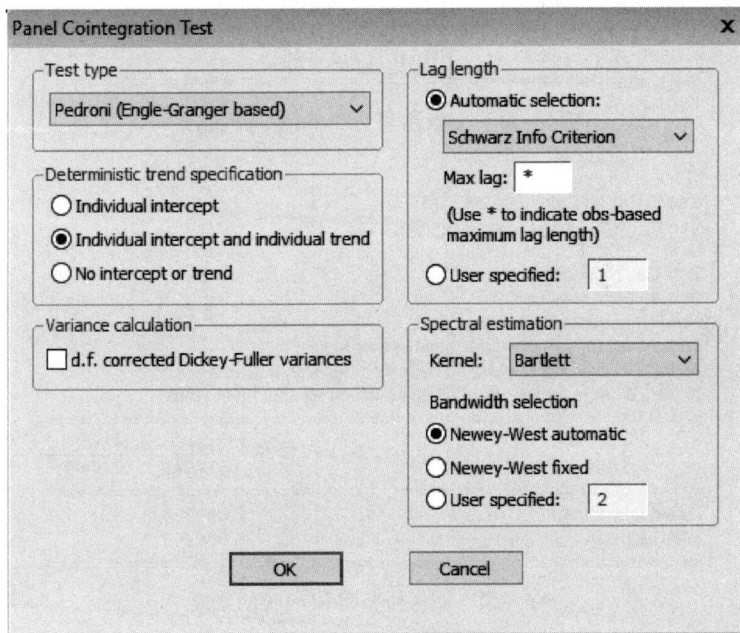

图 5 – 10　面板协整检验的设置

设置完毕后，点击 "OK"，EViews 报告结果如图 5 – 11 所示：

由 Pedroin 检验结果可知，同质面板数据情形下，Panel PP – Statistic 和 Panel ADF – Statistic 拒绝了不存在协整关系的原假设。异质面板数据情形下，Group PP – Statistic 和 Group ADF – Statistic 拒绝了不存在协整关系的原假设。

同理，Kao 检验的结果如图 5 – 12 所示：

```
Pedroni Residual Cointegration Test
Series: LNL LNGDP
Date: 02/10/17  Time: 13:46
Sample: 2008 2015
Included observations: 248
Cross-sections included: 31
Null Hypothesis: No cointegration
Trend assumption: Deterministic intercept and trend
Automatic lag length selection based on SIC with a max lag of 0
Newey-West automatic bandwidth selection and Bartlett kernel
```

Alternative hypothesis: common AR coefs. (within-dimension)

	Statistic	Prob.	Weighted Statistic	Prob.
Panel v-Statistic	-4.116594	1.0000	-4.769071	1.0000
Panel rho-Statistic	4.111042	1.0000	4.530115	1.0000
Panel PP-Statistic	-5.342300	0.0000	-3.859719	0.0001
Panel ADF-Statistic	-3.834597	0.0001	-2.805620	0.0025

Alternative hypothesis: individual AR coefs. (between-dimension)

	Statistic	Prob.
Group rho-Statistic	6.013119	1.0000
Group PP-Statistic	-3.763943	0.0001
Group ADF-Statistic	-3.316371	0.0005

图 5 - 11　面板协整 Pedroin 检验的结果

```
Kao Residual Cointegration Test
Series: LNL LNGDP
Date: 02/10/17  Time: 13:47
Sample: 2008 2015
Included observations: 248
Null Hypothesis: No cointegration
Trend assumption: No deterministic trend
Automatic lag length selection based on SIC with a max lag of 1
Newey-West automatic bandwidth selection and Bartlett kernel
```

	t-Statistic	Prob.
ADF	-4.977873	0.0000
Residual variance		0.000924
HAC variance		0.000900

图 5 - 12　面板协整 Kao 检验的结果

　　由检验结果可知，检验的伴随概率为 0，拒绝了不存在协整关系的原假设。综合以上检验，可以认为 LNL 和 LNGDP 存在协整关系。

5.2.4　误差修正模型

　　大卫德森（Davidson）、亨得利（Hendry）、斯尔巴（Srba）和叶欧（Yeo）（1978）提出的，称为 DHSY 模型，简记为 ECM。协整回归描述的长期均衡的关系，而实际经济生活中，短期变量往往会偏离长期均衡的状态，从而使得模型不那么精确。误差修正模型的提出是为了增强模型的准确度，描述的是短期非均衡的关系。利用协整回归得到的误差项 e_t，建立短期动态模型来缓解长期协整回归模型的缺点。

恩格尔和格兰杰（1987）提出：如果变量 x 和 y 存在协整关系，那么 x 和 y 之间存在短期非均衡关系。并且可以由一个误差修正模型来描述：

$$\Delta y_t = \text{lagged}(\Delta y, \Delta x) - \lambda u_{t-1} + \varepsilon_t \tag{5-73}$$

其中，u_{t-1} 是非均衡误差或者说是长期均衡偏差项，λ 是短期调整参数。

恩格尔和格兰杰两步法的基本步骤如下：

（1）对模型（5-74）进行 OLS 估计，得到残差序列 $\hat{u}_t$，利用 AEG 方法检验 $\hat{u}_t$ 是否平稳。

$$y_t = k_0 + k_1 x_t + u_t, \ t = 1, 2, \cdots, T \tag{5-74}$$

（2）若 $\hat{u}_t$ 是平稳，用 OLS 估计如下模型：

$$\Delta y_t = \beta_0 + \alpha \hat{u}_{t-1} + \beta_2 \Delta x_t + \varepsilon_t \tag{5-75}$$

该模型即为误差修正模型（记为 ECM），其中 $\alpha < 0$，通常称为调整系数。

【例5.5】在 5.2.2 中我们已经知道，LNGDP 和 LNFDI 虽然都不是平稳序列，但是都是一阶单整序列，且两者之间存在长期均衡的协整关系，而现实的经济生活中往往不一定会正好处于长期均衡点上，因此，我们利用 5.2.2 中得到的 ECM（即误差修正项），建立误差修正模型来描述 LNGDP 和 LNFDI 之间的短期非均衡关系。经尝试，可知建立如下误差修正模型是合适的：

$$\Delta LNGDP_t = \beta_0 + \Delta LNFDI_t - \lambda ECM_{t-1} + u, \ \lambda > 0$$

直接在命令窗口输入命令"ls d(lngdp) c d(lnfdi) ecm(-1)"，输入完毕后按回车键，结果报告如图 5-13 所示：

Dependent Variable: D(LNGDP)
Method: Least Squares
Date: 02/07/17 Time: 17:26
Sample (adjusted): 1993 2011
Included observations: 19 after adjustments

Variable	Coefficient	Std. Error	t-Statistic	Prob.
C	0.138964	0.014413	9.641870	0.0000
D(LNFDI)	0.127527	0.050026	2.549212	0.0214
ECM(-1)	-0.089116	0.035321	-2.523031	0.0226

R-squared	0.416227	Mean dependent var	0.159358
Adjusted R-squared	0.343255	S.D. dependent var	0.067509
S.E. of regression	0.054709	Akaike info criterion	-2.829644
Sum squared resid	0.047889	Schwarz criterion	-2.680522
Log likelihood	29.88162	Hannan-Quinn criter.	-2.804407
F-statistic	5.703950	Durbin-Watson stat	0.655119
Prob(F-statistic)	0.013488		

图5-13 误差修正模型回归结果

由报告的结果可得，最终的误差修正模型建立如下：

$$\Delta LNGDP_t = 0.14 + 0.13 \Delta LNFDI - 0.089 ECM(-1)$$

$$(9.64) \quad (2.55) \qquad (-2.52)$$

$$R^2 = 0.42 \quad D.W. = 0.66 \tag{5-76}$$

该模型反映了两者之间短期非均衡的关系。

5.3 格兰杰因果关系检验

5.3.1 格兰杰因果关系的定义

克莱夫·格兰杰提出的，用于分析经济变量之间的因果关系。他给因果关系的定义为"依赖于使用过去某些时点上所有信息的最佳最小二乘预测的方差。"[①]

两个经济变量 X、Y 之间的格兰杰因果关系定义为：若变量 X 有助于解释变量 Y 的将来变化，则认为变量 X 是引致变量 Y 的格兰杰原因。

5.3.2 时间序列格兰杰因果关系

在时间序列中，格兰杰因果关系定义为：在预测 y 时，加入 x 的滞后项比只有 y 的滞后项能够更好地解释 y。即 x 有助于解释 y 的未来变化。则称 x 是 y 的格兰杰原因。其本质是一个滞后变量是否能够引入到其他变量的方程中。

考虑一个二元 p 阶的 VAR 模型：

$$\begin{pmatrix} y_t \\ x_t \end{pmatrix} = \begin{pmatrix} \phi_{10} \\ \phi_{20} \end{pmatrix} + \begin{pmatrix} \phi_{11}^{(1)} & \phi_{12}^{(1)} \\ \phi_{21}^{(1)} & \phi_{22}^{(1)} \end{pmatrix} \begin{pmatrix} y_{t-1} \\ x_{t-1} \end{pmatrix} + \begin{pmatrix} \phi_{11}^{(2)} & \phi_{12}^{(2)} \\ \phi_{21}^{(2)} & \phi_{22}^{(2)} \end{pmatrix} \begin{pmatrix} y_{t-2} \\ x_{t-2} \end{pmatrix} + \cdots$$

$$+ \begin{pmatrix} \phi_{11}^{(p)} & \phi_{12}^{(p)} \\ \phi_{21}^{(p)} & \phi_{22}^{(p)} \end{pmatrix} \begin{pmatrix} y_{t-p} \\ x_{t-p} \end{pmatrix} + \begin{pmatrix} \varepsilon_{1t} \\ \varepsilon_{2t} \end{pmatrix} \tag{5-77}$$

判断 x 是否是 y 的格兰杰原因的方法是利用 F 检验，原假设和备择假设如下：

$$\begin{cases} H_0: \ \phi_{12}^{(q)} = 0, \ q = 1, \ 2, \ \cdots, \ p \\ H_1: \ q, \ s.t: \ \phi_{12}^{(q)} \neq 0 \end{cases}$$

构造统计量如下：

$$F = \frac{(RSS_R - RSS_U)/p}{RSS_U/(T - 2p - 1)} \sim F(p, \ T - 2p - 1) \tag{5-78}$$

其中，p 为 x 的滞后项的个数，T 为样本容量，2p + 1 为包含常数项和其他

---

① Granger. C. W. J. 1969. "Investigating Casual Relations by Econometric Models and Cross – Spectral Methods." Econometrica 37：424 – 438.

变量的无约束方程的待估参数的个数。RSS_R 和 RSS_U 分别为约束回归和无约束回归的残差平方和。如果 F 大于临界值，则拒绝原假设，认为 x 是 y 的格兰杰原因，否则不能拒绝原假设。

【例 5.6】在 5.2.2 节和 5.2.4 节中，我们建立了 LNFDI 和 LNGDP 之间的关系。我们认为外国资本的投资会刺激 GDP，即 LNFDI 主要影响了 LNGDP 的变动，但是从实际经济生活中，显然良好的经济体也会进一步吸引外国资本投资，即 LNGDP 也有可能会影响 LNFDI。那么从 1992 ~ 2011 年的数据中，两者的格兰杰因果关系究竟如何？

将 LNFDI 和 LNGDP 以组对象打开，点击"view – Granger Causality"，分别设定滞后阶为 1、2、3、4、5，点击确定，报告结果如图 5 – 14 所示：

Null Hypothesis:	Obs	F-Statistic	Prob.
LNGDP does not Granger Cause LNFDI	19	0.11820	0.7355
LNFDI does not Granger Cause LNGDP		2.20316	0.1572

Null Hypothesis:	Obs	F-Statistic	Prob.
LNGDP does not Granger Cause LNFDI	18	1.73711	0.2145
LNFDI does not Granger Cause LNGDP		9.08474	0.0034

Null Hypothesis:	Obs	F-Statistic	Prob.
LNGDP does not Granger Cause LNFDI	17	1.80316	0.2102
LNFDI does not Granger Cause LNGDP		9.93256	0.0024

Null Hypothesis:	Obs	F-Statistic	Prob.
LNGDP does not Granger Cause LNFDI	16	1.82771	0.2282
LNFDI does not Granger Cause LNGDP		4.41779	0.0427

Null Hypothesis:	Obs	F-Statistic	Prob.
LNGDP does not Granger Cause LNFDI	15	1.32133	0.4051
LNFDI does not Granger Cause LNGDP		3.34447	0.1327

图 5 – 14　时间序列滞后 1 ~ 5 阶的格兰杰检验结果

由上表 2 ~ 4 阶滞后检验结果可知，"LNFDI 不是 LNGDP 的格兰杰原因"的原假设的伴随概率全部小于 5%，因此，在 5% 的显著性水平下拒绝原假设，从 2 ~ 4 阶滞后的情况来看，LNFDI 是 LNGDP 的格兰杰原因。当滞后阶为 1 或 5 时，伴随概率全部大于 5%（实际上都大于 10% 了），因此，当滞后阶为 1 或 5 时，两者不存在格兰杰因果关系。

5.3.3 面板数据 Granger 因果关系

格兰杰因果关系是通过双变量的回归来计算的，面板数据的格兰杰因果关系的计算考虑以下基本的双变量回归模型：

$$y_{i,t} = \alpha_{0,i} + \alpha_{1,i}y_{i,t-1} + \cdots + \alpha_{1,i}y_{i,t-1} + \beta_{1,i}x_{i,t-1} + \cdots + \beta_{1,i}x_{i,t-1} + u_{i,t}$$

$$x_{i,t} = \alpha_{0,i} + \alpha_{1,i}x_{i,t-1} + \cdots + \alpha_{1,i}x_{i,t-1} + \beta_{1,i}y_{i,t-1} + \cdots + \beta_{1,i}y_{i,t-1} + u_{i,t}$$

$$(5-79)$$

其中，t 是时间变量，i 是截面成员的个数。在面板数据中，有许多不同的检验方法，其中两种基于跨截面系数的同异性的比较简单的方法如下：

1. 跨截面系数相同

该理论假设所有的跨截面系数都相同，即：

$$\alpha_{0,i} = \alpha_{0,j},\ \alpha_{1,i} = \alpha_{1,j},\ \cdots,\ \alpha_{1,i} = \alpha_{1,j},\ 任意\ i,\ j$$
$$\beta_{1,i} = \beta_{1,j},\ \cdots,\ \beta_{1,i} = \beta_{1,j},\ 任意\ i,\ j$$

随后将面板数据视为堆积数据，做类似于时间序列中的标准格兰杰因果回归分析。

2. 跨截面系数不同

Dumitrescu – Hurlin（2012）使用了一个完全相反的前提：假设所有的跨截面系数都不相同，即：

$$\alpha_{0,i} \neq \alpha_{0,j},\ \alpha_{1,i} \neq \alpha_{1,j},\ \cdots,\ \alpha_{1,i} \neq \alpha_{1,j},\ 任意\ i,\ j$$
$$\beta_{1,i} \neq \beta_{1,j},\ \cdots,\ \beta_{1,i} \neq \beta_{1,j},\ 任意\ i,\ j$$

该检验对所有的截面成员做单独的格兰杰因果回归，将回归得到的 Wald 统计量和服从正态分布的 Z 统计量取平均值，得到 W – stat 和 Z – stat 值作为检验的依据。

【例 5.7】由 5.1.3 节中，我们得知 LNL 和 LNGDP 之间可能存在协整关系。但究竟是 LNL 影响 LNGDP，还是 LNGDP 影响 LNL 尚未得知，一个复杂的现实经济生活中，两个经济指标往往互为因果。为了探究 LNL 和 LNGDP 之间的格兰杰因果关系，需要进行以下检验：在面板结构的工作文件中（pool 对象的面板数据无法做面板的格兰杰检验）将 LNFDI 和 LNGDP 以组对象打开，点击"view – Granger Causality"，出现如图 5 – 15 所示对话框：

分别设定滞后阶为 1、2、3，点击"OK"确定，报告结果如图 5 – 16 所示：

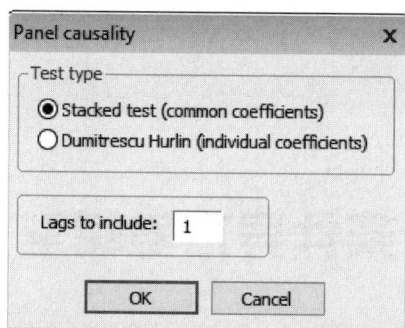

图 5 - 15　面板数据格兰杰检验的设置

Null Hypothesis:	Obs	F-Statistic	Prob.
LNGDP does not Granger Cause LNL	217	6.88263	0.0093
LNL does not Granger Cause LNGDP		7.93841	0.0053

Null Hypothesis:	Obs	F-Statistic	Prob.
LNGDP does not Granger Cause LNL	186	11.2069	3.E-05
LNL does not Granger Cause LNGDP		22.8660	1.E-09

Null Hypothesis:	Obs	F-Statistic	Prob.
LNGDP does not Granger Cause LNL	155	7.70992	8.E-05
LNL does not Granger Cause LNGDP		0.74603	0.5263

图 5 - 16　面板数据滞后 1 ~ 3 阶的格兰杰检验结果

由上表 1 ~ 2 阶滞后检验结果可知，"LNGDP 不是 LNL 的格兰杰原因"的原假设和"LNL 不是 LNGDP 的格兰杰原因"的原假设的伴随概率全部小于 10% ，因此，在 10% 的显著性水平下拒绝原假设，LNGDP 和 LNL 互为格兰杰因果。当滞后阶为 3 时，"LNGDP 不是 LNL 的格兰杰原因"的原假设的伴随概率小于 1% ，因此拒绝原假设，所以 LNGDP 是 LNL 的格兰杰原因。"LNL 不是 LNGDP 的格兰杰原因"的原假设的伴随概率为 0. 5363，远大于 10% 的显著性水平，不拒绝原假设。因此，当滞后阶为 3 时，LNGDP 是 LNL 的格兰杰原因，而 LNL 不是 LNGDP 的格兰杰原因。

第 6 章

条件异方差模型

计量经济学中的大多数统计工具都是用来建立随机变量的条件均值模型。本章讨论的重要工具具有与以往不同的目的——建立变量的条件方差或变量波动性模型。

自回归条件异方差模型（autoregressive conditional heteroskedasticity model）最早由恩格尔（Engle，R.，1982）提出，并由勒斯莱文（Bollerslev, T. 1986）发展成为 GARCH 模型（generalized ARCH model）——广义自回归条件异方差模型。这些模型被广泛应用于经济学科的各个领域，尤其是用在金融时间序列分析中。

6.1　自回归条件异方差模型

通常认为自相关的问题是时间序列数据所特有，而异方差性是横截面数据的特点。但在时间序列数据中，会不会出现异方差呢？是怎样出现的？恩格尔和克拉格（Kraft，D.，1983）在分析宏观数据时，发现一些现象：时间序列模型中的扰动方差稳定性通常比假设的要差。恩格尔的发现说明在分析通货膨胀模型时，大的及小的预测误差常常会成群出现，表明存在一种异方差，其中预测误差的方差取决于后续扰动项的大小。

从事股票价格、通货膨胀率和外汇汇率等金融时间序列预测的研究工作者发现，对这些变量的预测能力随时期的不同而有相当大的变化。预测的误差在某一时期里相对地小，而在某一时期里则相对地大，然后，在另一时期又是较小的。这种变化很可能由于金融市场的波动性易受谣言、政局变动、政府货币政策与财政政策变化等的影响，从而有理由相信误差项的条件方差不是某个自变量的函数，而是随时间变化并且依赖于过去误差的大小。

6.1.1　ARCH 模型

为了刻画预测误差的条件方差中可能存在的某种相关性，恩格尔（Engle）

提出了自回归条件异方差模型。ARCH 模型的主要思想是：扰动项 μ_t 的条件方差依赖于它的前期值 μ_{t-1} 的大小。ARCH(1) 模型就是时刻 t 的 μ_t 的条件方差（σ_t^2）依赖于时刻（t-1）的扰动项平方的大小，即依赖于 μ_{t-1}^2。具体地说，考虑 k 变量回归模型：

$$y_t = \gamma_0 + \gamma_1 x_{1t} + \cdots + \gamma_k x_{kt} + u_t \tag{6-1}$$

如果 u_t 的均值为零，对 y_t 取基于（t-1）时刻的信息的期望，即 $E_{t-1}(y_t)$，有如下的关系：

$$E_{t-1}(y_t) = \gamma_0 + \gamma_1 x_{1t} + \gamma_2 x_{2t} + \cdots + \gamma_k x_{kt} \tag{6-2}$$

由于 y_t 的条件均值近似等于式（6-1）的估计值，所以式（6-1）也称为均值方程。在这个模型中，变的条件方差为

$$\mathrm{Var}\ (y_t/Y_{t-1}) = E_{t-1}\ (y_t - \gamma_0 - \gamma_1 x_{1t} - \cdots - \gamma_k x_{kt})^2 = E_{t-1} u_t^2 \tag{6-3}$$

式（6-3）中，$\mathrm{Var}(y_t/Y_{t-1})$ 表示基于（t-1）时刻的信息集合 $Y_{t-1} = \{y_{t-1},\ y_{t-2},\ \cdots,\ y_1\}$ 的 y_t 的条件方差，出现这种情况的原因可能是因为扰动项存在自回归结构。

假设在（t-1）时刻的所有信息的条件下，扰动项的平方 u_t^2 服从 AR(1) 过程：

$$u_t^2 = \alpha_0 + \alpha_1 u_{t-1}^2 + \varepsilon_t \tag{6-4}$$

式（6-4）中，ε_t 是白噪声过程，满足：

$$E(\varepsilon_t) = 0 \tag{6-5}$$

$$E(\varepsilon_t \varepsilon_s) = \lambda^2,\ t = s;\ E(\varepsilon_t \varepsilon_s) = 0,\ t \neq s \tag{6-6}$$

这样，扰动项 u_t 的条件分布是：

$$u_t \sim N[0,\ (\alpha_0 + \alpha_1 u_{t-1}^2)] \tag{6-7}$$

也就是 u_t 服从以 0 为均值，$(\alpha_0 + \alpha_1 u_{t-1}^2)$ 为方差的条件正态分布。

方差方程（6-4）表示 u_t 的条件方差 σ_t^2 由两部分组成：一个常数项和前一时刻关于变化量的信息，用前一时刻的扰动项平方 u_{t-1}^2 表示（ARCH 项）。

由于式（6-4）中的 u_t 的条件方差只依赖于前一期的扰动项平方干扰，所以称为 ARCH(1) 过程。通常用极大似然估计得到参数 γ_0，γ_1，γ_2，$\cdots$，γ_k，α_0，α_1 的有效估计。一个自然的延伸是 ARCH(p) 过程，可以写为

$$\mathrm{Var}(u_t) = \sigma_t^2 = \alpha_0 + \alpha_1 u_{t-1}^2 + \alpha_2 u_{t-2}^2 + \cdots + \alpha_p u_{t-p}^2 \tag{6-8}$$

这时方差方程中的（p+1）个参数 α_0，α_1，α_2，$\cdots$，α_p 也要和回归模型中的参数 γ_0，γ_1，γ_2，$\cdots$，γ_k，y 一样，利用极大似然估计法进行估计。

在 ARCH(p) 过程中，由于 u_t 是随机的，u_t^2 不可能为负，所以对于 $\{u_t\}$ 的所有实现值，只有 $\mathrm{Var}(u_t) = \sigma_t^2 = \alpha_0 + \alpha_1 u_{t-1}^2 + \alpha_2 u_{t-2}^2 + \cdots + \alpha_p u_{t-p}^2$ 是正的，才是合理的。为使 u_t^2 协方差平稳，所以进一步要求方程

$$1 - \alpha_1 z - \alpha_2 z^2 - \cdots - \alpha_p z^p = 0 \tag{6-9}$$

的根全部位于单位圆外。如果 $\alpha_i(i = 1,\ 2,\ \cdots,\ p)$ 都非负，式（6-9）等价于

$\alpha_1 + \alpha_2 + \cdots + \alpha_p < 1$。

如果扰动项的条件方差中不存在自相关，就有：$\alpha_1 = \alpha_2 = \cdots = \alpha_p = 0$。这时

$$\text{Var}(u_t) = \sigma^2 = \alpha_0 \qquad (6-10)$$

从而得到误差的条件方差的同方差性情形。

6.1.2 ARCH 的检验

下面介绍检验一个模型的残差是否含有 ARCH 效应的两种方法：ARCH LM 检验和残差平方相关图检验。

1. ARCH LM 检验

Engle 在 1982 年提出检验残差序列中是否存在 ARCH 效应的拉格朗日乘数检验（Lagrange multiplier test），即 ARCH LM 检验。自回归条件异方差性的这个特殊的设定，是由于人们发现在许多金融时间序列中，残差的大小与最近的残差值有关。ARCH 本身不能使标准的 OLS 估计无效，但是，忽略 ARCH 影响可能导致有效性降低。

ARCH LM 检验统计量由一个辅助检验回归计算。为检验原假设：残差序列中直到 p 阶都不存在 ARCH 效应，需要进行如下回归：

$$\hat{u}_t^2 = \alpha_0 + \left(\sum_{s=1}^{p} \alpha_s \hat{u}_{t-s}^2 \right) + \varepsilon_t \qquad (6-11)$$

式中的 $\hat{u}_t$ 是残差。式（6-11）表示残差平方 $\hat{u}_t^2$ 对一个常数和直到 p 阶的残差平方的滞后 $\hat{u}_{t-s}^2$（$s=1$，2，$\cdots$，p）所作的一个回归。这个检验回归有两个统计量：

（1）F 统计量是对所有残差平方的滞后的联合显著性所作的一个省略变量检验；

（2）$T \times R^2$ 统计量是 Engle's LM 检验统计量，它是观测值个数 T 乘以回归检验的 R^2；

原假设下 F 统计量的准确的有限样本分布未知，但 LM 检验统计量在一般情况下是渐近服从 $\chi^2(p)$ 分布的。

2. 残差平方相关图

残差平方相关图显示残差平方 $\hat{u}_t^2$ 序列直到任意指定的滞后阶数的自相关（AC）系数和偏自相关（PAC）系数，并且计算相应滞后阶数的 Ljung—Box Q 统计量。残差平方相关图可用于检验残差序列中是否存在 ARCH 效应。如果残差序列不存在 ARCH 效应，自相关和偏 A 相关系数在所有的滞后阶数都应为 0，而且 Q 统计量应该不显著；否则，就说明残差序列中存在 ARCH 效应（对相关图和 Q 统计量的讨论见 5.1.2 节）。

【例6.1】 沪市股票价格指数波动模型的 ARCH 检验

为了检验股票价格指数的波动是否具有自回归条件异方差性，本例选择沪市股票价格的收盘指数的日数据作为样本序列进行检验。选择沪市股票数据是因为上海股票市场不仅开市早，市值高，而且对于各种冲击的反应也较为敏感。因此，分析沪市股票价格波动具有一定代表性。该例选择的样本序列 $\{sp_t\}$ 是 1996 年 1 月 1 日～2006 年 12 月 31 日的上海证券交易所每日股票价格收盘指数。为了减少舍入误差，在估计时，对进行自然对数处理，即将序列 $\{\ln(sp_t)\}$ 作为因变量进行估计。由于股票价格指数序列常常用一种特殊的单位根过程——带漂移的随机游走（random walk）模型描述，所以本例进行估计的基本形式为：

$$\ln(sp_t) = \mu + \rho \times \ln(sp_{t-1}) + u_t \qquad (6-12)$$

利用最小二乘法估计式（6-12），结果如下：

$$\ln(sp_t) = 0.0178 + 0.9976\ln(sp_{t-1}) + u_t \qquad (6-13)$$
$$t = (2.35)\quad(950.7)$$

对数似然值 = 7807，AIC = -5.44，SC = -5.44

这个方程的统计量很显著，拟合的程度也很好。但是观察图 6-1，该回归方程的残差图，可以注意到波动的"成群"现象：波动在一些较长的时间内非常小（1996、2002），这说明误差项可能具有条件异方差性。

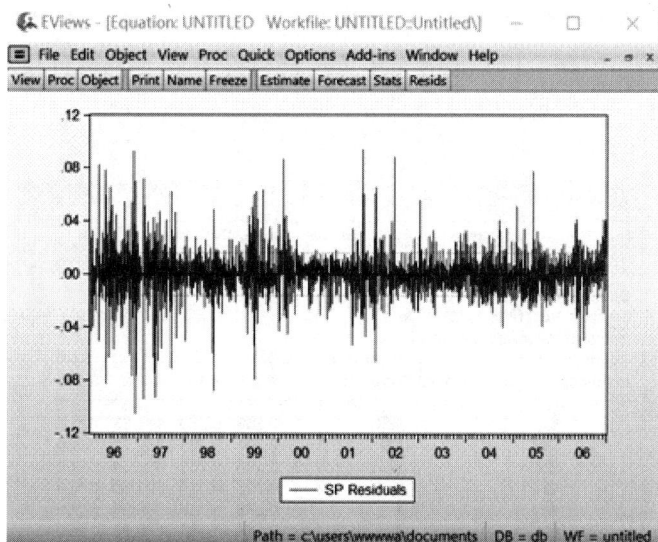

图6-1 股票价格指数 OLS 回归方程的残差

因此，对式（6-13）进行条件异方差的 ARCH LM 检验，得到了在滞后阶数 p=3 时的 ARCH LM 检验结果，如图 6-2 所示：

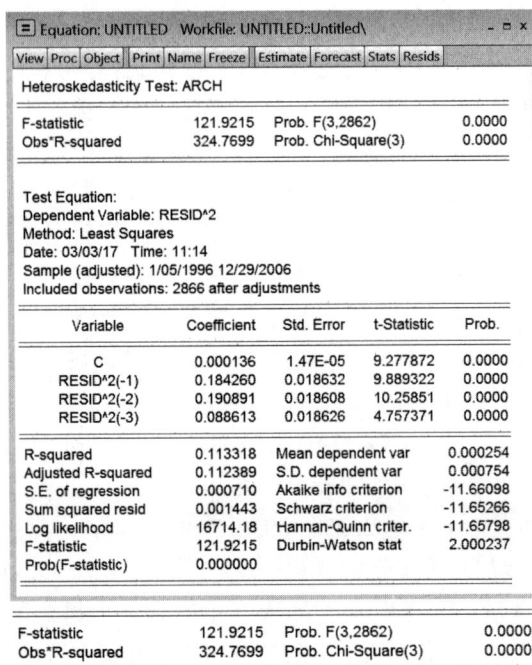

图 6-2 检验结果

此处的 P 值为 0 拒绝原假设，说明式（6-13）的残差序列存在 ARCH 效应。还可以计算式（6-13）的残差平方的自相关（AC）和偏自相关（PAC）系数，结果如图 6-3 所示：

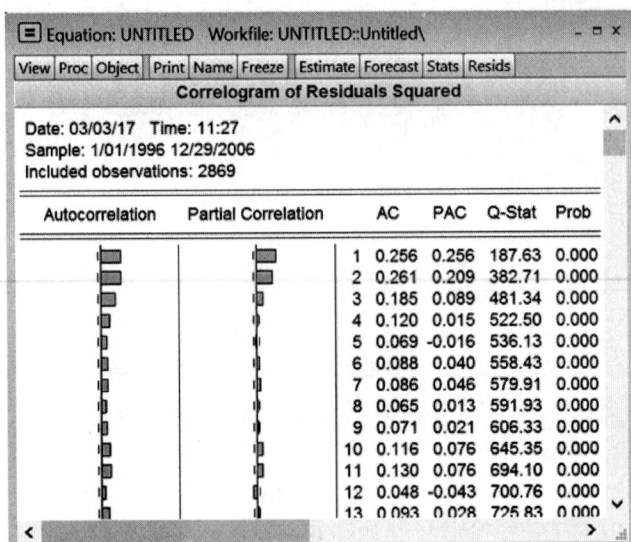

图 6-3 自相关（AC）和偏自相关（PAC）系数

由于自相关系数和偏自相关系数显著不为 0，而且 Q 统计量非常显著，所以可以得出结论：式（6 – 13）的残差序列存在着 ARCH 效应。

6.1.3 GARCH 模型

许多经济问题常常出现 u_t 的条件方差 σ_t^2 依赖于很多时刻之前的变化量（特别是在金融领域，采用日数据或周数据的应用更是如此）的现象。这就意味着必须估计很多个参数，而这却很难精确地做到。ARCH 模型的实践难点就是：如果滞后阶数 p 较大，无限制约束的估计常常会违背 α_i 都是非负的限定条件，而事实上恰恰需要这个限定来保证条件方差 σ_t^2 永远是正数。因此，在这个模型的许多早期应用中，研究者会对 α_i 强加一个相当任意的递减时滞结构，以保证模型满足这些限定条件。但是考虑到式（6 – 8）是 σ_t^2 的一个分布滞后模型，就可以用一个或两个 σ_t^2 的滞后值代替许多 u_t^2 的滞后值，这就是广义自回归条件异方差模型（generalized autoregressive conditional heteroscedasticity model，GARCH 模型）的基本思想，在 GARCH 模型中，要考虑两个不同的设定：一个是条件均值，另一个是条件方差。

标准的 GARCH（1，1）模型为：

$$y_t = x_t'\gamma + u_t, \ t = 1, \ 2, \ \cdots, \ T \tag{6 – 14}$$

$$\sigma_t^2 = \omega + \alpha u_{t-1}^2 + \beta \sigma_{t-1}^2 \tag{6 – 15}$$

式（6 – 14）中，$x_t = (x_{1t}, \ x_{2t}, \ \cdots, \ x_{kt})$，是解释变量向量，$\gamma = (\gamma_1, \ \gamma_2, \ \cdots, \ \gamma_k)$，是系数向量。式（6 – 14）给出的均值方程是一个带有扰动项的外生变量的函数。由于 σ_t^2 是以前面信息为基础的一期向前预测方差，所以被称作条件方差，式（6 – 15）也被称作条件方差方程。

式（6 – 15）中给出的条件方差有 3 个组成部分：

（1）常数项：ω；

（2）用均值方程的扰动项平方的滞后来度量从前期得到的波动性的信息：u_{t-1}^2（ARCH 项）；

（3）上一期的预测方差：（GARCH 项）。

GARCH（1，1）模型中的（1，1）是指阶数为 1 的自回归项，GARCH 项（括号中的第一项）和阶数为 1 的动平均项，ARCH 项（括号中的第二项）。普通的 ARCH 模型是 GARCH 模型的一个特例，即在条件方差方程中不存在滞后预测方差的说明（σ_{t-1}^2），也就是一个 GARCH（0，1）模型。GARCH 模塑都是通过极大似然函数方法估计的，如果假定扰动项服从条件正态分布，那么 GARCH（1，1）模型在 t 时刻的对数似然贡献

$$l_t = -0.5\ln(2\pi) - 0.5\ln(\sigma_t^2) - 0.5(y_t - x_t'\gamma)^2/\sigma_t^2 \tag{6 – 16}$$

式中

$$\sigma_t^2 = \omega + \alpha(y_{t-1} - x_{t-1}'\gamma)^2 + \beta \sigma_{t-1}^2 \tag{6 – 17}$$

GARCH（1，1）模型的这种设定通常可以在金融领域得到解释。因为代理商或贸易商可以通过建立长期均值的加权平均（常数），上期的预期方差（GARCH项）和在以前各期中观测到的关于变动性的信息（ARCH项）来预测本期的方差。如果上升或下降的资产收益出乎意料地大，那么贸易商将会增加对下期方差的预期。这个模型还包括经常可以在财务收益数据中看到的变动组，在这些数据中，收益的巨大变化可能伴随着更进一步的巨大变化。

有两个可供选择的关于条件方差方程的描述可以帮助解释这个模型：

1. 用条件方差的滞后递归地替代式（6 – 15）的右端，就可以将条件方差表示为滞后扰动项平方的加权平均：

$$\sigma_t^2 = \frac{\omega}{(1-\beta)} + \alpha \sum_{j=1}^{\infty} \beta^{j-1} u_{t-j}^2 \qquad (6-18)$$

GARCH（1，1）模型的这种条件方差的说明与样本方差类似。但是，它包含了在更大滞后阶数上的、扰动项的加权条件方差。

2. 收益平方中的残差通过 $v_t = u_t^2 - \sigma_t^2$ 给出。用其替代方差方程（6 – 15）中的条件方差，整理后得到关于扰动项的模型：

$$u_t^2 = \omega + (\alpha + \beta) u_{t-1}^2 + v_t - \beta \nu_{t-1} \qquad (6-19)$$

因此，扰动项平方服从一个条件异方差的 ARMA（1，1）过程。决定波动冲击持久性的自回归的根是 α 与 β 的和。在很多情况下，这个根非常接近1，所以冲击会缓慢消失。式（6 – 15）可以扩展成包含外生的或前定回归因子 z 的方差方程：

$$\sigma_t^2 = \omega + \alpha u_{t-1}^2 + \beta \sigma_{t-1}^2 + \delta z_t \qquad (6-20)$$

注意到从这个模型中得到的预测方差不能保证是正的。可以引入某些形式的回归算子，令它们总是正的，从而将产生负的预测值的可能性降到最小。例如，可以要求：$z_t = |x_t|$

高阶 GARCH 模型可以含有任意多个 ARCH 项和 GARCH 项，记作 GARCH（q，p）。它的条件方差表示为

$$\sigma_t^2 = \omega + \sum_{j=1}^{q} \beta_j \sigma_{t-j}^2 + \sum_{i=1}^{p} \alpha_i u_{t-i}^2 = \alpha_0 + \alpha(L) u_t^2 + \beta(L) \sigma_t^2 \qquad (6-21)$$

式（6 – 21）中，p 是 ARCH 项的阶数，q 是自回归 GARCH 项的阶数，p > 0 并且 $\beta_i \geq 0$，$1 \leq i \leq p$，$\alpha(L)$ 和 $\beta(L)$ 是滞后算子多项式。为了使 GARCH（q，p）模型的条件方差有明确的定义，相应的 ARCH（∞）模型的所有系数都必须是正数：

$$\sigma_t^2 = \theta_0 + \theta(L) u_t^2 \qquad (6-22)$$

只要 $\alpha(L)$ 和 $\alpha(L)$ 没有相同根并且根全部位于单位圆外，那么当且仅当 $\theta_0 = \alpha_0 / [1 - \beta(L)]$，$\theta(L) = \alpha(L) / [1 - \beta(L)]$ 的所有系数都为非负时，这个正数限定条件才会满足。例如，对于 GARCH（1，1）模型：

$$\sigma_t^2 = \omega + \alpha u_{t-1}^2 + \beta \sigma_{t-1}^2 \qquad (6-23)$$

这些条件要求所有的 3 个参数都是非负数。

6.1.4 IGARCH 模型

如果限定 GARCH 模型的方差方程中的参数和等于 1，并且去掉常数项：

$$\sigma_t^2 = \sum_{j=1}^{q} \beta_j \sigma_{t-j}^2 + \sum_{i=1}^{p} \alpha_i u_{t-i}^2 \qquad (6-24)$$

式中

$$\sum_{j=1}^{q} \beta_j + \sum_{i=1}^{p} \alpha_i = 1 \qquad (6-25)$$

这就是 Engle 和 Bollerslev（1986）首先提出的单整 GARCH 模型（Intergrated GARCH Model，IGARCH）。

6.1.5 约束及回推

1. 约束

在估计一个 GARCH 模型时，有两种方式对 GARCH 模型的参数进行约束（restrictions）。一个选择是 IGARCH 方法，它将模型的方差方程中的所有参数之和限定为 1。另一个就是方差目标（variance target）方法，它把方差方程（6-21）中的常数项设定为 GARCH 模型的参数和无条件方差的方程：

$$\omega = \hat{\sigma}^2 \left(1 - \sum_{j=1}^{q} \beta_j - \sum_{i=1}^{p} \alpha_i \right) \qquad (6-26)$$

这里的 $\hat{\sigma}^2$ 是残差的无条件方差。

2. 回推

在计算 GARCH 模型的回推初始方差时，首先用系数值来计算均值方程中的残差，然后计算初始值的指数平滑算子

$$\sigma_0^2 = u_0^2 = \lambda^T \hat{\sigma}^2 + (1-\lambda) \sum_{j=0}^{T} \lambda^{T-j-1} (\hat{u}_{T-j}^2) \qquad (6-27)$$

式（6-27）中，$\hat{u}^2$ 是来自均值方程的残差，$\hat{\sigma}^2$ 是无条件方差的估计：

$$\hat{\sigma}^2 = \frac{\sum_{t=1}^{T} \hat{u}_t^2}{T} \qquad (6-28)$$

平滑参数 λ 为 0.1~1 之间的数值。也可以使用无条件方差来初始化 GARCH 过程：

$$\sigma_0^2 = u_0^2 = \hat{\sigma}^2 \qquad (6-29)$$

6.1.6 GARCH 模型的扰动项分布假设

在实践中我们注意到，许多时间序列，特别是金融时间序列的无条件分布往往具有比正态分布更宽的尾部。为了更准确地描述这些时间序列分布的尾部特征，还需要对误差项的分布进行假设。GARCH 模型中的扰动项的分布，一般会有 3 个假设：正态（高斯）分布、学生 t 分布和广义误差分布（GED）。给定一个分布假设，GARCH 模型常常使用极大似然估计法进行估计。下面分别介绍这3 种分布，其中的 θ 代表参数向量。

1. 对于扰动项服从正态分布的 GARCH(1，1) 模型，它的对数似然函数

$$\ln L(\theta) = -\frac{T}{2}\ln(2\pi) - \frac{1}{2}\sum_{t=1}^{T}\ln\sigma_t^2 - \frac{1}{2}\sum_{t=1}^{T}(y_t - x_t'\gamma)^2/\sigma_t^2 \qquad (6-30)$$

这里的 σ_t^2 是 u_t 的条件方差。

2. 如果扰动项服从学生 t 分布，GARCH(1，1) 模型的对数似然函数的形式就是

$$\ln L(\theta) = -\frac{T}{2}\ln\left\{\frac{\pi(k-2)\Gamma(k/2)^2}{\Gamma[(k+1)/2]^2}\right\} - \frac{1}{2}\sum_{t=1}^{T}\ln\sigma_t^2$$
$$- \frac{(k+1)}{2}\sum_{t=1}^{T}\ln\left(1 + \frac{(y_t - x_t'\gamma)^2}{\sigma_t^2(k-2)}\right) \qquad (6-31)$$

这样，参数的估计就变成了在自由度 k > 2 的约束下使对数似然函数 (6-31) 最大化的问题。当 k→∞ 时，学生 t 分布接近于正态分布。

3. 扰动项的分布为广义误差分布（GED）时，GARCH(1，1) 模型的对数似然函数的形式为：

$$\ln L(\theta) = -\frac{T}{2}\ln\left(\frac{\Gamma(1/r)^3}{\Gamma(3/r)(r/2)^2}\right) - \frac{1}{2}\sum_{t=1}^{T}\ln\sigma_t^2 - \sum_{t=1}^{T}\left(\frac{\Gamma(3/r)(y_t - x_t'\gamma)^2}{\sigma_t^2\Gamma(1/r)}\right)^{r/2}$$
$$(6-32)$$

这里的参数 r > 0。如果 r = 2，那么 GED 就是一个正态分布。

【例 6.2】银行间风险溢出效应的 GARCH 模型

限于篇幅，选取我国 16 家上市银行作为研究样本，时间区段为 2007 年 1 月 ~2013 年 3 月，数据均取自 Wind 数据库。同时，以 Wind 银行指数作为整个银行业的指数，分别计算 16 家上市银行对整个银行业的风险溢出效应。本例以工商银行为例，对收益率序列做描述性统计并检验 arch 效应。

从概率分布图 6-4 中可以看出，均值为 -0.0252%，中位数为 0，偏度为 -0.095，峰度为 8.92。所以，该收益率符合金融数据所谓"尖峰后尾"的特征，正态性检验 JB 统计量的 p 值为 0，说明该分布不满足正态分布，也正好能说明这一点。因此，在此后的建模过程中的分布选择上，我们将用"尖峰后尾"的 t 分布来取代正态分布。

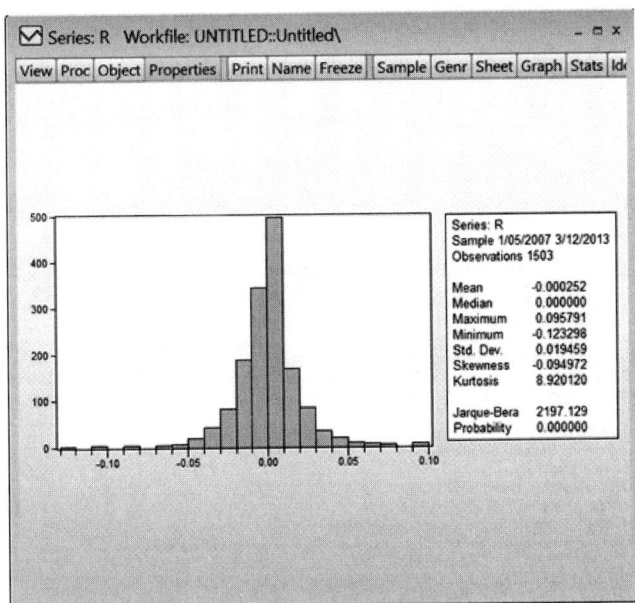

图 6 - 4　收益率序列描述性统计

金融数据存在的集聚性是我们选择使用 GRACH 建模的主要原因，这种集聚性能用图直观地显现。由 CAPM 模型建立起一元回归方程，对其残差进行分析，具体一元回归模型如下：

$$r_t = \beta_0 + \beta_1 r_{mt} + \varepsilon_t \tag{6-33}$$

这里 r_t 为工商银行日对数收益率，r_{mt} 为市场对数收益率，这里用上证指数的日对数收益率进行替代，ε_t 为残差项，如图 6-5 所示。

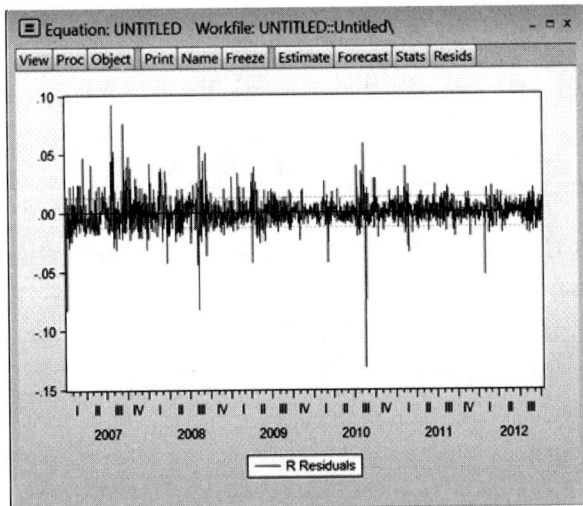

图 6 - 5　工商银行日收益率的回归残差

由图 6-5 可以得出，残差项的波动具有明显的集聚性，左侧的波动较大，中间与右侧的波动较小，可能存在 ARCH 效应。为了更准确地验证 ARCH 效应，我们进一步对该数据进行 ARCE LM 检验，得出了在滞后阶数为 1 的 ARCH LM 检验结果。如图 6-6 所示。

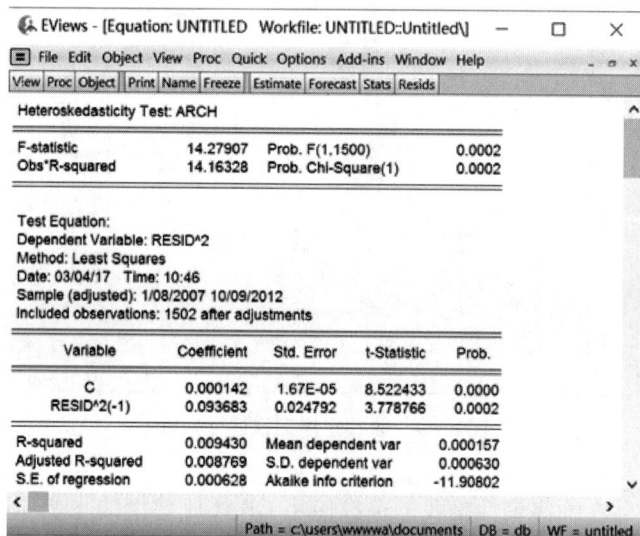

图 6-6　检验结果

从图 6-6 可以看出，两个检验统计量的 p 值都远小于 0.01，说明残差序列存在 ARCH 效应。

【例 6.3】 沪市股票价格指数波动的 GARCH 模型

在例 6.1 中，检验了方程 (6-13) 含有 ARCH 效应。因此利用 GARCH(1, 1) 模型重新估计式 (6-12)，结果如下：均值方程：

$$\ln(\text{sp}_t) = 0.0132 + 0.998\ln(\text{sp}_{t-1}) + \hat{u}_t \tag{6-34}$$

方差方程：

$$\hat{\sigma}_t^2 = 1.71 \times 10^{-5} + 0.13\hat{u}_t^2 + 0.80\hat{\sigma}_{t-1}^2 \tag{6-35}$$

$R^2 = 0.997$，对数似然值 $= 8124$，$AIC = -5.66$，$SC = -5.65$，方差方程中的 ARCH 项和 GARCH 项的系数都是统计显著的，并且对数似然值有所增加，同时 AIC 值和 SC 值都变小了，这说明 GARCH(1, 1) 模型能够更好的拟合数据。再对这个方程进行条件异方差的 ARCH LM 检验，得到了式 (6-34) 的残差序列在滞后阶教 p = 3 时的统计结果：

此时的相伴概率为 0.93，不拒绝原假设，认为该残差序列不存在 ARCH 效应，说明利用 GARCH(1.1) 模型消除了式 (6-12) 的残差序列的条件异方差性。式 (6-34) 的残差平方相关图的检验结果为：

```
Equation: EQ_GARCH   Workfile: 6_1_3_4_6_7::Untitled\        - □ ×

View Proc Object │ Print Name Freeze │ Estimate Forecast Stats Resids

Heteroskedasticity Test: ARCH

F-statistic          0.155049      Prob. F(3,2863)        0.9265
Obs*R-squared        0.465721      Prob. Chi-Square(3)    0.9264


Test Equation:
Dependent Variable: WGT_RESID^2
Method: Least Squares
Date: 03/04/17   Time: 11:05
Sample (adjusted): 1/04/1996 12/29/2006
Included observations: 2867 after adjustments

    Variable        Coefficient   Std. Error    t-Statistic    Prob.

       C              0.979029      0.064930      15.07822      0.0000
WGT_RESID^2(-1)       0.009057      0.018694      0.484463      0.6281
WGT_RESID^2(-2)       0.005562      0.018694      0.297539      0.7661
WGT_RESID^2(-3)       0.006873      0.018693      0.367687      0.7131
```

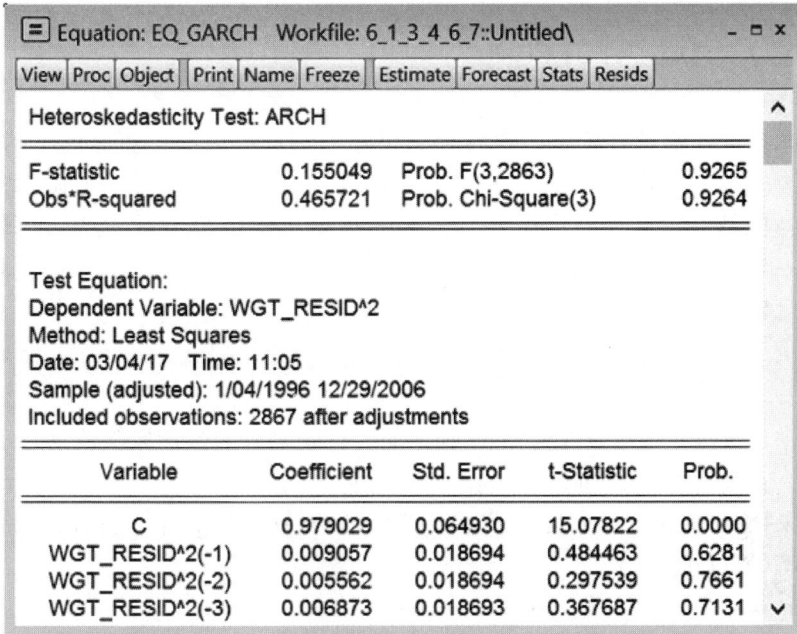

图 6 – 7　统计结果

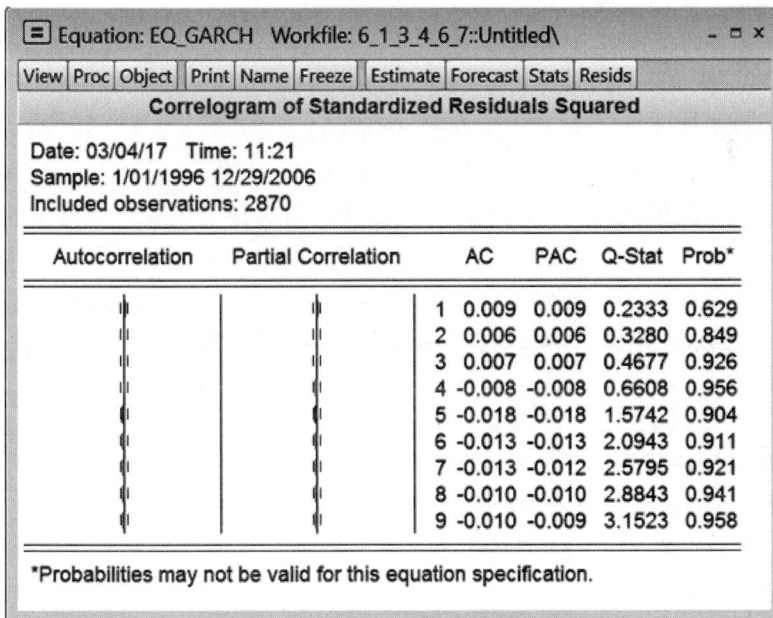

```
Equation: EQ_GARCH   Workfile: 6_1_3_4_6_7::Untitled\        - □ ×

View Proc Object │ Print Name Freeze │ Estimate Forecast Stats Resids
         Correlogram of Standardized Residuals Squared

Date: 03/04/17   Time: 11:21
Sample: 1/01/1996 12/29/2006
Included observations: 2870

Autocorrelation   Partial Correlation    AC     PAC    Q-Stat  Prob*

                                      1  0.009  0.009  0.2333  0.629
                                      2  0.006  0.006  0.3280  0.849
                                      3  0.007  0.007  0.4677  0.926
                                      4 -0.008 -0.008  0.6608  0.956
                                      5 -0.018 -0.018  1.5742  0.904
                                      6 -0.013 -0.013  2.0943  0.911
                                      7 -0.013 -0.012  2.5795  0.921
                                      8 -0.010 -0.010  2.8843  0.941
                                      9 -0.010 -0.009  3.1523  0.958

*Probabilities may not be valid for this equation specification.
```

图 6 – 8　残差平方相关图的检验结果

　　自相关系数和偏自相关系数近似为 0，Q 统计量也变得不显著。这个结果也说明式（6 – 34）不存在 ARCH 效应。

6.1.7 GARCH – M 模型

金融理论表明具有较高可观测到的风险的资产可以获得更高的平均收益，其原因在于人们一般认为金融资产的收益应当与其风险成正比，风险越大，预期的收益就越高。这种利用条件方差表示预期风险的模型被称为 ARCH 均值（ARCH – in – mean）或 ARCH – M 模型，是由恩格尔（Engle）、利林（Lilien）和罗宾（Robins）引入的，表达式为

$$y_t = x_t'\gamma + \rho\sigma_t^2 + u_t \tag{6-36}$$
$$\sigma_t^2 = \alpha_0 + \alpha_1 u_{t-1}^2 + \alpha_2 u_{t-2}^2 + \cdots + \alpha_p u_{t-p}^2 \tag{6-37}$$

其中，参数 ρ 是用条件方差 σ_t^2 衡量的，可观测到的预期风险波动对 y_t 的影响程度，它代表了风险和收益之间的一种权衡。

如果把 σ_t^2 看作是一个类似式（6 – 21）的 GARCH（q，p）过程，则条件方差方程就可以写为

$$\sigma_t^2 = \alpha_0 + \alpha_1 u_{t-1}^2 + \alpha_2 u_{t-2}^2 + \cdots + \alpha_p u_{t-p}^2 + \beta_1 \sigma_{t-1}^2 + \beta_2 \sigma_{t-2}^2 + \cdots + \beta_q \sigma_{t-q}^2$$
$$\tag{6-38}$$

式（6 – 36）和式（6 – 38）被称为 GARCH – M 模型。

GARCH – M 模型有两种变形：

（1）用条件标准差 σ_t 代替条件方差 σ_t^2

$$y_t = x_t'\gamma + \rho \times \sigma_t + u_t \tag{6-39}$$

（2）将条件方差 σ_t^2 换成其对数形式 $\ln(\sigma_t)$

$$y_t = x_t'\gamma + \rho \times \ln(\sigma_t^2) + u_t \tag{6-40}$$

GARCH – M 模型通常应用于资产的预期收益与预期风险密切相关的金融领域。如果回归的目的是要揭示股票或债券等金融资产的收益，就可以利用这个模型进行估计。例如，根据金融理论，股票的风险越大，相应的收益率也就越高，所以可以认为股票指数的票面收益（$return_t$）的变动依赖于一个常数项，以及条件标准差：

$$return_t = \gamma + \rho \times \sigma_t + u_t \tag{6-41}$$

【例 6.4】 股票收益率的 GARCH – M 模型

本例估计我国股票收益率的 GARCH – M 模型。选择的时间序列仍是 1996 年 1 月 1 日 ~ 2006 年 12 月 31 日的上海证券交易所每日股票价格收盘指数 $\{sp_t\}$，股票的收益率是根据公式：$re_t = \ln(sp_t/sp_{t-1})$，即股票价格收盘指数对数的一阶差分计算出来的。本例采用 GARCH – M 模型估计股票收益率，其变化依赖于一个常数项，以及股票收益率波动的条件标准差：

$$re_t = \mu + \rho\sigma_t + u_t \tag{6-42}$$

式中，残差 A 服从条件标准正态分布。估计出的结果是：

$$re_t = -0.002 + 0.21 \times \hat{\sigma}_t + \hat{u}_t \tag{6-43}$$

$$\hat{\sigma}_t^2 = 1.68 \times 10^{-5} + 0.13 \times \hat{u}_{t-1}^2 + 0.81 \times \hat{\sigma}_{t-1}^2 \qquad (6-44)$$

$$对数似然值 = 8127，AIC = -5.66，SC = -5.65$$

收益率方程包括 σ_t 的原因是为了在收益率的生成过程中融入风险测量，这是许多资产定价理论模型的基础"均值方程假设"的含义。在这个假设下，ρ 应该是正数，结果也正是如此，因此预期较大值的条件标准差表示较高风险，即高风险与高收益率相联系。估计出的方程的所有系数都很显著，并且系数之和小于 1，满足平稳条件。均值方程中的 σ_t 的系数 ρ 为 0.21，表明当市场中的预期风险增加一个单位时，就会导致收益率也相应地增加 0.21 个百分点。

6.2　非对称的 ARCH 模型

在资本市场中，经常可以发现这样的现象：资产的向下运动通常伴随着比之程度更强的向上运动。为了解释这一现象，恩格尔和恩济（1993）绘制了好消息和坏消息的非对称信息曲线，认为资本市场中的冲击常常表现出一种非对称效应。这种非对称性是十分有用的，因为它允许波动率对市场下跌的反应比对市场上升的反应更加迅速，因此被称为"杠杆效应"，是许多金融资产的一个重要事实特征。例如，许多研究人员发现了股票价格行为的非对称实例——负的冲击似乎比正的冲击更容易增加波动。因为较低的股价减少了股东权益，股价的大幅下降增加了公司的杠杆作用从而提高了持有股票的风险。本节将介绍 3 种能够描述这种非对称冲击的模型：TARCH 模型、EGARCH 模型和 PARCH 模型。

6.2.1　TARCH 模型

TARCH 或者门限 ARCH（Threshold ARCH）模型由 Zakoian（1990）和 Glosten，Jagannathan，Runkle（1993）提出的。这个模型中的条件方差被设定为

$$\sigma_t^2 = \omega + \alpha \times u_{t-1}^2 + \gamma \times u_{t-1}^2 d_{t-1}^2 + \beta \times \sigma_{t-1}^2 \qquad (6-45)$$

式（6-45）中，d_{t-1} 是一个虚拟变量，当 $u_{t-1} < 0$ 时，$d_{t-1} = 1$；否则 $d_{t-1} = 0$。只要 $\gamma \neq 0$，就存在非对称效应。在式（6-45）中，条件方差方程中的项 $\gamma d_{t-1} u_{t-1}$ 称为非对称效应项，或 TARCH 项。条件方差方程表明 σ_t^2 依赖于前期的残差平方 u_{t-1}^2 和条件方差 σ_{t-1}^2 的大小。好消息（$u_{t-1} > 0$）和坏消息（$u_{t-1} < 0$）对条件方差有不同的影响：好消息有一个 α 倍的冲击，即 $u_{t-1} > 0$ 时，$d_{t-1} = 0$，式（6-45）中的非对称项不存在，所以好消息只有一个 α 倍的冲击；而坏消息则有一个（$\alpha + \gamma$）倍的冲击，这是因为当 $u_{t-1} < 0$ 时，$d_{t-1} = 1$，式（6-45）中的非对称效应出现，所以坏消息会带来一个（$\alpha + \gamma$）倍的冲击。如果 $\gamma > 0$，说明存在"杠杆效应"，非对称效应的主要效果是使得波动加大；如果 $\gamma < 0$，则非对称效应的作用是使得波动减小。高阶 TARCH 模型可表示为：

$$\sigma_t^2 = \omega + \sum_{j=1}^{q} \beta_j \sigma_{t-j}^2 + \sum_{i=1}^{p} \alpha_i u_{t-i}^2 + \sum_{k=1}^{r} \gamma_k u_{t-k}^2 d_{t-k} \qquad (6-46)$$

【例 6.5】 中国通货膨胀率的 TARCH 模型

本例利用例 6.2 的我国通货膨胀率（π_t）和货币政策变量数据建立 TARCH 模型，结果如下：

均值方程：$\pi_t = 1.185\pi_{t-1} - 0.228\pi_{t-2} + 2.95 \times \text{mlr}_{t-1} - 0.056R_{t-2} + \hat{u}_t$

方差方程：$\hat{\sigma}_t^2 = 0.236 + 0.69\hat{u}_{t-1}^2 - 0.568\hat{u}_{t-1}^2 d_{t-1}$

对数似然值 $= 150.27$，AIC $= 1.87$，SC $= 2.0$

在 TARCH 模型中，非对称效应项的系数 γ 显著不等于 0，说明本例的 π_t 波动具有非对称效应，由于 $\gamma = -0.568$，小于 0，说明"好消息"能比"坏消息"产生更大的波动。当出现"好消息"时，$u_{t-1} > 0$，则 $d_{t-1} = 0$，所以该冲击会给 π_t 带来一个 $\alpha = 0.69$ 倍的冲击，而出现"坏消息"时，$u_{t-1} < 0$，此时，$d_{t-1} = 1$，则"坏消息"仅会带来一个 $\alpha + \gamma = 0.69 + (-0.568) = 0.122$ 倍的冲击。由于非对称效应项的系数 γ 是负数，因此所带来的冲击是减少 π_t 的波动，表明货币政策的实施能够减少价格的波动。

6.2.2　EGARCH 模型

尽管第 6.1.6 节假设 u_t 的条件分布可以是正态分布，学生 t 分布或 GED 分布，但是还可以进行更大的拓展。进一步的改进是允许 u_t 和 σ_t 具有比前面假设的二次方程映射更加灵活的关系由纳尔逊（1991）提出的 EGARCH 或指数 GARCH（exponemial GARCH）模型就是在这种思想上发展起来的。EGARCH 模型中的条件方差方程为

$$\ln(\sigma_t^2) = \omega + \beta\ln(\sigma_{t-1}^2) + \alpha \left| \frac{u_{t-1}}{\sigma_{t-1}} - \sqrt{\frac{2}{\pi}} \right| + \gamma \frac{u_{t-1}}{\sigma_{t-1}} \qquad (6-47)$$

等式左边是条件方差的对数，这意味着杠杆影响是指数的，而不是二次的，所以条件方差的预测值一定是非负的。"杠杆效应"的存在能够通过 $\gamma < 0$ 的假设得到检验。只要 $\gamma \neq 0$，冲击的影响就存在着非对称性。

更高阶的 EGARCH 模型为

$$\ln(\sigma_t^2) = \omega + \sum_{j=1}^{q} \beta_j \ln(\sigma_{t-j}^2) + \sum_{i=1}^{p} \alpha_i \left| \frac{u_{t-i}}{\sigma_{t-i}} - E\left(\frac{u_{t-1}}{\sigma_{t-1}}\right) \right| + \sum_{k=1}^{r} \gamma \frac{u_{t-k}}{\sigma_{t-k}}$$
$$(6-48)$$

EViews 指定的 EGARCH 模型与一般的纳尔逊模型之间有两点区另首先，纳尔逊假设 u_t 的条件分布服从广义误差分布（GED），而 EViews 则允许其在正态分布、学生 t 分布或者 GED 分布中进行选择；其次，EViews 中指定的条件方差为

$$\ln(\sigma_t^2) = \omega + \beta\ln(\sigma_{t-1}^2) + \alpha \left| \frac{u_{t-1}}{\sigma_{t-1}} \right| + \gamma \frac{u_{t-1}}{\sigma_{t-1}} \qquad (6-49)$$

这与式（6-47）的设定有所不同。但是在对这两个模型进行估计而得到的结果中，系数 α 和 β 的估计值是相同的，不同的只是截距项 ω 的值，它将根据分布假设和阶数 p 的变化而变化。例如，在一个正态分布的 p = 1 的模型中，差别是 $\alpha_1 \sqrt{\dfrac{2}{\pi}}$。

尼尔森设定的主要优点之一是，由于式（6-48）描述了 σ_t^2 的对数，所以方差 σ_t^2 本身就是正的，而不论方程右端的系数是否为正。因此，与 GARCH 模型不同，估计式（6-48）无需施加任何限制。这使得式（6-48）成为求解过程更为简单并且更为灵活的一组动态模型。

6.2.3 PARCH 模型

泰勒（1986）和斯伟特（1989）介绍了标准差的 GARCH 模型。这个模型模拟的不是方差，而是标准差。这样，大幅冲击对条件方差的影响比在标准差 GARCH 模型中要小。基于这种思想，鼎等（1993）对该模型进一步加以拓展，提出了 PARCH（power ARCH）模型。该模型指定的条件方差方程的形式为

$$\sigma_t^\delta = \omega + \sum_{j=1}^{q} \beta_j \sigma_{t-j}^\delta + \sum_{i=1}^{p} \alpha_i (|u_{t-i}| - \gamma_i u_{t-i})^\delta \qquad (6-50)$$

式（6-50）中，δ > 0，当 i = 1, 2, …, r 时，$|\gamma_i| \leqslant 1$；当 i > r 时，$\gamma_i = 0$，r ≤ p。在 PARCH 模型中，标准差的幂参数 δ 是估计的，而不是指定的，用来评价冲击对条件方差的影响幅度；而 γ 是捕捉直到 r 阶的非对称效应的参数。

在对称的 PARCH 模型中，对于所有的 i，$\gamma_i = 0$。需要注意，如果对于所有的 i，δ = 2 且 $\gamma_i = 0$，PARCH 模型就退化为一个标准的 GARCH 模型。和前面介绍非对称模型一样，只要 $\gamma_i \neq 0$，非对称效应就会出现。

6.2.4 非对称的信息冲击曲线

在前面已经提到，恩格尔和恩济（1993）曾经绘制了非对称的信息冲击曲线，使得信息冲击的非对称影响变得更加直观。本节将以 EGARCH 模型为例，介绍非对称信息曲线的含义。在 EGARCH 模型的条件方差方程中

$$\ln(\sigma_t^2) = \omega + \beta \ln(\sigma_{t-1}^2) + \alpha \left| \frac{u_{t-1}}{\sigma_{t-1}} \right| + \gamma \frac{u_{t-1}}{\sigma_{t-1}} \qquad (6-51)$$

假设残差 u_t 服从条件正态分布。设

$$\ln\left(\frac{u_{t-1}}{\sigma_{t-1}}\right) = \alpha \left| \frac{u_{t-1}}{\sigma_{t-1}} \right| + \gamma \frac{u_{t-1}}{\sigma_{t-1}} \qquad (6-52)$$

$$令 z_t = u_t / \sigma_t，则 f(z_t) = \alpha |z_{t-1}| + \gamma z_{t-1} \qquad (6-53)$$

函数 $f(z_t)$ 称为"信息冲击曲线"，就是在冲击 u_t / σ_t 下描绘波动率 σ_t^2 的

曲线。它将条件波动率的修正（这里是由 $\ln(\sigma_t^2)$ 给出与"冲击信息" u_{t-1} 联系起来。当时 $u_{t-1} > 0$，$\partial f / \partial z_{t-1} = \alpha + \gamma$，而 $u_{t-1} < 0$ 时，$\partial f / \partial z_{t-1} = \alpha \times (-1) + \gamma$，$f(\cdot)$ 包含了非对称效应（注意：当没有冲击信息，即 $u_{t-1} = 0$ 时，波动率将会最小）。可以证明，$f(u_{t-1})$ 是均值为零、方差为常数的白噪声，从而是一个 ARMA$(1, 1)$ 过程，它在 $\beta \leqslant 1$ 时是平稳的。

【例 6.6】 股票价格波动的 TARCH 模型和 EGARCH 模型

克里斯汀（Christie, 1982）的研究认为，当股票价格下降时，资本结构中附加在债务上的权重增加，如果债务权重增加的消息泄露以后，资产持有者和购买者就会产生"未来资产收益率将导致更高波动性"的预期，从而导致该资产的股票价格波动。因此，对于股价反向冲击所产生的波动性，大于等量正向冲击产生的波动性，这种"利空消息"作用大于"利好消息"作用的非对称性，在美国等国家的一些股价指数序列当中已得到验证。

那么在我国的股票市场运行过程当中，是否也存在股票价格波动的非对称性呢？利用例 6.1 中沪市的股票价格收盘指数（sp_t），我们估计了股票价格波动的两种非对称模型，结果如下：

1. TARCH 模型：

均值方程：

$$\ln(sp_t) = 0.0157 + 0.998\ln(sp_{t-1}) + \hat{u}_t \tag{6-54}$$

方差方程：

$$\hat{\sigma}_t^2 = 1.78 \times 10^{-5} + 0.119\hat{u}_{t-1}^2 + 0.028\hat{u}_{t-1}^2 d_{t-1} + 0.796\hat{\sigma}_{t-1}^2 \tag{6-55}$$

对数似然值 $= 8135$，AIC $= -5.66$，SC $= -5.65$

2. EGARCH 模型：

均值方程：

$$\ln(sp_t) = 0.024 + 0.997\ln(sp_{t-1}) + \hat{u}_t \tag{6-56}$$

方差方程：

$$\ln(\hat{\sigma}_t^2) = -0.195 + 0.132|\hat{u}_{t-1}/\hat{\sigma}_{t-1}| - 0.016(\hat{u}_{t-1}/\hat{\sigma}_{t-1}) + 0.988\ln(\hat{\sigma}_{t-1}^2) \tag{6-57}$$

对数似然值 $= 8123$，AIC $= -5.66$，SC $= -5.64$

沪市的股票价格收盘指数的信息冲击曲线从图 6.3 可以看出，这条曲线在信息冲击小于 0 时，也就是代表负冲击时，比较陡峭，而在正冲击时则比较平缓。这就说明了负冲击使得波动性的变化更大一些。在 TARCH 模型中，"杠杆效应"项的系数 $\gamma = 0.028$，说明股票价格的波动具有"杠杆效应"："利空消息"能比等量的"利好消息"产生更大的波动。当出现"利好消息"时，$u_{t-1} > 0$，则 $d_{t-1} = 0$，所以该冲击只会对股票价格指数带来一个 0.119（α 的估计值）倍的冲击，而出现"利空消息"时，$u_{t-1} < 0$，此时 $d_{t-1} = 1$，则这个"利空消息"会带来一个 0.147（α 和 γ 的估计值之和）倍的冲击。这个"利空消息"能比等量的"利好消息"产生更大的波动性的结果在 EGARCH 模型中也能够得到印证。在

EGARCH 模型中，α 的估计值为 0.132，非对称项 γ 的估计值为 -0.016。当 $u_{t-1}>0$ 时，该信息冲击对条件方差的对数有一个 $0.132+(-0.016)=0.116$ 倍的冲击；$u_{t-1}<0$ 时，它给条件方差的对数带来的冲击大小为 $0.132+(-0.016)\times(-1)=0.148$ 倍。根据估计出的 EGARCH 模型的结果，可以绘制出相应的信息曲线，如图 6-9 所示。

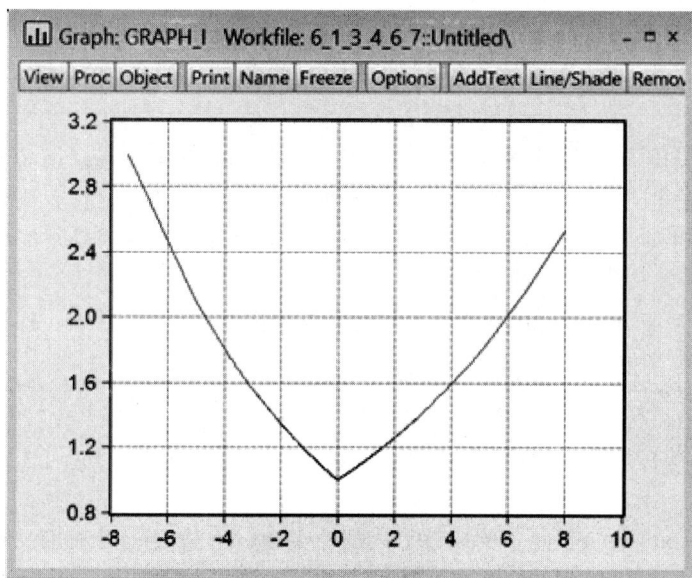

图 6-9　信息曲线

从图 6-9 可以看出，这条曲线在信息冲击小于 0 时，也就是代表负冲击时，比较陡峭，而在正冲击时比较平缓。这就说明了负冲击使得波动性的变化更大一些。

6.3　成分 ARCH 模型

GARCH$(1,1)$ 模型将条件方差设定为

$$\sigma_t^2 = \omega + \alpha u_{t-1}^2 + \beta \sigma_{t-1}^2 \tag{6-58}$$

令 $\omega = \overline{\omega}(1-\alpha-\beta)$，其中 $\overline{\omega}$ 是非条件方差或长期波动率，则条件方差方程可以写为

$$\sigma_t^2 = \overline{\omega} + \alpha(u_{t-1}^2 - \overline{\omega}) + \beta(\sigma_{t-1}^2 - \overline{\omega}) \tag{6-59}$$

表示条件方差的均值趋近于 $\overline{\omega}$，这个 $\overline{\omega}$ 在所有时期都为常数。相反地，成分 ARCH 模型允许均值趋近于一个变动的水平：

$$\sigma_t^2 - q_t = \alpha(u_{t-1}^2 - q_{t-1}) + \beta(\sigma_{t-1}^2 - q_{t-1}) \tag{6-60}$$

$$q_t = \omega + \rho(q_{t-1} - \omega) + \phi(u_{t-1}^2 - \sigma_{t-1}^2) \tag{6-61}$$

此处 σ_t^2 仍然是波动率，而 q_t 代替了 $\overline{\omega}$，它是随时间变化的长期变动率。式 (6-60) 描述了暂时成分 $\sigma_t^2 - q_t$，它将随 $\alpha + \beta$ 的作用收敛到零。式 (6-61) 描述了长期成分 q_t，它将在 ρ 的作用下收敛到 ω。典型的 ρ 在 0.99 和 1 之间，所以 q_t 缓慢地接近 ω。把暂时方程和长期方程联合起来得到：

$$\sigma_t^2 = (1 - \alpha - \beta)(1 - \rho)\omega + (\alpha + \phi)u_{t-1}^2 - [\alpha\rho + (\alpha + \beta)\phi]u_{t-2}^2$$
$$+ (\beta - \phi)\sigma_{t-1}^2 - [\beta\rho - (\alpha + \beta)\phi]\sigma_{t-2}^2 \tag{6-62}$$

该方程表明了成分 ARCH 模型是一个非线性的、有约束的 GARCH(2，2) 模型。

在成分 ARCH 模型的条件方差方程中，可以包含外生变量。这个外生变量可以放在长期方程中，也可以出现在暂时方程中（或者两者均可）。暂时方程中的外生变量将对变化率的短期移动产生影响，而长期方程中的变量将影响变动率的长期水平。

在暂时方程中还可以引入非对称影响，称为非对称的成分 ARCH 模型。它的条件方差方程的形式为：

$$q_t = \omega + \rho(q_{t-1} - \omega) + \phi(u_{t-1}^2 - \sigma_{t-1}^2) + \theta_1 z_{1t} \tag{6-63}$$
$$\sigma_t^2 - q_t = \alpha(u_{t-1}^2 - q_{t-1}) + \gamma(u_{t-1}^2 - q_{t-1})d_{t-1} + \beta(\sigma_{t-1}^2 - q_{t-1}) + \theta_2 z_{2t} \tag{6-64}$$

式 (6-63) 和式 (6-64) 中：z 是外生变量向量，d_t 是虚拟变量，表示负冲击，当 $u_{t-1} < 0$ 时，$d_{t-1} = 1$；否则 $d_{t-1} = 0$，只要 $\gamma \neq 0$，冲击就会对变动数的短期波动产生非对称的影响；如果 $\gamma > 0$，就意味着条件方差中存在暂时"杠杆效应"。需要注意的是，这种非对称效应只出现在短期波动中，对长期波动率的影响则主要体现在系数 ρ 的变化上。

【例 6.7】 股票价格指数的 CARCH 模型

〖例 6.6〗已经证明了股价波动具有非对称效应，"利空消息"产生的波动比等量的"利好消息"产生的波动大。利用非对称 CARCH 模型，进一步验证这个结论：

均值方程：
$$\ln(sp_t) = 0.0065 + 0.9992\ln(sp_{t-1}) + \hat{u}_t \tag{6-65}$$

方差方程：
$$\hat{q}_t = 0.00024 + 0.994(\hat{q}_{t-1} - 0.00024) + 0.023(\hat{u}_{t-1}^2 - \hat{\sigma}_{t-1}^2) \tag{6-66}$$
$$\hat{\sigma}_t^2 - \hat{q}_t = 0.17(\hat{u}_{t-1}^2 - \hat{q}_{t-1}) - 0.056(\hat{u}_{t-1}^2 - \hat{q}_{t-1})d_{t-1} + 0.715(\hat{\sigma}_{t-1}^2 - \hat{q}_{t-1}) \tag{6-67}$$

对数似然值 = 8172，AIC = -5.69，SC = -5.67

暂时方程中的非对称项的系数 γ 为 -0.056，说明存在非对称效应，但与例 6.6 结论相反。由于虚拟变量 d_t 表示负冲击，所以可以解释为负的冲击比正的冲击带来的波动小。需要注意的是：这种非对称效应只出现在暂时方程中，也就是说，出现的这种非对称效应只是暂时的。由于 $\hat{\rho} = 0.994$，它对长期波动率 $\hat{q}_{t-1}$ 的影响与对称的 CARCH 模型一样，以同样的速度使长期波动率 $\hat{q}_{t-1}$ 收敛于稳态。

6.4　EViews 软件的相关操作

6.4.1　ARCH 检验

〖例 6.1〗中的式（6-13）是利用 OLS 估计的，由于它的残差序列出现了波动的成群现象，所以需要对该方程进行 ARCH 检验。普通回归方程有两个 ARCH 检验：ARCH LM 检验和残差平方相关图检验，我们将分别进行介绍。

1. ARCH LM 检验

普通回归方程的 ARCH 检验都是在残差检验下拉列表中进行的，需要注意的是，只有使用最小二乘法、二阶段最小二乘法和非线性最小二乘法估计的方程才有此项检验。

单击 View \ Residual Test，在其下拉列表选择 Heteroskedasticity 选项，在弹出的对话框（如图 6-10 所示）中选择 ARCH 项，并在 Number of Lages 设定框中输入滞后阶数 3，确认后就得到了方程（6-13）的 ARCH LM 检验结果。

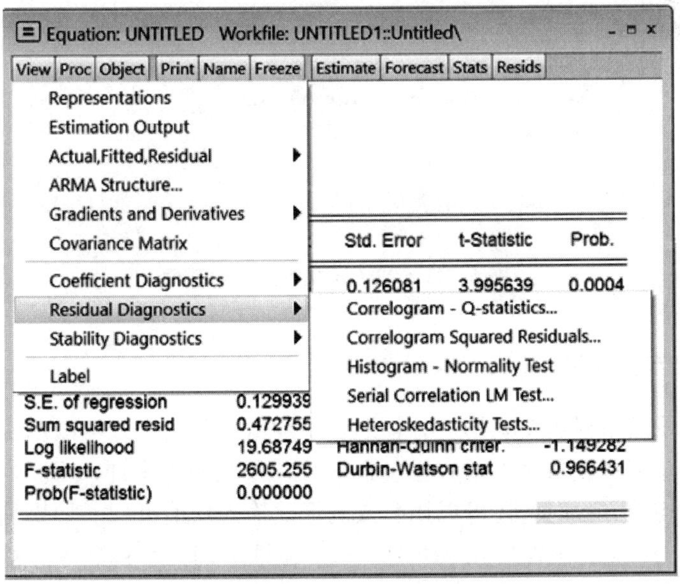

图 6-10　普通方程的 ARCH 检验列表

2. 残差平方相关图检验

在图 6 – 10 中选择 Residuals Tests/Correlogram Squared Residuals 项，它是对方程进行残差平方相关图的检验。单击该命令，会弹出一个输入计算自相关和偏自相关系数的滞后阶数设定的对话框，默认的设定为 36，单击 OK 按钮，得到检验结果。

6.4.2　ARCH 模型的建立

建立 ARCH 模型和 GARCH 模型，只需单击 Object/New Object/Equation，得到方程设定对话框，然后在 Method 的下拉菜单中选择 ARCH，即得到图 6 – 11。与选择估计方法和样本一样，ARCH 模型也需要指定均值方程和方差方程。

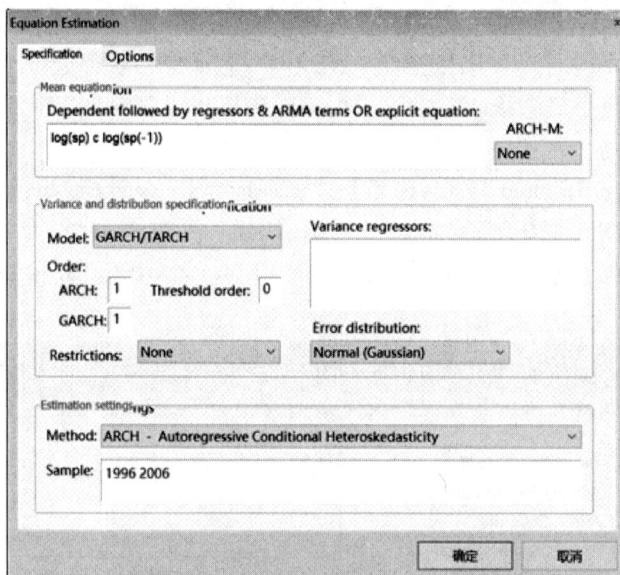

图 6 – 11　ARCH 模型定义对话框

1. 均值方程（Mean equation）

在因变量编辑栏中输入均值方程形式，均值方程的形式可以用回归列表形式列出因变量及解释变量。如果方程包含常数，可在列表中加入 C。当需要估计一个更复杂的均值方程时，还可以用公式的形式输入均值方程。如果估计的式子中含有 ARCH – M 项，就需要在 ARCH – M 下拉框中的四个选项中进行选择：选项 None 表示方程中不含有 ARCH – M 项；选项 Std. Dev. 表示在方程中加入条件标准差 σ；选项 Variance 则表示在方程中含有条件方差 σ^2；选项 Log（Var）表示在均值方程中加入条件方差的对数 $\ln(\sigma^2)$ 作为解释变量。

2. 方差设定和分布设定（Variance and distribution specification）

（1）在图 6-11 中的 Model 列表列出了四种不同类型的 ARCH 模型，当选择 GARCH/TARCH 模型、EGARCH 模型和 PARCH 模型时，需要输入 ARCH 项和 GARCH 项的阶数。缺省的形式为包含一阶 ARCH 项和一阶 GARCH 项的模型，这是现在最普遍的设定。如果要估计一个非对称的模型，就需要在右侧的 Threshold 编辑栏中输入非对称项的数目，缺省的设置是不估计非对称的模型，即该选项的个数为 0。这里要注意，EViews 只能估计 Component ARCH（1，1）模型，也就是说如果选择该项，则不能再选择 ARCH 项和 GARCH 项的阶数，但可以通过选择包含非对称项来估计非对称 Component ARCH 模型，但该模型也只能包含一个非对称项。

（2）在 Variance 栏中，可以根据需要列出包含在方差方程中的外生变量。由于 EViews 在进行方差回归时总会包含一个常数项作为解释变量，所以不必在变量表中列出 C。

（3）约束（Restriction）下拉列表则允许我们进行 IGARCH 约束或者方差约束，当然也可以不进行任何约束（None）。

（4）Error 组合框用来设定误差的分布形式，缺省的形式为 Normal（Gaussian），备选的选项有：Student's-t，Generalized Error（GED）、Student's-t with fixed 和 GED with fixed parameter。需要注意的是，选择了后两个选项的任何一项都会弹出一个选择框，需要在这个选择框中分别为这两个分布的固定参数设定一个值。

3. 估计选项（Options）

EViews 在方程设定对话框中提供了许多关于估计选项的设置。只需单击 Options 按钮，就会出现估计选项对话框，按要求填写即可（如图 6-12 所示）。

（1）回推（Backcasting）

在缺省的情况下，MA 初始的扰动项和 GARCH 项中要求的初始预测方差都使用回推方法来确定初始值。计算样本前方差的缺省平滑算子 A=0.7，EViews 也允许按照步长为 0.1 在 0.1~1 之间进行不同选择。如果不选择回推算法，EViews 会设置残差为零来初始化过程，用无条件方差来设置初始化的方差和残差值，但使用回推指数平滑算法来初始化 GARCH 模型通常比使用无条件方差的效果要理想。

（2）系数协方差（Coefficient covariance）

异方差的一致协方差（heteroskedasticity consistent covariance）选项是利用勒斯莱文（Bollerslev）和伍尔德里奇（Wooldridge）（1992）的方法计算准极大似然（QML）的协方差和标准差。当怀疑残差不服从正态分布时，应该使用这个选项。只有选定这一选项，协方差的估计才可能是一致的，才可能产生正确的标准差。需要注意的是，选择该项进行估计时，参数估计值将保持不变，改变的只是协方差矩阵。

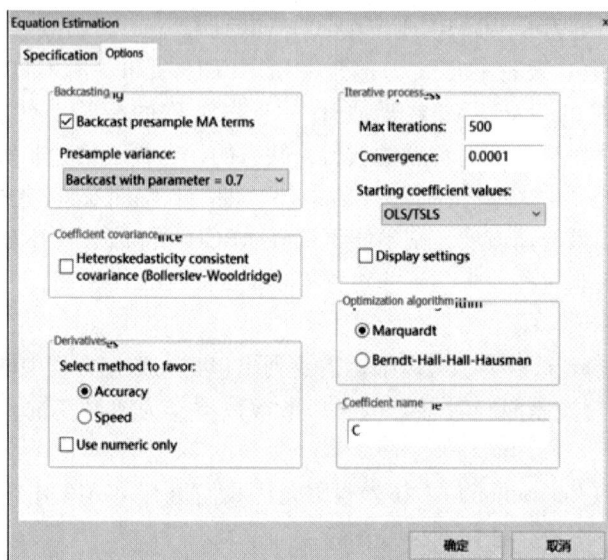

图 6-12　ARCH 选项对话框

（3）导数方法（Derivatives）

目前，EViews 使用数值导数方法估计 GARCH 模型。在计算导数的时候，可以利用 Accuracy 按钮获得更高的精度（采用较小的步长计算）或者 Speed 按钮达到更快的速度（采用较大的步长计算）。

（4）迭代过程（Iterative process）和优化方法（optimization algorithm）

如果利用 GARCH 模型的默认设置进行估计却不收敛时，可以通过调整优化算法（Marquardt，BHH/Gauss - Newton）、改变初始参数值、增加迭代的最大次数或者调整收敛准则等选项进行迭代控制。

6.4.3　ARCH 模型的视图和过程

ARCH 模型估计出以后，EViews 会提供各种视图和过程进行推理和诊断检验。

1. ARCH 模型的视图

（1）Actual，Fitted，ReSidual 窗口列示了各种残差形式，例如，表格，图形和标准残差。

（2）Garch Graph 视图

选择 View/Garch Graph，在弹出的对话框中有两个选项：Conditional Standard Deviation 和 Conditional Variance，分别显示了对样本中的每个观测值绘制的向前一步预测的标准差 σ_t 和方差 σ_t^2，其中 t 时刻的观察值是利用直到 t-1 期可得到的信息得出的预测值。

（3）协方差矩阵

显示了估计的系数协方差矩阵。大多数 ARCH 模型（ARCH—M 模型除外）的矩阵都是分块对角的，因此均值系数和方差系数之间的协方差就十分接近 0。如果在均值方程中包含常数，那么在协方差矩阵中就存在两个 C：第一个 C 是均值方程的常数，第二个 C 是方差方程的常数。

（4）系数检验

对估计出的系数进行标准假设检验。

（5）残差检验

显示了标准残差的相关图（自相关和偏自相关）、残差平方相关图、ARCH LM 检验结果。这个窗口可以用于检验均值方程中的剩余的序列相关性和检查均值方程的设定。如果均值方程是被正确设定的，那么所有的 Q 统计最都不显著。

需要注意的是，ARCH 模型过程中的几种检验结果都是根据标准差 u_t/σ_t 计算得出的。标准差 u_t/σ_t 被定义为传统的均值方程中的残差除以条件标准差。如果模型设定正确，标准差应该是独立同分布的随机变量，并且均值为 0，方差为 1。如果标准差还服从正态分布，那么估计值就是渐近有效的极大似然估计。然而，即使残差的分布不是正态的，估计值在准极大似然（QML）的假设下仍是一致的。

2. ARCH 模型的过程

对于 ARCH 模型的过程，只介绍其中比较特殊的两项：Proc/Forecast（预测）和 Proc/Make GARCH Variance Series（生成 GARCH 方差序列）。

（1）预测

单击 ARCH 方程菜单中的 Proc/Forecast，弹出预测对话框。使用估计的 ARCH 模型可以计算因变量的静态和动态的预测值、预测标准差及条件方差 σ_t^2。只有当估计 ARCH 模型时，"GARCH"（optional）选项才是可选的。

（2）生成 GARCH 方差序列

这个命令可以将条件方差以序列的形式保存在工作文件中。条件方差序列的命名默认为 GARCH01，GARCH02 等。取平方根就会得到如 View/Garch Gragh/Conditional Standard Deviation 所示的条件标准差。

6.4.4 ARCH 模型的输出

在模型设定及估计选项设定结束后，单击 OK 按钮，就可以估计 ARCH 模型。不同形式的 ARCH 模型的输出结果不尽相同，下面将分别介绍。

1. GARCH 模型的输出结果

GARCH 模型的估计结果可以分为两部分：上半部分提供了均值方程的标准结果；下半部分提供了方差方程（Variance Equation）的结果，包括系数、标准差、z 统计量和方差方程系数的 P 值。在方差方程的输出结果中，C 代表了式（6 - 15）中的常数项，RESID(- 1)^2 项对应的系数是式（6 - 15）中的 ARCH 项 u_{t-1}^2 的系数，GARCH(- 1) 项对应的系数是式（6 - 15）中 GARCH 项 σ_{t-1}^2 的系数 β。在表的底部是一组标准的回归统计量，使用的残差来自均值方程。

2. GARCH - M 模型的输出结果

估计 GARCH - M 模型，首先需要在条件方差方程中加入残差的条件方差的某种形式［条件方差 σ^2、条件标准差 σ 或条件方差的对数 $\log(\sigma^2)$］，其他选项的填写和一般的 GARCH 模型类似。

GARCH - M 模型的结果可以分为两部分：上半部分提供了均值方程的标准结果，输出表中的项对应的系数就是式（6 - 39）中的条件标准差 σ 的系数 ρ；下半部分，即方差方程（Variance Equation）部分包括系数、标准差、z 统计量和方差方程系数的 P 值，输出结果形式和 GARCH 模型类似。

3. TARCH 模型的输出结果

要估计例 6.6 中介绍的 TARCH 模型，仍选择 GARCH/TARCH 项，但由于在该 TARCH 模型中包含了一项非对称项，所以 Threshold 选项栏中应该填入 1，其他选项的设定和 GARCH(1，1) 模型完全相同。

在方差方程的输出结果中，RESID(- 1)^2 × ［RESID(- 1) < 0］的系数就代表了式（6 - 45）中的非对称项 $\gamma u_{t-1}^2 d_{t-1}$ 的系数 γ，其他结果输出和 GARCH 模型类似。

4. EGARCH 模型的输出结果

例 6.6 还给出了股票价格指数的 EGARCH 模型。这个模型在 EViews 中的设定与 GARCH(1，1) 模型的设定大体相同，只是在选择 ARCH 模型时，应该选择 EGARCH 项。一旦选择此项，非对称项的选项 Threshold 就相应的变为 Asymmetric。在此框中输入 1，即该 EGARCH 模型只含有一个非对称项。

该模型的估计结果如图 6 - 13 所示：

在方差方程的输出结果中，C(3) 代表了式（6 - 46）中的常数项，C(4) 表示是项 $|u_{t-1}/\sigma_{t-1}|$ 的系数 γ；C(5) 是式（6 - 46）中的非对称项 u_{t-1}/σ_{t-1} 的系数 α；C(6) 代表了式（6 - 46）中的项 $\ln(\sigma_{t-1}^2)$ 系数 β。

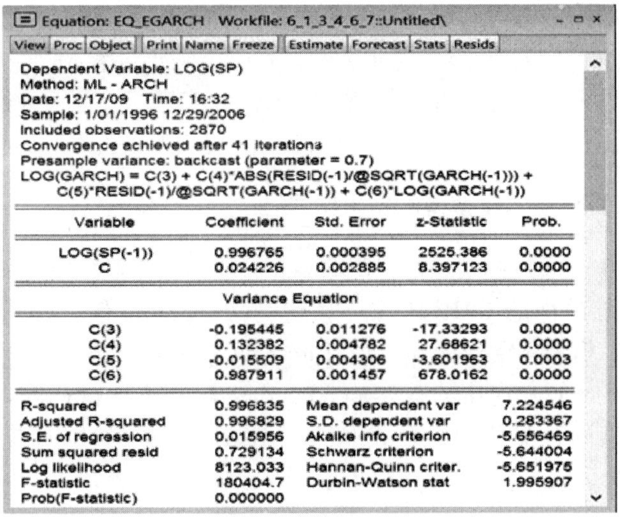

Equation: EQ_EGARCH　Workfile: 6_1_3_4_6_7::Untitled\

View | Proc | Object | Print | Name | Freeze | Estimate | Forecast | Stats | Resids

Dependent Variable: LOG(SP)
Method: ML - ARCH
Date: 12/17/09　Time: 16:32
Sample: 1/01/1996 12/29/2006
Included observations: 2870
Convergence achieved after 41 iterations
Presample variance: backcast (parameter = 0.7)
LOG(GARCH) = C(3) + C(4)*ABS(RESID(-1)/@SQRT(GARCH(-1))) + C(5)*RESID(-1)/@SQRT(GARCH(-1)) + C(6)*LOG(GARCH(-1))

Variable	Coefficient	Std. Error	z-Statistic	Prob.
LOG(SP(-1))	0.996765	0.000395	2525.386	0.0000
C	0.024226	0.002885	8.397123	0.0000
		Variance Equation		
C(3)	-0.195445	0.011276	-17.33293	0.0000
C(4)	0.132382	0.004782	27.68621	0.0000
C(5)	-0.015509	0.004306	-3.601963	0.0003
C(6)	0.987911	0.001457	678.0162	0.0000

R-squared	0.996835	Mean dependent var	7.224546
Adjusted R-squared	0.996829	S.D. dependent var	0.283367
S.E. of regression	0.015956	Akaike info criterion	-5.656469
Sum squared resid	0.729134	Schwarz criterion	-5.644004
Log likelihood	8123.033	Hannan-Quinn criter.	-5.651975
F-statistic	180404.7	Durbin-Watson stat	1.995907
Prob(F-statistic)	0.000000		

图 6－13　模型估计结果

5. CARCH 模型的输出结果

EViews 只能估计 CARCH(1, 1) 模型。因此，这个模型的设定与其他的模型略有不同。为了估计例 6.7 中的 CARCH 模型，需要在模型设定对话框中选择 Component ARCH(1, 1) 选项。这时，原来在对话框中出现的设定 ARCH, GARCH 的阶数的选项及非对称项的个数的 Threshold 选项被新出现的 Include Threshold Terms 选项所代替。由于估计的是对称的 CARCH 模型，所以不选择此项。其他的选项与 GARCH(1, 1) 模型的设定相同。得到的估计结果如图 6－14 所示:

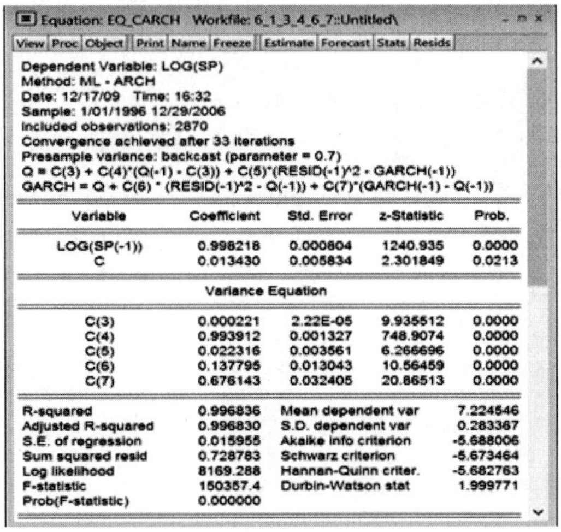

Equation: EQ_CARCH　Workfile: 6_1_3_4_6_7::Untitled\

View | Proc | Object | Print | Name | Freeze | Estimate | Forecast | Stats | Resids

Dependent Variable: LOG(SP)
Method: ML - ARCH
Date: 12/17/09　Time: 16:32
Sample: 1/01/1996 12/29/2006
Included observations: 2870
Convergence achieved after 33 iterations
Presample variance: backcast (parameter = 0.7)
Q = C(3) + C(4)*(Q(-1) - C(3)) + C(5)*(RESID(-1)^2 - GARCH(-1))
GARCH = Q + C(6) * (RESID(-1)^2 - Q(-1)) + C(7)*(GARCH(-1) - Q(-1))

Variable	Coefficient	Std. Error	z-Statistic	Prob.
LOG(SP(-1))	0.998218	0.000804	1240.935	0.0000
C	0.013430	0.005834	2.301849	0.0213
		Variance Equation		
C(3)	0.000221	2.22E-05	9.935512	0.0000
C(4)	0.993912	0.001327	748.9074	0.0000
C(5)	0.022316	0.003561	6.266696	0.0000
C(6)	0.137795	0.013043	10.56459	0.0000
C(7)	0.676143	0.032405	20.86513	0.0000

R-squared	0.996836	Mean dependent var	7.224546
Adjusted R-squared	0.996830	S.D. dependent var	0.283367
S.E. of regression	0.015955	Akaike info criterion	-5.688006
Sum squared resid	0.728783	Schwarz criterion	-5.673464
Log likelihood	8169.288	Hannan-Quinn criter.	-5.682763
F-statistic	150357.4	Durbin-Watson stat	1.999771
Prob(F-statistic)	0.000000		

图 6－14　模型估计结果

这个模型的方差方程的统计结果有些复杂。C(3)、C(4) 和 C(5) 是长期方程 (6-61) 中的系数：C(3) 为非条件方差或长期波动率 ω；C(4) 是长期分量中的持续性系数 ρ；C(5) 代表了系数 ϕ。C(6) 和 C(7) 是暂时式 (6-60) 的系数：C(6) 表示系数 α，C(7) 代表了 β。方程的形式可参考例 6.7。

6. 非对称的 CARCH 模型的输出结果

同 CARCH(1, 1) 模型一样，EViews 6 只能估计非对称的 CARCH(1, 1) 模型。它的设定与对称的 CARCH(1, 1) 模型的设定只有一项不同：非对称的 CARCH(1, 1) 模型需要选择 Include Threshold Terms 附选框。

方差方程的统计结果中的系数 C(3)、C(4)、C(5) 和 C(6) 的含义与对称的 CARCH 模型的含义相同，系数 C(8) 对应着对称 CARCH 模型中的系数 C(7)，而这里的系数 C(7) 就是代表了暂时方程 (6-64) 中的非对称项的系数 γ。

6.4.5　绘制估计的信息冲击曲线

为了更为具体地分析非对称性的效果，可以根据估计出的结果，绘制相应的信息冲击曲线。下面以例 6.6 中 EGARCH 模型的方差方程中的波动性 σ_t^2 相对于反向冲击 u/σ 为例介绍使用 EViews 来绘制信息影响曲线的方法。

设 $z = u/\sigma$，首先在工作文件中估计沪市股票价格指数数据的 EGARCH 模型，然后通过选择 Procs/Make GARCH Variance Series 产生条件方差序列 σ^2，序列名为 garch01。选择 Procs/Make Residual Series 生成残差序列 residl，利用 Genr 功能计算 $z = u/\sigma$：$z = residl/sqr(garch01)$

利用 Excel 软件将 z 按由小到大排列，然后重新建立含有 z 的非时间序列工作文件 SIG，样本期间是 1~2870，利用 EGARCH 模型的系数 α 和 γ，通过以下命令生成序列：

Series $\log(s) = 0.132 \times abs(z) - 0.016 \times z$

式中：s 是序列名字。注意：EViews 会从对数表达式中自动生成序列 s。最后，选择 z 和 s 序列，先双击 Open Group，然后双击 View/Graph/xy line，得到沪市股票收盘价格指数的信息冲击曲线（例 6.6 中的图 6-9）。

第 7 章

向量自回归模型

经典计量经济学中的联立方程组模型在 20 世纪五六十年代曾轰动一时，它对每个方程的残差和解释变量间的有关问题给予充分考虑，并提出工具变量法、两阶段最小二乘法、完全信息极大似然法等参数估计方法，适用于复杂的宏观经济问题的预测和分析。遗憾的是，由于经济理论并未明确给出变量间的动态关系，以及存在内生、外生变量划分的复杂问题等，联立方程模型在应用上仍存在一些问题。为了解决传统经济计量方法存在的一些问题，本章所介绍的向量自回归模型、结构向量自回归模型以及向量误差修正模型采用非结构性方法来建立各个变量之间的关系。

7.1 自回归分布滞后模型

很多经济过程的实现需要若干时期的时间，因此需要在计量经济模型引入时间维，通常的做法是将滞后经济变量引入模型中。在现实的经济环境中，因变量 Y 的现期值不仅依赖于某个解释变量的现期值，而且依赖于该变量的过去值或滞后值。

7.1.1 分布滞后模型和自回归模型概述

1. 分布滞后模型

如果模型中没有滞后被解释变量，仅有解释变量 X 的当期值及其若干期的滞后值，则称模型为分布滞后模型，形式如下：

$$Y_t = \alpha + \sum_{i=1}^{q} \beta_i X_{t-i} + u_t \qquad (7-1)$$

2. 自回归模型

模型中的解释变量仅包含 X 的当期值与被解释变量 Y 的一个或多个滞后值

的模型称为自回归模型，形式如下：

$$Y_t = \alpha_0 + \alpha_1 X_t + \sum_{i=1}^{q} \beta_i Y_{t-i} + v_t \qquad (7-2)$$

由于在解释变量中包含了因变量的滞后值，我们可以动态地考察该变量在若干周期中的变动，因此称为动态模型。

3. 自回归分布滞后模型

与上述两种分布滞后模型比较，乔根森（1966）提出的自回归分布滞后（Auto‑regressive Distributed Lag，ADL）模型应用更加广泛。（p，q）阶自回归分布滞后模型的基本表达式为：

$$Y_t = \gamma + \sum_{i=0}^{p} \alpha_i X_{t-i} + \sum_{j=1}^{q} \beta_j Y_{t-j} + v_t \qquad (7-3)$$

4. 库伊克变换模型

事实上，许多滞后变量模型都可以转化为自回归模型，自回归模型是经济生活中更常见的模型。一个无限期分布滞后模型可以通过库伊克变换转化为自回归模型。库伊克变换如下：

令 $\beta_i = \beta_0 \lambda_i$，代入无限滞后分布模型中得到：

$$Y_t = \alpha + \beta_0 \sum_{i=1}^{\infty} \lambda^i X_{t-i} + u_t \qquad (7-4)$$

滞后一期并乘以 λ，得到：

$$\lambda Y_{t-1} = \lambda\alpha + \beta_0 \sum_{i=1}^{\infty} \lambda^{i+1} X_{t-i} + \lambda u_{t-1} \qquad (7-5)$$

将式（7-4）和式（7-5）相减，得到库伊克变换模型：

$$Y_t = a + bX_t + cY_{t-1} + v_t \qquad (7-6)$$

其中，$a = (1-\lambda)\alpha$，$b = \beta_0$，$c = \lambda$，$v_t = u_t - \lambda u_{t-1}$

库伊克变换的优点：

（1）以一个滞后因变量 Y_{t-1} 代替了大量的滞后解释变量 X_{t-i}，最大限度地节省了自由度，解决了滞后期长度 s 难以确定的问题；

（2）由于滞后一期的因变量 Y_{t-1} 与 X_t 的线性相关程度可以肯定小于 X 的各期滞后值之间的相关程度，从而缓解了多重共线性。

但库伊克变换也同时产生了新问题：

（1）模型存在随机项和 v_t 的一阶自相关性；

（2）滞后被解释变量 Y_{t-1} 与随机项 v_t 不独立。

（3）它假定无限滞后分布呈几何递减滞后结构。这种假定对某些经济变量可能不适用，而且库伊克变换是纯粹的数学运算结果，缺乏经济理论依据。

有两个著名的动态经济模型，它们最终可化为库伊克类型的模型，它们是局部调整模型和自适应预期模型。

①局部调整模型（partial adjustment）。

局部调整模型的最初形式为：

$$Y_t^e = \beta_0 + \beta_1 X_t + u_t \qquad (7-7)$$

做如下局部调整假设：

$$Y_t - Y_{t-1} = \delta(Y_t^e - Y_{t-1}) \qquad (7-8)$$

其中，$0 \le \delta \le 1$，δ 为调整系数。式（7-8）又可以写成：

$$Y_t = \delta Y_t^e + (1-\delta)Y_{t-1} \qquad (7-9)$$

将式（7-7）代入式（7-9），得到：

$$Y_t = \delta\beta_0 + \delta\beta_1 X_t + (1-\delta)Y_{t-1} + \delta u_t \qquad (7-10)$$

可见，局部调整模型可以转化为自回归模型。局部调整模型主要是用来研究物资储备问题的。

②自适应预期模型（Adaptive Expectations Model）。

在某些实际问题中，因变量 Y_t 并不取决于解释变量的当前实际值 X_t，而取决于 X_t 的"预期水平"或"长期均衡水平" X_t^e。

自适应预期模型最初表现形式是：

$$Y_t = \beta_0 + \beta_1 X_t^e + u_t \qquad (7-11)$$

由于预期变量是不可实际观测的，往往作如下自适应预期假定：

$$X_t^e = X_{t-1}^e + r(X_t^e - X_{t-1}^e) \qquad (7-12)$$

其中，$0 \le r \le 1$，r 为预期系数（coefficient of expectation）。

式（7-12）的经济含义为："经济行为者将根据过去的经验修改他们的预期"。其机理是，经济活动主体会根据自己过去在作预期时所犯错误的程度，来修正他们以后每一时期的预期，即按照过去预测偏差的某一比例对当前期望进行修正，使其适应新的经济环境。

将式（7-12）代入最初形式中，得到：

$$Y_t = \beta_0 r + \beta_1 [rX_t + (1-r)X_{t-1}^e] + u_t \qquad (7-13)$$

滞后一期乘以（1-r）得到：

$$(1-r)Y_{t-1} = \beta_0(1-r) + \beta_1(1-r)X_{t-1}^e + (1-r)u_{t-1} \qquad (7-14)$$

将式（7-13）和式（7-14）相减，得到：

$$Y_t = \beta_0 r + \beta_1 rX_t + (1-r)Y_{t-1} + v_t \qquad (7-15)$$

其中，$v_t = u_t - (1-r)u_{t-1}$。

可见，自适应预期模型可转化为自回归模型。

7.1.2　分布滞后模型参数估计

分布滞后模型：

$$Y_t = \alpha + \sum_{i=1}^{q} \beta_i X_{t-i} + u_t \qquad (7-16)$$

这类模型中，由于 X 和它的若干过去值往往存在数据的高度相关，从而出现多重共线性问题。因此，分布滞后模型极少按式（7 - 16）的一般形式估计，通常采用对模型各系数 β_i 施加某种先验的约束条件的方法来减少待估计的独立参数的估计，从而避免多重共线性问题，常用的方法有经验加权法、科克方法和阿尔蒙方法（待扩展）。

1. 经验加权法

根据实际问题的特点、实际经验给各滞后变量指定权数，滞后变量按权数线性组合，构成新的变量。权数据的类型有：递减型、矩形、倒 V 型。

经验权数法虽然简单易行，但是设置权数的随意性较大，常通过选取多组权数，分别估计出几个模型，然后根据常用的统计检验（R 方检验，F 检验，t 检验，D - W 检验），从中选择最佳估计式。

2. 阿尔蒙方法

针对有限滞后期模型，可以通过阿尔蒙变换

$$\beta_i = a_0 + a_1 i + a_2 i^2 + \cdots + a_m i^m \quad i = 0, 1, 2, \cdots, s \quad m < s \tag{7-17}$$

利用式（7 - 17）对式（7 - 16）进行整理。得到如下模型：

$$y_t = \alpha + a_0 z_{0t} + a_1 z_{1t} + \cdots + a_m z_{mt} + u_t \tag{7-18}$$

其中，$z_{jt} = \sum_{i=0}^{m} i^j x_{t-j}, \ j = 0, 1, \cdots, m$。通过定义新变量，以减少解释变量个数，然后用 OLS 法估计参数 α_i，进而根据阿尔蒙变换求出 β_i 的估计值。

7.1.3 自回归模型参数估计

库伊克模型、自适应预期模型与局部调整模型的最终形式都是一阶自回归模型。但是，库伊克模型是在无限分布滞后模型的基础上根据库伊克几何分布滞后假定而导出的；自适应预期模型是由解释变量的自适应过程而得到的；局部调整模型则是对被解释变量的局部调整而得到的。

这样，对这三类模型的估计就转化为对相应一阶自回归模型的估计。

对于自回归模型：

$$Y_t = \alpha_0 + \alpha_1 X_t + \sum_{i=1}^{q} \beta_i Y_{t-i} + v_t \tag{7-19}$$

因此，$Y_{t-1} = \alpha_0 + \alpha_1 X_{t-1} + \beta_1 Y_{t-2} + v_{t-1}$，这表明，$Y_{t-1}$ 是随着随机扰动项 v_{t-1} 的变动而变动的，即 Y_{t-1} 部分地由 v_{t-1} 决定，因而 Y_{t-1} 是随机变量，而 OLS 估计要求解释变量非随机，因此 OLS 不能直接应用。

例如，对库伊克变换模型：

对局部调整模型：

$$Y_t = (1 - \lambda)\alpha + \beta_0 X_t + \lambda Y_{t-1} + v_t$$
$$v_t = u_t - \lambda u_{t-1} \tag{7-20}$$

对自适应预期模型：

$$Y_t = \beta_0 \gamma + \beta_1 \gamma X_t + (1 - r)Y_{t-1} + v_t$$
$$v_t = u_t - (1 - \gamma)u_{t-1} \tag{7-21}$$

显然存在：

$$\text{Cov}(Y_{t-1}, v_t) \neq 0 \quad \text{Cov}(v_t, v_{t-1}) \neq 0$$

对于局部调整模型：

$$Y_t = \delta\beta_0 + \delta\beta_1 X_t + (1 - \delta)Y_{t-1} + \delta u_t \tag{7-22}$$

所以滞后被解释变量 Y_{t-1} 与随机扰动项 δu_t 的异期相关性。

因此，对自回归模型的估计主要需视滞后被解释变量与随机扰动项的不同关系进行估计，这里以一阶自回归模型为例说明。

1. 普通最小二乘法

若滞后被解释变量 Y_{t-1} 与随机扰动项 u_t 同期无关（如局部调整模型），可直接使用 OLS 法进行估计，得到一致估计量。

2. 工具变量法

OLS 方法不能应用于库伊克变换模型和适应预期模型的原因是因为 Y_{t-1} 与扰动项 v_t 相关，如果这种相关能够被消除，就可以使用 OLS 方法得到一致估计值，工具变量法是一种解决方法。

工具变量法的基本思路是当扰动项 u 与解释变量 X 高度相关时，设法找到一个变量 Z，Z 与 X 高度相关，而与扰动项 u 不相关，在模型中，用 Z 替换 X，然后用 OLS 法估计，变量 Z 称为工具变量。Z 与 X 的相关程度越高，这种替代的效果越好。下面研究工具变量的选取：

模型

$$Y_t = \beta_0 + \beta_1 X_t + \beta_2 Y_{t-1} + v_t \tag{7-23}$$

这里 X 是唯一的外生变量，而 Y 的行为部分地依赖于 X 的行为，Y_{t-1} 的取值部分地取决于 X_{t-1} 的数值。因此，这里 X_{t-1} 就是一个比较理想的工具变量，即用滞后外生变量作为滞后内生变量的工具：

$$Z_t = X_{t-1}, \quad t = 1, 2, \cdots, n \tag{7-24}$$

来估计

$$Y_t = \beta_0 + \beta_1 X_t + \beta_2 Z_t + v_t, \quad t = 1, 2, \cdots, n \tag{7-25}$$

参数估计量具有一致性。上述工具变量法只解决了解释变量与 u_t 相关对参数估计所造成的影响，但没有解决 u_t 的自相关问题。事实上，对于自回归模型，u_t 项的自相关问题始终存在，对于此问题，至今没有完全有效的解决方法。唯一可做的，就是尽可能地建立"正确"的模型，以使序列相关性的程度减轻。

7.1.4 EViews 实现

【**例 7.1**】表 7 – 1 给出了 1980 ~ 2015 年期间中国税收收入与财政支出的相关数据，拟建立一个多项式分布滞后模型来考察二者的关系。

表 7 – 1　　　**1980 ~ 2015 年期间中国税收收入与财政支出的相关数据**　　单位：亿元

年份	SR	ZT	年份	SR	ZT
1980	571.7	1228.83	1998	9262.8	10798.18
1981	629.89	1138.41	1999	10682.58	13187.67
1982	700.02	1229.98	2000	12581.51	15886.5
1983	775.59	1409.52	2001	15301.38	18902.58
1984	947.35	1701.02	2002	17636.45	22053.15
1985	2040.79	2004.25	2003	20017.31	24649.95
1986	2090.73	2204.91	2004	24165.68	28486.89
1987	2140.36	2262.18	2005	28778.54	33930.28
1988	2390.47	2491.21	2006	34804.35	40422.73
1989	2727.4	2823.78	2007	45621.97	49781.35
1990	2821.86	3083.59	2008	54223.79	62592.66
1991	2990.17	3386.62	2009	59521.59	76299.93
1992	3296.91	3742.2	2010	73210.79	89874.16
1993	4255.3	4642.3	2011	89738.39	109247.79
1994	5126.88	5792.62	2012	100614.28	125952.97
1995	6038.04	6823.72	2013	110530.7	140212.1
1996	6909.82	7937.55	2014	119175.31	151785.56
1997	8234.04	9233.56	2015	124922.2	175877.77

资料来源：《中国统计年鉴》，国家统计局。

为了测算税收收入（SR）增长对财政支出（ZC）增长间的变动关系，我们拟建立如下双对数线性模型：

$$\ln SR_t = \alpha + \sum_{i=0}^{s} \beta_i \ln ZC_{t-i} + u_t$$

为了测算税收收入对财政支出影响的时间滞后，需要取不同的时间滞后期进行试算。

Ⅰ. 为了大致分析模型的滞后长度，先考察序列 LSR 与 LZC 的交叉关系数（Cross Correlation），在 EViews 命令窗口输入 show lsr lzc 或者输入 group g1 lsr lzc，然后按 Enter 键，EViews 将生成一个序列组 g1。

Ⅱ. 打开序列组 g1，单击 View/Cross Correlation（2）选项，屏幕会弹出对话框，该对话框用于输入滞后长度。本例采用 EViews 默认的滞后长度，单击 OK 按钮，得到如图 7-1 所示的交叉相关系数。

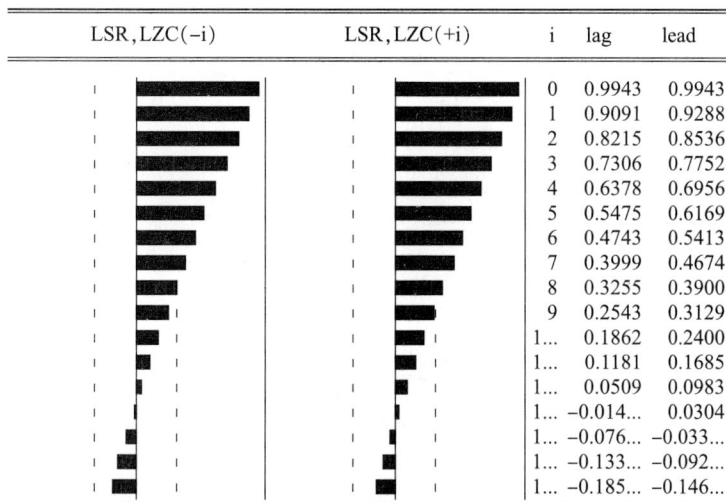

LSR,LZC(−i)	LSR,LZC(+i)	i	lag	lead
		0	0.9943	0.9943
		1	0.9091	0.9288
		2	0.8215	0.8536
		3	0.7306	0.7752
		4	0.6378	0.6956
		5	0.5475	0.6169
		6	0.4743	0.5413
		7	0.3999	0.4674
		8	0.3255	0.3900
		9	0.2543	0.3129
		1...	0.1862	0.2400
		1...	0.1181	0.1685
		1...	0.0509	0.0983
		1...	−0.014...	0.0304
		1...	−0.076...	−0.033...
		1...	−0.133...	−0.092...
		1...	−0.185...	−0.146...

图 7-1　序列 LSR 与 LZC 的交叉相关系数

图 7-1 的左边两列分别显示了 LSR 与 LZC 的滞后（lag）交叉相关系数和先行（lead）交叉相关系数；图 7-1 右边的 lag 列给出了序列 LSR 与序列 LZC 各阶滞后的交叉相关系数，发现大于 5 阶的滞后，两个序列的交叉相关系数小于 0.5。因此我们对滞后期长度为 2 到 5 分别进行试算。

Ⅲ. 在工作文件主菜单中，单击 Quick/Estimate Equation 选项，如图 7-2 所示。多项式分布滞后模型设定格式为：

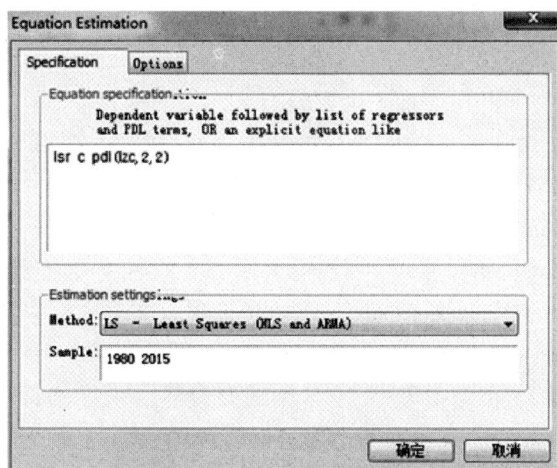

图 7-2　模型估计对话框

PDL（滞后序列名，滞后长度，多项式次数）

在对话框的 Equation specification 编辑框输入："lsr c pdl(lzc, 2, 2)"，单击确定按钮，得到如图 7-3 所示的多项式分布滞后模型估计结果。

Variable	Coefficient	Std.Error	t-Statistic	Prob.
C	−0.115478	0.150716	−0.766196	0.4495
PDL01	2.386212	0.990317	2.409544	0.0223
PDL02	−0.691374	0.268618	−2.573819	0.0152
PDL03	−3.085896	1.486435	−2.076038	0.0466

R-squared	0.993220	Mean dependentvar		9.293052
Adjusted R-squared	0.992541	S.D.dependentvar		1.568170
S.E.of regression	0.135432	Akaike info criterion		−1.050568
Sum squaredresid	0.550252	Schwarz criterion		−0.870997
Log likelihood	21.85966	Hannan-Quinncriter.		−0.989329
F-statistic	1464.819	Durbin-Watsonstat		0.959466
Prob(F-statistic)	0.000000			

Lag Distribution of LZC	i	Coefficie...	Std.Error	t-Statistic
	...	−0.00831	0.61671	−0.01347
	...	2.38621	0.99032	2.40954
	...	−1.39106	0.50629	−2.74753
Sum of Lags		0.98685	0.01678	58.8156

图 7-3 无约束限制的多项式分布滞后模型估计结果

图 7-3 上半部分中的 PDL01，PDL02，PDL03 分别表示式（7-18）中的 z_{0t}，z_{1t}，z_{2t}。通过试算，在 2 阶阿尔蒙多项式变换下，滞后期数取 2 时，PDL01，PDL02，PDL03 的 t 统计量通过显著性检验，且 F 统计量相应的概率值趋于 0，说明模型设定的正确性。

图 7-3 的下半部分，Lag Distribution of SALE 列绘制了分布滞后变量 lzc 的诸 β 系数的分布图，图形大致呈抛物线形状，且给出了 β 的估计值

$$\hat{\beta}_0 = -0.0083, \quad \hat{\beta}_1 = 2.3861, \quad \hat{\beta}_2 = -1.3911$$

表示 ZC（财政支出）增加 1 个百分点，在当前期将使 SR（税收收入）减少 0.0083 个百分点；由于存在时间滞后的影响，ZC 增加 1 个百分点，还将在下一期使 SR 增加 2.3861 个百分点；在第二期使得 SR 减少 1.3911 个百分点。

最后一行的 Sum of Lags 是诸 β 系数值的总和，反映的是分布滞后变量 LZC 对因变量 LSR 的长期影响。

为了比较，单击 View/Estimate Equation 选项，在对话框中输入 "lsr c lzc lzc(-1)lzc(-2)" 单击 OK 按钮，得到如图 7-4 所示回归结果：

可以发现，图 7-3 与图 7-4 中多项式分布滞后模型估计结果几乎无差异。因此，在使用阿尔蒙多项式分布滞后模型时需谨慎，因为模型估计结果可能对模型滞后长度和多项式次数的选取比较敏感。

Variable	Coefficient	Std.Error	t-Statistic	Prob.
C	−0.115478	0.150716	−0.766196	0.4495
LZC	−0.008310	0.616714	−0.013474	0.9893
LZC(−1)	2.386212	0.990317	2.409544	0.0223
LZC(−2)	−1.391057	0.506294	−2.747530	0.0101

R-squared	0.993220	Mean dependentvar	9.293052
Adjusted R-squared	0.992541	S.D.dependentvar	1.568170
S.E.ofregression	0.135432	Akaike info criterion	−1.050568
Sum squaredresid	0.550252	Schwarz criterion	−0.870997
Log likelihood	21.85966	Hannan-Quinn criter.	−0.989329
F-statistic	1464.819	Durbin-Wats on stat	0.959466
Prob(F-statistic)	0.000000		

图 7 −4　无限制模型的 OLS 估计结果

【例 7.2】表 7 −2 给出的是 1980 ~ 2012 年北京市城镇家庭平均每人全年消费性支出（PPCE，单位：元）和城镇居民人均可支配收入（PPDI，单位：元）数据，由于人们消费习惯原因，使得收入对消费支出的影响存在时间滞后，因此建立如下模型：

$$PPCE_t = \alpha(1 - \lambda) + \beta_0 PPDI_t + \lambda PPCE_{t-1} + v_t \qquad (7 - 26)$$

表 7 −2　　　　1980 ~ 2012 年北京市城镇家庭平均每人全年消费性
支出和城镇居民人均可支配收入数据　　　　　单位：元

年份	PPCE	PPDI	年份	PPCE	PPDI
1980	490.44	501.36	1997	6531.81	7813.16
1981	511.43	514.14	1998	6970.83	8472
1982	534.82	561.05	1999	7498.48	9182.8
1983	574.06	590.47	2000	8493.49	10349.7
1984	666.75	693.7	2001	8922.72	11577.8
1985	923.32	907.72	2002	10284.6	12463.9
1986	1067.38	1067.52	2003	11123.8	13882.6
1987	1147.6	1181.87	2004	12200.4	15637.8
1988	1455.55	1436.97	2005	13244.2	17653
1989	1520.41	1597.08	2006	14825.4	19977.5
1990	1646.05	1787.08	2007	15330.4	21988.7
1991	1860.17	2040.43	2008	16460.3	24724.9
1992	2134.83	2556.12	2009	17893.3	26738.5
1993	2939.6	3546.78	2010	19934.5	29072.9
1994	4134.04	5084.7	2011	21984.4	32903
1995	5019.77	6235	2012	24045.9	36468.8
1996	5729.52	7332.01			

资料来源：国家统计局。

（1）对模型（7-26）进行 OLS 估计

在 EViews 命令窗口输入如下命令"ls ppce c ppdi ppce(-1)"得到如图 7-5 所示估计结果。

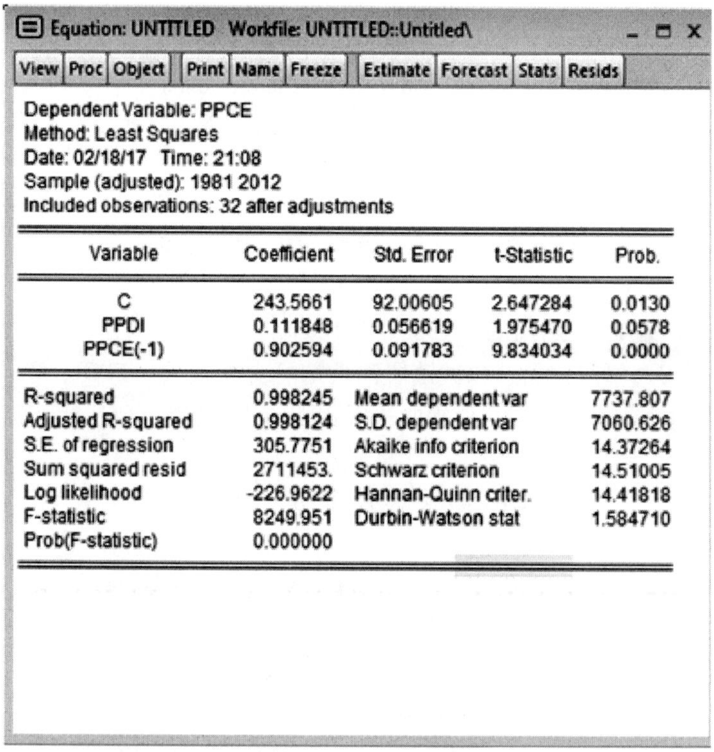

图 7-5　模型（7-26）的 OLS 估计结果

图 7-5 所示的估计结果是比较好的，参数估计值高度显著且拟合度很高。如果假定 OLS 估计是对库伊克模型变换的估计结果，则分布滞后的衰减率 $\lambda = 0.9026$（即滞后被解释变量 $PPCE_{t-1}$ 的系数）。计算收入变化对支出的长期影响为 $\beta_0/(1-\lambda) = 0.2813$（长期乘数），表示收入增加 1 元将使得消费支出增加 0.2813 元。

由十模型（7-26）包含滞后因变量为解释变量，因此残差一阶自相关的 D. W 检验不再有效。此时可以应用序列自相关的 LM 检验 OLS 估计所得到的残差是否存在序列自相关，单击 View/Residual Tests/Serial Correlation LM Test 选项，在弹出的对话框中输入滞后阶数 4（该检验的最大滞后长度?），单击 OK 按钮，得到如图 7-6 所示的 LM 检验结果。

Breusch-Godfrey Serial Correlation LM Test:

F-statistic	0.636412	Prob.F(4,25)	0.6413
Obs*R-squared	2.957298	Prob.Chi-Square(4)	0.5650

Test Equation:
Dependent Variable:RESID
Method:Least Squares
Date:02/18/17　Time:21:26
Sample:1981　2012
Included observations:32
Presample missing value lagged residuals set to zero.

图 7 - 6　方程（7 - 26）OLS 估计残差的 LM 检验结果

图 7 - 6 中，LM 检验统计量为 2. 957，对应 p 值为 0. 5650，不能拒绝残差不存在序列自相关的原假设。

（2）库伊克模型的工具变量估计

这里以 $PPDI_{t-1}$ 作为滞后被解释变量 $PPCE_{t-1}$ 的工具变量，主要过程如下：

单击主菜单中的 Quick/Estimate Equation 选项，在对话框的 Method 下拉框选中 TSLS，对话框变成如图 7 - 7 所示。

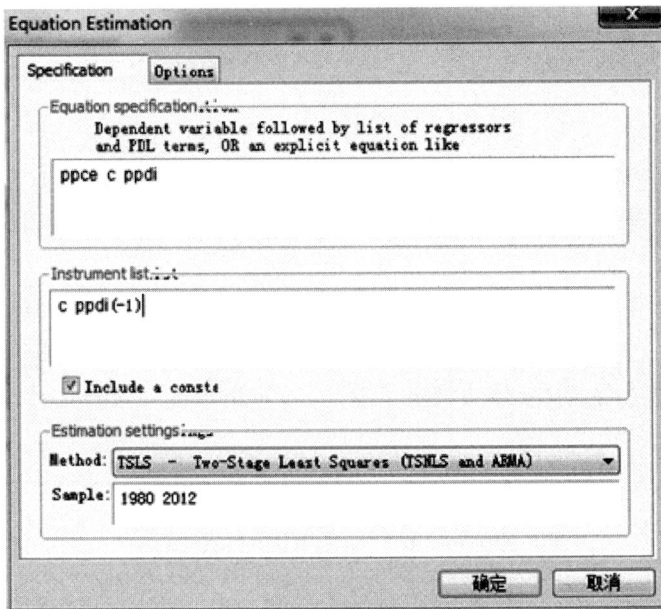

图 7 - 7　工具变量估计方法对话框

在对话框 Equation specification 编辑框对方程进行设定："ppce c ppdi"，在 instrument list 编辑框中输入"c ppdi（- 1）"，单击确定按钮，得到如图 7 - 8 所示的工具变量估计结果。

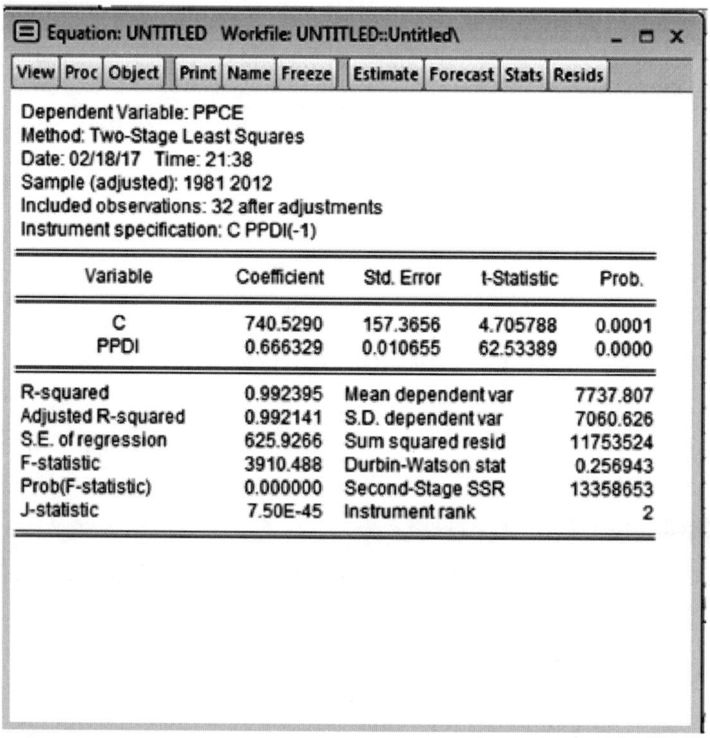
Equation: UNTITLED Workfile: UNTITLED::Untitled\

View | Proc | Object | Print | Name | Freeze | Estimate | Forecast | Stats | Resids

Dependent Variable: PPCE
Method: Two-Stage Least Squares
Date: 02/18/17 Time: 21:38
Sample (adjusted): 1981 2012
Included observations: 32 after adjustments
Instrument specification: C PPDI(-1)

Variable	Coefficient	Std. Error	t-Statistic	Prob.
C	740.5290	157.3656	4.705788	0.0001
PPDI	0.666329	0.010655	62.53389	0.0000

R-squared	0.992395	Mean dependent var	7737.807
Adjusted R-squared	0.992141	S.D. dependent var	7060.626
S.E. of regression	625.9266	Sum squared resid	11753524
F-statistic	3910.488	Durbin-Watson stat	0.256943
Prob(F-statistic)	0.000000	Second-Stage SSR	13358653
J-statistic	7.50E-45	Instrument rank	2

图 7-8 方程（7-26）的工具变量方法估计结果

图 7-8 的参数估计的 t 统计量都很显著，且 PPDI 的系数估计值为正，符合参数估计要求。解释变量 PPDI 的系数估计值为 0.6663（长期边际消费倾向）表示收入增加 1 元，消费支出长期来看将增加 0.6663 元，大于用 OLS 估计的长期影响。

虽然工具变量法可以消除解释变量的随机性和内生性问题，但由于引入的工具变量 $PPDI_{t-1}$ 与 $PPDI_t$ 存在高度相关问题，因此模型估计可能存在多重共线性问题。所以，虽然工具变量法给出了模型（7-26）的一致性估计，但参数估计量可能是低效的。

7.2 向量自回归模型

结构模型通常依据相关的经济理论为依据建立模型，试图利用模型来描述变量间的结构关系。然而，在实际研究过程中，我们通常更关注的是变量间的动态变化规律，即根据数据构造一个能反映变量之间动态变化的模型，而不是简单的停留在关注变量之间的结构。向量自回归模型（VAR）就是非结构化的多方程模型。

7.2.1　向量自回归模型概述

20 世纪 70 年代，以卢卡斯（E. Lucas）、萨金特（J. Sargent）、西姆斯（A. Sims）等为代表的对经典计量经济学进行批判，导致计量经济学由经济理论导向转向数据关系导向。西姆斯（1980）等将向量自回归模型（vector autoregression models，VAR）引入宏观经济分析，使之成为现代时间序列分析的主要模型之一。

VAR 模型是分析联合内生变量间的动态关系的动态模型，而不带有任何约束条件，故又称无约束 VAR 模型。VAR 模型主要通过实际经济数据而非经济理论系统法动态结构，建模时无需提出先验经济理论假设，而是通过时间序列提供的信息将这些假设进行区分。VAR 模型主要用于预测和分析随机扰动对系统的动态冲击，冲击的大小、正负以及时间，实际上是向量自回归移动平均（VAR-MA）的简化，后者因参数过多在实际应用中将会遇到不少问题而较少使用。

一般地，含 k 个变量的 VAR(p) 模型表示如下：

$$y_t = A_1 y_{t-1} + \cdots + A_p y_{t-p} + B_1 x_t + \cdots + B_r x_{t-r} + \varepsilon_t \tag{7-27}$$

式（7-27）中，y_t 是 k 维内生变量向量；x_t 是 f 维外生变量，样本数目为 T。A_1，A_2，$\cdots$，A_p；B_1，B_2，$\cdots$，B_r 是待估计的参数矩阵，p 和 r 是内生变量和外生变量的滞后阶数；ε_t 是 k 维随机扰动列向量，它们相互之间可以同期相关，但不与自的滞后值相关且不与等式右边的变量相关。假设 $\sum$ 是 ε_t 的协方差矩阵，是一个 k×k 的正定矩阵。

对于两个变量（k=2），$y_t = (y_t^1，y_t^2)^T$ 时，VAR(2) 模型的矩阵表示如下：

$$\begin{pmatrix} y_t^1 \\ y_t^2 \end{pmatrix} = \begin{pmatrix} \gamma_{11}^1 & \gamma_{12}^1 \\ \gamma_{21}^1 & \gamma_{22}^1 \end{pmatrix} \begin{pmatrix} y_{t-1}^1 \\ y_{t-1}^2 \end{pmatrix} + \begin{pmatrix} \gamma_{11}^2 & \gamma_{12}^2 \\ \gamma_{21}^2 & \gamma_{22}^2 \end{pmatrix} \begin{pmatrix} y_{t-2}^1 \\ y_{t-2}^2 \end{pmatrix} + \begin{pmatrix} u_{1t} \\ u_{2t} \end{pmatrix} \tag{7-28}$$

显然，式（7-27）中，方程组左侧是 2 个第 t 期的内生变量；右侧分别是两个一阶和二阶滞后变量作为解释变量，这些滞后变量与随机干扰项不相关。由于内生变量的滞后变量只出现在等式右侧，故不存在同期相关问题，最小二乘法的估计量具有有效性和一致性，而随机扰动列向量的自相关问题可通过增加因变量的滞后阶数来解决。

为了叙述方便，下面考虑的 VAR(p) 模型都是不含外生变量的向量自回归模型，形如式（7-29）：

$$y_t = A_1 y_{t-1} + \cdots + A_p y_{t-p} + \varepsilon_t \tag{7-29}$$

或者

$$A(L) y_t = \varepsilon_t \tag{7-30}$$

式（7-30）中，$A(L) = I_k - A_1 L - A_2 L^2 - \cdots - A_p L^p$ 是滞后算子 L 的 k×k 阶参数矩阵，一般称（7-30）为非限制性向量自回归模型（unrestricted VAR）。

如果行列式 $\det[A(L)]$ 的根都在单位圆外，则（7－30）满足平稳性条件，可以将其化为无穷阶的向量动平均（vector moving average，VMA(∞)）形式：

$$y_t = \Theta(L)\varepsilon_t \tag{7－31}$$

式中

$$\Theta(L) = A(L)^{-1}, \quad \Theta(L) = \Theta_0 + \Theta_1 L + \Theta_2 L^2 + \cdots, \quad \Theta_0 = I_k$$

对 VAR 模型的估计可以通过最小二乘法来进行，假如对 $\sum$ 矩阵不施加限制性条件，由最小二乘法可得 $\sum$ 矩阵的估计量为

$$\hat{\sum} = \frac{1}{T}\sum \hat{\varepsilon}_t \hat{\varepsilon}_t' \tag{7－32}$$

式（7－32）中，$\hat{\varepsilon}_t = y_t - \hat{A}_1 y_{t-1} - \hat{A}_2 y_{t-2} - \cdots - \hat{A}_p y_{t-p}$。当 VAR 的参数估计出来之后，由于 $\Theta(L)A(L) = I_k$，所以也可以得到相应的 VMA(∞) 模型的参数估计。

传统的 VAR 模型要求模型中每一个变量的序列是平稳的，对于非平稳序列，通常采取差分将序列转化为平稳序列，但是这样通常会损失水平序列所包含的信息。因此，传统 VAR 模型需先检验序列的平稳性，而格兰杰因果关系检验和滞后阶数的确定和平稳性检验是密切相关的，将在接下来的两小节进行讨论。而随着协整理论的发展，对于非平稳时间序列，只要各变量之间存在协整关系也可以直接建立 VAR 模型，或者误差修正模型（见7.4节）。

7.2.2　向量自回归模型的检验

1. 序列平稳性检验

平稳性检验可以在模型参数估计前对每一个序列进行单位根检验，也可以在 VAR 参数估计之后对 VAR 系统进行检验（见第 5 章）。

2. Granger 因果关系检验

数据变量的平稳性是传统的计量经济分析的基本要求之一，只有模型中的变量满足平稳性条件时，传统的计量经济分析方法才是有效的。在经济变量中有一些变量显著相关，但是并非有经济意义，例如，全部高校招收本科生人数与树木的增长率有正相关关系，但是它们之间的相关关系式毫无意义。协整检验可以检验变量之间是否存在长期均衡关系，但是是否构成因果关系，还需要进一步检验。Granger 提出一个判断因果关系的检验——Granger 因果检验（Granger causality tests）。一般地，在 VAR 模型中，只有在 X 与 X 互为因果时，采用 VAR 模型才是有效的。

格兰杰（Granger）因果检验是一种用于考察序列 X 是否为序列 Y 产生原因的方法。X 是 Y 的格兰杰原因（Granger cause），如果满足：①X 应该有助于预

测 Y（即引入序列 X 的滞后值会显著提高 Y 被解释的程度），判断标准是 X 的前期信息对 Y 进行预测时，均方误差 MSE 的减少是否显著；②Y 不应当有助于预测 X，因为若 Y 有助于预测 X，则可能存在另外一些因素，它既是引起 X 变化的原因，也是引起 Y 变化的原因。一个变量如果受到其他变量的滞后影响，则称它们具有 Granger 因果关系。

在一个二元 p 阶的 VAR 模型中：

$$\begin{pmatrix} y_t \\ x_t \end{pmatrix} = \begin{pmatrix} \gamma_{11}^1 & \gamma_{12}^1 \\ \gamma_{21}^1 & \gamma_{22}^1 \end{pmatrix} \begin{pmatrix} y_{t-1} \\ x_{t-1} \end{pmatrix} + \begin{pmatrix} \gamma_{11}^2 & \gamma_{12}^2 \\ \gamma_{21}^2 & \gamma_{22}^2 \end{pmatrix} \begin{pmatrix} y_{t-2} \\ x_{t-2} \end{pmatrix} + \cdots + \begin{pmatrix} \gamma_{11}^p & \gamma_{12}^p \\ \gamma_{21}^p & \gamma_{22}^p \end{pmatrix} \begin{pmatrix} y_{t-p} \\ x_{t-p} \end{pmatrix} + \begin{pmatrix} \varepsilon_{1t} \\ \varepsilon_{2t} \end{pmatrix}$$

$$(7 - 33)$$

当且仅当系数矩阵的系数 γ_{12}^i（$i = 1, 2, \cdots, p$）全部为 0 时，变量 x 不能 Granger 引起 y，即变量 x 外生于 y，根据 F - 检验来检验下述联合检验：

$$H_0 : \gamma_{12}^i = 0, \ i = 1, 2, \cdots, p$$

H_1：至少存在一个 i 使得 $\gamma_{12}^i \neq 0$

检验统计量为：$S_1 = \dfrac{(RSS_0 - RSS_1)/p}{RSS_1/(T - 2p - 1)} \sim F(p, T - 2p - 1)$ 服从 F 分布。当 S_1 大于 F 的临界值时，拒绝原假设；否则不拒绝原假设，认为 x 不能 Granger 引起 y。

其中，RSS_1 是式（7 - 33）中 y 方程的残差平方和：

$$RSS_1 = \sum_{t=1}^{T} \hat{\varepsilon}_t^2 \tag{7 - 34}$$

RSS_0 是不含 x 的滞后变量（即 $\gamma_{12}^i = 0$, $i = 1, 2, \cdots, p$）方程：

$$y_t = \gamma_{10} + \gamma_{11}^1 y_{t-1} + \gamma_{11}^2 y_{t-2} + \cdots + \gamma_{11}^p y_{t-p} + \tilde{\varepsilon}_t \tag{7 - 35}$$

的残差平方和：

$$RSS_0 = \sum_{t=1}^{T} \hat{\tilde{\varepsilon}}_t^2 \tag{7 - 36}$$

3. 滞后阶数确定

建立 VAR 模型，除了应该根据 Granger 因果关系检验纳入具有相关关系的变量作为因变量外，还应该确定模型的最大滞后阶数 p。如果 p 太大，将导致需要估计的参数变多，模型的自由度也相应的减少；如果 p 太小，滞后阶数不够大，将不能完整的反映所构造的模型的动态特征，同时可能导致随机扰动项产生自相关。因此，在确定滞后阶数的时候应综合考虑。下面介绍几种确定滞后阶数的检验方法。

（1）LR 检验统计量

似然比（likelihood ratio，LR）检验检验涉及两类模型，无约束模型和有约束模型。无约束模型（unrestricted model）是指没有任何约束的模型，约束模型（restricted model）是指在零假设约束下的模型。LR 检验是从最大的滞后阶数开始，检验原假设：在滞后阶数为 j 时，系数矩阵 γ_j 的元素均为 0；备择假设为：系数矩阵 γ_j 中至少有一个元素显著不为 0，χ^2（wald）统计量如下：

$$LR = (T - m)\left\{\ln\left|\overset{\Lambda}{\underset{j-1}{\sum}}\right| - \ln\left|\overset{\Lambda}{\underset{j}{\sum}}\right|\right\}\chi^2(k^2)$$

式中，m = d + kj，d 为外生变量的个数，k 是内生变量的个数，j 为滞后阶数，分别表示某观测样本下滞后阶数为 j – 1 和 j 的残差协方差矩阵的最大似然估计，k 表示卡方分布的自由度，等于约束条件的个数。

如果滞后 j 期与滞后 j – 1 期的残差的最大似然之差越大，说明滞后 j – 1 期可以显著增大极大似然估计值，就越有证据证明滞后期应选择 j – 1 期。每次减少一个滞后数，直到不拒绝原假设。

（2）AIC 信息准则和 SC 准则

在 VAR（p）模型的实际应用中，通常写滞后期 p 足够大，从而完整地反映所构造模型的动态特征，但同时滞后期越长，模型中待估计参数越多，自由度就越少。因此，应在滞后期与自由度之间寻求一种均衡，一般根据 AIC（Akaike Information Criterion），SC（Schwarz Criterion）和 HQ（Hannan – Quinn Criterion）信息量取值最小的准则确定模型的阶数。计算方法由式（7 – 37）给出：

$$AIC = -2l/n + 2k/n$$
$$SC = -2l/n + k\ln(n)/n$$
$$HQ = -2l/n + 2k\ln(\ln(n))/n \tag{7 – 37}$$

式（7 – 37）中，k = m(d + pm) 是待估计参数，d 是外生变量个数，m 是内生变量个数，p 是滞后阶数，n 是观测值数目，且：

$$l = -\frac{nm}{2}(1 + 2\ln2\pi) - \frac{n}{2}\ln\left|\overset{\Lambda}{\sum}\right|$$

（3）最终预测误差 FPE

最终预测误差 FPE（final prediction error）是把使式（7 – 38）为最小值的 P 作为 VAR 模型的最佳滞后阶数：

$$FPE(p) = \hat{\sigma}_p^2 \frac{n + k}{n - k} \tag{7 – 38}$$

式（7 – 38）中，为滞后 p 期时残差的方差估计；n 表示样本量，k 为待估计参数的个数。

最终预测误差的优点在于它平衡了选择低阶滞后阶数造成的偏离性的风险和选择高滞后阶数造成方差增大的风险。

7.2.3 脉冲响应函数

向量自回归模型（VAR）是一种非理论性的模型，因此在对其进行分析的时候往往不分析其变量之间的相互影响，而是分析当解释变量受到一个误差项的冲击时对被解释变量的影响，这也是本节要介绍的内容。

　　对于 VAR 模型，单个参数估计值的经济解释是困难的，其应用除预测外，我们感兴趣的一个重要方面是系统的动态特征，即一个内生变量对残差（innovation）冲击的反应（响应）。具体而言，当随机误差项施加一个标准差大小的冲击（来自系统内部或外部）后对内生变量的当期值和未来值所带来的影响（动态影响）。这可以通过脉冲响应函数（impulse response function，IRF）来刻画。第 i 个内生变量的一个冲击不仅直接影响到第 i 个变量，还将通过 VAR 模型的动态结构传递给其他内生变量，脉冲响应函数试图刻画这些影响的轨迹，显示任意一个变量的扰动是如何通过模型影响所有其他变量，最终又反馈到本身的过程。

　　为浅显说明脉冲响应的基本原理，说明残差是如何将冲击传递给内生变量的（对残差是冲击，对内生变量是对冲击的响应）。以下述两个变量的 VAR(p) 模型为例予以说明：

$$\begin{pmatrix} y_{1t} \\ y_{2t} \end{pmatrix} = \begin{pmatrix} \theta_{11}^{(0)} & \theta_{12}^{(0)} \\ \theta_{21}^{(0)} & \theta_{22}^{(0)} \end{pmatrix} \begin{pmatrix} \varepsilon_{1t} \\ \varepsilon_{2t} \end{pmatrix} + \begin{pmatrix} \theta_{11}^{(1)} & \theta_{12}^{(1)} \\ \theta_{21}^{(1)} & \theta_{22}^{(1)} \end{pmatrix} \begin{pmatrix} \varepsilon_{1t-1} \\ \varepsilon_{2t-1} \end{pmatrix} + \cdots \qquad (7-39)$$

　　模型中 $\theta_{ij}^{(q)}$ 是参数，随机扰动项 $\varepsilon_t = (\varepsilon_{1t}, \varepsilon_{2t})'$，又称为新息，因为在预测时实际受到了误差项的动态影响。假定随机扰动项满足：

$$E(\varepsilon_{it}) = 0, \qquad\qquad \forall t \qquad\qquad i = 1, 2$$

$$Var(\varepsilon_t) = E(\varepsilon_t \varepsilon_t') = \sum = \{\sigma_{ij}\} \qquad \forall t$$

$$E(\varepsilon_{it} \varepsilon_{it}') = 0, \qquad\qquad \forall t \neq s \qquad i = 1, 2 \qquad (7-40)$$

　　为简便起见，假定 VAR(2) 模型所反映的系统是从第 0 期开始活动，现在假定在基期给 y_1 一个单位的脉冲，即：

$$\varepsilon_{1t} = \begin{cases} 1, & t = 0 \\ 0, & else \end{cases} \qquad (7-41)$$

$$\varepsilon_{2t} = 0, \quad t = 0, 1, 2, \cdots \qquad (7-42)$$

则由 y_1 的脉冲引起的 y_2 的响应函数为：

$$t = 0, \quad y_{20} = \theta_{21}^{(0)}$$
$$t = 1, \quad y_{21} = \theta_{21}^{(1)}$$
$$t = 2, \quad y_{22} = \theta_{21}^{(2)}$$
$$\vdots$$
$$(7-43)$$

　　因此，由 y_1 的脉冲引起的 y_2 的累计响应函数为 $\sum_{q=0}^{\infty} \theta_{21}^{(q)}$；$\theta_{21}^{(q)} = \dfrac{\partial y_{2,t+q}}{\partial \varepsilon_{1t}}$ 作为 q 的函数，描述了在时期 t，第 1 个变量的扰动项增加一个单位，其他扰动不变，且其他时期的扰动均为常数的情况下 $y_{2,t+q}$ 对 ε_{1t} 的一个单位冲击的反应，我们把它称为脉冲—响应函数。

　　一般地，如果冲击不是 1 个单位，假定 ε_t 的第一个元素变化 δ_1，第二个元素变化 δ_2，则时期 T 冲击为 $\delta = (\delta_1, \delta_2)'$，而 t 到 t+q 的其他时期没有冲击，向

量 y_{t+q} 的响应表示为

$$\Psi(q, \delta, \Omega_{t-1}) = E(y_{t+q} \mid \varepsilon_t = \delta, \varepsilon_{t+1} = 0, \cdots, \varepsilon_{t+q} = 0, \Omega_{t-1})$$
$$- E(y_{t+q} \mid \varepsilon_t = 0, \varepsilon_{t+1} = 0, \cdots, \varepsilon_{t+q} = 0, \Omega_{t-1})$$
$$= \Theta_q \delta \qquad\qquad (7-44)$$

式（7-44）中，Ω_{t-1} 表示 T-1 期的信息组合。对于上述脉冲响应函数的结果的解释却存在一个问题：前面我们假设的协方差矩阵 $\sum$ 是非对角矩阵，意味着扰动项向量 ε_t 中的其他元素随着第一个元素 ε_{1t} 的变化而变化，这与计算脉冲反应时假定 ε_{1t} 变化，而 ε_t 中其他元素不变相矛盾。这就需要利用一个正交化的脉冲响应函数来解决，常用的正交化方法为 Choleskey 分解 u_t，在时期 t，其他变量和早期变量不变的情况下，y_{t+q} 对 y_{1t} 的一个单位冲击的反应为

$$\frac{\partial y_{t+q}}{\partial u_{1t}} = \frac{\partial y_{t+q}}{\partial \varepsilon'_t} \frac{\partial \varepsilon'_t}{\partial u_{1t}} = \Theta_q P_1 \qquad\qquad (7-45)$$

其中，P_1 表示 Choleskey 分解得到的 P 矩阵的第 j 列元素，矩阵 P 的选择与变量选择有关。对脉冲反应函数处理的困难在于各残差之间不是完全非相关的。当残差间相关时，它们的共同部分不易识别，处理这一问题的不严格做法是将共同部分归于 VAR 系统第一个方程的扰动项。因此，改变 VAR 模型中的方程顺序可能会导致脉冲响应的很大不同。

在应用正交化脉冲响应函数反映变量之间的动态关系时，必须对变量的顺序进行充分的考虑。另外，不能只将关注的变量建立 VAR 模型，在实际应用中应把所有相互影响的变量都包含在变量中。若只将研究是几个相互影响的变量考虑进来，而忽略其他相关变量，这样构建的 VAR 模型的正交化脉冲响应函数是没有应用价值的。同时，只有当向量平稳时，向量自回归模型的正交化脉冲反应函数才收敛。所以，要应用正交化脉冲响应函数反映变量间的动态关系时，向量必须平稳。向量平稳除了向量的每个分量平稳外，VAR 模型特征方程的所有特征值都要在单位圆外。

上述冲击思想可以推广到含 N 个变量的 VAR(p) 模型。对一个含 K 个内生变量的 VAR 模型每个内生变量都对应着 K 个脉冲响应函数，故一个含 K 个内生变量的 VAR 将有 K^2 个脉冲响应函数。

7.2.4 广义脉冲响应函数

VAR 模型的动态分析一般采用"正交化"脉冲响应函数来实现，而正交化通常采用 Choleskey 分解完成，但是 Choleskey 分解的结果严格依赖于模型中变量的次序，因此这里将介绍由 Koop 提出的广义脉冲响应函数来克服上述缺点。

考虑 VAR 模型

$$y_t = (I_k + \Theta_1 L + \Theta_2 L^2 + \cdots)\varepsilon_t \quad t = 1, 2, \cdots, T \qquad\qquad (7-46)$$

满足假定（7-40），其方差协方差矩阵 $\sum$ 是正定矩阵，但是由于扰动项之

间可能存在同期相关关系，即协方差矩阵 $\sum$ 不一定是对角矩阵，则式（7 - 44）不能成立。

参考高铁梅等（2016），假设冲击只是发生在第 j 个变量上（广义的假定），则有

$$\Psi(q, \delta_j, \Omega_{t-1}) = E(y_{t+q} \mid \varepsilon_{jt} = \delta_j, \Omega_{t-1}) - E(y_{t+q} \mid \Omega_{t-1})$$
$$q = 0, 1, \cdots \qquad (7-47)$$

由于 $\sum$ 不是对角阵，意味着 ε_t 各元素之间存在同期相关关系，则给 ε_{jt} 一个冲击 ε_t 中其他元素同期也会发生变化，因此为得到上式的结果，首先需要计算由 ε_{jt} 变化引起的 ε_t 中其他元素同期发生的变化 $\delta = E(\varepsilon_t \mid \varepsilon_{jt} = \delta_j)$。假定 ε_t 服从多元正态分布，则

$$\delta = E(\varepsilon_t \mid \varepsilon_{jt} = \delta_j) = (\sigma_{1j}, \sigma_{2j}, \cdots, \sigma_{kj})' \sigma_{jj}^{-1} \delta_j = \sum\nolimits_j \sigma_{jj}^{-1} \delta_j \quad (7-48)$$

式（7 - 48）中，$\sigma_{jj} = E(\varepsilon_{jt}^2)$，$\sum_j = E(\varepsilon_t \varepsilon_{jt})$ 表示 ε_t 协方差矩阵的第 j 列元素，变量 j 的冲击引起向量 y_{t+q} 的响应为：

$$\Psi(q, \delta_j, \Omega_{t-1}) = \Theta_q \delta = \left(\frac{\Theta_q \sum_j}{\sqrt{\sigma_{jj}}} \right) \left(\frac{\delta_j}{\sqrt{\sigma_{jj}}} \right) \quad q = 0, 1, \cdots \quad (7-49)$$

若设

$$\delta_j = \sqrt{\sigma_{jj}} \qquad (7-50)$$

则响应的广义脉冲响应函数为：

$$\Psi_j^{(q)} = \sigma_{jj}^{-1/2} \Theta_q \sum\nolimits_j \quad q = 0, 1, \cdots \qquad (7-51)$$

当协方差矩阵 $\sum$ 是对角矩阵时，正交脉冲与广义脉冲的结果是一致的，当协方差矩阵 $\sum$ 是非对角矩阵时，Choleskey 正交脉冲只在 $j = 1$ 时相等。

7.2.5　方差分解

另一个评价 VAR 模型的方法是方差分解（variance decomposition），它是分析每一个结构冲击对内生变量的变化的贡献度［通常利用相对方差贡献率（relative variance contribution，RVC）来衡量］。VAR 模型的方差分解给出对变量产生影响的每个随机扰动的相对重要信息。

脉冲响应函数对于只是要简单说明变量间的影响关系又稍微过细了。因此西蒙（1980）提出方差分解法，定量地但是相对粗糙地把握变量间的影响。

多变量 VAR 模型中，y_t 的第 i 个变量 y_{it} 可以写成：

$$y_{it} = \sum_{j=1}^{k} (\theta_{ij}^{(0)} \varepsilon_{jt} + \theta_{ij}^{(1)} \varepsilon_{jt-1} + \theta_{ij}^{(2)} \varepsilon_{jt-2} + \cdots)$$
$$i = 1, 2, \cdots, k, \, t = 1, 2, \cdots, T \qquad (7-52)$$

记 $\mathrm{Var}(\varepsilon_{jt}) = \sigma_{jj}$，则：

$$\mathrm{Var}(y_{ij}) = E\big[(\theta_{ij}^{(0)}\varepsilon_{jt} + \theta_{ij}^{(1)}\varepsilon_{jt-1} + \theta_{ij}^{(2)}\varepsilon_{jt-2} + \cdots)^2\big] = \sum_{q=0}^{\infty}(\theta_{ij}^{(q)})^2\sigma_{jj}$$

$$i,\ j = 1,\ 2,\ \cdots,\ k \qquad (7-53)$$

则

$$\mathrm{Var}(y_i) = \sum_{j=1}^{k}\Big\{\sum_{q=0}^{\infty}(\theta_{ij}^{(q)})^2\sigma_{jj}\Big\},\quad i = 1,\ 2,\ \cdots,\ k \qquad (7-54)$$

y_i 的方差可以分解成 k 种不相关的影响，因此为了测定各个扰动项相对 y_i 的方差有多大的贡献程度，相对方差贡献率定义为：

$$\mathrm{RVC}_{j\to i}(\infty) = \frac{\displaystyle\sum_{q=0}^{\infty}(\theta_{ij}^{(q)})^2\sigma_{jj}}{\mathrm{Var}(y_i)} = \frac{\displaystyle\sum_{q=0}^{\infty}(\theta_{ij}^{(q)})^2\sigma_{jj}}{\displaystyle\sum_{j=1}^{k}\Big\{\sum_{q=0}^{\infty}(\theta_{ij}^{(q)})^2\sigma_{jj}\Big\}} \qquad (7-55)$$

它是根据第 j 个变量基于冲击的方差对 y_i 的方差贡献度来观察第 j 个变量对第 i 个变量的影响。实际应用时，不可能直到无穷项之和来评价，若模型满足平稳性条件，则 $\theta_{ij}^{(q)}$ 随着 q 增大呈几何级数性的衰减，通常只取有限项计算。

脉冲响应函数描述了 VAR 系统中某个内生变量一个单位的冲击给其他变量所带来的影响，是一种绝对效果的描述；利用方差分解可描述每个变量的更新对 VAR 系统变量影响的贡献度，是一种相对效果的描述。

7.2.6 EViews 实现

【例 7.3】表 7-3 中序列 FDI、GDP、CK 分别表示 1985~2015 年外商直接投资（万美元）、国内生产总值（亿元）、出口额（亿元），试建立 VAR 模型。

表 7-3　　　　　　　　　1985~2015 年 FDI、GDP、出口额数据

年份	FDI（万美元）	GDP（亿元）	CK（亿元）	年份	FDI（万美元）	GDP（亿元）	CK（亿元）
1985	195600	9098.9	808.9	1990	348700	18872.9	2985.8
1986	224400	10376.2	1082.1	1991	436600	22005.6	3827.1
1987	231400	12174.6	1470	1992	1100800	27194.5	4676.3
1988	319400	15180.4	1766.7	1993	2751500	35673.2	5284.8
1989	339200	17179.7	1956	1994	3376700	48637.5	10421.8

年份	FDI（万美元）	GDP（亿元）	CK（亿元）	年份	FDI（万美元）	GDP（亿元）	CK（亿元）
1995	3752100	61339.9	12451.8	2006	6302100	219438.5	77597.2
1996	4172600	71813.6	12576.4	2007	7476800	270232.3	93627.1
1997	4525700	79715	15160.7	2008	9239500	319515.5	100394.94
1998	4546300	85195.5	15223.6	2009	9003300	349081.4	82029.69
1999	4031900	90564.4	16159.8	2010	10573500	413030.3	107022.84
2000	4071500	100280.1	20634.4	2011	11601100	489300.6	123240.6
2001	4687800	110863.1	22024.4	2012	11171600	540367.4	129359.25
2002	5274300	121717.4	26947.9	2013	11758600	595244.4	137131.43
2003	5350500	137422	36287.9	2014	11956200	643974	143883.75
2004	6063000	161840.2	49103.3	2015	12626660	689052	141166.83
2005	6032500	187318.9	62648.1				

资料来源：《中国统计年鉴》。

为避免数据的剧烈波动，将原始数据取对数处理，得到表7-4：

表7-4　　　　1985～2015年FDI、GDP、出口额数据取对数值

年份	Ln(FDI)	Ln(GDP)	Ln(CK)	年份	Ln(FDI)	Ln(GDP)	Ln(CK)
1985	6.695675	12.18383	9.115909	2001	9.999906	15.36047	11.61605
1986	6.986659	12.32119	9.24727	2002	10.20166	15.47836	11.70946
1987	7.293018	12.3519	9.407107	2003	10.49924	15.4927	11.83081
1988	7.476869	12.6742	9.62776	2004	10.80168	15.61772	11.99436
1989	7.578657	12.73435	9.751484	2005	11.04529	15.61267	12.14057
1990	8.001623	12.76197	9.845482	2006	11.25929	15.65639	12.29883
1991	8.249863	12.98677	9.999052	2007	11.44708	15.82732	12.50704
1992	8.450262	13.91155	10.21077	2008	11.51687	16.039	12.67456
1993	8.57259	14.82766	10.48215	2009	11.31484	16.0131	12.76306
1994	9.251655	15.03241	10.79215	2010	11.5808	16.17386	12.93128
1995	9.42962	15.13783	11.02419	2011	11.72189	16.26661	13.10073
1996	9.439577	15.24405	11.18183	2012	11.77035	16.22889	13.2
1997	9.626462	15.32528	11.28621	2013	11.8287	16.2801	13.29673
1998	9.630602	15.32982	11.3527	2014	11.87676	16.29676	13.37541
1999	9.690282	15.20975	11.41382	2015	11.8577	16.35132	13.44307
2000	9.934715	15.21952	11.51572				

资料来源：国家统计局。

1. VAR 模型的建立和估计

（1）建立 VAR 模型

首先，为了对上述相关的经济变量建立 VAR 模型，需要创建 VAR 对象，选择 Ouick/Estimate VAR 或者选择 Object/New object/VAR 或者在命令窗口输入 Var，便会出现图 7 - 9 的模型定义对话框。

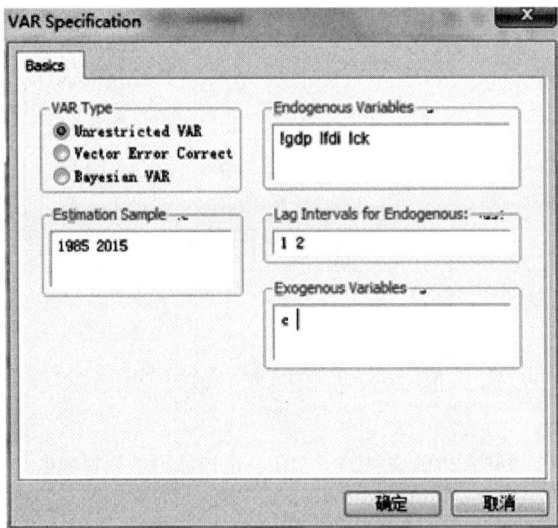

图 7 - 9 VAR 模型定义对话框

①对话框左上方是模型的三种类型，分别是无约束向量自回归模型（Unrestricted VAR）、向量误差修正模型（Vector Error Correct）和（Bayasian VAR 扩展），这里使用默认的无约束 VAR 模型。

②左下方的 Estimation Sample 框中填写估计样本范围 1980～2015 年；

③右上方的 Endogenous Variable 框中输入因变量，在 Lag Intervals for Endogenous 框中填写变量滞后区间，它代表出现在 VAR 模型右边的内生变量的滞后期数，必须配对书写，这里使用默认值 12 代表内生变量的一阶滞后和二阶滞后项；Exogenous Variable 编辑栏中输入相应的内生变量和外生变量，系统自动给出常数 c 作为外生变量。

（2）VAR 估计的输出

VAR 对象的设定框填写完毕，单击确定按钮，VAR 模型的估计结果输出如图 7 - 10 所示：

	LCZ	LFDI	LGDP
LCZ（−1）	1.245087 （0.25299） [4.92149]	−1.301032 （0.96644） [−1.34622]	0.041930 （0.23883） [0.17556]
LCZ（−2）	−0.308350 （0.24610） [−1.25295]	0.417568 （0.94011） [0.44417]	0.076240 （0.23233） [0.32816]
LFDI（−1）	0.044843 （0.06096） [0.73560]	1.170223 （0.23288） [5.02511]	0.123950 （0.05755） [2.15380]
LFDI（−2）	−0.035674 （0.05247） [−0.67993]	−0.700880 （0.20043） [−3.49695]	−0.078105 （0.04953） [−1.57692]
LGDP（−1）	0.149335 （0.26240） [0.56912]	1.449762 （1.00238） [1.44632]	1.279995 （0.24771） [5.16725]
LGDP（−2）	−0.080141 （0.21319） [−0.37591]	0.012326 （0.81440） [0.01513]	−0.460967 （0.20126） [−2.29041]
C	−0.167640 （0.13815） [−1.21343]	−0.022024 （0.52775） [−0.04173]	0.253474 （0.13042） [1.94350]

图 7 - 10　VAR 模型参数估计结果

表中的每一列对应 VAR 模型中一个内生变量的方程，并且给出每个变量系数的估计值、估计系数的标准差（圆括号内）、及 t 统计量（方括号中）。

输出窗口的第二部分是各子方程的相关检验结果如图 7 - 11 所示，其项目与之前相同。

R-squared	0.999124	0.983384	0.998995
Adj. R-squared	0.998885	0.978853	0.998721
Sum sq. resids	0.048084	0.701688	0.042853
S.E. equation	0.046751	0.178591	0.044135
F-statistic	4182.934	217.0076	3644.467
Log likelihood	51.68115	12.81343	53.35135
Akaike AIC	−3.081459	−0.400926	−3.196645
Schwarz SC	−2.751422	−0.070889	−2.866608
Mean dependent	5.153419	10.47905	7.007671
S.D. dependent	1.400290	1.228099	1.233986

图 7 - 11　各子方程的相关检验结果

输出窗口的第三部分是 VAR 模型整体检验结果（如图 7 - 12 所示），包括决定性残差协方差、对数似然值、AIC 和 SC 两个信息准则。

Determinant resid covariance(dof adj.)	3.88E-08
Determinant resid covariance	1.69E-08
Log likelihood	136.0228
Akaike information criterion	−7.932605
Schwarz criterion	−6.942495

图 7 – 12   VAR 模型整体检验结果

在 VAR 模型估计结果窗口单击 View/representation 得到 VAR 的代数式输出结果，得到：

$$LGDP = 1.15398132613 \times LGDP(-1) - 0.254016065828 \times LGDP(-2)$$
$$+ 0.106482084611 \times LFDI(-1) - 0.124918234588 \times LFDI(-2)$$
$$+ 0.121206322585 \times LCK(-1) - 0.0300685049058 \times LCK(-2)$$
$$+ 0.606725755205$$

$$LFDI = -1.43251589719 \times LGDP(-1) + 0.966924347304 \times LGDP(-2)$$
$$+ 1.49676558935 \times LFDI(-1) - 0.688466356442 \times LFDI(-2)$$
$$+ 0.441760839907 \times LCK(-1) + 0.0584625505907 \times LCK(-2)$$
$$+ 3.4568257005$$

$$LCK = -0.52046215205 \times LGDP(-1) + 0.453099758469 \times LGDP(-2)$$
$$+ 0.222284768432 \times LFDI(-1) - 0.171948256053 \times LFDI(-2)$$
$$+ 0.997099146194 \times LCK(-1) - 0.022681254821 \times LCK(-2)$$
$$+ 0.479023185525$$

2. 确定最大滞后阶数

在对序列进行 VAR 估计窗口，单击确定按钮后选择 View/Lag Structure /Lag Length Criteria，出现如图 7 – 13 所示对话框：

图 7 – 13   滞后阶数设定对话框

在对话框内输入要考察的最大滞后阶数（如输入 5），单击 OK 按钮，得到如图 7 – 14 所示结果：

Lag	LogL	LR	FPE	AIC	SC	HQ
0	−42.61540	NA	0.006707	3.508877	3.654042	3.550679
1	74.98218	199.0113	1.59e-06	−4.844783	−4.264123	−4.677574
2	96.28807	31.13937	6.38e-07	−5.791390	−4.775235	−5.498774
3	109.7573	16.57752	4.93e-07	−6.135177	−4.683527	−5.717154
4	134.1808	24.42354*	1.78e-07*	−7.321603	−5.434458*	−6.778173*
5	144.5818	8.000727	2.20e-07	−7.429368*	−5.106728	−6.760532

* indicates lag order selected by the criterion
LR: sequential modified LR test statistic（each test at 5% level）
FPE: Final prediction error
AIC: Akaike information criterion
SC: Schwarz information criterion
HQ: Hannan-Quinn information criterion

图 7 – 14　滞后阶数判断结果

图 7 – 14 中给出了 0 ~ 5 阶的 VAR 模型的 LR，FPE，AIC，SC 和 HQ 的值，并以"＊"标记出相应准则筛选出来的滞后阶数。根据标记"＊"数最多来确定滞后阶数，本例选取滞后阶数为 4，进而根据步骤（一）重新估计 VAR 模型。

3. 平稳性检验

平稳性检验可以在模型参数估计前对每一个序列分别进行单位根检验（参照第 5 章），也可以在参数估计后对 VAR 系统进行检验。在 VAR(3) 估计结果中，点击 View/Lag Structure/AR Roots Table 或者 AR Roots Graph，分别得到如图 7 – 15 和图 7 – 16 所示结果。

Root	Modulus
0.979311	0.979311
0.857491 − 0.155070i	0.871400
0.857491 + 0.155070i	0.871400
0.732146 − 0.441921i	0.855179
0.732146 + 0.441921i	0.855179
−0.136020 − 0.793686i	0.805257
−0.136020 + 0.793686i	0.805257
−0.302767 − 0.549704i	0.627569
−0.302767 + 0.549704i	0.627569
0.331187 − 0.518672i	0.615391
0.331187 + 0.518672i	0.615391
−0.522627	0.522627

No root lies outside the unit circle.
VAR satisfies the stability condition.

图 7 – 15　VAR 平稳性检验结果（Table 形式）

Inverse Roots of AR Characteristic Polynomial

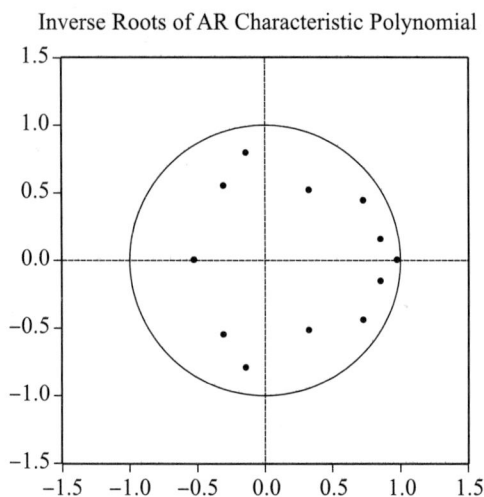

图 7 – 16　VAR 平稳性检验结果（Graph 形式）

图 7 – 15 显示 AR 特征多项式的系数均小于 1，图 7 – 16 结果表明 AR 特征多项式根的倒数都在单位圆内，表明 VAR 满足平稳性条件。

4. 格兰杰因果关系检验

在 VAR 估计结果中，单击 View/Lag Structure/Granger Causality /Block Exogeneity Test 选项，得到如图 7 – 17 所示结果：

Dependent variable: LGDP			
Excluded	Chi-sq	df	Prob.
LFDI	32.46215	4	0.0000
LCK	25.62873	4	0.0000
All	42.03872	8	0.0000

Dependent variable: LFDI			
Excluded	Chi-sq	df	Prob.
LGDP	4.544323	4	0.3373
LCK	4.959330	4	0.2915
All	6.790550	8	0.5594

Dependent variable: LCK			
Excluded	Chi-sq	df	Prob.
LGDP	6.143094	4	0.1887
LFDI	11.96095	4	0.0176
All	14.26020	8	0.0752

图 7 – 17　格兰杰因果检验结果

图 7 – 17 显示了两两序列以及全部序列的检验结果。以内生变量 LGDP 检验结果为例，其相对于 LFDI 的 χ^2 统计量为 32.4622，相应的概率值为 0.0000，因此内生变量 LGDP 对应方程中不能将变量 LFDI 排除，即变量 LFDI 是变量 LGDP 的 Granger 原因。同时，在每个内生变量检验结果的最后一行 ALL 给出了对所有滞后内生变量联合显著性检验的 χ^2 统计量和概率值，对于内生变量 LGDP，其 χ^2 统计量为 42.0387，相应的概率值为 0.000，从而说明内生变量 LGDP 相对于 LFDI 和 LCK 滞后项是联合显著的。对其他内生变量，也可做类似分析。可以看出，LFDI、LGDP 和 LCK 序列相互影响，适合建立向量自回归模型。

5. 模型预测

在估计 VAR 模型之后，可以利用所建立的 VAR 模型进行预测和模拟。首先在工作文件窗口单击 Proc/Resize Current Page，出现如图 7 – 18 所示的对话框中，修改 Start date 和 End date。比如已知的数据是 1985 ~ 2015 年的，现在要预测 2016 ~ 2020 年的，则将 End date 改成为 2020 年。

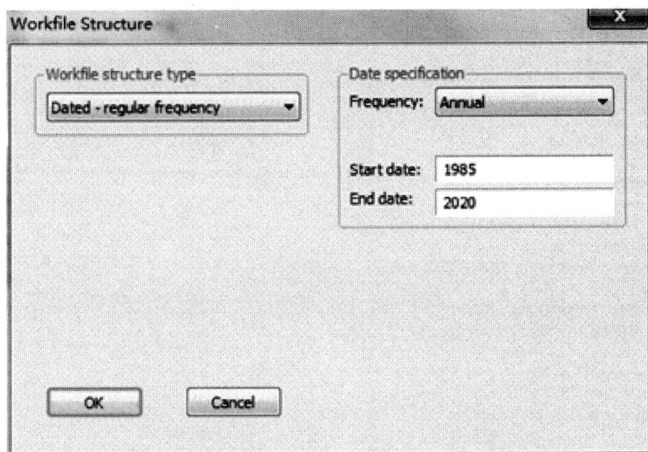

图 7 – 18　Workfile Structure 对话框

接下来要建立一个 Model（模型）。对象进行 VAR 估计，在估计结果的窗口中单击 Proc/Make Model，屏幕将出现模型对象定义窗口，将其命名为"Model01"，如图 7 – 19 所示。

然后，单击模型对象定义窗口的 Solve 功能键，会弹出模型求解对话框，如图 7 – 19 所示。

在对话框左上方的 Basic Options 选项下的 Dynamics 包括 Dynamic solution（动态模型求解）、Static solution（静态模型求解）。Solution sample 中填入要预测年份的数据 2016 ~ 2020 年。单击确定按钮，出现如图 7 – 20 所示窗口。

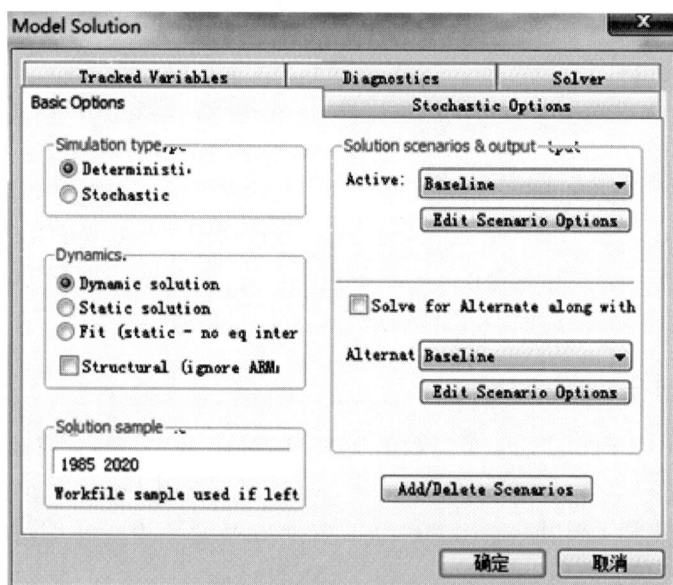

图 7 – 19 模型设定对话框

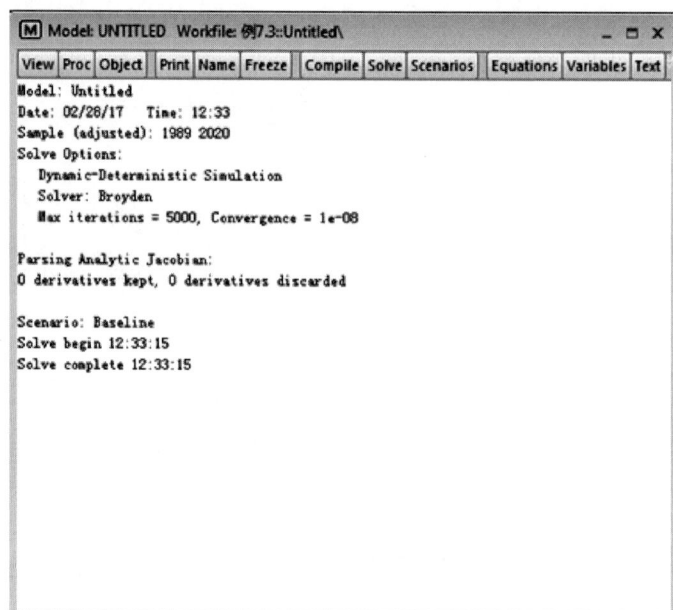

图 7 – 20 预测结果窗口

同时工作文件夹中会多出个以 "_0" 结尾的新文件，就是包含 2016～2020 年预测的数据。如果需要作图的话，在出现的窗口中单击 Proc/Make Gragh，出现如图 7 – 21 所示对话框。

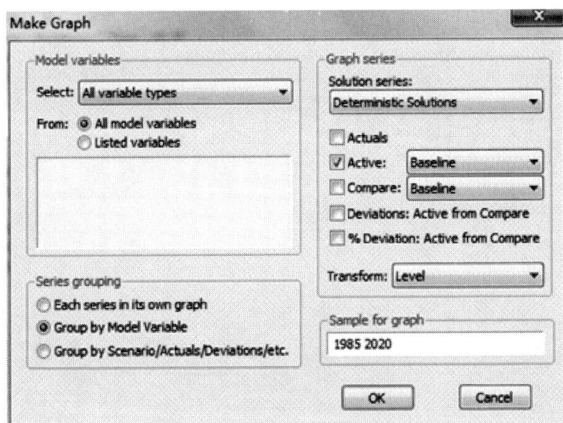

图 7 – 21　作图对话框

点击确定可以得到模拟序列的序列组（此处以 LCK 为例），图像如图 7 – 22
所示：

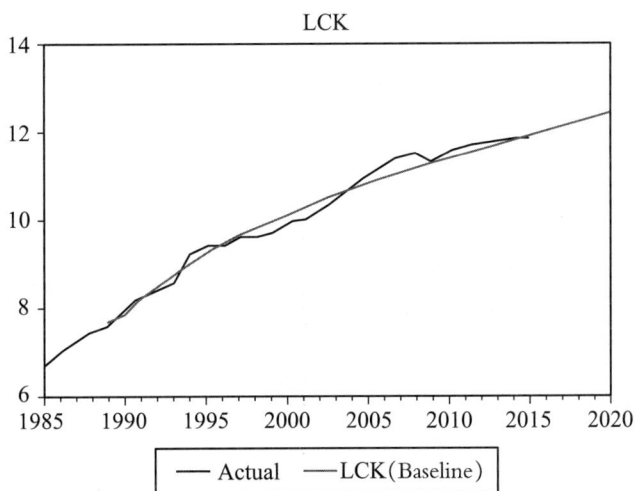

图 7 – 22　LCK 的动态模拟结果

6. 残差序列相关分析

因为脉冲响应函数原理是误差项的冲击，误差项之间可能存在交叉相关，一
般处理脉冲响应函数时会先作一个误差相关分析。点击 VAR 窗口的 proc/Make
Residuals，工作文件中就会生成 resid1，resid2，…，为编号的残差序列新窗口；
在残差序列数据组窗口点击 View/Covariances，得到如图 7 – 23 所示：

图 7 – 23　VAR 模型残差的相关系数矩阵

由图 7 – 23 可知，三个残差序列相关性很弱，故可进行脉冲响应分析。

7. 脉冲响应函数

在 VAR 对象的工具栏中选择 View/Impulse Response 或直接点击工具栏的 Impulse，得到对话框，有两个菜单：Display（如图 7 – 24 所示）和 Impulse Definition（如图 7 – 25 所示）：

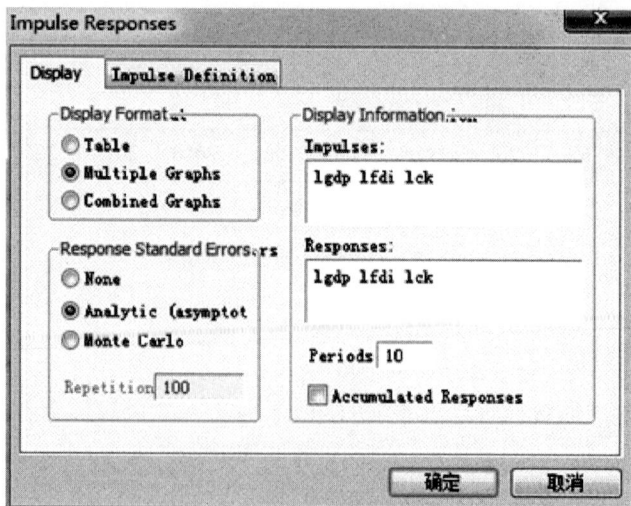

图 7 – 24　脉冲响应函数设定对话框（1）

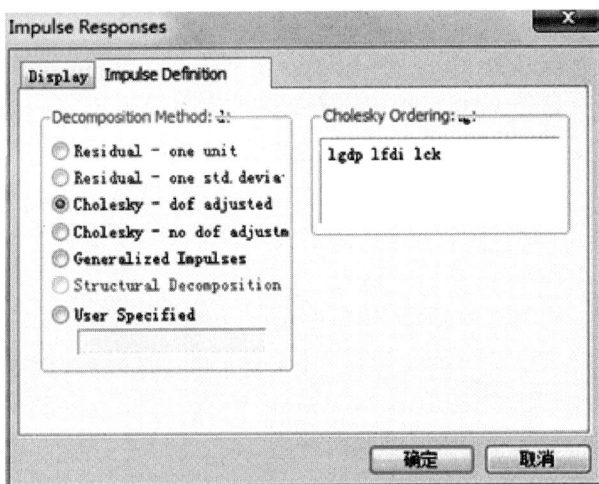

图 7 - 25　脉冲响应函数设定对话框（2）

（1）对话框中左上方的 Display Format（显示形式）：如果选择 Table（表），表示显示响应函数的系数值，且被估计的标准差将在响应函数值下面的括号内显示；Multiple Graphs（组图）表示绘制每个响应函数图，曲线图将包括关于脉冲响应的正负（＋／－）两个标准偏离带；Combined Graphs（合成图）表示将来自同一新息的脉冲响应函数图合并显示，将不显示标准误差偏离带。

（2）对话框左下方的 Response Standard Errors 是关于计算脉冲响应函数标准误的选项（当选择 Combined Graphs 时，该选项不可用，选择 None），包括 None（不计算）、Analytic（渐近解析法）和 Monte Carlo（蒙特卡洛法），默认为 Analytic。当选择 Monte Carlo 时，还需指定迭代次数。

（3）对话框右方的 Impulse Information（显示信息）包括 Impulse（产生冲击的变量）；Response（希望观察其脉冲响应的变量），既可以输入内生变量的名称，也可以输入变量对应的序数；Periods（响应函数轨迹的期间），如果想计算累计响应，还应勾选 Accumulated Responses，对于稳定的 VAR 模型，脉冲响应函数应趋于 0，且累计响应趋向于某些非 0 常数。

（4）Impulse Definition（脉冲定义）对话框中，可以对左方的 Decomposition Method（分解方法）进行设置，包括：

①Residual - one unit（残差的一个单位冲击）

设置脉冲为一个单位残差的冲击。该选项忽略了 VAR 模型残差的单位度量和相关性，所以不需要转换矩阵的选择。该选项所产生的响应函数是 VAR 模型相对应 VMA(∞) 模型的系数。

②Residual-one std. dev.（残差的一个标准偏差）

设置脉冲为一个标准偏差的残差的冲击。该选项忽略了 VAR 模型残差的相关性。

③Choleskey 方法

用残差协方差矩阵的 Choleskey 因子的逆来正交化脉冲，选择该选项时变量之间是有次序的，并将 VAR 系统中所有影响变量的公共因素归因于第一个出现的变量上。改变变量的次序，将会明显地改变响应结果。

采用 Choleskey 方法有两种选择：dof adjusted（默认选项）和 no dof adjustment，两者区别在于前者在估计残差协方差矩阵时进行了小样本的自由度修正。

④Generalized Impulses（广义脉冲）

广义脉冲是一种不需要知道 VAR 变量次序便能得到一组正交新息的方法，即不依赖于变量的次序。EViews 计算第 j 个变量的广义脉冲时，是将第 j 个变量放在 Choleskey 分解次序中的第一个，然后计算每一个变量的冲击响应。

⑤Structural Decomposition（结构分解）

直接使用结构因子矩阵估计得到的正交变换，该方法只有在进行结构 VAR 模型估计后才可用。

⑥User Specified（用户指定）

用户也可以自己脉冲，在 User Specified 中填入包含脉冲的矩阵的名称，如果一个 VAR 模型有 k 个内生变量，那么脉冲矩阵必须有 k 行，矩阵的每一列代表代表一个脉冲向量。

本例考察所有变量对 LFDI 的一个标准差信息的响应，在 period 编辑框输入 30，其余采用默认设置，点击 OK 按钮，所得脉冲响应函数如图 7 – 26 所示：

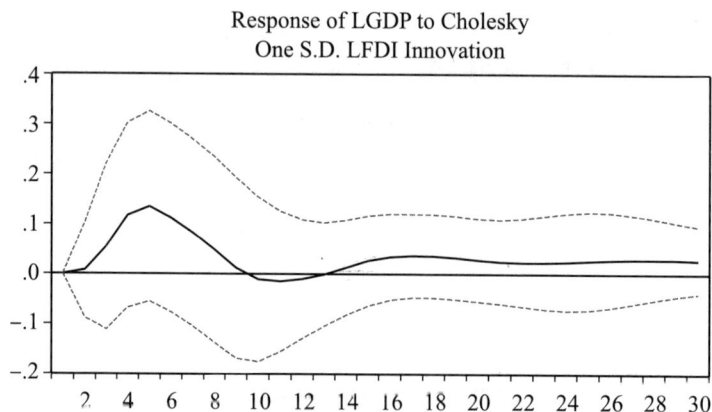

Response of LGDP to Cholesky
One S.D. LFDI Innovation

图 7 – 26 LGDP 对 LFDI 扰动的响应

图 7 – 26 ~ 图 7 – 28 中实线表示随着预测期数的增加，LGDP，LFDI，LCK 对于 LFDI 的一个标准差新息的脉冲响应，虚线表示在相应脉冲响应图像两侧加或减两倍标准差的置信带。

Response of LFDI to Cholesky
One S.D. LFDI Innovation

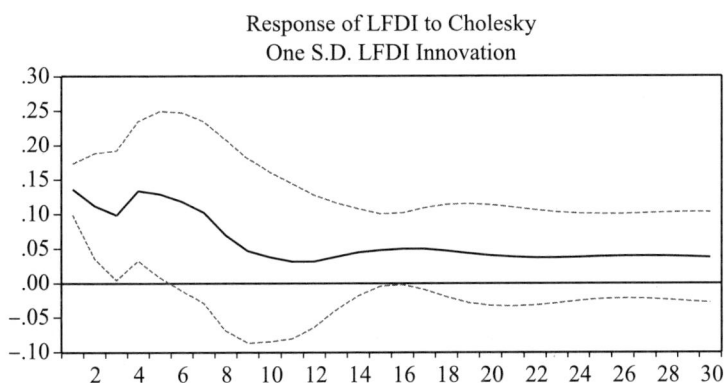

图 7 - 27　**LFDI 对自身扰动的响应**

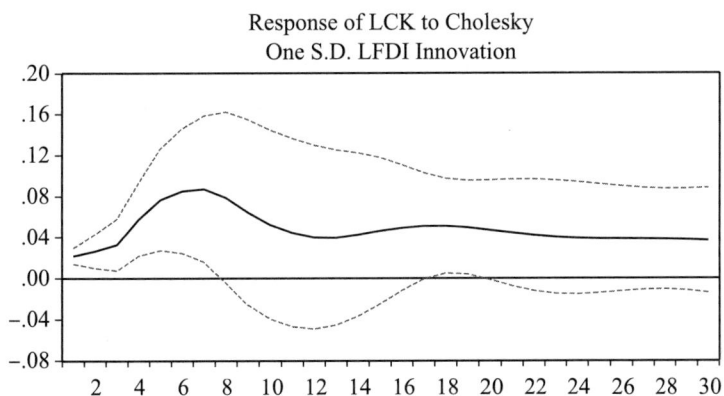

Response of LCK to Cholesky
One S.D. LFDI Innovation

图 7 - 28　**LCK 对 LFDI 扰动的响应**

　　分析可知，国内生产总值（LGDP）对外商直接投资（LFDI）的一个标准差新息在第 1 期没有马上做出反应，在第 6 期的正反应达到最大，在第 10 ~ 14 期开始表现为负效应，第 14 期以后正向趋于 0；外商直接投资（LFDI）对其自身的一个标准差新息在第 1 期的正反应达到最大，之后这种冲击的冲击缓慢减小趋于 0；出口额（LCK）对外商直接投资（LFDI）的一个标准差新息在第 7 期的负反应达到最大，之后这种冲击的冲击缓慢减小趋于 0。

　　还可以通过 Table 形式和 Combined 和 Graphs 查看脉冲的结果，如图 7 - 29 和图 7 - 30 所示：

Perio...	LGDP	LFDI	LCK
1	0.000000	0.136145	0.021762
	(0.00000)	(0.01853)	(0.00383)
2	0.007685	0.111934	0.026510
	(0.04808)	(0.03807)	(0.00835)
3	0.054437	0.098461	0.032746
	(0.08300)	(0.04698)	(0.01265)
4	0.117250	0.133787	0.057468
	(0.09272)	(0.05065)	(0.01783)
5	0.135158	0.128811	0.076811
	(0.09513)	(0.06038)	(0.02487)
6	0.111565	0.117998	0.085223
	(0.09439)	(0.06458)	(0.03044)
7	0.081689	0.102292	0.087055
	(0.09361)	(0.06594)	(0.03571)
8	0.048829	0.069532	0.078722
	(0.09330)	(0.06943)	(0.04166)
9	0.012266	0.046766	0.064380
	(0.09054)	(0.06690)	(0.04517)
10	−0.010905	0.037862	0.052435
	(0.08238)	(0.06144)	(0.04601)

Cholesky Ordering: LGDP LFDI LCK
Standard Errors: Analytic

图 7-29 对 LFDI 一个标准差信息的响应 （Table 形式）

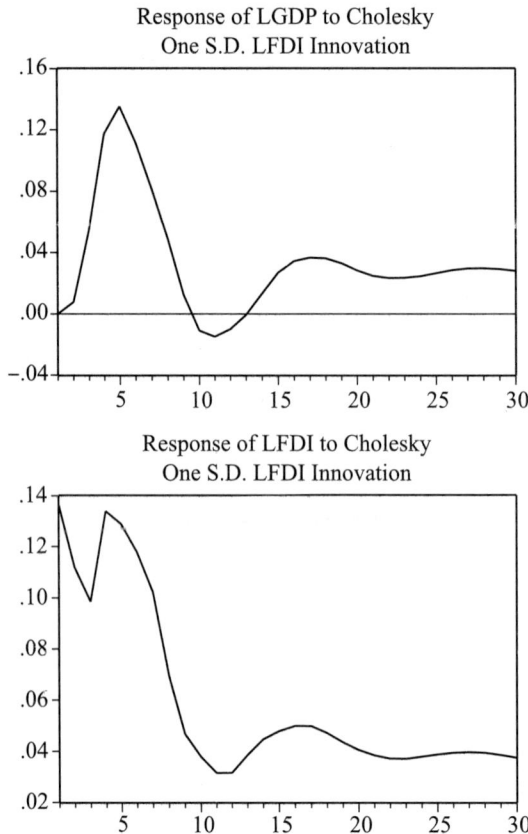

Response of LGDP to Cholesky One S.D. LFDI Innovation

Response of LFDI to Cholesky One S.D. LFDI Innovation

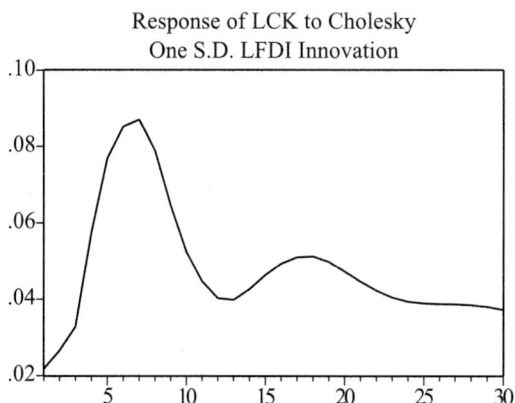

图 7 – 30　对 LFDI 一个标准差信息的响应（Combined 形式）

8. 方差分解

前面利用脉冲响应函数，分析了 LGDP，LFDI，LCK 对 LFDI 扰动冲击变化的响应，下面我们将给出内生变量 LFDI，LGDP 进行方差分解的输出结果。

从 VAR 对象的工具栏中点击 View/Variance decomposition，EViews 中方差分解的操作使用和脉冲响应函数有类似的定义对话框，如图 7 – 31 所示，各选项的含义也基本一致（Table 表示分别对每个内生变量显示方差分解），不同的是 Decomposition of 中输入欲进行方差分解的序列名。

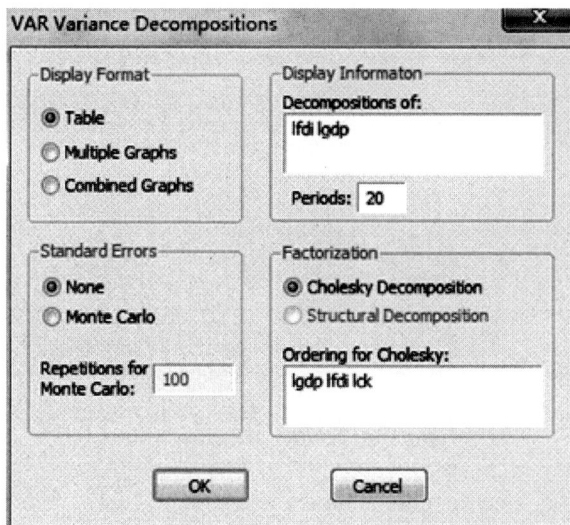

图 7 – 31　方差分解定义对话框

图 7 – 32 有五列：第一列为 period（预测期）、S. E. 中数据为变量 LFDI 的各期预测标准误，后三列是百分比，分别代表以 LGDP，LFDI，LCK 为因变量的

方程新息对各期预测误差的贡献度，每行相加为 100。

Variance Decomposition of LFDI:				
Perio...	S.E.	LGDP	LFDI	LCK
1	0.028110	19.90216	80.09784	0.000000
2	0.049054	19.63248	80.10828	0.259242
3	0.069141	21.04637	75.27223	3.681403
4	0.095632	24.37996	66.05276	9.567275
5	0.123226	27.62795	58.94505	13.42699
6	0.152143	28.64334	55.77923	15.57743
7	0.181663	28.47425	54.80785	16.71790
8	0.204729	28.53673	54.47084	16.99243
9	0.219655	28.63273	54.41528	16.95199
10	0.229045	28.48922	54.64063	16.87015
11	0.234905	28.25528	55.00259	16.74213
12	0.238877	28.04022	55.40291	16.55688
13	0.242398	27.96904	55.63687	16.39409
14	0.246302	28.05869	55.59539	16.34591
15	0.250880	28.19963	55.41861	16.38176
16	0.256125	28.27979	55.29267	16.42755
17	0.261920	28.21972	55.33426	16.44602
18	0.267921	28.05239	55.52814	16.41947
19	0.273651	27.87579	55.76328	16.36093
20	0.278819	27.73450	55.96643	16.29906

图 7 – 32　变量 LFDI 方差分解的表格显示

由于 LGDP 是方程出现的第一个内生变量，所以第一步预测的误差全部来自该方程的新息（是方差分解结果同 VAR 模型中方程顺序设定不同而改变的原因）。图 7 – 33 为变量 LGDP 方差分解，分析同上。

Variance Decomposition of LGDP:				
Perio...	S.E.	LGDP	LFDI	LCK
1	0.191377	100.0000	0.000000	0.000000
2	0.338828	95.12592	4.796539	0.077537
3	0.408709	83.96162	10.46378	5.574597
4	0.446178	76.94900	6.151442	16.89955
5	0.472814	69.02003	6.583310	24.39666
6	0.487032	56.24062	16.080010	27.67928
7	0.494931	44.95669	27.74141	27.30191
8	0.497501	38.55267	35.71612	25.73121
9	0.498195	35.25192	40.27958	24.46850
10	0.499823	33.54539	42.77327	23.68134
11	0.502326	32.92580	43.83745	23.23675
12	0.505606	32.97948	44.01587	23.00465
13	0.508157	33.27733	43.81386	22.90881
14	0.509251	33.60766	43.47734	22.91500
15	0.510063	33.88189	43.14052	22.97759
16	0.511254	33.96954	42.97523	23.05523
17	0.513009	33.79040	43.10363	23.10597
18	0.515236	33.42843	43.47962	23.09196
19	0.517354	33.01632	43.96838	23.01530
20	0.519025	32.62917	44.46201	22.90882
Cholesky Ordering: LGDP LFDI LCK				

图 7 – 33　变量 LGDP 方差分解的表格显示

从图 7 - 34 可以看出，从第 6 期开始，方差分解结果基本稳定，来自第 2 个方程新息的影响占 LFDI 预测误差的 55%，因此该变量最重要。从图 7 - 32 可以看出，第 2 个方程新息对内生变量 LFDI 最重要，其对预测误差的贡献度的一半左右。

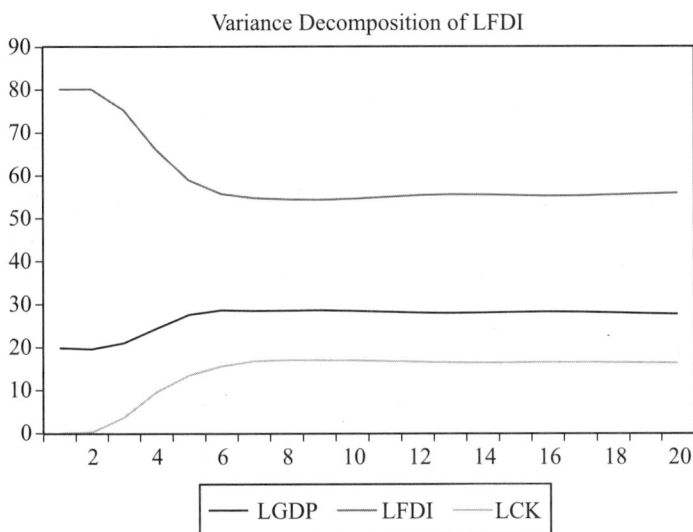

图 7 - 34　对 LFDI 进行方差分解的输出结果（Combined 形式）

7.3　结构向量自回归模型

若变量之间不仅存在滞后影响还存在同期影响关系，则建立 VAR 模型不太适合，因为 VAR 模型实际上是把当期关系隐含到了随机扰动项之中，这种情况下需要进行结构分析。虽然 VAR 模型取代联立方程模型，且被证实为实用有效的方法，但是存在参数过多的问题。实际分析中，只有所含经济变量较少的 VAR 模型才可以通过 OLS 和极大似然估计得到满意的估计结果。结构向量自回归模型（structural VAR，SVAR）加入变量间的同期影响关系。

7.3.1　SVAR 模型形式

1. 两变量的 SVAR 模型

为明确变量间的当期关系，首先研究两变量的 VAR 模型结构式和简化式之间的转化关系。如含有两个变量（k = 2）、滞后一阶（p = 1）的 VAR 模型结构式可以表示为：

$$x_t = b_{10} + b_{12}z_t + \gamma_{11}x_{t-1} + \gamma_{12}z_{t-1} + u_{xt}$$
$$z_t = b_{20} + b_{21}x_t + \gamma_{21}x_{t-1} + \gamma_{22}z_{t-1} + u_{zt} \qquad (7-56)$$

在模型中假设:

（1）变量过程 x_t 和 z_t 是平稳随机过程;

（2）随机误差 u_{xt} 和 u_{zt} 是白噪声系列,假设方差 $\sigma_x^2 = \sigma_z^2 = 1$;

（3）随机误差项 u_{xt} 和 u_{zt} 之间不相关,即 $Cov(u_{xt}, u_{zt}) = 0$。

式（7-56）一般称为一阶结构向量自回归模型［SVAR(1)］。它是一种结构式经济模型,引入了变量之间的作用与反馈作用,系数 b_{12} 表示变量 z_t 的单位变化对变量 x_t 的即时作用,r_{12} 表示 z_{t-1} 的单位变化对 x_t 的滞后影响。当 b_{21} 不等于 0 时,则作用在 x_t 上的冲击 u_{xt} 通过对 x_t 的影响,能够即时传到变量 z_t 上,这是一种间接的即时影响;同样地,当 b_{21} 不等于 0 时,则作用在 z_t 上的冲击 u_{zt} 通过对 z_t 的影响,能够对 x_t 产生一种间接的即时影响。冲击的交互影响体现了变量作用的双向和反馈关系。

模型（7-56）的可写为如下矩阵形式:

$$\begin{pmatrix} 1 & -b_{12} \\ -b_{21} & 1 \end{pmatrix} \begin{pmatrix} x_t \\ z_t \end{pmatrix} = \begin{pmatrix} b_{10} \\ b_{20} \end{pmatrix} + \begin{pmatrix} \gamma_{11} & \gamma_{12} \\ \gamma_{21} & \gamma_{22} \end{pmatrix} \begin{pmatrix} x_{t-1} \\ z_{t-1} \end{pmatrix} + \begin{pmatrix} u_{xt} \\ u_{zt} \end{pmatrix} \qquad (7-57)$$

式（7-57）可简单地表示为

$$B_0 y_t = \Gamma_0 + \Gamma_1 y_{t-1} + u_t \qquad t = 1, 2, \cdots, T \qquad (7-58)$$

假设 B_0 可逆,可导出简化式方程

$$y_t = B_0^{-1}\Gamma_0 + B_0^{-1}\Gamma_1 y_{t-1} + B_0^{-1}u_t = A_0 + A_1 y_{t-1} + \varepsilon_t$$

其中,

$$A_i = B_0^{-1}\Gamma_i \qquad i = 0, 1$$
$$\varepsilon_t = B_0^{-1}u_t$$

从上式可以看到简化式扰动项 ε_t 是结构式扰动项 u_t 的线性组合,因此代表一种复合冲击。因为 u_{xt} 和 u_{zt} 是不相关的白噪声序列,则可断定上述 ε_{1t} 和 ε_{2t} 也是白噪声序列。

同期的 ε_{1t} 和 ε_{2t} 之间的协方差为:

$$Cov(\varepsilon_{1t}, \varepsilon_{2t}) = E(\varepsilon_{1t}\varepsilon_{2t}) = \frac{b_{21}\sigma_x^2 + b_{12}\sigma_z^2}{(1-b_{12}b_{21})^2} = \frac{b_{21} + b_{12}}{(1-b_{12}b_{21})^2} \qquad (7-59)$$

从（7-59）中可以看出,当 $b_{12} \neq 0$ 或 $b_{21} \neq 0$ 时,VAR 模型简化式中的扰动项不再像结构式中那样不相关。当 $b_{12} = b_{21} = 0$ 时,即变量之间没有即时影响,上述协方差为 0,相当于对 B_0 矩阵施加约束。

2. 多变量的 SVAR 模型

一般的 k 元 p 阶 VAR 模型如下:

$$y_t = A_1 y_{t-1} + \cdots + A_p y_{t-p} + \varepsilon_t \qquad (7-60)$$

还可写成:

$$A(L)y_t = \varepsilon_t \qquad (7-61)$$

式中，$A(L) = I - A_1L - A_2L^2 - \cdots - A_pL^p$ 是滞后算子 L 的参数矩阵多项式，ε_t 为 k 维新息变量。

当模型满足平稳性条件时，则根据 Wald 定理可将模型表示为移动平均形式：

$$y_t = C(L)\varepsilon_t \qquad (7-62)$$

其中，$C(L) = A(L)^{-1} = C_0 + C_1L + C_2L^2 + \cdots$，$C_0 = I_k$。

VAR 模型中没有给出变量之间当期相关关系的确切形式，而这些当期相关关系隐藏在 $\sum$ 矩阵的相关结构之中。为了明确变量间的当期关系，需将（7-60）转变为结构形式：

$$B_0y_t = \Gamma_1y_{t-1} + \Gamma_2y_{t-2} + \cdots + \Gamma_py_{t-p} + u_t \qquad (7-63)$$

其中，

$$B_0 = \begin{bmatrix} 1 & -b_{12} & \cdots & -b_{1k} \\ -b_{21} & 1 & \cdots & -b_{2k} \\ \vdots & \vdots & \ddots & \vdots \\ -b_{k1} & -b_{k2} & \cdots & 1 \end{bmatrix} \quad \Gamma_i = \begin{bmatrix} \gamma_{11}^{(i)} & \gamma_{12}^{(i)} & \cdots & \gamma_{1k}^{(i)} \\ \gamma_{21}^{(i)} & \gamma_{22}^{(i)} & \cdots & \gamma_{2k}^{(i)} \\ \vdots & \vdots & \ddots & \vdots \\ \gamma_{k1}^{(i)} & \gamma_{k2}^{(i)} & \cdots & \gamma_{kk}^{(i)} \end{bmatrix}$$

$$i = 1, 2, \cdots, p$$

可以将（7-61）写成滞后算子形式

$$B(L)y_t = u_t, \quad E(u_tu_t) = I_k \qquad (7-64)$$

其中，$B(L) = B_0 - \Gamma_1L - \Gamma_2L^2 - \cdots - \Gamma_pL^p$，$B(L)$ 是滞后算子的 $k \times k$ 的参数矩阵，$B_0 \neq I_k$。如果矩阵多项式 $B(L)$ 可逆，则式（7-62）可以写成

$$y_t = D(L)u_t \qquad (7-65)$$

其中，$D(L) = B(L)^{-1} = D_0 + D_1L + D_2L^2 + \cdots$；$D_0 = B_0^{-1}$

由式（7-62）和式（7-65）可以得到：

$$C(L)\varepsilon_t = D(L)u_t \qquad (7-66)$$

其对于任意的 t 均是成立的，该式称为典型的 SVAR 模型。由于 $C_0 = I_k$，可得

$$C_0\varepsilon_t = \varepsilon_t = D_0u_t \qquad (7-67)$$

将式（7-66）两端平方取期望，可得

$$D_0D_0' = \sum \qquad (7-68)$$

所以我们可以通过对 D_0 施加约束来识别 SVAR 模型。

本书讨论的 SVAR 模型，B_0 矩阵均是主队角元素为 1 的矩阵。如果 B_0 是一个下三角矩阵，则 SVAR 模型称为递归的 SVAR 模型。

更一般地，如果存在可逆矩阵 A^*，B 是 $k \times k$ 阶的可逆矩阵，A^* 左乘 $A(L)$ $y_t = \varepsilon_t$，得到：

$$A^*A(L)y_t = A^*\varepsilon_t \quad t = 1, 2, \cdots, T \qquad (7-69)$$

如果 A^*，B 满足如下条件：$A^*\varepsilon_t = Bu_t$，$E(u_t) = 0_k$，$E(u_tu_t) = I_k$，则称上

述模型为 AB – 型 SVAR 模型。

7.3.2 SVAR 模型的识别和估计

SVAR 模型的识别问题即能否从模型简化式的参数估计得到相应结构式的参数估计。由于简化式（7–60）利用最大似然估计法估计的参数个数为 $k^2 p + (k^2 + k)/2$；少于（7–62）中 k 元 p 阶的 SVAR 模型中需要估计的参数个数为 $k^2 p + k^2$，要保证 SVAR 模型能够识别，也就是结构式参数都有正确的估计，需要另外施加约束条件使得简化式的未知参数不比结构式的未知参数少，这些约束条件可以是长期的，也可以是短期（同期）的。如果不对结构式参数进行约束，将出现模型不可识别的问题。

根据式（7–66）以及 $C_0 = I_k$ 可知：

$$\varepsilon_t = D_0 u_t, \qquad (7-70)$$

进而有：

$$C(L) D_0 u_t = D(L) u_t,$$

即：

$$C_i D_0 = D_i, \quad i = 0, 1, 2, \cdots \qquad (7-71)$$

因而可以通过直接对 D_0 施加短期约束来识别 SVAR 模型的整个结构系统。如果 D_0 是已知的，可以通过估计式（7–67）和式（7–71）得到滞后多项式的结构系数和结构信息 u_t，这些约束通常来自经济理论，表示经济变量和结构冲击之间有意义的长期关系和短期关系。

1. 短期约束

短期约束通常直接施加在矩阵 D_0 上，表示经济变量对结构冲击的同期响应。
由式（7–70）可知：

$$\sum = E(\varepsilon_t \varepsilon_t') = D_0 D_0' \qquad (7-72)$$

因而可以通过直接对 D_0 施加短期约束来识别 SVAR 模型。由于 $D_0 = B_0^{-1}$，所以可以通过对 B_0 施加约束来识别模型，此时不仅要满足施加约束条件的个数，更多地还应考虑到实际的经济意义。

考虑更一般的情形，设同期关系模型为：

$$A\varepsilon_t = Bu_t \qquad (7-73)$$

对式（7–73）两端取期望可以得到：

$$A \sum A' = BB' \qquad (7-74)$$

为了能够识别结构模型（即识别 $\sum$），则需要对估计参数施加 $2k^2$ 个约束（k 为变量个数），又由于式（7–74）左右两端为对称的，相当于施加了 $k(k+1)/2$ 个约束，故只需矩阵 A 和 B 再施加 $k(3k-1)/2$ 个约束即可识别 $\sum$。特别地，对于式（7-72）的情形，有 $A = B_0$，$B = I_k$，已经满足识别模型的最低要求，可以再根据实际经济变量对模型施加额外约束。通常情况下，大多采用 0 约束排除法，例如通过 Choleskey - 分解建立递归形式的短期约束。但是，一般短期约束的施加不必是下三角形式的，只要满足式（7-72），约束可以施加给 D_0 的任何元素。

2. 长期约束

关于长期约束的概念最早是由布兰卡德（Blanchard）和柯（quah）在 1989 年提出的，是为了识别模型供给冲击对产出长期的影响。施加在结构模型的系数矩阵 D_i 上的约束通常称为长期约束。

由式（7-66）和式（7-73）可知：

$$D(L) = C(L)A^{-1}B \tag{7-75}$$

由式（7-65）可知：

$$D_i = \frac{\partial y_{t+i}}{\partial u_t}, \ i = 1, \ 2, \ \cdots \tag{7-76}$$

式（7-76）也称脉冲响应函数。最常见的长期约束为对 $D = \sum_{i=0}^{\infty} D$ 的第 i 行第 j 列元素施加约束，该元素表示为第 i 个变量对第 j 个变量的结构冲击的累积响应，一般情形仍采用 0 约束形式，即 $D_{ij} = 0$ 表示第 i 个变量对第 j 个变量的结构冲击的长期响应为 0。若不进行长期约束，则 D 中的各元素默认为 NA。

长期约束和短期约束是从两个不同的角度对模型进行限制，是我们应该同时考虑的。

7.3.3 脉冲响应与方差分解

脉冲响应分析和方差分解的基本思想在介绍 VAR 模型中已讨论，这里不再重复，仅在本小节 EViews 操作部分给出 SVAR 进行脉冲响应分析与方差分解的相应结果。

7.3.4 SVAR 模型的 EViews 实现

例 7.3 假定随机干扰项存在同期的相互影响，估计例 7.3 中序列的 SVAR 模型。

1. SVAR 模型的建立与估计

在建立 SVAR 模型之前，应该事先生成短期约束或长期约束矩阵，通常采用短期约束形式，以 3 阶为例是如下形式：

$$A = \begin{bmatrix} 1 & 0 & 0 \\ NA & 1 & 0 \\ NA & NA & 1 \end{bmatrix}, B = \begin{bmatrix} NA & 0 & 0 \\ 0 & NA & 0 \\ 0 & 0 & NA \end{bmatrix}$$

这实际上是一种通过 Choleskey 分解建立的递归形式的短期约束，通过矩阵对象存放相应的值。

在工作文件窗口一次点击 Object/New Object，显示对话框如图 7 - 35 所示：

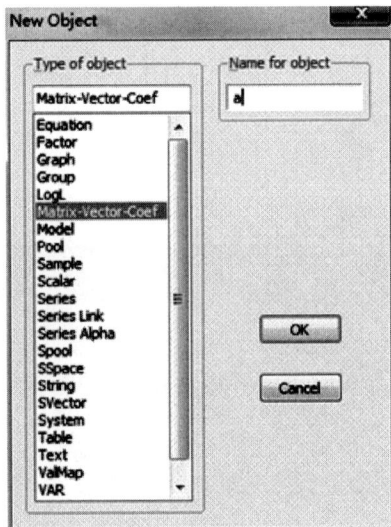

图 7 - 35　建立矩阵对象

在对话框中点击 Matrix - vector - Coef，并在右上角输入矩阵的命名，如 A，点击 OK 按钮，得到如图 7 - 36 所示对话框：

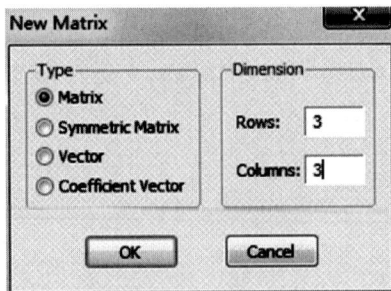

图 7 - 36　定义矩阵

对话框左上方为矩阵的类型，通常选择 Matrix，右侧需要定义矩阵的行和列。本例三个变量，定义 3 行 3 列，点击 OK 按钮，得到图 7 - 37，点击 Edit，输入约束矩阵。类似地可定义矩阵 B，为主对角线上均是缺失值 NA 的矩阵。因子结构即相应矩阵命名完成，可进行 SVAR 参数估计。

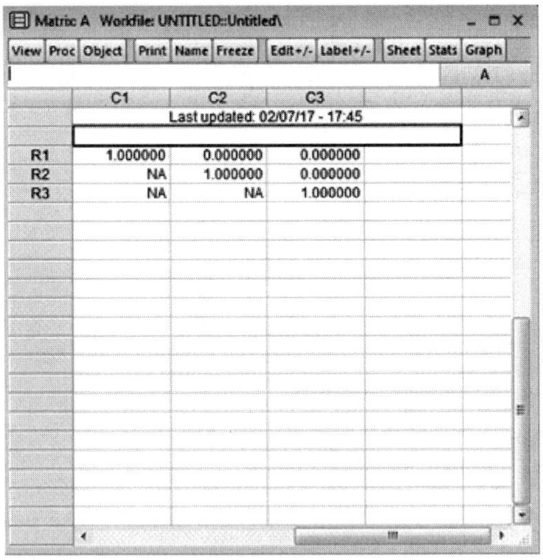

图 7 - 37　矩阵设置

　　进而，在 VAR 对象的工具栏中选择 Proc/Estimate Structural Factorization，得到如图 7 - 38、图 7 - 39 所示对话框，当采用 Matrix 方式描述约束形式时，在 short-run patter 右侧空白区域输入短期约束矩阵对象的名称 a 和 b，长期约束采取默认形式；另外，也可以通过文本的方式描述短期和长期约束的形式。点击 Optimization Control，得到如图 7 - 40 所示对话框，可以对迭代控制选项进行设置，这里采用系统默认设置（对对话框进行解释），点击确定按钮，得到如图 7 - 41 所示的估计结果。

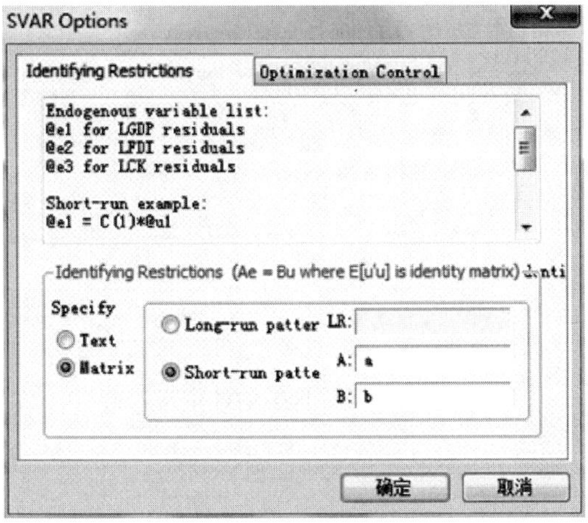

图 7 - 38　SVAR 模型估计定义框（1）

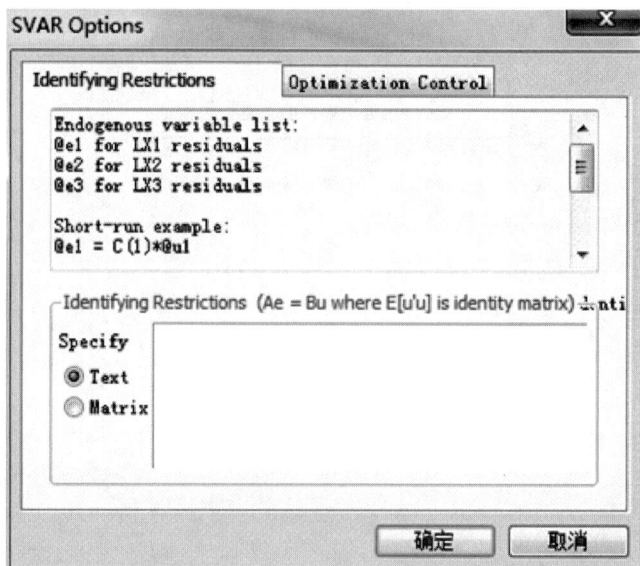

图 7 − 39　SVAR 模型估计定义框（2）

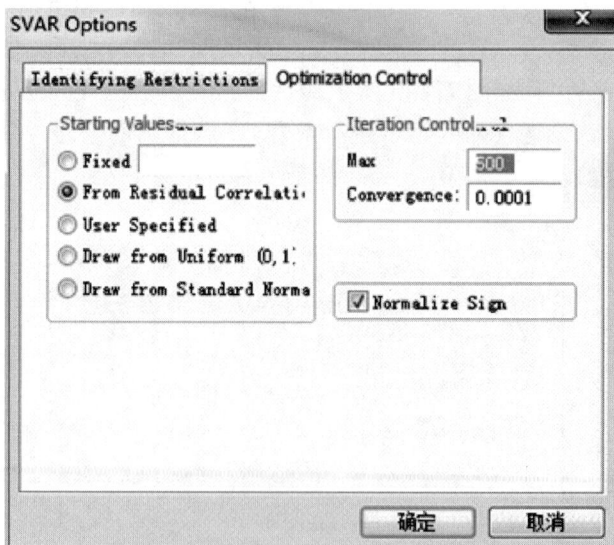

图 7 − 40　SVAR 模型估计定义框（3）

	Coefficient	Std. Error	z-Statistic	Prob.
C(1)	−3.037221	1.172613	−2.590130	0.0096
C(2)	−4.680839	0.522600	−8.956838	0.0000
C(3)	0.455697	0.076761	5.936539	0.0000
C(4)	0.028110	0.003825	7.348469	0.0000
C(5)	0.171278	0.023308	7.348469	0.0000
C(6)	0.068316	0.009297	7.348469	0.0000

Log likelihood   101.5977

Estimated A matrix:
1.000000 0.000000 0.000000
−3.037221 1.000000 0.000000
−4.680839 0.455697 1.000000
Estimated B matrix:
0.028110 0.000000 0.000000
0.000000 0.171278 0.000000
0.000000 0.000000 0.068316

图 7 −41   SVAR 模型估计结果

对于过度识别的模型，输出结果中还包括有关过度识别的 LR 检验结果：

$$LR = 2(l_u - l_R) = T[tr(P) - \log|P| - k]$$

式中，$P = A^{-1}B^{-T}B^{-1}A\sum$ ；LR 统计量近似服从 $\chi^2(q-k)$，q 为限制条件的个数。本例的似然比为 101.5977。

2. SVAR 模型的脉冲响应与方差分解

整个过程与 VAR 模型类似，点击 Impulse Responses/Impulse Definition/Structural Decomposition，如图 7 – 42 所示对话框，输出方式可以是 Table、Multiple Graphs、Combined Graphs，点击确定按钮，得到如图 7 –43 所示结果。

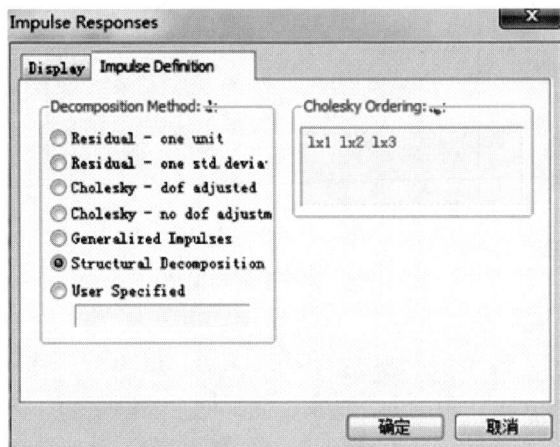

图 7 –42   SVAR 脉冲响应分析定义框

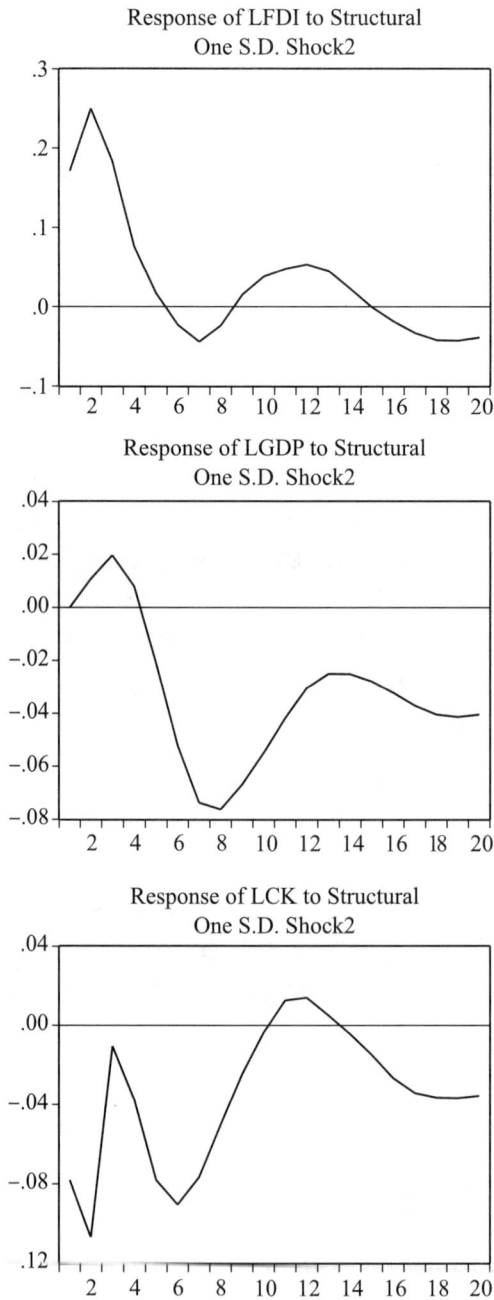

图 7 -43　脉冲响应输出结果

　　图 7 - 43 显示了 SVAR 模型中 LGDP，LGDI，LCK 分别对 LFDI 的一个标准差的冲击的脉冲响应。SVAR 模型的方差分解同 VAR 模型的方差分解类似（后者在对话框中点击 Structural Decomposition，前者选择 Choleskey Decomposition），如果选择输出方式是组图，且只考虑 LFDI 的一个冲击造成的影响，如图 7 - 44

所示对话框。点击确定按钮，得到如图 7 – 45 所示结果：

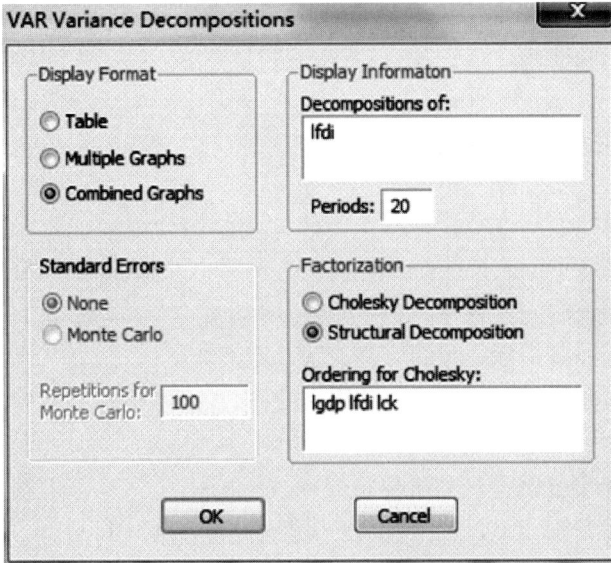

图 7 – 44　SVAR 模型方差分解定义框

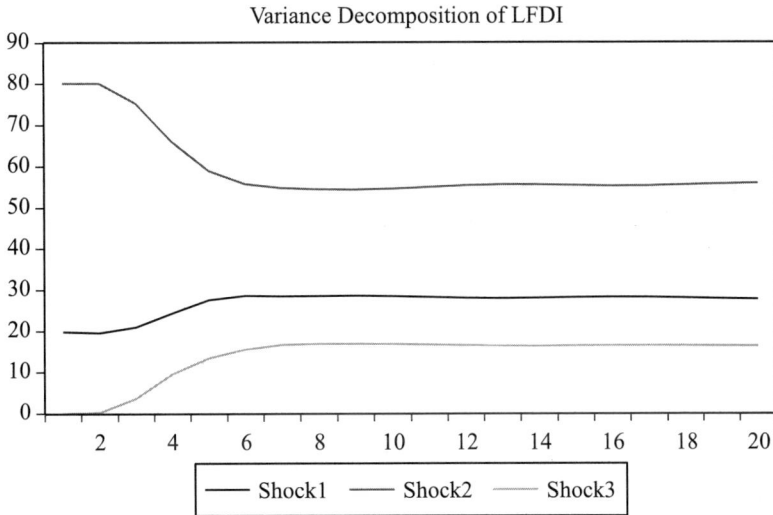

图 7 – 45　SVAR 模型方差分析结果

7.4　向量误差修正模型

第 5 章中已经证明只要变量之间存在协整关系，就可以由自回归分布滞后模型导出误差修正模型。但是，第 5 章介绍的协整检验和误差修正模型是针对一个方程而言的，这里将它推广到一个 VAR 系统中，在 VAR 模型中的每个方程都是一个自回归分布滞后模型。事实上，向量误差修正模型（vector error correction model，VECM）是包含协整约束条件的 VAR 模型，主要应用于具有协整关系的非平稳时间序列的建模。

7. 4. 1　Johansen 协整检验

第 5 章所介绍的协整检验是基于回归的残差序列进行检验，本节介绍的 Johansen 协整检验基于回归系数的协整检验，也称 JJ（Johansen – Juselius）检验。

下面介绍 k 个时间序列 $y_t = (y_{1t}, y_{2t}, \cdots, y_{kt})'$（$t = 1, 2, \cdots, T$）的协整检验。对于 k 个经济指标之间的协整关系，定义如下：

k 维向量时间序列 y_t 的分量间被称为的，d，b 阶协整，记为 $y_t \sim CI(d, b)$，如果满足：

（1）y_t 的每个分量都是 d 阶单整的；

（2）存在非 0 向量 β，使得 $\beta' y_t \sim I(d - b)$，$0 \leqslant b \leqslant d$。

则称 y_t 是协整的，β 为协整向量。

1. 协整方程的形式

与时间序列可能出现非零、包含确定性趋势或随机趋势意义，协整方程也可以包含截距和确定性趋势。方程可能的情况如下：

（1）序列 y 没有确定性趋势且协整方程无截距。

$$\prod y_{t-1} + Bx_t = \alpha \beta' y_{t-1} \tag{7-77}$$

（2）序列 y 没有确定性趋势且协整方程有截距。

$$\prod y_{t-1} + Bx_t = \alpha(\beta' y_{t-1} + \rho_0) \tag{7-78}$$

（3）序列 y 有线性趋势但协整方程只有截距。

$$\prod y_{t-1} + Bx_t = \alpha(\beta' y_{t-1} + \rho_0) + \alpha^* \gamma_0 \tag{7-79}$$

（4）序列 y 和协整方程都有线性趋势。

$$\prod y_{t-1} + Bx_t = \alpha(\beta' y_{t-1} + \rho_0 + \rho_1 t) + \alpha^* \gamma_0 \tag{7-80}$$

（5）序列 y 有二次趋势且协整方程有线性趋势。

$$\prod y_{t-1} + Bx_t = \alpha(\beta' y_{t-1} + \rho_0 + \rho_1 t) + \alpha^* (\gamma_0 + \gamma_1 t) \tag{7-81}$$

式中，α^* 是 $k \times (k - r)$ 矩阵，它被称为 α 的正交互余矩阵（orthogonal complement），即 $\alpha' \alpha^* = 0$，$r(\alpha \mid \alpha^*) = k$。

对于上述五种情况，Johansen（1995）提出的关于系数矩阵的协整自然比检验（LR）法，且对于给定的秩 r，上述五种情况的检验呈严格性递减。协整自然比检验（LR）法，主要包括特征根迹检验和最大特征值检验法。

2. 特征根迹检验（trace 检验）

迹检验法的假设为：

H_0：至多有 r 个协整关系（H_0：$\lambda_{r+1} = 0$）

H_1：有 k 个协整关系（即满秩，H_1：$\lambda_{r+1} > 0$）

检验统计量为：

$$LR_{tr}(r \mid m) = -T \sum_{i=r+1}^{k} \log(1 - \lambda_i) \tag{7-82}$$

式（7-82）中，LR_{tr} 是特征根迹统计量，λ_i 是第 i 大的特征值；T 是观测总次数。

但是，这并不是一个独立的检验，而是对应 r 的不同取值的系列检验。检验从 r = 0 开始，即从不存在任何协整关系的零假设开始，接着是最多一个协整关系（r = 1），直到最多 k - 1 个协整关系，共进行 k 次检验，而备择假设是不变的。

3. 最大特征值检验

最大特征值检验法的假设为：

H_{0r}：有 r 个协整关系 H_{1r}：至少有 r + 1 个协整关系

检验统计量为：

$$LR_{max}(r \mid r+1) = -T\log(1 - \lambda_{r+1})$$
$$= LR_{tr}(r \mid m) - LR(r+1 \mid m), \quad r = 0, 1, \cdots, k-1 \tag{7-83}$$

检验从 r = 0 开始，若拒绝 H_{00}：有 0 个协整关系，表明不存在协整关系；继续 r = 1 的检验，依次进行，直到不能拒绝原假设 H_{0r}，表明存在 r 个协整关系。

需要注意的是，两种检验的结果可能会不一致，这就需要根据其对问题的解释能力来进行选择。一般来说，Johansen 协整检验对于 k = 10 的序列都是有效的。

7.4.2　向量误差修正模型

如果 VAR(p) 模型：

$$y_t = A_1 y_{t-1} + \cdots + A_p y_{t-p} + Hx_t + \varepsilon_t \tag{7-84}$$

式（7-84）中的 y_t 所包含的 k 个 I(1) 序列之间存在协整关系。为方便起见，不妨忽略外生变量 x_t 的情形，则 VAR(p) 模型可写为

$$\Delta y_t = \prod y_{t-1} + \sum_{i=1}^{p-1} \Gamma_i y_{t-i} + \varepsilon_t, \quad t = 1, 2, \cdots, T \tag{7-85}$$

式（7-85）中每个方程的误差项都具有平稳性。

当 k 个 I(1) 过程存在 r 个协整组合，其余（k - r）个关系仍为 I(1) 关系时，$\prod$ 可以分解成两个（k × r）阶矩阵 α 和 β 的乘积：

$$\prod = \alpha\beta' \tag{7-86}$$

式（7-86）中，$r(\alpha) = r$，$r(\beta) = r$。矩阵 α 为调整参数矩阵，它的每一行 α_i 是出现在第 i 个方程中的 r 个协整组合的一组权重。矩阵 β 为协整向量矩阵，它的每一行决定了 $y_{1,t-1}$，$y_{2,t-1}$，…，$y_{k,t-1}$ 之间协整向量的数目与形式，r 为协整向量的数目。因此，误差修正项是 $\beta' Y_{t-1}$，令 $ecm_{t-1} = \beta' Y_{t-1}$，则式（7-85）可表示为如下误差修正形式：

$$\Delta y_t = \alpha \cdot ecm_{t-1} + \sum_{i=1}^{p-1} \Gamma_i y_{t-i} + \varepsilon_t, \quad t = 1, 2, \cdots, T \qquad (7-87)$$

式（7-87）中每一个方程都是一个误差修正模型。误差修正模型在第 5 章中已经专门介绍过，这里不再重复介绍。

7.4.3 向量误差修正模型的 EViews 实现

例 7.4 对例 7.3 中的序列建立 VEC 模型

1. 协整检验

由于 VEC 模型仅适用于协整序列，所以应先进行 Johansen 协整检验。

序列协整性的前提是各序列是非平稳时间序列，因此需先对 LGDP，LFDI，LCK 进行单位根检验（EViews 提供六种单位根检验，参照第 5 章），发现三个序列都是 I(1) 序列，满足协整检验的条件（这里采用 PP 检验（运行一遍）。根据序列的形态，对各系列都采用同时包含截距和趋势项的检验，最大滞后期值也使用样本量自动推荐的 q 值，这里取 2。

在窗口工具栏选择 View/Cointegration Test，出现如图 7-46 所示对话框：

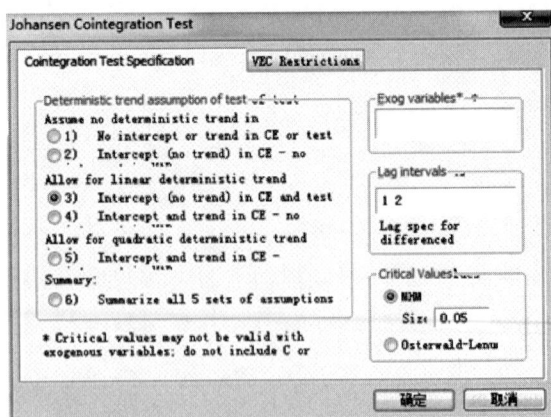

图 7-46 Johansen 协整检验定义对话框

（1）对话框左方是检验的基本形式，式（7-45）~式（7-46）的五个表达式。另外，用户也可以通过选择第 6 个选项 Summarize all 5 sets of assumption，让计算机对五个假设情况都进行检验。此时的结果是简要的，只有在确定某个假设情况下才会给出详细结果。这里采用。

（2）对话框右上方的空白区域用以输入 VAR 系统中的外生变量名称，如季节名义变量，不包括常数和线性趋势。

（3）右侧中部用于输入 VAR 模型的滞后阶数 p，这里采用的是起止点的配对输入法。根据之前判断的最大滞后期值取 4 比较合适，因此，此处输入"14"是可行的。

（4）右下方的 Critical Values 是用来设置计算临界值的，此处采用默认形式，点击确定按钮，得到如图 7-47、图 7-48 和图 7-49 所示的结果。

Unrestricted Cointegration Rank Test (Trace)

Hypothesized No. of CE(s)	Eigenvalue	Trace Statistic	0.05 Critical Value	Prob.**
None *	0.741403	54.71104	29.79707	0.0000
At most 1 *	0.461728	19.54642	15.49471	0.0116
At most 2	0.124004	3.442237	3.841466	0.0635

Trace test indicates 2 cointegrating eqn(s)at the 0.05 level
* denotes rejection of the hypothesis at the 0.05 level
**MacKinnon-Haug-Michelis(1999)p-values

Unrestricted Cointegration Rank Test(Maximum Eigenvalue)

Hypothesized No. of CE(s)	Eigenvalue	Max-Eigen Statistic	0.05 Critical Value	Prob.**
None *	0.741403	35.16462	21.13162	0.0003
At most 1 *	0.461728	16.10418	14.26460	0.0253
At most 2	0.124004	3.442237	3.841466	0.0635

Max-eigenvalue test indicates 2 cointegrating eqn(s) at the 0.05 level
* denotes rejection of the hypothesis at the 0.05 level
**MacKinnon-Haug-Michelis (1999) p-values

图 7-47　Johansen 协整检验结果（1）

图 7-47 给出了无约束情形下的协整秩检验，共有五列。第一列表示假设的协整关系的个数，EViews 依次列出了 3 个检验的原假设，对能够拒绝原假设的检验用"＊"标记，且"＊"表示置信水平是 95%；第二列表示的是式（7-85）中 $\prod$ 的特征值 λ_i；第三列是迹检验统计量的值；第四列是 5% 显著性水平下的临界值；第五列是根据临界值所得到的 p 值。对此例，前两个原假设都被拒绝，图 7-47 两个检验结果下方第一行说明了检验的结果：迹检验表明在 0.05 显著性水平下有两个协整关系，最大特征根检验表明在 0.05 显著性水平下有两个协整关系，故可以认为有两个协整关系。

图 7-48 给出了无限制情形下（未标准化）的协整关系 β（不唯一）和调整

参数 α。限制是指 β 所组成的转置矩阵和 α 所组成矩阵中的元素所强加的。

Unrestricted Cointegrating Coefficients(normalized by b'*S11*b=I):

LGDP	LFDI	LCK
7.773741	0.651737	7.036905
15.42845	3.897393	−15.99818
10.85451	−1.270757	−7.033252

Unrestricted Adjustment Coefficients(alpha):

D(LGDP)	−0.006191	−0.014277	−0.002524
D(LFDI)	−0.073038	−0.064845	0.021498
D(LCK)	−0.043247	−0.010380	−0.023527

图 7 − 48　Johansen 协整检验结果（2）

图 7 − 49 给出了经过标准化的协整系数的估计值，并列出了协整关系的协整系数。但一般关心的是被似然比确定的第 1 个协整关系。最上面一行是对数似然函数值，变量 LGDP 的系数是 1，因为这是 VAR 模型第一个方程的因变量。因此，可以根据需要调整个方程的出现顺序而使所希望的变量前的系数为 1，但并没有实质的不同。表中协整系数估计值下面括号内是渐进标准误。

1 Cointegrating Equation(s):　Log likelihood　134.8086

Normalized cointegrating coefficients(standard error in parentheses)

LGDP	LFDI	LCK
1.000000	−0.083838	−0.905215
	(0.07949)	(0.07573)

Adjustment coefficients(standard error in parentheses)

D(LGDP)	0.048124
	(0.05049)
D(LFDI)	0.567779
	(0.27203)
D(LCK)	0.336191
	(0.16413)

2 Cointegrating Equation(s):　Log likelihood　142.8607

Normalized cointegrating coefficients(standard error in parentheses)

LGDP	LFDI	LCK
1.000000	0.000000	−0.938036
		(0.02491)
0.000000	1.000000	−0.391478
		(0.12821)

Adjustment coefficients(standard error in parentheses)

D(LGDP)	−0.172150	−0.059678
	(0.08672)	(0.01984)
D(LFDI)	−0.432674	−0.300327
	(0.51078)	(0.11683)
D(LCK)	0.176042	−0.068641
	(0.36107)	(0.08258)

图 7 − 49　Johansen 协整检验结果（3）

第一个协整关系写成代数表达式：

$$e_{1t} = \log(\text{gdp}) - 0.0838\log(\text{FDI}) - 0.9052\log(\text{CK}),$$

$$e_{2t} = \log(\text{gdp}) - 0.9380\log(\text{CK})$$

或者写成协整向量：

$$\beta_1 = (1 \quad -0.0838 \quad 0.9052),\ \beta_2 = (1 \quad 0 \quad -0.9380)$$

2. 协整关系验证

在确定了变量之间的协整关系之后，还需验证协整关系的正确性。常通过单位根检验、AR 根的图表检验对序列 e1（在数据窗口点击 Genr，输入 e1 = lgdp − 0.0838lfdi − 0.9052lck）判断 e1 序列是否平稳。

3. VEC 模型

在工作文件窗口的主工具栏点击 Quick/Estimate VAR，选择 Vector Error Correction，出现如图 7 − 50、图 7 − 51 和图 7 − 52 所示的 VEC 模型定义对话框：

Basics 中内生变量以及滞后期、Cointegration 和 VEC Restrictions 都同协整检验中一样。VEC 模型中的外生变量不包括常数和趋势项。

本例使用序列有线性趋势且协整方程仅有截距的形式，然后根据协整检验结果在对话框上方空白处填写协整方程的数目，这里应该是 2。VEC Restrictions 中采用默认设置，单击确定按钮，得到的输出结果由 4 部分组成。如图 7 − 53、图 7 − 54 和图 7 − 55 所示：

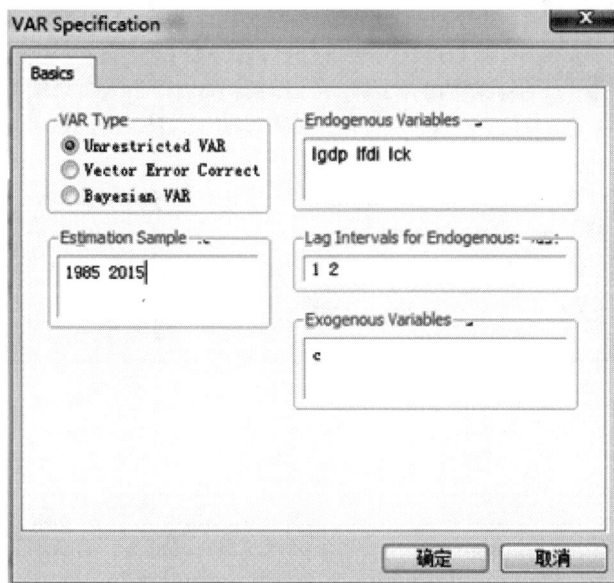

图 7 − 50　VEC 模型定义对话框（1）

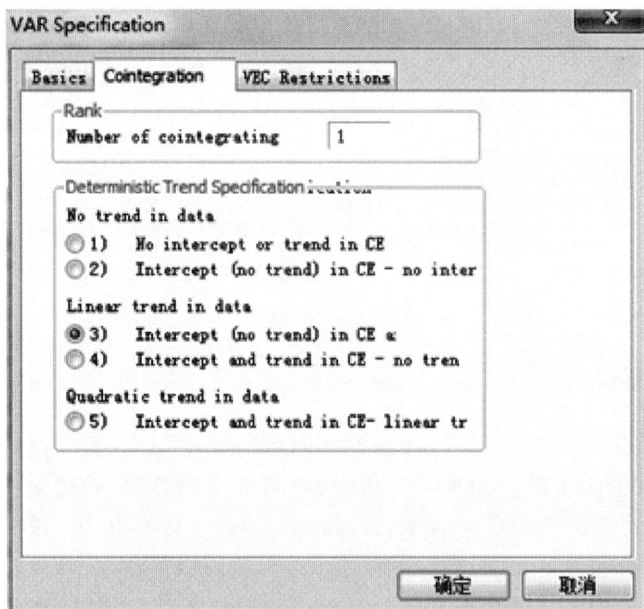

图 7 – 51   VEC 模型定义对话框（2）

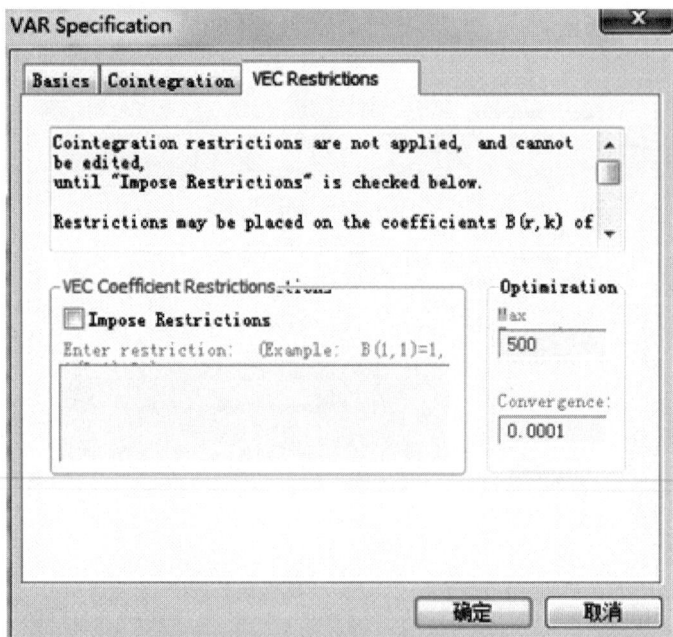

图 7 – 52   VEC 模型定义对话框（3）

Cointegrating Eq:	CointEq1	CointEq2
LGDP(-1)	1.000000	0.000000
LFDI(-1)	0.000000	1.000000
LCK(-1)	-1.025348 (0.10896) [-9.41063]	0.480343 (0.49987) [0.96094]
C	-1.312669	-19.83365

图 7 - 53 协整方程参数估计值（滞后一期形式）

各变量名都写成滞后一期的形式，与误差修正模型中误差修正项比因变量滞后一期是一致的。

Error Correction:	D(LGDP)	D(LFDI)	D(LCK)
CointEq1	-0.157339 (0.05598) [-2.81055]	-0.414035 (0.28065) [-1.47526]	-0.234567 (0.20060) [-1.16933]
CointEq2	-0.031764 (0.01114) [-2.85134]	-0.104740 (0.05585) [-1.87546]	-0.070960 (0.03992) [-1.77765]
D(LGDP(-1))	0.505732 (0.29462) [1.71655]	-0.406416 (1.47702) [-0.27516]	0.012210 (1.05572) [0.01157]
D(LGDP(-2))	-0.494065 (0.23166) [-2.13273]	-0.825728 (1.16137) [-0.71099]	-1.571676 (0.83011) [-1.89334]
D(LFDI(-1))	0.044483 (0.05315) [0.83690]	0.598943 (0.26647) [2.24772]	-0.085140 (0.19046) [-0.44702]
D(LFDI(-2))	0.147221 (0.05333) [2.76064]	-0.079500 (0.26735) [-0.29736]	0.681674 (0.19109) [3.56723]
D(LCK(-1))	-0.097698 (0.08227) [-1.18760]	-0.060835 (0.41242) [-0.14751]	-0.407602 (0.29478) [-1.38272]
D(LCK(-2))	0.003024 (0.06429) [0.04704]	0.203524 (0.32229) [0.63150]	-0.000713 (0.23036) [-0.00310]
C	0.132006 (0.02686) [4.91391]	0.225953 (0.13468) [1.67777]	0.379579 (0.09626) [3.94322]

图 7 - 54 VEC 模型的参数估计值

CointEq1 对应数值代表协整方程即误差修正项的系数估计值，同时给出了各参数估计值的标准差和 t 统计量值。

将本例的估计结果写成矩阵形式，得到：

$$
\begin{pmatrix} \Delta\mathrm{lgdp}_t \\ \Delta\mathrm{lfdi}_t \\ \Delta\mathrm{lck}_t \end{pmatrix} = \begin{pmatrix} 0.5057 & 0.0445 & -0.0977 \\ -0.4064 & 0.5989 & -0.0608 \\ 0.0122 & -0.0851 & -0.4076 \end{pmatrix} \begin{pmatrix} \Delta\mathrm{lgdp}_{t-1} \\ \Delta\mathrm{lfdi}_{t-1} \\ \Delta\mathrm{lck}_{t-1} \end{pmatrix}
$$

$$
+ \begin{pmatrix} -0.4941 & 0.1472 & 0.0030 \\ -0.8256 & -0.7950 & 0.2035 \\ -1.5717 & 0.6817 & -0.0007 \end{pmatrix} \begin{pmatrix} \Delta\mathrm{lgdp}_{t-2} \\ \Delta\mathrm{lfdi}_{t-2} \\ \Delta\mathrm{lck}_{t-2} \end{pmatrix}
$$

$$
+ \begin{pmatrix} -0.1573 \\ -0.4140 \\ -0.2346 \end{pmatrix} \mathrm{vecm}_{1t-1} + \begin{pmatrix} -0.0318 \\ -0.1047 \\ -0.0710 \end{pmatrix} \mathrm{vecm}_{2t-1} + \begin{pmatrix} 0.1320 \\ 0.2260 \\ 0.3796 \end{pmatrix}
$$

其中，

$$
\mathrm{vecm}_{1t-1} = \mathrm{lgdp}_{t-1} - 0.0838\mathrm{lfdi}_{t-1} - 0.9052\mathrm{lck}_{t-1},
$$

$$
\mathrm{vecm}_{2t-1} = \mathrm{lgdp}_{t-1} - 0.9380\mathrm{lck}_{t-1}
$$

与第 5 章类似，变量 vecm 反映了三个时间序列之间的长期均衡关系，是向量误差修正最核心的部分。

R-squared	0.766633	0.578692	0.525808
Adj. R-squared	0.668373	0.401299	0.326148
Sum sq. resids	0.025738	0.646887	0.330487
S.E. equation	0.036806	0.184517	0.131887
F-statistic	7.802089	3.262202	2.633515
Log likelihood	58.15734	13.01876	22.42120
Akaike AIC	−3.511238	−0.287054	−0.958657
Schwarz SC	−3.083030	0.141155	−0.530449
Mean dependent	0.144142	0.142836	0.163024
S.D. dependent	0.063913	0.238469	0.160664
Determinant resid covariance(dof adj.)	3.70E-07		
Determinant resid covariance	1.16E-07		
Log likelihood	104.4449		
Akaike information criterion	−5.103205		
Schwarz criterion	−3.533107		

图 7 – 55 对方程以及模型的相关检验

实证分析中最关心的是对 VEC 模型的整体效果，模型的 SC 和 AIC 值分别为 −5.1032 和 −3.5331，都比较小。需要注意的是，VEC 模型不能实现结构分解。

第 8 章

其他回归模型

本章涉及其他回归模型，包括排序选择模型、二元离散选择模型、审查回归模型、"截断"问题的计量经济学模型、门限回归模型、转换回归模型和分位数回归模型。

8.1 排序选择模型

在因变量数据有着超过两种选择时，要用到的就不再是 2 元离散选择模型，此时应建立多元选择模型（multiple choice model）。多元离散选择问题在现实经济社会中普遍存在，而多元离散选择模型又可以分为一般多元选择模型和多元排序选择模型。比如：

（1）应届大学毕业生有多种职业选择，如公务员、教师、企业员工、自主创业、研究生等。可供选择的职业可分别用 0、1、2、3 等来表示，职业选择的影响因素包括不同职业待遇、个人性格、未来生活预期、工作时间等。

（2）家庭抚养小孩的数量：0、1、2、3、4 等。其影响因素有家庭收入、父母受教育水平、当地的风俗文化等。

（3）主权信用评级机构对各国的主权债务进行评级。从高到低分别为：AAA，AA＋，AA，AA－，BBB 等。影响评级的因素有国家基本面状况、金融市场健康程度、政治稳定性等因素。

（4）某高校学生对教师授课的满意程度测评，按照测评好满意程度从高到低进行排序：非常满意、满意、一般、不满意，以 3、2、1、0 进行表示。而影响满意度测评的因素包括教师授课的态度、准时上下课情况、授课方式、科研水平等。

以上 4 个例子中，前两个代表一般多元选择模型，不涉及具体排序问题。而后两个例子属于多元排序选择问题，决策者进行决策时，依据某类准则对面临的多种选择进行排序。与一般选择模型不同，排序选择问题需要建立排序选择模型（ordered choice model）。在本节中，我们将主要介绍排序选择模型。

8.1.1 多元排序选择问题的计量经济学模型

与二元选择模型相似，我们假设有一个不可观测的潜在变量 y_i^*，可观测变量 y_i，令 y_i^* 有 0，1，2，3，…，m 等 m+1 个取值。

$$y_i^* = x_i'\beta + \mu_i^* \quad (i = 1, 2, \cdots, n) \tag{8-1}$$

式中，u_i^* 是独立同分布的随机变量，y_i 的选择规则如下：

$$y_i = \begin{cases} 0 & \text{若 } y_i^* \leq c_1 \\ 1 & \text{若 } c_1 < y_i^* \leq c_2 \\ 2 & \text{若 } c_2 < y_i^* \leq c_3 \\ \vdots & \vdots \\ M & \text{若 } c_m < y_i^* \end{cases}$$

式（8-1）中，c_1，c_2，…，c_m 为待估参数，称为临界点（Limit points）。设 u^* 的分布函数为 F(x)，可以得到如下概率：

$$P(y_i = 0) = F(c_1 - x_i'\beta)$$
$$P(y_i = 1) = F(c_2 - x_i'\beta) - F(c_1 - x_i'\beta)$$
$$P(y_i = 2) = F(c_3 - x_i'\beta) - F(c_2 - x_i'\beta)$$
$$\vdots$$
$$P(y_i = m) = 1 - F(c_m - x_i'\beta)$$

进一步地，

$$\frac{\partial P(y_i = 0)}{\partial x_i} = -f(c_1 - x_i'\beta)\beta_i$$

$$\frac{\partial P(y_i = k)}{\partial x_i} = -f(c_{k+1} - x_i'\beta)\beta_i + f(c_k - x_i'\beta)\beta_i \quad (1 < k < m)$$

$$\frac{\partial P(y_i = M)}{\partial x_i} = f(c_M - x_i'\beta)\beta_i$$

式中 f(x) 为 u^* 的密度函数，于是 $P(y_i = 0)$ 的变动与 β_i 的符号相反，而 $P(y_i = m)$ 的变动与 β_i 的方向相同，但对于 $0 < y < m$ 时，其对应的 $P(y_i = k)$ 的变动方向是无法确定的。

同二元离散选择模型一样，根据分布函数 F(x) 的设定不同可以有以下三种不同模型：Probit 模型、Logit 模型和 Extreme value 模型。模型估计采用最大似然估计法，可估计出临界点 c_1，c_2，…，c_m。

8.1.2 排序选择模型例子

按照某一分类标准把国内上市企业划分为 17 个行业，并依次对 17 个行业进行商业信用评级，商业信用评级（Y）分为4个等级，从低到高分别用0，1，2，3表示。公司治理能力（CORP_G）和获利能力（EARN_E）是影响商业信用评级的重要因素，某机构按照其自己的评分系统分别为17个主要行业的公司治理能力和获利能力进行了评分，我们以此数据进行排序选择模型分析（见表8－1）。

表8－1　　公司治理、获利能力和商业信用评级

序号	CORP_G	EARN_E	Y	序号	CORP_G	EARN_E	Y
1	14	18	0	10	42	－10	1
2	38	－7	0	11	35	3	2
3	29	4	0	12	34	24	2
4	42	－21	0	13	28	22	2
5	33	－23	0	14	39	32	3
6	24	－18	0	15	41	24	3
7	31	0	1	16	36	24	3
8	19	37	1	17	41	44	3
9	41	1	1				

1. 模型估计

分布函数采用标准正态分布，即选择Probit模型，利用EViews8.0进行估计，结果如图8－1所示：

Equation: EQ01 Workfile: 排序选择::Untitled\

View | Proc | Object | Print | Name | Freeze | Estimate | Forecast | Stats | Resids

Dependent Variable: Y
Method: ML - Ordered Probit (Quadratic hill climbing)
Date: 01/05/17 Time: 12:25
Sample: 1 17
Included observations: 17
Number of ordered indicator values: 4
Convergence achieved after 6 iterations
Covariance matrix computed using second derivatives

Variable	Coefficient	Std. Error	z-Statistic	Prob.
CORP_G	0.271399	0.107279	2.529838	0.0114
EARN_E	0.160882	0.057075	2.818771	0.0048
Limit Points				
LIMIT_1:C(3)	8.974462	3.655700	2.454923	0.0141
LIMIT_2:C(4)	10.97187	4.106037	2.672131	0.0075
LIMIT_3:C(5)	13.33002	5.032759	2.648651	0.0081

Pseudo R-squared	0.631455	Akaike info criterion	1.586684
Schwarz criterion	1.831747	Log likelihood	-8.486813
Hannan-Quinn criter.	1.611044	Restr. log likelihood	-23.02788
LR statistic	29.08213	Avg. log likelihood	-0.499224
Prob(LR statistic)	0.000000		

图8－1　模型参数估计结果

$$\hat{y}_i^* = 0.271399 corp\_g + 0.160882 * earn\_e$$
$$z = (2.53) \quad z = (2.82)$$

三个临界点的估计值分别为 $\hat{c}_1 = 8.974462$，$\hat{c}_2 = 10.97187$，$\hat{c}_3 = 13.33002$。在回归模型中，公司治理能力和获利能力的回归系数均为正，表示公司治理能力和获利能力对商业信用评级均有正向影响。公司治理能力越高和获利能力越高，潜在变量 y_i^* 的取值越大，从而因变量取值为 3 的概率越大。

有两点需要注意：首先，EViews 在进行排序选择模型进行估计时，不能把常数项和临界点区分开，因此，在模型估计过程中有无设定常数项估计出的结果都是等价的，即估计结果没有给出截距项；其次，EViews 进行排序选择模型估计要求因变量是整数，否则会导致程序估计出错，估计会停止。因而对于非整数序列的因变量可以采用@ round、@ floor、@ ceil 函数化为整数序列（三个取整函数分别为四舍五入法、向前取整法、向后取整法）。

2. 模型预测

因为排序选择模型的因变量代表种类或等级数据，所以不能从估计排序模型中直接预测。选择 Procs/Make Model，打开一个包含方程系统的没有标题的模型窗口，单击模型窗口方程栏的 Solve 按钮。因变量 y 的拟合线性指标 $x_i'\hat{\beta}$ 序列被命名为 i_Y_0，拟和值落在第一类中的拟合概率被命名为 Y_0_0 的序列，落在第二类中的拟合概率在被命名为 Y_1_0 的序列中，落在第三类中的拟合概率在被命名为 Y_2_0 的序列中，等等。注意对每一个观察值，落在每个种类中的拟合概率相加值为 1。

表 8 - 2 　　　　　　　　　　模型预测结果

观测值序号	Y	Y_0_0	Y_1_0	Y_2_0	Y_3_0	CORP_G	EARN_E
1	0	0.989	0.011	0.000	0.000	14	18
2	0	0.416	0.547	0.037	0.000	38	-7
3	0	0.677	0.316	0.007	0.000	29	4
4	0	0.830	0.168	0.002	0.000	42	-21
5	0	1.000	0.000	0.000	0.000	33	-23
6	0	1.000	0.000	0.000	0.000	24	-18
7	1	0.713	0.282	0.005	0.000	31	0
8	1	0.016	0.429	0.541	0.013	19	37
9	1	0.010	0.366	0.604	0.021	41	1
10	1	0.207	0.674	0.118	0.000	42	-10
11	2	0.157	0.682	0.161	0.000	35	3

续表

观测值序号	Y	Y_0_0	Y_1_0	Y_2_0	Y_3_0	CORP_G	EARN_E
12	2	0.000	0.017	0.578	0.405	34	24
13	2	0.015	0.419	0.552	0.014	28	22
14	3	0.000	0.000	0.008	0.992	39	32
15	3	0.000	0.000	0.049	0.951	41	24
16	3	0.000	0.004	0.378	0.618	36	24
17	3	0.000	0.000	0.000	1.000	41	44

注：Y_0_0，Y_1_0，Y_2_0，Y_3_0 分别是评级为 0，1，2，3 的概率，Y，CORP_G，EARN_E 是实际样本。

从表 8-2 可以看出，预测结果还是相对可靠的。

8.2 二元离散选择模型

实际经济分析中，作为研究对象的被解释变量的观测值经常是离散的，这有别于经典截面数据经济计量模型中被假定为连续变量的解释变量。因此在实际经济分析中这样拥有离散观测值的模型称为离散被解释变量模型（Model with Discrete Dependent Variable），包括离散选择模型（Discrete Choice Model）和计数数据模型（Model for Count Data）。

离散选择模型以选择问题为研究对象。在经济分析中经常面临许多决策问题，或者说是选择问题，即人们必须在可供选择的几个方案中做出选择。这些可供选择的方案可以用离散的数据表示，例如，某一件事情是否发生，分别用 0 和 1 表示；对某一服务的态度持非常满意、满意、一般、不满意、非常不满意 5 种态度，可以分别用 4，3，2，1，0 表示。以这样的决策结果作为被解释变量建立的计量经济学模型，即为离散选择模型。如果被解释变量只能存在两种选择，就称为二元选择模型（Binary Choice Model），这就是本节介绍的主要内容。下面介绍一些人们在实际经济生活中经常遇到的二元选择问题。

例如，考研或不考研；就业或待业；买车或不买车；出国或不出国；贷款被拒绝或被批准；买房或不买房等等，由此可见二元选择问题在我们的经济生活中大量存在。每个选择问题都有对应的影响因素，比如考研的影响因素有不考研去工作的薪资，考研的预计收益等。从大量统计中，发现选择结果与影响因素之间具有一定的因果关系，为了更好的研究我们生活中常面临的二元选择问题，就需要建立计量经济学模型。

8.2.1 二元离散选择问题的计量经济模型

1. 原始模型

对于上述二元选择问题，可以建立如下计量经济学模型：

$$Y_i = X_i\beta + \mu_i \tag{8-2}$$

其中，Y_i 为观测值为 1 和 0 的决策被解释变量，X_i 为解释变量，包括选择对象所具有的属性和选择主体所具有的属性。在模型（8-2）中因为 $E(\mu_i) = 0$，所以 $E(Y_i) = X_i\beta$。令

$$p_i = P(Y_i = 1)，1 - p_i = P(Y_i = 0)$$

于是

$$E(Y_i) = 1 \cdot P(Y_i = 1) + 0 \cdot P(Y_i = 0) = p_i$$

所以有

$$E(Y_i) = P(Y_i = 1) = X_i\beta$$

对于该式右端的 $X_i\beta$，并没有处于 [0，1] 范围内的限制，实际上很可能超出该范围；而对于该式左端的 $P(Y_i = 1)$，则要求处于 [0，1] 范围，于是上式产生了矛盾。另外，对于随机干扰项，有

$$\mu_i = \begin{cases} 1 - X_i\beta, & \text{当 } Y_i = 1, \text{ 其概率为 } \quad X_i\beta \\ - X_i\beta, & \text{当 } Y_i = 0, \text{ 其概率为 } \quad 1 - X_i\beta \end{cases}$$

显然，具有这种概率结构的随机干扰项具有异方差性。由于存在这两方面的问题，主要是模型左右端矛盾，所以模型（8-2）不能作为实际研究二元选择问题的模型。

2. 效用模型

为了使二元选择问题的研究成为可能，我们必须首先建立随机效用模型。

以公共交通工具和私人交通工具的选择为例。如果某一个体选择公共交通工具，他的效用为式（8-3）左方，上标表示选择结果，下标表示第 i 个个体。该效用是随机变量，并且由公共交通工具所具有的属性和决策个体所具有的属性解释，于是有

$$U_i^1 = X_i B^1 + \varepsilon_i^1 \tag{8-3}$$

类似地，如果某一个体选择私人交通工具他的效用为式（8-4）左方，并且由私人交通工具所具有的属性和决策个体所具有的属性解释，于是有

$$U_i^0 = X_i B^0 + \varepsilon_i^0 \tag{8-4}$$

注意，在模型中，效用是不可观测的，人们能够得到的观测值仍然是选择结果，即 1 和 0 很显然，如果不可观测的 $U^1 > U^0$，即对应于观测值为 1，因为该个体选择公共交通工具的效用大于选择私人交通工具的效用，他当然要选择公共交

通工具；相反，如果不可观测的 $U^1 \leqslant U^0$，即对应于观测值为 0，因为该个体选择公共交通工具的效用小于选择私人交通工具的效用，他当然要选择私人交通工具。

将两式相减等，得

$$U_i^1 - U_i^0 = X_i(B^1 - B^0) + (\varepsilon_i^1 - \varepsilon_i^0)$$

记为

$$y_i^* = X_i B + \mu_i^* \qquad (8-5)$$

这就是我们要研究的二元选择模型，这是一个线性模型。再来看个体选择 $Y_i = 1$ 的概率。显然应该有

$$P(y_i = 1) = P(y_i^* > 0) = P(\mu_i^* > -X_i B) \qquad (8-6)$$

3. 最大似然估计

欲使得效用模型可以估计，就必须为随机误差项选择一种特定的概率分布。两种最常用的分布是标准正态分布和逻辑（logistic）分布，于是形成了两种最常用的二元选择模型—Probit 模型和 Logit 模型。最大似然函数及其估计过程如下：

无论是标准正态分布还是逻辑分布，它们都是对称的，存在

$$F(-t) = 1 - F(t)$$

其中 $F(t)$ 表示概率分布函数。于是（8-6）·改写为

$$\begin{aligned}
P(y_i = 1) &= P(y_i^* > 0) = P(\mu_i^* > -X_i B) \\
&= 1 - P(\mu_i^* \leqslant -X_i B) \\
&= 1 - F(-X_i B) = F(X_i B)
\end{aligned} \qquad (8-7)$$

至此，可以得到模型（8-5）的似然函数

$$P(y_1, y_2, \cdots, y_n) = \prod_{y_i = 0} [1 - F(X_i B)] \prod_{y_i = 1} F(X_i B) \qquad (8-8)$$

即

$$L = \prod_{i=1}^{n} [F(X_i B)]^{y_i} [1 - F(X_i B)]^{1 - y_i} \qquad (8-9)$$

对数似然函数为

$$\ln L = \sum_{i=1}^{n} \{y_i \ln F(X_i B) + (1 - y_i) \ln [1 - F(X_i B)]\} \qquad (8-10)$$

对数似然函数最大化的一阶条件为

$$\frac{\partial \ln L}{\partial B} = \sum_{i=1}^{n} \left[\frac{y_i f_i}{F_i} + (1 - y_i) \frac{-f_i}{(1 - F_i)} \right] X_i = 0 \qquad (8-11)$$

其中 f_i 表示概率密度函数。显然，在样本数据的支持下，如果知道（8-11）中的概率分布函数和概率密度函数，求解该方程组，可以得到模型参数估计量。

8.2.2　二元 Probit 离散选择模型

Probit 模型是将标准正态分布作为式（8-5）中随机误差项的概率分布而推

导得到的。因为正态分布被认为是任何分布的自然的和首先的选择，于是二元 Probit 模型成为最常用的二元选择模型。标准正态分布的概率分布函数是

$$F(t) = \int_{-\infty}^{t} (2\pi)^{-\frac{1}{2}} \exp\left(-\frac{x^2}{2}\right) dx \qquad (8-12)$$

概率密度函数是

$$f(x) = (2\pi)^{-\frac{1}{2}} \exp\left(-\frac{x^2}{2}\right) \qquad (8-13)$$

8.2.3 二元 Logit 离散选择模型

Logit 模型是将逻辑分布作为式（8-6）中随机误差项的概率分布而推导得到的。Börsch - Supan 于 1987 年指出，如果选择是按照效用最大化而进行的，具有极限值的逻辑分布是较好的选择，这种情况下的二元选择模型应该采用 Logit 模型。在二元选择问题研究中，Probit 模型和 Logit 模型都被广泛应用，而在多元选择问题研究中，几乎都采用 Logit 模型。

逻辑分布的概率分布函数是

$$F(t) = \frac{1}{1 + e^{-t}} \qquad (8-14)$$

概率密度函数

$$f(t) = \frac{e^{-t}}{(1 + e^{-t})^2} \qquad (8-15)$$

式（8-14）可以改写成

$$F(t) = \frac{e^t}{1 + e^t} = \Lambda(t) \qquad (8-16)$$

这里 Λ 是通常用来表示逻辑分布的概率分布的符号，式（8-15）可以改写成

$$f(t) = \frac{e^t}{(1 + e^t)^2} = \Lambda(t)[1 - \Lambda(t)] \qquad (8-17)$$

8.2.4 例子

从申请出国留学攻读学位的学生中随机抽出 16 个样本，学生有如下 GRE 数量成绩 Q 和词汇成绩 V 以及是否获得准入资格。对是否获得出国留学攻读学位的准入资格 Y 采用二元离散变量，1 表示准入，0 表示不准入。根据表 8-3 的样本观测值，采用二元 Probit 和 Logit 离散模型研究 Y 与 Q，V 之间的关系。

表 8 – 3 样本观测值

学生编号	GRE 数量成绩 Q	词汇成绩 V	是否准入 Y (1 = 准入，0 = 不准入)	学生编号	GRE 数量成绩 Q	词汇成绩 V	是否准入 Y (1 = 准入，0 = 不准入)
1	760	550	1	9	520	660	1
2	600	350	0	10	800	250	0
3	720	320	0	11	670	480	0
4	710	630	1	12	670	520	1
5	530	430	1	13	780	710	1
6	650	570	0	14	520	450	0
7	800	500	1	15	680	590	1
8	650	680	1	16	500	380	0

1. 估计 Probit 模型

采用 EViews 中的 Probit 模型估计方法，以 Y 为被解释变量，常数项 Q、V 为解释变量，通过以下步骤进行操作。

（1）将数据导入 EViews 软件后，通过 Object/New Object/Equation，并在空白处填写命令：y c q v. 并在下方选项中选择二元离散模型 Binary Choice，如图 8 – 2 所示。

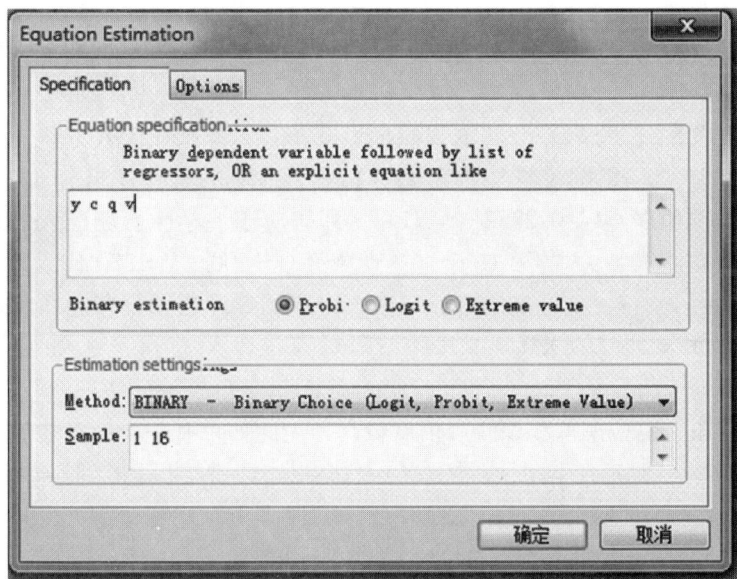

图 8 – 2 估计方程对话框

（2）在对异方差采用稳健标准误的怀特（White）修正，得到的模型输出结果如图 8 - 3 所示，用回归方程表示如下：

$$Y = 1 - @CNORM[- (- 5.83516494652 + 0.00074254253564 \times$$
$$Q + 0.0110183225786 \times V)]$$

```
View Proc Object Print Name Freeze Estimate Forecast Stats Resids

Dependent Variable: Y
Method: ML - Binary Probit (Quadratic hill climbing)
Date: 02/11/17  Time: 23:43
Sample: 1 16
Included observations: 16
Convergence achieved after 5 iterations
Covariance matrix computed using second derivatives
```

Variable	Coefficient	Std. Error	z-Statistic	Prob.
C	-5.835165	3.672815	-1.588744	0.1121
Q	0.000743	0.005424	0.136897	0.8911
V	0.011018	0.005312	2.074258	0.0381

McFadden R-squared	0.464826	Mean dependent var	0.562500
S.D. dependent var	0.512348	S.E. of regression	0.389208
Akaike info criterion	1.108525	Sum squared resid	1.969279
Schwarz criterion	1.253385	Log likelihood	-5.868196
Hannan-Quinn criter.	1.115943	Deviance	11.73639
Restr. deviance	21.93005	Restr. log likelihood	-10.96503
LR statistic	10.19366	Avg. log likelihood	-0.366762
Prob(LR statistic)	0.006116		

图 8 - 3　模型估计结果（Probit 方法）

（3）模型模拟与预测

上述方程表示，当 Q、V 已知时，代入方程，可以计算是否获准入资格的概率 Y。

例如将表 8 - 3 的第一个样本观测值 Q = 760，V = 550 代入方程右边，计算括号内的值为 - 0.78904。查标准正态分布表，对应的累计逻辑分布为 0.2852。于是 Y 的预测值 Y = 1 - 0.2852 = 0.7148，即对应于该学生，获准入资格的概率为 0.7148。再将表 8 - 3 的第 16 个样本观测值 Q = 500，V = 380 代入方程，计算括号内的值为 1.277，查标准正态分布表，对应的累计逻辑分布为 0.8980。于是 Y 的预测值 Y = 1 - 0.8980 = 0.1020，即对应该学生获得准入资格的概率为 0.1020。

综上可知，模型模拟和预测可信度较高，因此如果有一个新学生，将学生的 GRE 数量成绩（Q）与词汇成绩（V）代入模型，就可以得到是否准入的概率 Y。

2. 估计 Logit 模型

（1）采用 EViews 中的 Logit 模型估计方法，操作步骤如 Probit 模型，在 Binary Estimation 处选择 Logit 即可，得到结果如图 8 - 4 所示。

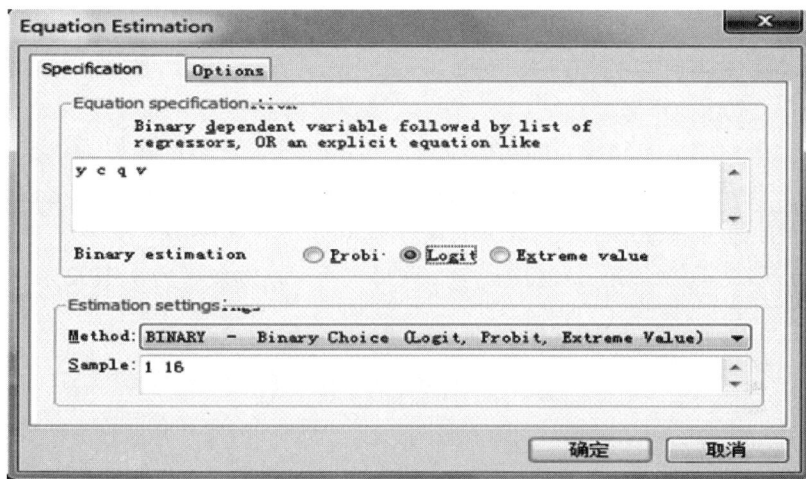

图 8 - 4　方程估计对话框

（2）在对异方差采用稳健标准误的怀特（White）修正，输出结果如图 8 - 5 所示：

Dependent Variable: Y
Method: ML - Binary Logit (Quadratic hill climbing)
Date: 02/11/17   Time: 23:39
Sample: 1 16
Included observations: 16
Convergence achieved after 5 iterations
Covariance matrix computed using second derivatives

Variable	Coefficient	Std. Error	z-Statistic	Prob.
C	-9.606410	6.714858	-1.430620	0.1525
Q	0.000767	0.010035	0.076462	0.9391
V	0.018813	0.010101	1.862568	0.0625

McFadden R-squared	0.457503	Mean dependent var		0.562500
S.D. dependent var	0.512348	S.E. of regression		0.389663
Akaike info criterion	1.118562	Sum squared resid		1.973883
Schwarz criterion	1.263423	Log likelihood		-5.948498
Hannan-Quinn criter.	1.125980	Deviance		11.89700
Restr. deviance	21.93005	Restr. log likelihood		-10.96503
LR statistic	10.03306	Avg. log likelihood		-0.371781
Prob(LR statistic)	0.006627			

图 8 - 5　模型估计结果（Logit 方法）

用回归方程表示如下：

$Y = 1 - @CLOGISTIC[-(-9.60641015794 + 0.000767299929353 \times Q + 0.018813160986 \times V)]$

（3）模型模拟与预测

同样，利用该方程，当 Q 和 V 已知时，可以计算学生是否获得准入资格的概率 Y。

例如第一个样本观测值 Q = 760，V = 550 代入方程右边，计算括号内的值为 -0.1317。查标准正态分布表，对应的累计逻辑分布为 0.4483。于是 Y 的预测值 Y = 1 - 0.4483 = 0.5517，即对应于该学生，获准入资格的概率为 0.5517。再将表 8 - 3 的第 16 个样本观测值 Q = 500，V = 380 代入方程，计算括号内的值为 2.0738，查标准正态分布表，对应的累计逻辑分布为 0.9802。于是 Y 的预测值 Y = 1 - 0.9802 = 0.0192，即对应该学生获得准入资格的概率为 0.0192。

8.3 审查回归模型

在实际经济问题中，有时会遇到因变量是连续的，但是受到某种限制，并不是所有因变量的观测值都能获得，只能够将因变量处于某一范围内的样本观测值都用一个相同的数值代替。此类问题多出现于调查活动中；如考查某种商品的需求量，由于需求无法得到，一般用实际购买量作为需求量的观测值，如果某种商品是限制购买的，用户最多购买量不能超过 100 件，对于购买 100 件商品的用户来说，其需求量很可能超过 100 件，但我们收集数据时，也就将需求量超过 100 的都用 100 来进行归并了；又如，在做收入调查问卷时，收入过高或者收入过低者可能都不愿意透露自己的真实性收入，我们只能将超过或低于某一收入的分别用一个可以收集的最高或最低工资来替代。对此类数据进行建模时，就要建立审查（归并）回归模型（Censored Regression Models）来进行参数估计。

8.3.1 审查回归问题的计量经济学模型

1. 模型形式

考察下面潜在因变量的回归模型

$$y_i^* = x_i\beta + \sigma u_i \quad i = 1, 2, \cdots, N \tag{8-18}$$

式（8 - 18）中，σ 为比例系数，y^* 为潜在变量。实际观测值 y 和潜在变量 y^* 的关系为 c_i

$$y_i = \begin{cases} \underline{c}_i & 若\ y_i^* \leqslant \underline{c}_i \\ y_i^* & 若\ \underline{c}_i < y_i^* < \bar{c}_i \\ \bar{c}_i & 若\ \bar{c}_i \leqslant y_i^* \end{cases}$$

其中，$\underline{c}_i$，$\bar{c}_i$ 代表截取（审查）点，即潜在变量低于 $\underline{c}_i$ 时，都归并为 $\underline{c}_i$，潜在变量大于 $\bar{c}_i$ 时都归并为 $\bar{c}_i$。如果没有左边截取点，则可以设 $\underline{c}_i = -\infty$。如果没有右截取，则可以设 $\bar{c}_i = \infty$。规范的 Tobit 模型是 $\underline{c}_i = 0$ 和 $\bar{c}_i = \infty$ 的特例。

2. 审查回归模型的极大似然估计

和前面介绍的选择模型类似，审查回归模型也采用最大似然法估计参数，其对数似然函数为

$$\ln L = \sum_{i \in (y_i = \underline{c}_i)} \ln F[(\underline{c}_i - x_i\beta)/\sigma] + \sum_{i \in (\underline{c}_i < y_i < \bar{c}_i)} \ln f[(y_i - x_i\beta)/\sigma]$$
$$+ \sum_{i \in (y_i = \bar{c}_i)} \ln F[(\bar{c}_i - x_i\beta)/\sigma] \qquad (8-19)$$

式（8-19）中，F 和 f 分别为 μ 的分布函数和密度函数。求对数释然函数的最大值即可得参数 β 和 σ 的估计。

特别地，对于 Tobit 模型，$\mu \sim N(0, 1)$，其对数似然函数为

$$\ln L = \sum_{y_i > 0} -\frac{1}{2}\Big[\ln(2\pi) + \ln\sigma^2 + \frac{(y_i - x_i\beta)^2}{\sigma^2}\Big]$$
$$+ \sum_{y_i = 0} \ln\Big[1 - \Phi\Big(\frac{x_i\beta}{\sigma}\Big)\Big]$$

$$(8-20)$$

式（8-20）由两部分构成，第一部分是对应无限制的观测值，与经典的表达式相同，第二部分对应于受限制的观测值。因此，似然函数是连续与离散分布的混合，将其最大化就可得到参数的极大似然估计。

8.3.2 审查回归模型例子

研究美国已婚妇女工作时间问题，共有 50 个调查数据（见表 8-4），来自美国国势调查局 [U. S. Bureau of the Census（Current Population Survey, 1993）]. 其中 y 表示已婚妇女工作时间，x1～x4 分别表示已婚妇女的未成年子女个数、年龄、受教育的年限和丈夫的收入。只要已婚妇女没有提供工作时间，就将工作时间作零对待，符合审查回归模型的特点。

分布函数采用 Tobit 模型，分布函数采用标准正态分布。具体命令为，导入数据后，在 EViews 工作文件的窗口，单击工具栏的 Quick→Estimate Equation，在估计方法中选择 CENSORD，弹出审查回归模型对话框，如图 8-6 所示。

表 8 – 4 已婚妇女工作时间数据

序号	y	x1	x2	x3	x4	序号	y	x1	x2	x3	x4
1	0	0	69	16	0	26	4	2	23	11	2300
2	40	0	27	12	37400	27	0	2	32	14	11000
3	0	0	58	12	30000	28	40	1	34	20	8809
4	40	2	29	12	18000	29	0	1	37	11	32800
5	20	0	58	12	60000	30	3	0	53	11	0
6	0	1	36	12	55000	31	45	0	26	12	15704
7	38	0	52	13	33000	32	0	5	42	13	41000
8	37	0	29	16	28000	33	32	2	47	12	48200
9	37	0	46	14	33000	34	38	1	43	14	0
10	0	0	67	7.5	0	35	0	0	62	12	0
11	0	0	65	12	0	36	8	1	29	12	0
12	38	0	51	12	29650	37	0	0	62	13	0
13	5	2	36	13	0	38	0	0	57	10	20000
14	6	0	22	2.5	12000	39	0	3	34	16	60000
15	32	1	30	14	45000	40	50	3	32	16	33000
16	40	2	34	12	39000	41	45	0	60	12	0
17	0	3	38	16	39750	42	20	0	53	12	45000
18	14	5	34	11	1200	43	29	1	37	12	25400
19	0	0	48	11	0	44	0	0	70	12	0
20	0	3	27	12	14500	45	45	3	28	12	24000
21	48	1	43	13	16887	46	15	0	52	11	0
22	40	2	33	12	28320	47	0	1	38	13	14000
23	0	0	58	12	500	48	40	0	57	16	0
24	10	0	46	13	1000	49	40	1	52	16	22000
25	50	0	52	21	99999	50	9	1	54	12	0

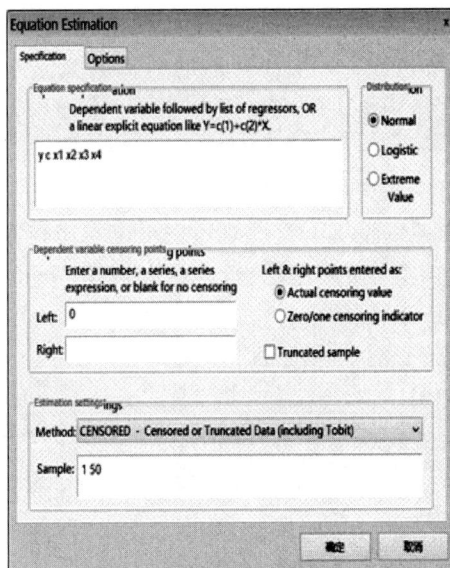

图 8 - 6　审查回归模型定义对话框

定义对话框有如下选项：

（1）在 Equation specification 的白色矩形文本框内，输入

y c x1 x2 x3 x4

（2）在右上部 Distribution 下选择随机干扰项的假设分布，共有三种，列于表 8 - 5。本列选择 Normal 分布。

表 8 - 5　　　　　　　审查回归模型残差干扰项假设分布

μ 的分布	E(μ)	Var(μ)
Normal 分布	0	1
Logistic	0	$\pi^2/3$
Extreme value 分布	0.5772（欧拉常数）	$\pi^2/6$

（3）还需要在 Dependent Variable Censoring Points 一栏提供关于被检查因变量的临界点的信息。临界点可以是数值、表达式、序列，还可以是空的。有两种情况需要考虑：

①临界点对于所有个体都是已知的。按照要求在编辑栏的左编辑区（Left）和右编辑区（Right）输入临界点表达式。注意如果在编辑区域留下空白，EViews 将假定该种类型的观测值没有被审查。

②临界点只对具有审查观察值的个体是已知的。在一些情况下，假设临界点对于一些个体（ c_i 和 c_i 不是对所有的观察值都是可观察到的）是未知的，此时可以通过设置 0 ~ 1 虚拟变量（审查指示变量）来审查数据。EViews 提供了另一

种数据审查的方法来适应这种形式。简单地，在估计对话框中选择 Field is zero/one indicator of censoring 选项，然后在合适的编辑区域输入审查指示变量的序列名。对应于审查指示变量值为 1 的观察值要进行审查处理，而值为 0 的观察值不进行审查。

例如，假定我们有个人失业时间的观察值，但其中的一些观察值反映的是在取得样本时仍然继续失业的情况，这些观察值可以看作在报告值的右边审查。如果变量 rcens 是一个代表审查的指示变量，可以选择 Field is zero/one indicator of censoring 设置，并在编辑区域输入：

　　　　　左编辑区：　　［blank］
　　　　　右编辑区：　　rcens

如果数据在左边和右边都需要审查的话，对于每种形式的审查使用单独的审查指示变量：

　　　　　左编辑区：　　lcens
　　　　　右编辑区：　　rcens

这里，lcens 也是审查指示变量。完成模型的指定后，单击 OK 按钮。EViews 将会使用合适的迭代步骤估计模型的参数。

本案例是规范的 Tobit 模型，模型按照图 8 - 6 进行定义，单击"确定"按钮，如果模型收敛，EViews 将迭代计算结果给出，如表 8 - 6 所示。

表 8 - 6　　　　　　　　　　　审查回归模型估计结果

Dependent Variable: Y
Method: ML - Censored Normal(TOBIT)(Quadratic hill climbing)
Date: 01/06/17   Time: 18:29
Sample: 1 50
Included observations: 50
Left censoring(value) at zero
Convergence achieved after 5 iterations
Covariance matrix computed using second derivatives

Variable	Coefficien...	Std. Error	z-Statistic	Prob.
C	18.63303	20.64496	0.902546	0.3668
X1	−6.204832	3.179638	−1.951427	0.0510
X2	−0.941534	0.326982	−2.879471	0.0040
X3	3.049497	1.346220	2.265230	0.0235
X4	0.000156	0.000170	0.915396	0.3600

Error Distribution				
SCALE:C(6)	22.79078	3.102863	7.345083	0.0000

Mean dependent var	19.16000	S.D. dependent var	19.02454
S.E. of regression	17.27325	Akaike info criterion	6.628115
Sum squared resid	13128.06	Schwarz criterion	6.857558
Log likelihood	−159.7029	Hannan-Quinn criter.	6.715488
Avg. log likelihood	−3.194058		

Left censored obs	18	Right censored obs	0
Uncensored obs	32	Total obs	50

根据表 8 – 6 可知，输出结果由五部分构成。

（1）第一部分是基本信息，如估计方法和样本、误差分布、收敛的迭代次数和临界值信息等。若用的是左审查取值为 0 的规范审查回归模型，EViews 会把方法标为 Tobit，对于其他设定也会标出左（右）审查的信息。

（2）第二部分为参数估计的结果，得到的审查模型为

$$y^* = 18.63303 - 6.204832x_1 - 0.941534x_2 + 3.049497x_3 + 0.000156x_4$$
$$(0.9025) \quad (-1.9514) \quad (-2.8795) \quad (2.2652) \quad (0.0002)$$

与二元选择模型一样，审查回归模型的系数不能解释为因变量的边际值。这里解释变量的变化引起两种效应：y 的均值和 y 被观测到的概率。例如，对 x1 的系数，表示平均而言，每增加 1 个子女，劳动时间将减少 6.2048h，其他系数依此类推。

（3）第三部分给出了 SCALE 的系数，即比例系数 σ 的估计值。它是用假定分布的方差来估计残差项的标准差。

（4）第四部分给出了对模型检验的结果，EViews 给出的检验统计量大多和似然函数有关。

（5）第五部分给出了审查掉的观测值数。从表 8 – 6 可以看出从左边审查掉 18 个观测值。

审查回归模型大多和前面模型类似。产生残差序列由模型窗口 Procs→Make Residual Series 得到，这里产生的残差有三种：普通残差、标准化残差、一般化残差。一般化残差是进行 LM 和正态检验的基础。

8.4 "截断"问题的计量经济学模型

如果一个单方程计量经济学模型，只能从"掐头"或者"去尾"的连续区间随机抽取被解释变量的样本观测值，那么很显然，抽取每一个样本观测值的概率以及抽取一组样本观测值的组合概率，与被解释变量的样本观测值不受限制的情况是不同的。如果能够知道在这种情况下抽取一组样本观测值的联合概率函数，那么就可以通过该函数极大化求得模型的参数估计量。这就是估计具有明确截断点的截断数据计量经济学模型的基本思路。

例如农户贷款影响因素分析模型：如果调查了 10000 户，其中只有 6000 户在一年内发生了贷款。仅以发生了贷款的 6000 户的贷款额作为被解释变量观测值，显然是将其他没有发生贷款的 4000 户"截断"掉了。

8.4.1 截断分布

所谓的"截断分布"，是完整分布的一部分，指"截断随机变量"的分布。

如果一个连续随机变量 ξ 的概率密度函数为 f(ξ)，a 为该随机变量分布范围内的一个常数，那么有

$$f(\xi \mid \xi > a) = \frac{f(\xi)}{P(\xi > a)} \qquad (8-21)$$

这是由条件概率的定义导出的。

例如，如果 ξ 服从均匀分布 U(a, b)，但是它只能在（c，b）内取得样本观测值，那么取得每个样本观测值的概率为

$$f(\xi \mid \xi > c) = \frac{f(\xi)}{P(\xi > c)} = \frac{\frac{1}{(b-a)}}{\int_c^b \frac{1}{b-a} d\xi} = \frac{1}{b-c}$$

注意，原来均匀分布随机变量的概率密度函数是 $\frac{1}{b-a}$，而"截断随机变量"的概率密度函数是 $\frac{1}{b-c}$，即在（c，b）内取得样本观测值的概率大于在（a，b）内取得样本观测值的概率。这就是截断问题的关键之处。

如果 ξ 服从正态分布，但是它只能在大于常数 a 的范围内取得样本观测值，那么取得每一个样本观测值的概率为

$$f(\xi \mid \xi > a) = \frac{f(\xi)}{P(\xi > a)} = \frac{(2\pi\sigma^2)^{-\frac{1}{2}} e^{-\frac{(\xi-\mu)^2}{(2\sigma^2)}}}{1 - \Phi(\alpha)} = \frac{\frac{1}{\sigma}\phi\left(\frac{\xi-\mu}{\sigma}\right)}{1 - \Phi(\alpha)} \qquad (8-22)$$

式中，$a = \frac{a-u}{\sigma}$，$\varphi(\cdot)$ 是标准正态分布概率密度函数，$\Phi(\cdot)$ 是标准正态分布条件概率函数。显然，

$$P(\xi > a) = 1 - \Phi\left(\frac{a-\mu}{\sigma}\right)$$

8.4.2 截断被解释变量数据计量经济学模型的最大似然估计

如果已经知道阶段被解释变量的概率密度函数，自然会想到可以采用最大似然法估计模型，对于模型

$$Y_i = X_i\beta + \varepsilon_i \varepsilon_i \sim N(0, \sigma^2) \qquad (8-23)$$

有

$$y_i \mid X_i \sim N(B'X_i, \sigma^2)$$

如果 Y_i 只能在大于 a 的范围内取得观测值，从式（8-22）中得到 Y_i 的概率密度为

$$f(y_i) = \frac{\frac{1}{\sigma}\phi[(y_i - B'X_i)/\sigma]}{1 - \Phi[(a - B'X_i)/\sigma]}$$

于是式（8-23）的对数似然函数为

$$\ln L = -\frac{n}{2}\left[\ln(2\pi) + \ln\sigma^2\right] - \frac{1}{2\sigma^2}\sum_{i=1}^{n}\left(y_i - B'X_i\right)^2$$

$$- \sum_{i=1}^{n}\ln\left[1 - \Phi\left(\frac{a - B'X_i}{\sigma}\right)\right] \qquad (8-24)$$

该对数似然函数的极大化条件为

$$\frac{\partial \ln L}{\partial\binom{B}{\sigma^2}} = \sum_{i=1}^{n}\left[\left(\frac{y_i - B'X_i}{\sigma^2} - \frac{\lambda_i}{\sigma}\right)X_i, \ -\frac{1}{2\sigma^2} + \frac{(y_i - B'X_i)^2}{2\sigma^4} - \frac{\alpha_i\lambda_i}{2\sigma^2}\right] = \sum_{i=1}^{n}g_i = 0$$

$$(8-25)$$

其中
$$\alpha_i = \frac{(a - B'X_i)}{\sigma}$$

$$\lambda_i = \phi(\alpha_i)/[1 - \Phi(\alpha_i)]$$

求解式（8-25）即可得到模型的参数估计量。当然，由于这是一个复杂的非线性问题，需要采用迭代法求解，例如，牛顿法。当然，利用计量经济学软件可以很方便实现模型的估计。

以上只是简单介绍了该方法的思路，了解这个思路，就可以在应用研究中的正确地建立和估计模型。如果读者需要深入理解截断被解释变量数据计量经济学模型的理论方法，比如为什么不能采用普通最小二乘估计截断被解释变量数据模型，还需要参考其他计量经济学高级教科书。

8.4.3 例子

根据对城镇居民消费行为的观察分析，发现居民的消费水平 Y 受到了人均收入 X 的影响。现随机抽取某地区 57 户城镇居民的人均收入 X、人均消费 Y 的样本观测值，数据如表 8-7 所示，试图建立该地区城镇居民消费模型，模型为：

$$Y_i = \beta_0 + \beta_1 X_i + \mu_i \quad i = 1, 2, \cdots, 57$$

表 8-7   样本观测值数据

人均收入 X	人均消费 Y	人均收入 X	人均消费 Y	人均收入 X	人均消费 Y
1120	1020	4640	2900	6090	3900
1310	1150	4750	2980	6200	3950
1300	1145	4800	2970	6330	4000
1430	1230	4810	3050	6450	4030
1500	1275	4990	3200	6570	4080
1670	1385	5070	3100	6700	4130

续表

人均收入 X	人均消费 Y	人均收入 X	人均消费 Y	人均收入 X	人均消费 Y
2100	1660	5130	3175	6840	4000
2370	1840	5210	3200	7010	4200
2530	1950	5300	2450	7170	4160
2790	2110	5390	3230	7350	4210
2980	2240	5450	3310	7500	4325
3200	2380	5500	3500	7670	4385
3460	2550	5570	3510	7840	4450
3630	2660	5630	3590	8000	4500
3880	2700	5690	3600	8190	4865
4040	2730	5770	3650	8350	4880
4210	2720	5860	3720	8500	4890
4390	2850	5930	3850	8690	4920
4820	2800	6000	3800	8830	4970

1. 估计模型

（1）假设样本是独立随机抽取的，且观测值不受限制。可以采用普通最小二乘法估计模型，得到：

$$Y = 601.789 + 0.508 \times X, \quad LnL = -371.0358$$

当然也可以采用最大似然法估计，可以得到相似的结果

（2）假设样本是在人均消费大于 1000 元的范围内随机抽取的，观测值不受限制。这时不可以采用普通最小二乘法估计模型，必须采用单端截断的最大似然法估计，操作步骤如图 8-7 所示。

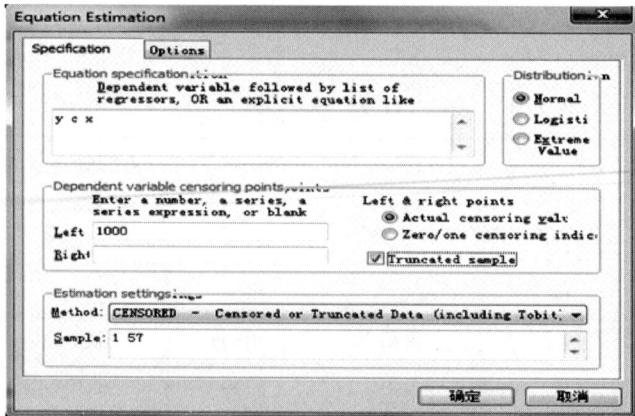

图 8-7　模型估计对话框（左边截断）

得到结果如图 8 - 8 所示，

View | Proc | Object | Print | Name | Freeze | Estimate | Forecast | Stats | Resids

Dependent Variable: Y
Method: ML - Censored Normal (TOBIT) (Quadratic hill climbing)
Date: 02/17/17 Time: 19:04
Sample: 1 57
Included observations: 57
Truncated sample
Left censoring (value) series: 1000
Convergence achieved after 4 iterations
Covariance matrix computed using second derivatives

Variable	Coefficient	Std. Error	z-Statistic	Prob.
C	591.1801	60.84411	9.716308	0.0000
X	0.510091	0.010831	47.09604	0.0000
		Error Distribution		
SCALE:C(3)	163.8207	15.60438	10.49838	0.0000

Mean dependent var	3228.509	S.D. dependent var	1076.505
S.E. of regression	167.0105	Akaike info criterion	13.11288
Sum squared resid	1534088.	Schwarz criterion	13.22041
Log likelihood	-370.7170	Hannan-Quinn criter.	13.15467
Avg. log likelihood	-6.503806		

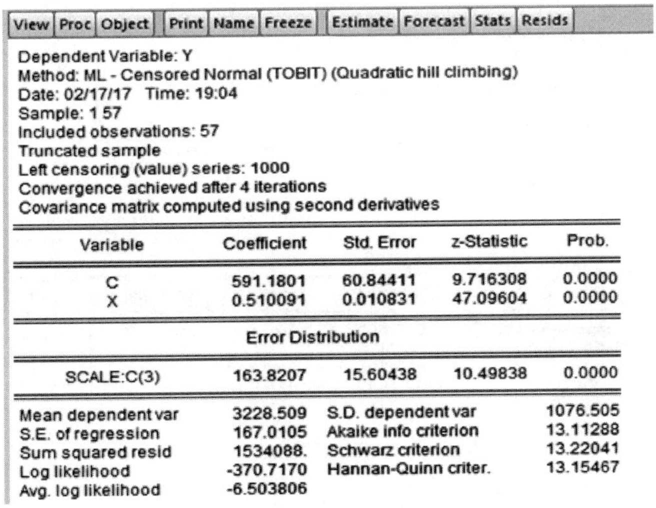

图 8 - 8　模型输出结果

表示方程如下：

$$Y = 591.180131825 + 0.510090582592 \times X,\quad LnL = -371.7170$$

此时，得到的参数估计值和对数最大似然数不同于（1）的结果。

（3）假设样本是在人均消费大于 1000 元，小于 5000 元的范围内随机抽取的，观测值不受限制。这时不可以采用普通最小二乘法估计模型，必须采用双端截断的最大似然法估计，操作步骤如图 8 - 9 所示。得到结果如图 8 - 10 所示，表示方程如下：

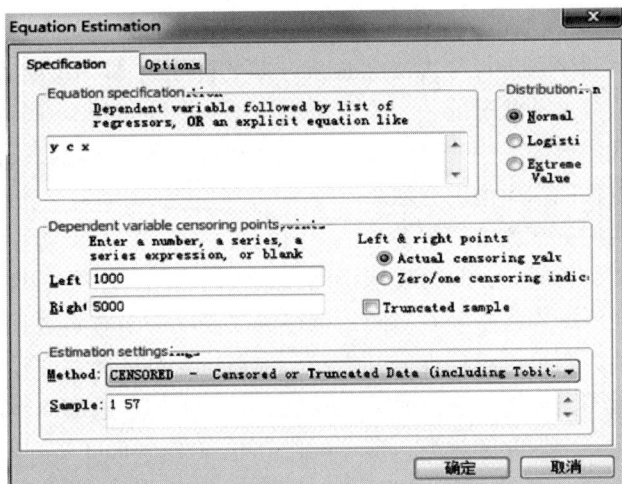

图 8 - 9　模型估计命令框（两端截断）

View | Proc | Object | Print | Name | Freeze | Estimate | Forecast | Stats | Resids

Dependent Variable: Y
Method: ML - Censored Normal (TOBIT) (Quadratic hill climbing)
Date: 02/17/17 Time: 19:10
Sample: 1 57
Included observations: 57
Truncated sample
Left censoring (value) series: 1000
Right censoring (value) series: 5000
Convergence achieved after 4 iterations
Covariance matrix computed using second derivatives

Variable	Coefficient	Std. Error	z-Statistic	Prob.
C	551.6887	65.34586	8.442596	0.0000
X	0.519852	0.012132	42.84963	0.0000
Error Distribution				
SCALE:C(3)	164.8934	16.04595	10.27632	0.0000

Mean dependent var	3228.509	S.D. dependent var	1076.505
S.E. of regression	166.2680	Akaike info criterion	12.99962
Sum squared resid	1520478.	Schwarz criterion	13.10715
Log likelihood	-367.4892	Hannan-Quinn criter.	13.04141
Avg. log likelihood	-6.447179		

图 8-10 两端截断估计结果

$$Y = 551.688680159 + 0.519851594166 \times X, \quad \text{LnL} = -367.4892$$

此时得到的参数估计值和对数最大似然函数值不同于（1）、（2）的估计结果。

比较（1）、（2）、（3）假设下的对数似然函数值可见，随着截断区间的缩小，抽取同一个样本的概率增大，致使对数似然函数值增大。

如果对于（2）、（3）假设下的截断样本，仍然采用普通最小二乘法估计，只能得到（1）中额估计结果，显然是不正确的。

8.5 门限回归模型

在对经济时间序列进行分析研究时，许多场合使用 ARMA 或者 ARIMA 模型效果不理想，造成这种状况的一个重要原因在于：经济序列本身的内在规律是非线性的，这时我们就需要用非线性模型来刻画并解决经济问题，而门限模型提供了解决一类非线性回归模型的方法。

具体地，我们常常关心回归系数估计值是否稳定，即如果将整个样本分成若干个子样本分别进行回归，是否还能得到大致相同的估计系数。对于时间序列数据，这意味着经济结构是否随着时间的推移而改变。对于截面数据，例如，样本中的男性和女性，则可以将样本一分为二，分别估计男性和女性样本。如果用来划分样本的变量不是离散型变量而是连续型变量，例如，进出口额、人均国民收入，则需要给出一个划分的标准，即“门限”值（Threshold level）。门限模型又可以具体分为三种：普通门限回归模型（TR），门限向量自回归模型（TAR），自我激励门限自回归模型（SETAR）。本文主要介绍普通门限回归模型（TR）。

8.5.1 门限回归模型

考虑一个标准的多元线性回归模型，有 T 个观测值和 m 个潜在门限（即可以将样本分为 m + 1 区段）。对于每个区段 j = 0，1，…，m 我们有如下线性回归方程：

$$y_t = X'_t\beta + Z'_t\delta_j + \varepsilon_t \tag{8-26}$$

该回归分为两部分，对于变量向量 X 部分，其系数在样本各个区段相同，而门限变量向量 Z 的系数因区段不同而不同。

假设有一个门限变量 q_t 和严格递增的门限值（$\gamma_1 < \gamma_2 < \cdots < \gamma_m$），令 $\gamma_0 = -\infty$，$\gamma_{m+1} = \infty$。那么，对于区段 j，门限变量的观测值不小于第 j 个区段的门限值，但也不大于第（j + 1）区段的门限值。

对于只有一个门限变量且分两个区段的门限模型：

$$y_t = X'_t\beta + Z'_t\delta_1 + \varepsilon_t \qquad \text{if} -\infty < q_t < \gamma_1$$
$$y_t = X'_t\beta + Z'_t\delta_2 + \varepsilon_t \qquad \text{if} \gamma_1 < q_t < \infty$$

其中，γ 为待估计的门限值，X_t 为外生解释变量，与扰动项 ε_t 不相关。同理，如果有 m + 1 个区段，基本的门限回归模型可以写成如下形式：

$$y_t = X'_t\beta + \sum_{j=0}^{m} 1_j(q_t, \gamma) \cdot Z'_t\delta_j + \varepsilon_t \tag{8-27}$$

其中，1(·) 为示性函数，即括号内为真，则取值为 1，反之为 0。（在这里门限变量 q_t，解释变量 X_t 和 Z_t 决定了门限回归模型的类别，如果 q_t 是因变量的 d 阶滞后，那么式（8 - 27）就是 d 阶自我激励模型（SE）；如果解释变量部分没有包涵因变量滞后项，则式（8 - 27）是普通的门限回归模型（TR）；如果 X_t 和 Z_t 只包含一个截距项和因变量的滞后项，那么式（8 - 27）就是自回归（AR）模型。那么，SETAR 模型就是包含了自回归和滞后因变量门限变量的门限回归模型。）显然，这是一个非线性回归，因为它无法写成参数（β，δ，γ）的线性函数。但可以用非线性最小二乘（NLS）来估计，即最小化下面目标函数，利用非线性最小二乘估计可到参数估计值。

$$S(\beta, \delta, \gamma) = \sum_{t=1}^{T} \left[y_t - X'_t\beta - \sum_{j=0}^{m} 1_j(q_t, \gamma) \cdot Z'_t\sigma_j \right]^2 \tag{8-28}$$

8.5.2 门限回归模型例子

许多研究表明，人民币汇率在不同时段具有门限效应，对此，我们选取 1994 年第一季度至 2015 年第二季度的名义有效汇率（NEER）季度数据构建 TAR 模型进行研究，数据来源于国际清算银行 BIS 数据库。为了简化过程，我们取 NEER 的滞后 1 ~ 5 期作为被解释变量，并且将所有变量对数化，以 y 表示对数化的 NEER。最终数据如表 8 - 8 所示：

表 8 - 8   取对数化后的名义有效汇率季度数据

时间	y	时间	y	时间	y	时间	y
1994Q1	4.288	1999Q2	4.524	2004Q3	4.482	2009Q4	4.582
1994Q2	4.288	1999Q3	4.500	2004Q4	4.430	2010Q1	4.598
1994Q3	4.283	1999Q4	4.493	2005Q1	4.428	2010Q2	4.636
1994Q4	4.304	2000Q1	4.510	2005Q2	4.458	2010Q3	4.604
1995Q1	4.276	2000Q2	4.519	2005Q3	4.485	2010Q4	4.604
1995Q2	4.268	2000Q3	4.542	2005Q4	4.506	2011Q1	4.591
1995Q3	4.322	2000Q4	4.558	2006Q1	4.497	2011Q2	4.587
1995Q4	4.326	2001Q1	4.581	2006Q2	4.484	2011Q3	4.621
1996Q1	4.341	2001Q2	4.601	2006Q3	4.492	2011Q4	4.656
1996Q2	4.356	2001Q3	4.582	2006Q4	4.488	2012Q1	4.654
1996Q3	4.361	2001Q4	4.602	2007Q1	4.501	2012Q2	4.672
1996Q4	4.375	2002Q1	4.616	2007Q2	4.510	2012Q3	4.657
1997Q1	4.417	2002Q2	4.576	2007Q3	4.504	2012Q4	4.670
1997Q2	4.406	2002Q3	4.569	2007Q4	4.501	2013Q1	4.700
1997Q3	4.441	2002Q4	4.562	2008Q1	4.504	2013Q2	4.726
1997Q4	4.511	2003Q1	4.544	2008Q2	4.543	2013Q3	4.730
1998Q1	4.521	2003Q2	4.515	2008Q3	4.596	2013Q4	4.738
1998Q2	4.544	2003Q3	4.516	2008Q4	4.641	2014Q1	4.725
1998Q3	4.538	2003Q4	4.479	2009Q1	4.683	2014Q2	4.709
1998Q4	4.491	2004Q1	4.476	2009Q2	4.623	2014Q3	4.752
1999Q1	4.519	2004Q2	4.484	2009Q3	4.596	2014Q4	4.799

1. 模型估计

在导入表 8 - 8 时间序列数据后，单击 EViews 工具栏的 Quick → Estimate Equation，在估计方法中选择 THRESHOLD，弹出审查回归模型对话框，如图 8 - 11 所示。

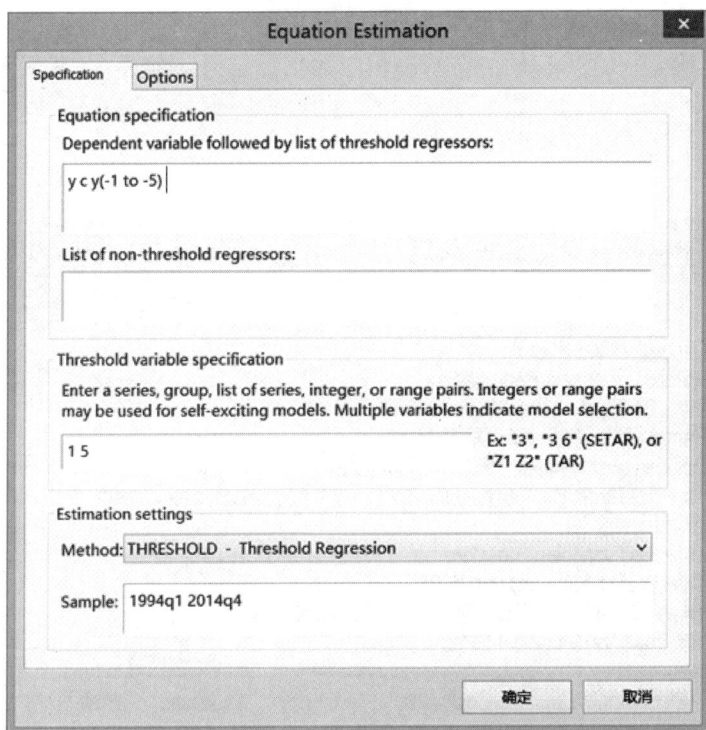

图 8 - 11　门限回归模型定义对话框

定义对话框有如下选项：

（1）在 Equation specification 的白色矩形文本框内，输入

$$y \ c \ y(-1 \ \text{to} \ -5)$$

（2）在中部 List of non - threshold regressors 中可以输入不存在门限效应的解释变量。

（3）在第三部分，可以输入可能存在门限效应的变量。这里存在四种情形：第一，如果输入的是整数，EViews 就会默认为输入了 SETAR 模型的滞后期数，例如，你输入数字3，那么 EViews 就将 Y(-3) 作为门限变量。第二，如果你输入单个变量名称，如输入"W"，EViews 将把"W"序列看作是门限变量。第三，如果需要输入1个或多个滞后序列，EViews 将会在输入的滞后阶数中选择最优的门限变量来使得非线性最小二乘的残差平方和达到最小，比如输入"1 4 7 9"那么估计 SETAR 模型时，EViews 将在 Y(-1)，Y(-2)，Y(-3)，Y(-4) 和 Y(-7)，Y(-8)，Y(-9) 中进行门限参数的估计。第四，如果输入变量超过1个，那么 EViews 将会对输入的每个变量进行 TR 模型估计。

在本例中，我们输入"1 5"进行 SETAR 模型估计，门限变量对应于 y 的滞后 1 ~ 5 阶。

（4）Options 部分，可以选择相应的门限估计方法，系数协方差矩阵以及权重。在本例中，我们选择默认值。

单击"确定"之后，软件会给出相应的估计结果，如表 8 - 9 所示，包括三部分。

表 8 - 9　　　　　　　　　　　　　门限回归模型估计结果

Equation: EQ01　Workfile: UNTITLED::U...
View Proc Object Print Name Freeze Estimate Forecast Stats Resids

Dependent Variable: Y
Method: Threshold Regression
Date: 01/09/17　Time: 19:29
Sample (adjusted): 1995Q2 2014Q4
Included observations: 79 after adjustments
Threshold type: Bai-Perron tests of L+1 vs. L sequentially determined
　　thresholds
Threshold variables considered: Y(-1) Y(-2) Y(-3) Y(-4) Y(-5)
Threshold variable chosen: Y(-3)
Threshold selection: Trimming 0.15, , Sig. level 0.05
Threshold value used: 4.591274

Variable	Coefficient	Std. Error	t-Statistic	Prob.
Y(-3) < 4.591274 -- 55 obs				
C	0.371124	0.160943	2.305933	0.0242
Y(-1)	1.237635	0.128387	9.639895	0.0000
Y(-2)	-0.423088	0.209656	-2.018011	0.0476
Y(-3)	0.452209	0.207622	2.178040	0.0329
Y(-4)	-0.472767	0.200622	-2.356509	0.0214
Y(-5)	0.124292	0.132208	0.940123	0.3505
4.591274 <= Y(-3) -- 24 obs				
C	-0.672794	0.458059	-1.468793	0.1466
Y(-1)	1.075185	0.179654	5.984749	0.0000
Y(-2)	-0.226515	0.249818	-0.906721	0.3678
Y(-3)	-0.138619	0.287598	-0.481989	0.6314
Y(-4)	-0.054859	0.275866	-0.198859	0.8430
Y(-5)	0.493251	0.179473	2.748332	0.0077
R-squared	0.964289	Mean dependent var		4.544964
Adjusted R-squared	0.958426	S.D. dependent var		0.107503
S.E. of regression	0.021920	Akaike info criterion		-4.663834
Sum squared resid	0.032191	Schwarz criterion		-4.303918
Log likelihood	196.2214	Hannan-Quinn criter.		-4.519641
F-statistic	164.4693	Durbin-Watson stat		1.894999
Prob(F-statistic)	0.000000			

第一部分，除了给出因变量，估计方法，时间，样本信息外，还给出了门限估类型，门限说明，以及最终的门限变量选择，门限估计值。第二部分给出了对应的门限值分区段估计的系数，统计量和对应的伴随概率等。第三部分给出了整体的统计信息。

估计出结果后，我们可以点击回归结果表的 View→Model Selection Summary 查看门限变量的准则图（如图 8 - 12 所示）或者准则表（如表 8 - 10 所示）。这边可以看出，根据 AIC 准则和 SSR，我们选择的门限变量为 Y(- 3)，分的区段为 2。根据估计结果，门限值为 4.591274，说明人民币名义有效汇率的对数值在不同时段具有门限效应。

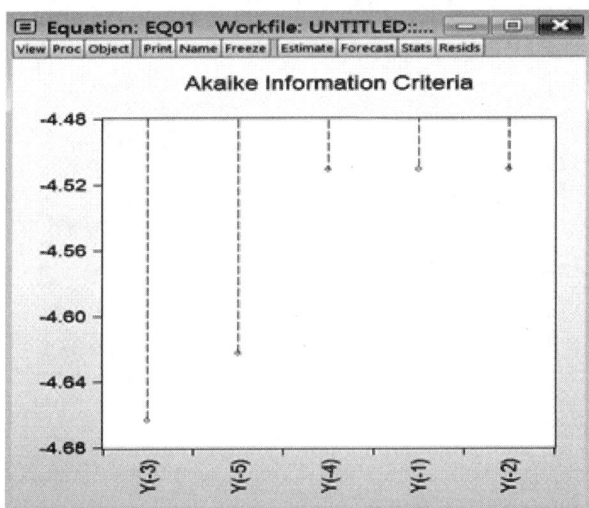

图 8 - 12　门限变量信息准则选择

表 8 - 10　　　　　　　　　　门限变量信息准则选择

Model Selection Criteria Table
Dependent Variable: Y
Date: 01/09/17　Time: 19:54
Sample: 1994Q1 2014Q4
Included observations: 79

Threshold Variable	SSR	Regimes
Y(-3)	0.032191	2
Y(-5)	0.033540	2
Y(-4)	0.043665	1
Y(-1)	0.043665	1
Y(-2)	0.043665	1

2. 模型预测

在回归结果框中单击 Forecast，然后在预测框中输入预测值的名称，在标准差 S. E(optional) 框中输入标准差的名称，然后在 Forecast sample 中输入预测时间。如图 8 – 13 所示。

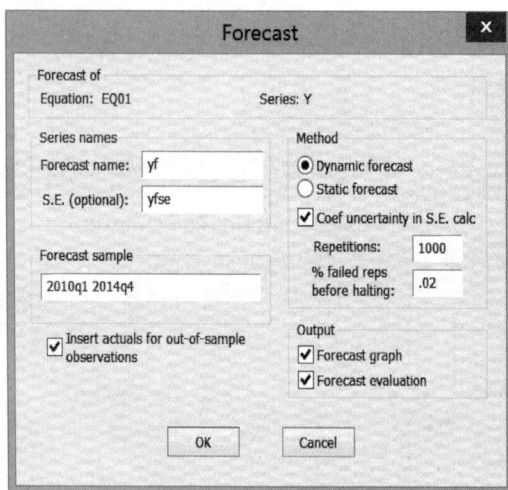

图 8 – 13　预测命令框

生成预测序列 yf 和残差序列 yfse，然后在 Command 中输入 plot y yf yf + 2 × yfse yf – 2 × yfse，对图形进行编辑，变可得到如图 8 – 14 所示的预测结果。

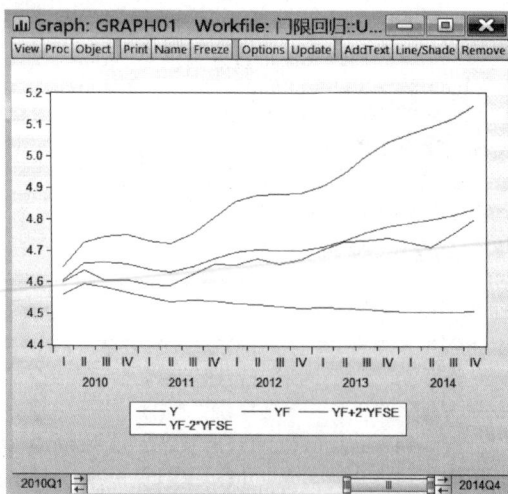

图 8 – 14　最终预测与实际值对比图

8.6 转换回归模型

在研究讨论劳动力市场时，我们经常会听到二元劳动力市场的存在，而现有的许多研究也证实了二元劳动力市场的存在。该理论认为，劳动力市场可以分为主要劳动力市场和次要劳动力市场。前者具有工资高、工作条件好、工作稳定、晋升机会较多等特征，而后者恰与此相反。如果用一般的模型（如人力资本模型）验证二元劳动力市场是否存在，则会存在"截取问题"和"样本选择性问题"。此时，一个能够避免以上两个问题的选择就是采用转换回归模型（Switching regression），而转换回归模型又可以分为内生转换模型和外生转换模型。在本节中，我们主要简单介绍外生转换模型。

8.6.1 转换回归模型

假定随机变量 y_t 依赖于不可观测的状态变量 s_t，并且存在 M 种区制状态，令 $s_t = m$，$m = 1$，$\cdots$，M。转换模型认为，在不同的区制下存在不同的回归模型。y_t 在区制状态 m 时的条件均值有以下线性形式：

$$\mu_t(m) = X_t'\beta_m + Z_t'\gamma \tag{8-29}$$

这里，解释变量 X_t 与区制状态相关，而解释变量 Z 与 y_t 相关，但与区制状态无关，β_m，γ 为相应的系数向量。

最后我们假设回归误差在相应的区制下服从正态分布，就可以有以下模型：

$$y_t = \mu_t(m) + \sigma(m)\varepsilon_t \tag{8-30}$$

当 $s_t = m$，ε_t 独立服从标准正态分布，误差 σ 是区制相关的，$\sigma(m) = \sigma_m$。

对于转换回归模型，同样地，我们需要用最大似然函数进行估计。考虑上述回归模型，于是可以构建如下似然函数：

$$L_t(\beta, \gamma, \sigma, \delta) = \sum_{m=1}^{M} \frac{1}{\sigma_m} \phi\left(\frac{y_t - \mu_t(m)}{\sigma(m)}\right) \cdot P(s_t = m \mid \zeta_{t-1}, \delta) \tag{8-31}$$

$\beta = (\beta_1, \cdots, \beta_M)$，$\sigma = (\sigma_1, \cdots, \sigma_M)$，$\delta$ 是决定区制概率的参数，$\phi(\cdot)$ 是标准正态密度函数，ζ_{t-1} 是 $t-1$ 时期的信息。在最简单的情况中，δ 代表区制概率本身。对数似然函数如下：

$$L(\beta, \gamma, \sigma, \delta) = \sum_{t=1}^{T} \log\left\{ \sum_{m=1}^{M} \frac{1}{\sigma_m} \phi\left(\frac{y_t - \mu_t(m)}{\sigma(m)}\right) \cdot P(s_t = m \mid \zeta_{t-1}, \delta) \right\}$$

$$\tag{8-32}$$

最大化似然函数求解相应参数（β，γ，σ，δ）。

8.6.2　转换回归模型例子

为了对转换回归模型进行进一步理解，我们这里用汉密尔顿（1989）在扩展的马尔可夫所用的 GNP 数据进行普通的转换回归估计。这里我们同样假定 GNP 增长率关于其自身增长率的滞后一期存在区制转换，而关于其增长率的滞后两期不存在区制转换，但增长率的滞后两期会影响 GNP 当期增长率。美国 GNP 增长率数据如表 8 - 11 所示。

表 8 - 11　　　　　　　　　　美国 **GNP** 增长率季度数据

时间	G	时间	G	时间	G	时间	G
1951Q2	2.593	1957Q1	0.821	1962Q4	- 0.166	1968Q3	0.774
1951Q3	2.202	1957Q2	- 0.058	1963Q1	1.344	1968Q4	- 0.096
1951Q4	0.458	1957Q3	0.584	1963Q2	1.375	1969Q1	1.396
1952Q1	0.969	1957Q4	- 1.562	1963Q3	1.732	1969Q2	0.136
1952Q2	- 0.241	1958Q1	- 2.050	1963Q4	0.716	1969Q3	0.552
1952Q3	0.896	1958Q2	0.536	1964Q1	2.210	1969Q4	- 0.399
1952Q4	2.054	1958Q3	2.337	1964Q2	0.853	1970Q1	- 0.617
1953Q1	1.734	1958Q4	2.340	1964Q3	1.002	1970Q2	- 0.087
1953Q2	0.939	1959Q1	1.234	1964Q4	0.427	1970Q3	1.210
1953Q3	- 0.465	1959Q2	1.887	1965Q1	2.144	1970Q4	- 0.907
1953Q4	- 0.810	1959Q3	- 0.459	1965Q2	1.438	1971Q1	2.649
1954Q1	- 1.398	1959Q4	0.849	1965Q3	1.580	1971Q2	- 0.008
1954Q2	- 0.399	1960Q1	1.701	1965Q4	2.275	1971Q3	0.511
1954Q3	1.192	1960Q2	- 0.288	1966Q1	1.960	1971Q4	- 0.004
1954Q4	1.456	1960Q3	0.096	1966Q2	0.260	1972Q1	2.168
1955Q1	2.118	1960Q4	- 0.861	1966Q3	1.019	1972Q2	1.926
1955Q2	1.090	1961Q1	1.034	1966Q4	0.490	1972Q3	1.035
1955Q3	1.324	1961Q2	1.237	1967Q1	0.564	1972Q4	1.859
1955Q4	0.873	1961Q3	1.420	1967Q2	0.596	1973Q1	2.320
1956Q1	- 0.198	1961Q4	2.224	1967Q3	1.431	1973Q2	0.256
1956Q2	0.454	1962Q1	1.302	1967Q4	0.562	1973Q3	- 0.099
1956Q3	0.072	1962Q2	1.035	1968Q1	1.154	1973Q4	0.891
1956Q4	1.103	1962Q3	0.925	1968Q2	1.687	1974Q1	- 0.559

续表

时间	G	时间	G	时间	G	时间	G
1974Q2	0.284	1977Q1	1.363	1979Q4	-0.190	1982Q3	-0.802
1974Q3	-1.312	1977Q2	1.600	1980Q1	0.998	1982Q4	0.152
1974Q4	-0.883	1977Q3	1.988	1980Q2	-2.391	1983Q1	0.986
1975Q1	-1.975	1977Q4	-0.257	1980Q3	0.066	1983Q2	2.130
1975Q2	1.013	1978Q1	0.878	1980Q4	1.261	1983Q3	1.344
1975Q3	1.683	1978Q2	3.110	1981Q1	1.916	1983Q4	1.616
1975Q4	1.383	1978Q3	0.853	1981Q2	-0.335	1984Q1	2.709
1976Q1	1.861	1978Q4	1.233	1981Q3	0.442	1984Q2	1.245
1976Q2	0.445	1979Q1	0.003	1981Q4	-1.407	1984Q3	0.508
1976Q3	0.414	1979Q2	-0.094	1982Q1	-1.521	1984Q4	0.148
1976Q4	0.992	1979Q3	0.899	1982Q2	0.299		

资料来源：美国商情摘要（1986）和美国商务部。

模型估计

在导入表 8 - 11 时间序列数据后，单击 EViews 工具栏的 Quick→Estimate Equation，在估计方法中选择 SWITCHING，弹出审查回归模型对话框，如图 8 - 15 所示。

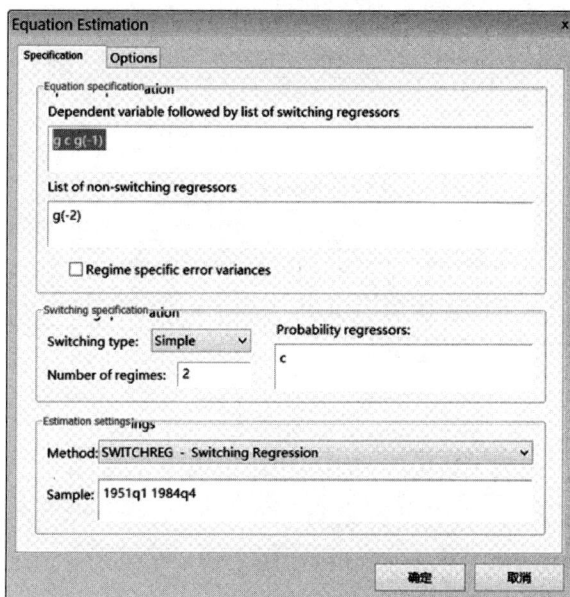

图 8 - 15　转换模型估计对话框

该对话框主要分为两部分，第一部分为转换模型的基本设置，第二部分为 Options，可以为第一部分估计时进行更加详细的设置。

接下来对第一部分进行说明，在 Equestion specification 的前面部分，输入因变量，与区制转换相关的自变量，这里因变量为 g，转换变量为 c 和 g（－1），在 List of non－swtiching regressions 中可以输入与区制转换无关但与因变量相关的变量，根据前面的说明，本例这里输入 g（－2）。Regime specific error variances 用来选择各个区制随机干扰项分布是否相同，即是否存在异方差。Switching specification 中，Switching type 用来选择具体的转换形式，包括简单转换和马尔可夫转换两类，Number of regimes 处填写存在的区制数量，Probability regressions 用来定义额外增加的变量，用来决定区制转移概率或者是转移矩阵。

单击确定之后，执行结果如图 8－16 所示。结果中共包含三部分，第一部分描述了转换模型的基本信息、系数协方差矩阵的计算信息和系数估计方法。中间部分描述了系数的估计，这部分将不同区制变量系数估计信息分别列出了，之后再将不存在区制转换的变量系数信息列出。最后一部分展示了标准的统计信息描述。

Dependent Variable: G
Method: Switching Regression (Simple Switching)
Date: 02/17/17   Time: 09:36
Sample (adjusted): 1951Q4 1984Q4
Included observations: 133 after adjustments
Number of states: 2
Ordinary standard errors & covariance using numeric Hessian
Random search: 25 starting values with 10 iterations using 1 standard
    deviation (rng=kn, seed=1333919837)
Convergence achieved after 11 iterations

Variable	Coefficient	Std. Error	z-Statistic	Prob.
Regime 1				
C	-0.769161	0.232317	-3.310821	0.0009
G(-1)	0.493481	0.140308	3.517132	0.0004
Regime 2				
C	0.951261	0.138166	6.884932	0.0000
G(-1)	0.272417	0.089589	3.040751	0.0024
Common				
G(-2)	-0.012582	0.072444	-0.173679	0.8621
LOG(SIGMA)	-0.342620	0.117447	-2.917222	0.0035
Probabilities Parameters				
P1-C	-0.985846	0.437497	-2.253378	0.0242

Mean dependent var	0.719699	S.D. dependent var	1.058766
S.E. of regression	1.020426	Sum squared resid	132.2413
Durbin-Watson stat	2.043784	Log likelihood	-184.7987
Akaike info criterion	2.884191	Schwarz criterion	3.036315
Hannan-Quinn criter.	2.946009		

图 8－16　转换回归模型的估计结果

估计出结果后，可以单击输出结果图左上角 View 按钮来查看更多的结果。比如依次打开 View – Regime results-transition results 选择 summary 点击确定之后，可以查看相应区制的转换概率，以及区制的持续时间的期望值。具体如图 8 – 17 所示。

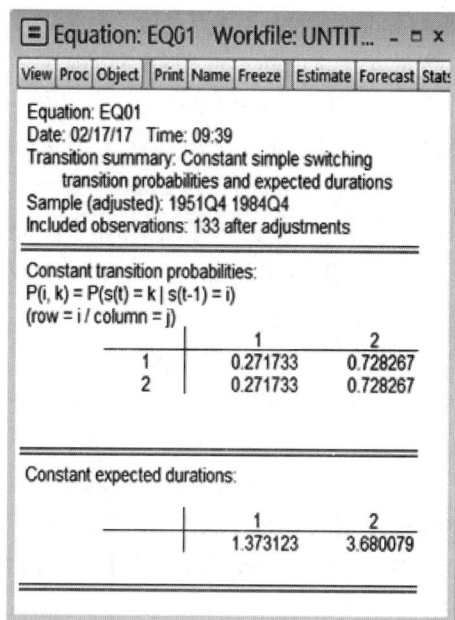

图 8 – 17　转换回归概率和期望持续时间

8.7　分位数回归模型

到目前为止的回归模型中，我们着重考察解释变量 x 对被解释变量 y 的条件期望 $E(y \mid x)$ 的影响，实际上是均值回归。但我们真正关心的是 x 对整个条件分布 $y \mid x$ 的影响，而条件期望 $E(y \mid x)$ 只是刻画条件分布 $y \mid x$ 集中趋势的一个指标而已。如果条件分布 $y \mid x$ 不是对称分布，则条件期望 $E(y \mid x)$ 很难反映整个条件分布的全貌。如果能估计出条件分布 $y \mid x$ 的若干重要条件分位数，比如中位数、1/4 分位数、3/4 分位数，就能对条件分布 $y \mid x$ 有更全面的认识。另外，使用 OLS 的古典"均值回归"，由于最小化的目标函数为残差平方和（ $\sum_{i=1}^{n} e_i^2$ ），故容易受极端值的影响。

为此，肯克和巴塞特（1978）提出"分位数回归"（Quantile Regression，QR），使用残差绝对值的加权平均（比如，$\sum_{i=1}^{n} |e_i|$ ）作为最小化的目标函数，

故不易收极端值影响，较为稳健。更重要的是，分位数回归还能提供关于条件分布 y│x 的全面信息。下面首先回归有关总体分位数回归和样本分位数回归的概念。

8.7.1 分位数回归的概念和性质

对于任意实值随机变量 Y，它的所有性质都可以由 Y 的分布函数，即：
$$F(y) = \Pr(Y \leqslant y)$$
来刻画。对于任意的 $0 < \tau < 1$，定义随机变量 Y 的 τ 分位数函数 $Q(\tau)$ 为：
$$Q(\tau) = \inf\{y: F(y) \geqslant \tau\} \tag{8-33}$$
它完全刻画了随机变量 Y 的性质，可以看出 [注意：与 $F^{-1}(\tau) = f\{y: F(y) \geqslant \tau\}$ 进行比较]，存在比例为 τ 的部分小于分位数函数 $Q(\tau)$，而比例为 $1 - \tau$ 的部分位于分位数函数 $Q(\tau)$ 之上。

对于任意的 $0 < \tau < 1$，定义"检验函数" $\rho_\tau(u)$ 为：
$$\rho_\tau(u) = (\tau - I_{(u<0)})u$$
$$= \begin{cases} \tau u & u \geqslant 0 \\ (\tau - 1)u & u < 0 \end{cases} \tag{8-34}$$
其中，$I_{(u<0)}$ 为示性函数，由"检验函数"定义式（8-34）或图 8-18（注意：同线性方程 y = kx 比较，τ 相当于直线的斜率 k）可以看出，"检验函数"是分段函数，且 $\rho_\tau(u) \geqslant 0$。

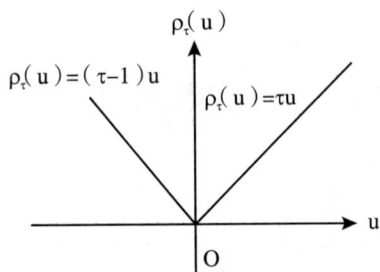

图 8-18 "检验函数" $\rho_\tau(u)$ 示意图

为积分方便，"检验函数" $\rho_\tau(u)$ 可改写成：
$$\rho_\tau(u) = (\tau - I_{(u<0)})u$$
$$= \tau u I_{(u \geqslant 0)} + (\tau - 1)u I_{(u<0)} \tag{8-35}$$
由定义式（8-34），当 u 取 y - ζ 时，则有：
$$\rho_\tau(y - \zeta) = \tau(y - \zeta)I_{(y-\zeta \geqslant 0)} + (\tau - 1)(y - \zeta)I_{(y-\zeta<0)} \tag{8-36}$$
则 Y 的 τ 分位数回归，就是找到 ζ，使 $E[\rho_\tau(y - \zeta)]$ 最小，即求满足式（8-37）的 ζ：

$$\min_{\zeta \in R} E\left[\rho_\tau(y - \zeta)\right] \tag{8-37}$$

在式（8-36）两边同时取期望，积分得：

$$\min_{\zeta \in R} E\left[\rho_\tau(y - \zeta)\right]$$

$$= (\tau - 1)\int_{-\infty}^{\zeta}(y - \zeta)dF(x) + \tau\int_{\zeta}^{+\infty}(y - \zeta)dF(x) \tag{8-38}$$

再对式（8-38）两边同时对 ζ 求导得：

$$0 = (1 - \tau)\int_{-\infty}^{\zeta}dF(x) - \tau\int_{\zeta}^{+\infty}dF(x)\hat{\zeta} \tag{8-39}$$

$$= F(\zeta)$$

因为分布函数 F 是单调增函数，则集合 $\{y: F(\zeta) = \tau\}$ 中的任意元素都满足条件，即可能存在某个区间上的元素都满足使式（8-37）最小。而由定义式（8-33），若令 $Q(\tau) = y$ 时，则是 y 唯一的。

8.7.2　样本的线性分位回归

对于随机变量 Y 的一个随机样本 $\{y_1, y_2, y_3, \cdots, y_n\}$，它的中位数线性回归就是求解使下面的绝对值偏差和为：

$$\min_\zeta \sum |y_i - \zeta|$$

中位数线性回归其实是分位数线性回归的一个特例（$\tau = 1/2$），它在分位数线性回归中占有相当重要的地位，对它的研究可追溯到 18 世纪中叶的鲍斯柯维奇（Boscovich）研究地球椭圆率时。19 世纪埃奇沃思（Edgeworth）对此有所发展，但之后则陷入了计算泥潭，太多的未知数、太多的超平面。直到 20 世纪 40 年代末，线性规划中单纯形法的出现，中位数线性回归才得以在实践中大显身手。而 τ 分位数的样本分位数线性回归，则是求满足：

$$\min_{\beta \in R^k} \sum \rho_\tau[y_i - x_i'\beta(\tau)]$$

的解 $\beta(\tau)$，它的展开式为：

$$\min_{\beta(\tau) \in R^k}\left[\sum_{i:y_i \geq x_i\beta(\tau)} \tau|y_i - x_i'\beta(\tau)| + \sum_{i:y_i < x_i\beta(\tau)} (1 - \tau)|y_i - x_i'\beta(\tau)|\right]$$

$$\tau \in (0,1)$$

在线性条件下，给定 x 后，Y 的 τ 分位数函数为：

$$Q_y(\tau|x) = x'\beta(\tau) \quad \tau \in (0, 1)$$

在不同的 τ 下，就能得到不同的分位数函数。随着 τ 由 0～1，就能得到所有 y 在 x 上的条件分布的轨迹，即一簇曲线，而不像线性回归只能得到一条曲线。此理论看似简单，可当时想计算出 $\beta(\tau)$ 值却不是一件容易的事。随着科学家的努力和计算机技术的飞速发展，现在不少软件都有计算分位数回归的专门函数，比如 EViews。

8.7.3 例子

沪深 300 指数是沪深证券交易所于 2005 年 4 月 8 日联合发布的反映 A 股市场整体走势的指数。现有 2014 年 1～4 月的沪深 300 指数收盘点位、中证 100 指数收盘点位和中证 200 指数收盘点位如表 8 – 12 所示。数据均代表所对应日期的收盘点位。现在要分析沪深 300 指数收盘点位及中证 100 收盘点位及中证 200 收盘点位的关系。沪深 300 指数所对应的股票基本由中证 100 指数对应的股票和中证 200 指数对应的股票构成，有理由认为沪深 300 收盘点位随中证 100、中证 200 收盘点位的变化而变化。如果用 y 指代沪深 300 收盘点位，用 x_1 指代中证 100 收盘点位，用 x_2 指代中证 200 收盘点位，则 y 可以表示为 x_1 和 x_2 的函数。初步估计 y 和 x_1、x_2 均为线性关系。

表 8 – 12　　　　沪深 300、中证 100 和中证 200 收盘指数

日期	沪深 300	中证 100	中证 200
2014 – 04 – 22	2196.80	2021.69	2835.83
2014 – 04 – 21	2187.25	2006.05	2840.64
2014 – 04 – 18	2224.48	2041.29	2886.25
2014 – 04 – 17	2224.80	2042.78	2883.71
2014 – 04 – 16	2232.53	2051.92	2888.58
2014 – 04 – 15	2229.46	2049.03	2884.82
2014 – 04 – 14	2268.61	2092.48	2916.77
2014 – 04 – 11	2270.67	2102.40	2899.34
2014 – 04 – 10	2273.76	2105.04	2903.86
2014 – 04 – 09	2238.62	2061.83	2885.68
2014 – 04 – 08	2237.32	2065.74	2871.23
2014 – 04 – 04	2185.47	2010.75	2822.51
2014 – 04 – 03	2165.01	1993.92	2791.06
2014 – 04 – 02	2180.73	2012.06	2802.15
2014 – 04 – 01	2163.12	1991.20	2791.08
2014 – 03 – 31	2146.31	1977.91	2763.90
2014 – 03 – 28	2151.97	1980.38	2778.09
2014 – 03 – 27	2155.71	1971.72	2813.24
2014 – 03 – 26	2171.05	1978.41	2851.67
2014 – 03 – 25	2174.44	1982.71	2853.08

日期	沪深 300	中证 100	中证 200
2014 − 03 − 24	2176. 55	1992. 03	2837. 34
2014 − 03 − 21	2158. 80	1976. 93	2811. 30
2014 − 03 − 20	2086. 97	1903. 48	2736. 99
2014 − 03 − 19	2120. 87	1926. 34	2801. 66
2014 − 03 − 18	2138. 13	1943. 04	2821. 92
2014 − 03 − 17	2143. 04	1953. 07	2814. 41
2014 − 03 − 14	2122. 84	1940. 12	2774. 19
2014 − 03 − 13	2140. 33	1957. 82	2792. 78
2014 − 03 − 12	2114. 13	1932. 61	2761. 71
2014 − 03 − 11	2108. 66	1925. 87	2758. 91
2014 − 03 − 10	2097. 79	1916. 10	2744. 27
2014 − 03 − 07	2168. 36	1974. 78	2851. 10
2014 − 03 − 06	2173. 63	1978. 13	2861. 67
2014 − 03 − 05	2163. 98	1966. 90	2855. 07
2014 − 03 − 04	2184. 27	1986. 32	2879. 41
2014 − 03 − 03	2190. 37	1990. 30	2891. 37
2014 − 02 − 28	2178. 97	1990. 22	2850. 57
2014 − 02 − 27	2154. 11	1969. 66	2812. 64
2014 − 02 − 26	2163. 41	1968. 96	2847. 87
2014 − 02 − 25	2157. 91	1962. 54	2844. 18
2014 − 02 − 24	2214. 51	2006. 01	2938. 84
2014 − 02 − 21	2264. 29	2059. 17	2984. 70
2014 − 02 − 20	2287. 44	2080. 74	3013. 90
2014 − 02 − 19	2308. 66	2099. 92	3042. 17
2014 − 02 − 18	2282. 44	2065. 10	3035. 14
2014 − 02 − 17	2311. 65	2102. 18	3047. 27
2014 − 02 − 14	2295. 58	2094. 56	3008. 53
2014 − 02 − 13	2279. 55	2087. 76	2967. 96
2014 − 02 − 12	2291. 25	2088. 07	3009. 21
2014 − 02 − 11	2285. 56	2086. 32	2993. 18
2014 − 02 − 10	2267. 53	2063. 11	2986. 49
2014 − 02 − 07	2212. 48	2020. 60	2894. 98

续表

日期	沪深 300	中证 100	中证 200
2014 – 01 – 30	2202. 45	2019. 94	2860. 55
2014 – 01 – 29	2227. 78	2046. 17	2885. 94
2014 – 01 – 28	2219. 86	2041. 07	2870. 20
2014 – 01 – 27	2215. 92	2031. 88	2879. 09
2014 – 01 – 24	2245. 68	2062. 18	2910. 19
2014 – 01 – 23	2231. 89	2054. 73	2879. 19
2014 – 01 – 22	2243. 80	2072. 63	2877. 09
2014 – 01 – 21	2187. 41	2021. 51	2802. 35
2014 – 01 – 20	2165. 99	2003. 71	2769. 89
2014 – 01 – 17	2178. 49	2015. 10	2786. 30
2014 – 01 – 16	2211. 84	2041. 38	2840. 48
2014 – 01 – 15	2208. 94	2037. 16	2840. 64
2014 – 01 – 14	2212. 85	2046. 15	2832. 09
2014 – 01 – 13	2193. 68	2034. 85	2791. 40
2014 – 01 – 10	2204. 85	2041. 78	2814. 26
2014 – 01 – 09	2222. 22	2053. 81	2846. 63
2014 – 01 – 08	2241. 91	2068. 62	2880. 37
2014 – 01 – 07	2238. 00	2066. 42	2871. 82
2014 – 01 – 06	2238. 64	2070. 22	2864. 57
2014 – 01 – 03	2290. 78	2110. 91	2950. 20
2014 – 01 – 02	2321. 98	2142. 44	2983. 40

资料来源：沪深证券交易所

1. 用 OLS 方法估计模型

由上述分析可知，假设参数模型为以下形式：
$$y = \beta_0 + \beta_1 x_1 + \beta_2 x_2 + \varepsilon$$
用 EViews 软件进行最小二乘拟合得到结果如下；
$$\hat{y} = 0.03715 + 0.697 x_1 + 0.2778 x_2$$

2. 分位数回归法分析

首先模型形式如下；
$$y = \beta_0(\tau) + \beta_1(\tau) x_1 + \beta_2(\tau) x_2 + \varepsilon$$
操作步骤如图 8 – 19 所示（先取 $\tau = 0.05$），输出结果如图 8 – 20 所示，模型参数估计结果如下：

$$\hat{y}=0.0721+0.6966x_1+0.2780x_2$$

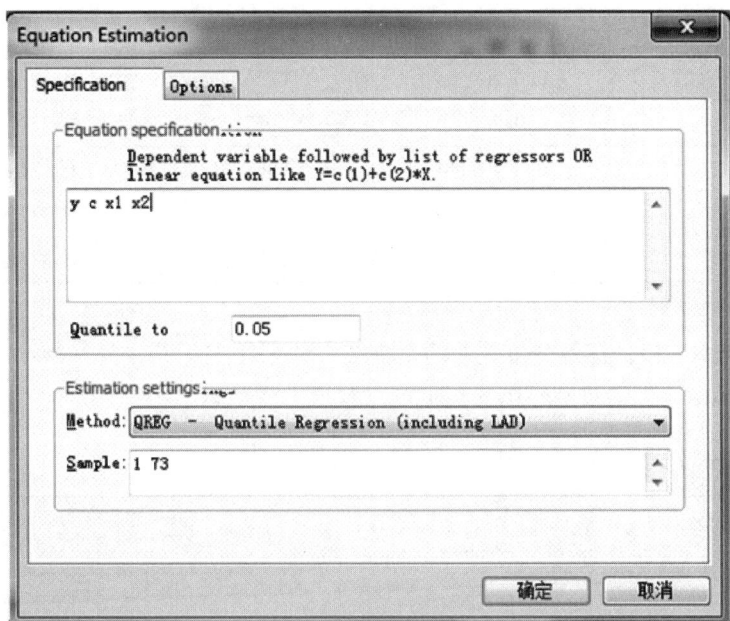

图 8－19　分位数回归估计命令框

Dependent Variable: Y
Method: Quantile Regression (tau = 0.05)
Date: 02/18/17　Time: 15:38
Sample: 1 73
Included observations: 73
Huber Sandwich Standard Errors & Covariance
Sparsity method: Kernel (Epanechnikov) using residuals
Bandwidth method: Hall-Sheather, bw=0.050783
Estimation successfully identifies unique optimal solution
Bandwith too large in sandwich covariance estimation
Error in sandwich covariance estimation

Variable	Coefficient	Std. Error	t-Statistic	Prob.
C	0.072096	NA	NA	NA
X1	0.696611	NA	NA	NA
X2	0.278009	NA	NA	NA

Pseudo R-squared	0.999818	Mean dependent var	2205.851
Adjusted R-squared	0.999813	S.D. dependent var	55.21979
S.E. of regression	0.025978	Objective	0.069789
Quantile dependent var	2114.130	Restr. objective	383.7520

图 8－20　分位数回归估计结果

重复上述操作步骤，将 τ 分别取 0.25、0.5、0.75、0.95，在 EViews 中的拟

合结果如表 8 - 13 所示:

表 8 - 13　　　　　　　　　　　不同分位数估计结果对比

τ	截距	x_1	x_2
0.05	0.07209564	0.69661135	0.27800886
0.25	0.08762182	0.69671738	0.27793088
0.5	0.00709164	0.69685917	0.27786166
0.75	− 0.04566693	0.69712478	0.27769675
0.95	− 0.02175619	0.69718118	0.27765207

初看表 8 - 13，在各分位数处的拟合结果似乎相差无几，且和最小二乘法得到的结论相似，但通过观察图 8 - 21 可以看出一些不同。

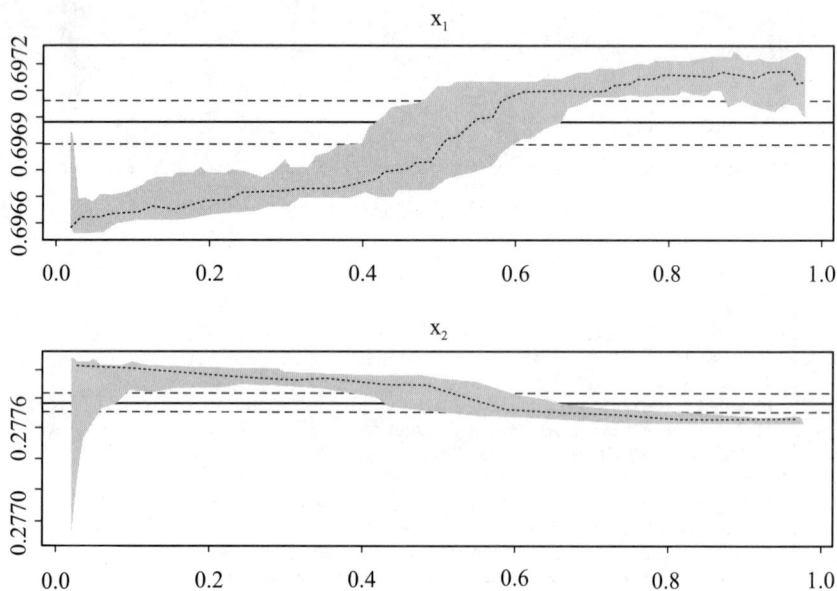

图 8 - 21　$\beta_1(\tau)$，$\beta_2(\tau)$ 关于 τ 的变化趋势

回归系数估计值 $\beta_0(\tau)$，$\beta_1(\tau)$，$\beta_2(\tau)$ 是 τ 的函数，它们关于 τ 的变化趋势如图 8 - 21 所示。图 8 - 21 中横坐标均为 τ，纵坐标分别为各子图上方的自变量对应的系数 $\beta_1(\tau)$，$\beta_2(\tau)$ 以上面的子图为例，它表示的 $\beta_1(\tau) \sim \tau$ 关系图，中间的直线是最小二乘法估计出 x_1 的系数，虚线表示最小二乘计量 90% 的置信区间的上下界，黑色点线表示 x_1 系数的各个分位数回归估计值，灰色阴影部分表示其分位数回归估计量 90% 的置信区间。

观察图 8 - 21 中的两图，随 τ 的增大，自变量 x_1 的系数的分位数回归估计值

$\beta_1(\tau)$ 有着很明显的增大趋势，特别是在 $\tau = 0.5$ 处的变化幅度最大，相比与最小二乘法只给出一个估计值 $\beta_1 = 0.697$，分位数回归显然给出了更多的信息以供分析；而自变量 x_2 的系数的分位数回归估计值 $\beta_2(\tau)$ 有明显的下降趋势。系数 $\beta_1(\tau)$ 随 τ 增大而增大表示沪深 300 收盘点位中中证 100 对沪深 300 的影响幅度并不总为 0.697，在低尾部分，如 $\tau = 0.05$ 时，中证 100 对沪深 300 的影响幅度约为 0.6966，中证 200 的影响幅度约为 0.278；在高尾部分，如 $\tau = 0.95$ 时，中证 100 对沪深 300 的影响幅度为 0.6972，中证 200 对沪深 300 的影响幅度约为 0.277。中证 100 与中证 200 的影响幅度呈此消彼长的变化趋势。当沪深 300 收盘点较高时，中证 100 收盘点对应的系数也较高，这说明中证 100 在指数行情较好的情况时对沪深 300 的贡献会更大，这一点正好印证了中证 100 指数行情反映的是沪深 300 指数中规模最大的 100 只股票的走势。最小二乘法只将三者的总趋势估计出来，并不能分析出在收盘点位或高或低时三者之间的关系会发生什么变化，而分位数回归却能细致地观察到这一点。

第 9 章

计量经济学经典应用

计量经济学是一门实践性很强的学科，它要求能把经济理论、数据和计量经济学方法很好的结合，并能熟练使用各种计量软件进行分析。学习计量经济学的一种有效方式就是"干中学"。在这一章中，我们参考了一些经济学研究中使用计量经济学模型的经典文献，要求使用和论文相同的数据，再现论文中的一些结果。这一章的学习目标是通过模仿经济学家的实证工作，从这些经典应用中，帮助学生更好的理解和学习经济学家是如何把宏、微观经济学理论和数据并使用计量模型有机地结合起来，提高学生理解和运用计量模型的能力。

本章包含三个经典应用：（1）资本资产定价模型；（2）柯布—道格拉斯生产函数的估计；（3）包含人力资本的索洛增长模型的估计。

9.1 经典应用一：资本资产定价模型

资本资产定价模型（Capital Asset Pricing Model，CAPM）是由夏普（William Sharpe）、林特尔（John Lintner）、特里诺（Jack Treynor）和莫辛（Jan Mossin）等于 1964 年在资产组合理论和资本市场理论的基础上发展起来的，主要研究证券市场中资产的预期收益率与风险资产之间的关系，以及均衡价格是如何形成的，是现代金融市场价格理论的支柱，广泛应用于投资决策和公司理财领域。

这个简洁的模型为评估资产价格提供了一个简便工具，该理论认为当市场处在均衡状态时，相对于整个资产市场的风险，一种资产的风险就等于如下关系式中的 β。

$$E(r_i) = r_f + [E(r_m) - r_f]\beta_i \tag{9-1}$$

其中，$E(r_i)$ 表示证券 i 的期望收益率，r_f 表示无风险收益率，$E(r_m)$ 表示市场组合的期望收益率。这里 $\beta_i = Cov(r_i, r_m)/Var(r_m) = \sigma_{im}/\sigma_m^2$，称为 β 系数，表示证券 i 的风险相对于市场风险的比率，反映证券 i 的收益率对市场收益率的敏感性，即该证券系统风险的大小。

多年来，研究者都是通过考查：

（股票回报率 – 无风险资产回报率）= β（市场回报率 – 无风险资产回报率）+ u

或等价地考查（股票的超额回报率）= β（市场的超额回报率）+ u 中的斜率系数来度量一只股票的风险。斜率系数度量了该资产对最优投资组合中无法分散的风险的贡献。在这个意义上 β 越小的资产，风险就越小。

文件 CAPM1. ∗ 包含了市场超额回报（mreturn）和两个电脑芯片企业超额回报（freturn）的各 192 个月的数据，前 192 个观测是企业 1 的数据；后 192 个观测是企业 2 的数据。变量 firm 指企业 1 和企业 2。

（1）对企业 1 和企业 2 分别计算企业回报均值和市场回报均值。（注：这里估计的是无截距模型）

（2）估计每个企业的 β。

CAPM 的有效性研究可以通过估计一个有截距模型，检验是否存在 $\beta_0 = 0$，对企业 1 和企业 2，检验 $\beta_0 = 0$ 的原假设，你对 CAPM 有何结论。

9.2 经典应用二：生产函数估计

柯布—道格拉斯生产函数最初是美国数学家柯布（C. W. Cobb）和经济学家保罗·道格拉斯（PaulH. Douglas）共同探讨投入和产出的关系时创造的生产函数，1928 年，他们发表了经典论文《生产理论》，使用 1899 ~ 1922 年的美国数据估计了美国制造业的生产函数。柯布—道格拉斯生产函数是经济学中使用最广泛的一种生产函数形式，它在微观经济学、宏观经济学与计量经济学的研究与应用中都具有重要的地位。

经过一番处理，他们得到关于 1899 ~ 1922 年间，产出量 Q、资本 K 和劳动 L 的相对变化的数据（以 1899 年为基准）。令人佩服的是，在没有计算机的年代里，他们从这些数据中，得到了如下生产函数公式。

$$Q = \alpha L^{\beta} K^{1-\beta}$$

其中，α 和 β 是参数，Q 表示产出，L 表示劳动投入，K 表示资本使用量。

文件 cobbdouglas. ∗ 中给出了他们所用的数据。

他们使用的估计形式是：

$$\ln\left(\frac{Q}{K}\right) = \ln\alpha + \beta\ln\left(\frac{L}{K}\right)$$

使用该数据估计以下回归模型，并给出你的评论。

（1）$\ln Q_t = c + \alpha\ln L_t + \beta\ln K_t + u_t$

并检验假设：$\alpha + \beta = 1$ 是否成立。

（2）使用产出 - 资本比和劳动 - 资本比的形式估计回归模型，即 Cobb & Douglas 在其论文（1928）中使用的形式

$$\ln\left(\frac{Q_t}{K_t}\right) = \ln\alpha + \beta\ln\left(\frac{L_t}{K_t}\right) + u_t$$

他们最后估计出来的方程是：$Q = 1.01 L^{\frac{3}{4}} K^{\frac{1}{4}}$

（3）使用人均的形式估计

$$\ln\left(\frac{Q_t}{L_t}\right) = \ln\alpha + (1 - \beta)\ln\left(\frac{K_t}{L_t}\right) + u_t$$

（4）使用 EViews 软件绘制出论文中的相关图形，论文中的图是在没有计算机的情况下作出的。

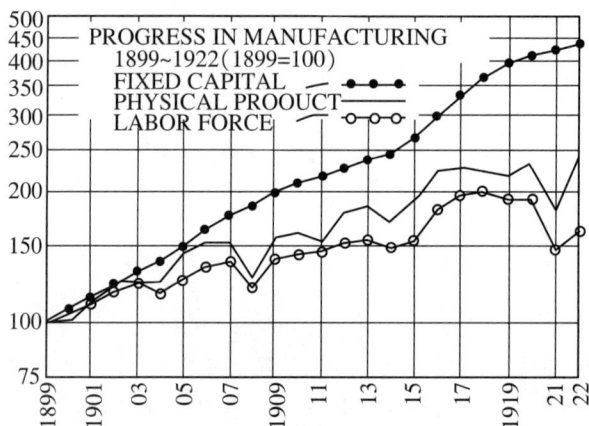

图 9 – 1　生产过程中的投入与产出

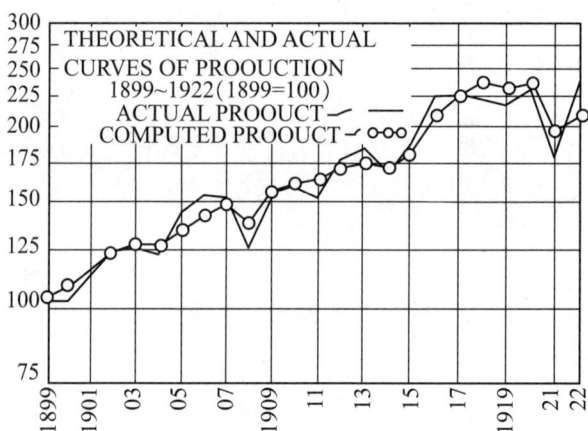

图 9 – 2　实际产出与预测产出

9.3　经典应用三：经济增长模型

　　1992 年，著名经济学家曼昆、罗默和威尔研究了索洛模型对一个国家人均 GDP 的含义，并得出了一个重要的结论，索洛模型实质上解释了各国人均 GDP

的大部分变异。

他们发现传统的索洛模型在实证研究中表现不是很好，对模型进行了改进，引入了人力资本因素。对 98 个国家的人均 GDP 的差异，不同国家的人口增长率、物质资本储蓄率和工作人口读过中学的比例的差异可以解释其将近 80% 的变化。

文件 MRW. ＊给出了论文所用的数据。文件中的变量有：

COUNTRY	国家编号
GDP60	1960 年工作年龄人口的人均 GDP
GDP85	1985 年工作年龄人口的人均 GDP
GDPGR	1960 ~ 1985 年的 GDP 增长率
INTER	表示曼昆—罗默—威尔中间组的虚拟变量
INVEST	投资占 GDP 的百分比
NONOIL	非石油生产国的虚拟变量
OECD	OECD 国家虚拟变量
POPGR	人口增长百分比
SCHOOL	工作年龄人口在读中学的比例

传统的索洛模型使用 C－D 生产函数，假定劳动的收入份额是 β_1，那么人均 GDP 的均衡水平就是：

$$\ln\left(\frac{Q}{L}\right) = \beta_0 + \left[\frac{1-\beta_1}{\beta_1}\right]\ln(s) - \left[\frac{1-\beta_1}{\beta_1}\right]\ln(n+g+d) + u$$

其中，s 为这个国家的储蓄率，n 为人口增长率，g 表示世界范围内的技术进步率，d 表示资本折旧率。这个方程可以改写为：

$$\ln\left(\frac{Q}{L}\right) = \beta_0 + \left[\frac{1-\beta_1}{\beta_1}\right]\ln[s/(n+g+d)] + u = \alpha_0 + \alpha_1\ln\left[\frac{s}{n+g+d}\right] + u$$

他们假定世界各国的参数 g 和 d 保持不变，都为 2% 和 3%。他们使用 98 个国家的 Q、L、s 和 n 的数据，估计了 α_0 和 α_1。

表 9－1　　　　　　　　　　　　　　　传统索洛模型的估计

因变量：log GDP（1985 年工作年龄人口人均 gdp）			
样本：	非石油生产国	中间组	OECD
观测数	98	75	22
截距	5. 48 (1. 59)	5. 36 (1. 55)	7. 97 (2. 48)
Ln(I/GDP)	1. 42 (0. 14)	1. 31 (0. 17)	0. 50 (0. 43)

因变量：log GDP （1985 年工作年龄人口人均 gdp）			
样本：	非石油生产国	中间组	OECD
$Ln(n+g+\delta)$	−1.97 (0.56)	−2.01 (0.53)	−0.76 (0.84)
$\overline{R}^2$	0.59	0.59	0.01
s.e.e	0.69	0.61	0.38
有约束回归：			
截距	6.87 (0.12)	7.10 (0.15)	8.62 (0.53)
$Ln(I/GDP)-$ $Ln(n+g+\delta)$	1.48 (0.12)	1.43 (0.14)	0.56 (0.36)
$\overline{R}^2$	0.69	0.61	0.37
约束检验			
P 值	0.38	0.26	0.79
α	0.60 (0.02)	0.59 (0.02)	0.36 (0.15)

注：括号中是标准误。投资和人口增长率是 1960～1985 年的平均值。$g+\delta$ 假定为 0.05。

扩展后改进的索洛模型为：

$$\ln\left(\frac{Q}{L}\right) = \beta_0 + \left[\frac{\beta_2}{1-\beta_2-\beta_3}\right]\ln\left[s_h/(n+g+d)\right] + \left[\frac{\beta_3}{1-\beta_2-\beta_3}\right]$$
$$\ln\left[s_p/(n+g+d)\right] + u$$
$$= \alpha_0 + \alpha_1\ln\left[\frac{s_h}{n+g+d}\right] + \alpha_2\ln\left[\frac{s_p}{n+g+d}\right] + u$$

其中，β_2 表示人力资本的收入份额，β_3 表示物质资本的收入份额，s_h 表示人力资本储蓄率，s_p 表示物质资本储蓄率。

表 9－2　　　　　改进的索洛模型（包含人力资本）的估计结果

因变量：log GDP （1985 年工作年龄人口人均 gdp）			
样本：	非石油生产国	中间组	OECD
观测数	98	75	22
截距	6.89 (1.17)	7.81 (1.19)	8.63 (2.19)

续表

因变量：log GDP（1985 年工作年龄人口人均 gdp）			
样本：	非石油生产国	中间组	OECD
Ln(I/GDP)	0.69 (0.13)	0.70 (0.15)	0.28 (0.39)
Ln(n+g+δ)	-1.73 (0.41)	-1.50 (0.40)	-1.07 (0.75)
Ln(SCHOOL)	0.66 (0.07)	0.73 (0.10)	0.76 (0.29)
$\bar{R}^2$	0.78	0.77	0.24
s.e.e	0.51	0.45	0.33
有约束回归：			
截距	7.86 (0.14)	7.97 (0.15)	8.71 (0.47)
Ln(I/GDP) - Ln(n+g+δ)	0.73 (0.12)	0.71 (0.14)	0.29 (0.33)
Ln(SCHOOL) - Ln(n+g+δ)	0.67 (0.07)	0.74 (0.09)	0.76 (0.28)
$\bar{R}^2$	0.78	0.77	0.28
约束检验			
P 值	0.41	0.89	0.97
α	0.31 (0.04)	0.29 (0.05)	0.14 (0.15)
β	0.28 (0.03)	0.30 (0.04)	0.37 (0.12)

注：括号中是标准误。投资和人口增长率是 1960～1985 年的平均值。$g+\delta$ 假定为 0.05。

（1）推导出论文中使用的一些变量：

$$X_1 = \ln\left[\frac{s}{n+g+d}\right] = \ln\left[\frac{s_p}{n+g+d}\right] = \ln[\,\text{invest}/(\text{popgr}+2+3)\,]$$

和　　$$X_2 = \ln\left[\frac{s_h}{n+g+d}\right] = \ln\left[\frac{\text{school}}{\text{popgr}+2+3}\right]$$

（2）估计上文表 9 - 1 的结果。

（3）估计上文表 9 - 2 的结果。

（4）将样本仅局限于非石油生产国。将 GDP85 的对数对 X_1 回归。

（5）将样本仅局限于非石油生产国。将 GDP85 的对数对 X_1 和 X_2 回归。

（6）讨论表 9 - 1 和表 9 - 2 结果的 R^2。

（7）将样本仅局限于非石油生产国。将 1985 年的 GDP 的对数与 1960 年的 GDP 对数之差对一个截距项和 1960 年的 GDP 进行回归。按 5% 的显著性水平，可以拒绝 1960 ~ 1985 年间贫穷国家比富裕国家增长更快的假设吗？

在这个模型中，1960 年 GDP 的变异能够解释样本国家增长率变异的比例有多大？

（8）将样本仅局限于非石油生产国。将（GDP85/GDP60）的对数对 GDP60 对数、投资占 GDP 百分比的对数以及（popgr + 5）的对数（即人口增长率、技术进步率和折旧率之和的对数）进行回归。检验以下假设：在投资率和人口增长率相等的情况下，1960 ~ 1985 年间贫穷国家比富裕国家增长得更快。

（9）通过在模型中引入投资和人口增长变量，能够解释样本中不同国家增长率变异的比例有多大。

第 10 章

计量经济学综合实验

多年的教学实践表明，为了更好的帮助学生提高和掌握运用计量模型的能力，培养学生的科研实践能力，实验教学也是非常重要和有效的一部分。特别是一些项目式和研讨式的实验非常有效，可以调动学生的学习热情并快速地在实践中提高科研水平。我们从已发表的前沿文献和优秀学生论文中，结合经济现实和热点，设立了若干项目式和研讨式的综合实验，帮助学生在学习计量经济学后论文写作水平提高到更高的档次。

本章包含了 5 个实验：（1）中国经济数据应用；（2）预测中国 GDP（以购买力平价记）何时超过美国；（3）资本资产定价模型应用：股票 β 系数估计；（4）中国消费函数估计；（5）用经济模型预测中国 GDP。

10.1 实验一：中国经济数据应用
（绘图和平稳性检验）

【实验目的与要求】

1. 掌握中国和国际数据的收集。

2. 熟练掌握 EViews 的图形绘制功能。

3. 熟练掌握中国宏观经济数据的收集和整理。

4. 使用图形分析和展示数据，数据的价格调整。

5. ADF 单位根检验，判断单整阶数。

对中国宏观经济常用数据进行分析，包括支出法 GDP 及其组成、价格指数和货币供应量数据。

【实验数据】

中国国家统计局网站下载。

【实验内容】

收集数据，用图形展示数据，对数据做价格调整，分别以 1978 年不变价格和 2000 年不变价格调整数据。（提示：图形部分可参考给出的例子。）

分别计算 M0/GDP、M1/GDP、M2/GDP，并绘制图形。

对价格调整后的中国 GDP 和消费、投资、净出口数据做单位根检验，判断它们分别是几阶单整序列。

收集美国的货币和 GDP 数据，对比中美两国的经济数据（广义货币和GDP）。采用合适指标和图形展示数据。（如 M？/GDP）

【实验步骤】

1. 根据数据频率和时间范围，创建 EViews 工作文件（Workfile）。

2. 录入数据，进行初步统计分析。根据要求绘制图形。

3. 分别计算 M0/GDP、M1/GDP、M2/GDP，并绘制图形。

4. 对 GDP 和 GDP 的组成部分数据，分别以 1978 年不变价格和 2000 年不变价格调整数据。对调整后的数据绘制时间序列图形

5. 对数据进行 ADF 检验。

6. 判断是几阶单整序列。

【问题思考】

1. 图形展示数据？

2. 对中国的几种货币产出比你有什么观察和评论？

3. 对比中美两国的数据你有什么观察和评论？

4. 单位根的检验形式？

【实验总结】

通过本实验，掌握时间序列数据分析的基本技能

10.2　实验二：趋势预测——中国的 GDP（以购买力平价计）何时能超过美国的 GDP

从最新的 Penn World Table 下载中美两国 1980～2013 年的有关 GDP 的数据（以购买力平价计），导入 EViews 中，将两国 GDP 和 log（GDP）的时间趋势各画在一张图上，并进行简单外推预测。假设中美两国经济增长率以某个固定趋势增长。

注：Penn World Tables（PWT）"佩恩表"是联合国的 ICP（国际比较计划），委托宾州大学的一个研究所—国际比较中心—建立的数据库，包含了 188 个国家的购买力平价 GDP 比较数据。

下载地址：http：//pwt. econ. upenn. edu/php _ site/pwt _ index. php。或搜索"Penn World Table"。

PWT 有 rgdpe，rgdpo，cgdpe，cgdpo 四种统计，你选择其中一种完成该实验。

要求：

1. 分别用线性，二次和指数趋势对中美两国序列进行拟合，讨论与模型相关联的诊断统计量和残差图。

2. 分别运用 AIC 和 SIC 准则来选择趋势模型。两个准则选择一致吗？如果

不一致，你更偏好哪个模型？

3. 使用你的模型预测未来 5 年的值，并对预测结果进行讨论。在哪一年中国以购买力平价计 GDP 超过美国，对 2013 年、2014 年的预测结果和实际数据对比，你的预测质量如何？

4. 国际货币基金组织（IMF）2014 年 10 月 7 日公布的《全球经济展望》估计，中国的国内生产总值（GDP）以购买力平价计，今年将达 17.6 万亿元，超越美国 17.4 万亿元的经济规模荣登世界之最。如图 10 - 1 所示。

国际货币基金组织的这一项比较下特意用星号注明：单纯货币价值上看，中国的 GDP 仍然要低于美国，但是如果从"购买力"上看，中国的经济实际上已经超过了美国。购买力是指，1 美元在中国比在美国能购买更多的东西。

这一购买力平价（PPP）的测算方式已经成评价一个国家经济表现的标准方法。

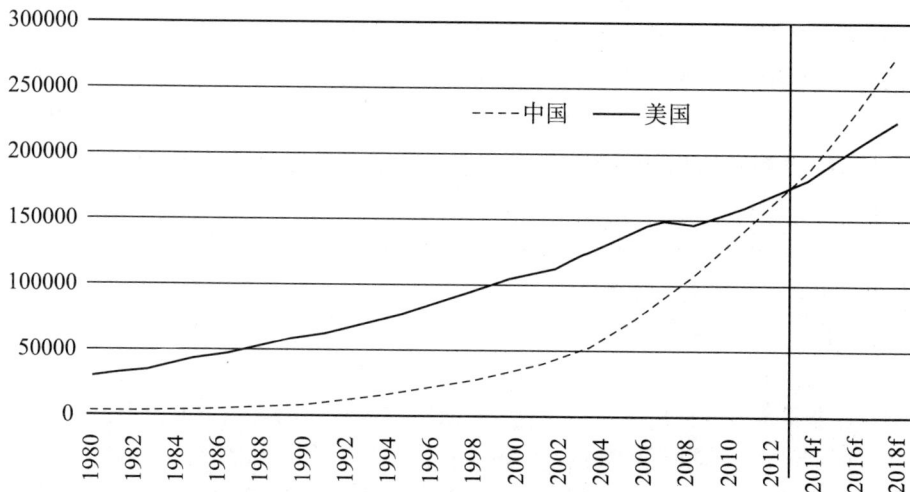

图 10 - 1 国际货币基金组织中美购买力评价比较与预测

图 10 - 1 为中美按购买力平价计算的 GDP 发展趋势，虚线代表中国，实线代表美国，单位为万亿美元。

这个结果引起了各方很热烈的讨论，许多媒体、专家学者都从不同角度阐述了各自观点，你通过网络或其他方式阅读这些文章，进行综述并给出你自己的评论。

10.3　实验三：股票 β 系数估计的线性回归模型应用

【实验目的与要求】

1. 准确掌握线性回归模型基本形式和 OLS 估计的基本原理。

2. 熟练掌握线性回归模型的模型检验方法。

3. 熟练掌握线性回归模型的模型评价方法。

4. 学会利用线性回归模型对股票的 β 系数进行估计。

5. 在老师的指导下独立完成实验，得到正确的结果，并完成实验报告。

资本资产定价模型（CAPM）认为某个证券或证券组合的预测收益就是由它所含有的系统风险唯一确定的，可表示为：

$$E(r_i) = r_f + [E(r_m) - r_f]\beta_i \tag{10-1}$$

其中，$E(r_i)$ 表示证券 i 的期望收益率，r_f 表示无风险收益率，$E(r_m)$ 表示市场组合的期望收益率。这里 $\beta_i = Cov(r_i, r_m)/Var(r_m) = \sigma_{im}/\sigma_m^2$，称为 β 系数，表示证券 i 的风险相对于市场风险的比率，反映证券 i 的收益率对市场收益率的敏感性，即该证券系统风险的大小。

在实际计量中，我们经常通过某证券或证券组合的收益率和市场组合的益率的历史数据，利用线性回归模型来估计该证券或证券组合的 β 系数。比如用 r_i 表示 i 股票的收益率，r_m 表示市场组合的收益率（通常可以用市场指数收益率替代），可以利用单指数模型建立一元线性回归模型：

$$r_{it} = a + br_{mt} + u_t \tag{10-2}$$

易知，系数 b 的估计值 $\hat{b}$ 即可看作是该股票 β 系数 β_i 的估计值。

【实验数据】

我国上海证券交易所上证指数（代码 000001）和指定股票 2008 年 1 月 ~ 2016 年 11 月的周收盘价数据。

【实验内容】

β 系数，是度量某证券或证券组合系统风险的重要指标，在实际的投资策略选择中起着非常重要的作用。β 系数估计的通用方法是利用某证券或证券组合的收益率和市场组合的益率的历史数据，通过线性回归模型来进行估计。本次实验，同学们可以根据我国上海证券交易所上证指数和指定股票 2008 年 1 月 ~ 2016 年 11 月的周收盘价数据，建立一元线性回归模型，对该股票的 β 系数进行估计。

学有余力的同学可用月收盘价数据重新估价，并比较。还可再任选一只自己感兴趣的股票估计期 β 系数。

【实验步骤】

1. 根据数据频率和时间范围，创建 EViews 工作文件（Workfile）。

2. 录入数据，并对序列进行初步分析。分别绘制上证指数和指定股票的周收盘价序列的折线图，初步分析序列的基本趋势和波动特征。

3. 相关性分析。建立上证指数和指定股票的百分比收益率序列，并求出两个序列的相关系数，绘制二维散点图，分析两个序列的相关性。

4. 建立一元线性回归模型，并利用 OLS 方法进行参数估计。

5. 对模型进行检验。利用 t 统计量、DW 统计量、残差正态性检验、自相关的 LM 检验、异方差的 White 检验等方法对模型进行检验。

6. 对模型进行评价。利用样本决定系数 R^2 和调整后的 R^2 等指标结合模型的检验结果对模型进行评价。

7. 对模型的经济意义进行解释。对参数估计值和样本决定系数 R^2 的经济意义进行解释。

8. 综合上述实验步骤得出的结果，得出最终结论。总结实验过程中的问题以及得到的经验教训，完成实验报告。

【问题思考】

1. 线性回归模型的基本形式是什么样的？有哪些基本假定？

2. 普通最小二乘法（OLS）的基本原理是什么样的？

3. 线性回归模型的模型检验和评价方法和指标有哪些，如何使用？

4. 如何估计某证券或证券组合的 β 系数？

5. 拟合优度 R^2 有何经济含义？

【实验总结】

通过本实验，加深对线性回归模型基本形式和 OLS 估计基本原理的理解和掌握。熟练掌握线性回归模型的模型检验和模型评价方法。学会利用线性回归模型对股票的 β 系数进行估计。写出实验报告。

10.4　实验四：中国消费函数的估计

【实验目的与要求】

1. 本实验按照课程论文的方式写作完成。

2. 文献综述。至少收集并阅读 15 篇文献（中文不少于 12 篇，英文不小于 3 篇），对所读文献进行综述。

3. 选择合适的数据，设定合理的模型进行估计。

4. 分析你的结果

【实验总结】

通过本实验，加深对单位根检验方程的形式和检验原理的理解和掌握。熟练运用单位根检验方法对样本序列进行协整关系检验。

更好地理解消费函数理论，对得出的结论能够结合经济理论和计量理论进行分析。

掌握学术论文的规范写作方式。

10.5　实验五：用经济模型预测中国 GDP

参考资料：

1. 邹至庄. 中国经济转型（第 5 章）. 中国人民大学出版社，2005.

2. 张延群, 娄峰. 中国经济中长期增长潜力分析与预测: 2008~2020 年. [J]. 数量经济技术经济研究, 2009 (12).

3. Chow G. C. and K. Li, 2002, China's Economic Growth: 1952~2010. [J]. Economic Development and Cultural Change, Vol 51 (1), 247-256.

4. Gregory C. Chow, "Capital Formation and Economic Growth in China," Quarterly Journal of Economics 108 (August 1993): 809-842.

要求:

1. 使用指定的实验报告封面。

2. 阅读指定文献, 重点读第 1 篇、第 2 篇, 完成文献综述, 确定你建立的经济模型思路和预测的思路。

3. 收集整理数据 1978~2015 年 (提示: 国家统计局网站或中国统计年鉴)。要收集的数据有 "GDP、投资数据、劳动力数据、价格指数等", 资本存量 K 的数据需要自己推算。

难点及提示: 资本存量没有官方数据, 需自己推算, 可以参考相关文献确定 1978 年的初始资本存量, 然后根据公式和投资数据推算各年的 K, 注意 K、I 价格基期问题, 所有数据要价格调整为以 1978 年价格为基期。

建议: 所有数据画出图形。

Note: 数据的收集和整理是本实验工作量最大和最重要的内容之一。

4. 建立计量经济模型, 估计参数, 对模型进行改进和分析及评估。

5. 预测 2016~2020 年中国 GDP 及其增长率并进行分析。

6. 总结及修改论文。

参 考 文 献

[1] A. Colin Cameron, Pravin K. Trivedi, Microeconometrics: Methods and Applications [M]. Cambridge University Press, 2005.

[2] A. Colin Cameron, Pravin K. Trivedi, Regression Analysis of Count Data [M]. Cambridge University Press, 1998.

[3] Ai C, Norton E C. Interaction terms in logit and probit models [J]. Economics Letters, 2003, 80 (1): 123 – 129.

[4] Ai C, Norton E C, Wang H. Computing Interaction Effects and Standard Error in Logit and Probit Models [J]. Stata Journal, 2004, 4 (2): 154 – 167.

[5] Aldrich J H, Nelson F D. Linear Probability, Logit, and Probit Models [M] //Linear probability, logit, and probit models/. Sage Publications, 1984: 123 – 129.

[6] Amemiya T. The Estimation of a Simultaneous Equation Generalized Probit Model [J]. Econometrica, 1978, 46 (5): 1193 – 1205.

[7] Anselin. L, Spatial Econometrics: Methods and Models [M]. Dordrecht: Kluwer Academic Press, 1988.

[8] Bai J, Perron P. Estimating and Testing Linear Models with Multiple Structural Changes [J]. Econometrica, 1995, 66 (1): 47 – 78.

[9] Bai J, Perron P. Computation and analysis of multiple structural change models [J]. Journal of Applied Econometrics, 2003, 18 (1): 1 – 22.

[10] Bansal H S, Taylor S F. The Service Provider Switching Model (SPSM): A Model of Consumer Switching Behavior in the Services Industry [J]. Journal of Service Research, 1999, 2 (2): 200 – 218.

[11] Berry W D, Demeritt J H R, Esarey J. Testing for Interaction in Binary Logit and Probit Models: Is a Product Term Essential? [J]. American Journal of Political Science, 2010, 54 (1): 248 – 266.

[12] Carpenter F L, Macmillen R E. Threshold model of feeding territoriality and test with a hawaiian honeycreeper [J]. Science (New York, N. Y.), 1976, 194 (4265): 639 – 642.

[13] Chen W, Yuan Y, Zhang L. Scalable Influence Maximization in Social Networks under the Linear Threshold Model [C] //IEEE International Conference on Data Mining. IEEE Computer Society, 2010: 88 – 97.

[14] Cheng Hsiao, Analysis of Panel Data (2nd) [M]. Cambridge University Press, 2003.

[15] Cobb C W, Douglas P H. A theory of production [J]. American Journal of Agricultural Economics, 1928.

[16] Chow G. C. , "Capital Formation and Economic Growth in China" [J]. Quarterly Journal of Economics 108 (August 1993): 809 – 842.

［17］ Chow G. C. and K. Li, 2002, China's Economic Growth: 1952 ~ 2010 ［J］. Economic Developmentand Cultural Change, Vol 51 （1）, 247 – 256.

［18］ Damodar N. Gujarrati, Basic Econometrics (fourth edition) ［M］. McGraw – Hill Higher Education, 2003.

［19］ D. Hendry, 秦朵著, 动态经济计量学 ［M］. 上海人民出版社, 1998 （4）.

［20］ Engel C. Can the Markov switching model forecast exchange rates? ［J］. Journal of International Economics, 1994, 36 （1 – 2）: 151 – 165.

［21］ EViews8. 0 User's Guide I ［M］. Quantitative Micro Software. 2013.

［22］ Felipe J, Adams F G. "A Theory of Production" The Estimation of the Cobb – Douglas Function: A Retrospective View ［J］. Eastern Economic Journal, 2005, 31 （3）: 427 – 445.

［23］ Granovetter M. Threshold Models of Collective Behavior ［J］. American Journal of Sociology, 1978, 83 （Volume 83, Number 6）: 1420 – 1443.

［24］ Guilkey D K, Murphy J L. Estimation and testing in the random effects probit model ［J］. Journal of Econometrics, 1993, 59 （3）: 301 – 317.

［25］ Hamilton, J. D, Time Series Analysis ［M］. Princeton University Press, 1994.

［26］ Hansen B. Testing for Linearity ［J］. Journal of Economic Surveys, 1999, 13 （5）: 551 – 576.

［27］ Hansen B E. The likelihood ratio test under nonstandard conditions: Testing the markov switching model of gnp ［J］. Journal of Applied Econometrics, 1992, 7 （Supplement）: S61 – S82.

［28］ Hoetker G. The Use of Logit and Probit Models in Strategic Management Research: Critical Issues ［J］. Strategic Management Journal, 2010, 28 （28）: 331 – 343.

［29］ Hsiao C, Small K. Multinominal Logit Specification Tests ［J］. International Economic Review, 1985: 26.

［30］ Jeffrey M. Woodldridge, Introductory Econometrics （2E） ［M］. Thomson, South – Western, 2003.

［31］ Mankiw N G, Romer D H, Weil D N, et al. A Contribution to the Empirics of Economic Growth ［J］. Quarterly Journal of Economics, 1992, 107 （2）: 407 – 437.

［32］ Michael P. Murray, Econometrics: A Modern Introduction ［M］. Prentice Hall, 2006.

［33］ Prentice R L. A generalization of the probit and logit methods for dose response curves ［J］. Biometrics, 1976, 32 （4）: 761.

［34］ Qi Li and Jeffrey Scott Racine. Nonparametric Econometrics: Theory and Practice ［M］. Princeton University Press, 2007.

［35］ Rozenberg M J, Inoue I H, Sánchez M J. Nonvolatile memory with multilevel switching: a basic model ［J］. Physical Review Letters, 2004, 92 （17）: 178302.

［36］ S. A. BILLINGS, S. CHEN. Extended model set, global data and threshold model identification of severely non-linear systems ［J］. International Journal of Control, 1989, 50 （5）: 1897 – 1923.

［37］ Skeels C L, Vella F. A Monte Carlo investigation of the sampling behavior of conditional moment tests in Tobit and Probit models ［J］. Journal of Econometrics, 1999, 92 （2）: 275 – 294.

［38］ Staudenmayer. Probit Model ［M］ // Encyclopedia of Environmetrics. 2006.

［39］ Tong H. On a Threshold Model ［J］. 1978.

［40］ Tong H. Threshold Models in Non – linear Time Series Analysis ［M］. Springer – Verlag, 1983.

［41］ Tsay R S. Testing and Modeling Multivariate Threshold Models ［J］. Journal of the American Statistical Association, 1998, 93 (443): 1188 – 1202.

［42］ Wand M. P. and Jones M. C., Kernel Smoothing ［M］. Chapman & Hall Press, 1995.

［43］ William H. Greene, Econometric Analysis (Fifth Edition) ［M］. Prentice – Hall Inc., 2003.

［44］ Wynand P. M. M. Van de Ven, Praag B M S V. The demand for deductibles in private health insurance: A probit model with sample selection ［J］. Journal of Econometrics, 1981, 17 (2): 229 – 252.

［45］ 陈强. 高级计量经济学及 Stata 应用（第二版）［M］. 高等教育出版社. 2015.

［46］ 高铁梅. 计量经济分析方法与建模——EViews 应用及实例（第二版）［M］. 清华大学出版社. 2009.

［47］ 高铁梅，计量经济分析方法与建模（第 3 版）［M］. 清华大学出版社. 2016 (12).

［48］ 洪永淼著，赵西亮、吴吉林译，高级计量经济学 ［M］. 高等教育出版社. 2011 (7).

［49］ 李子奈等著，计量经济学模型方法论 ［M］. 清华大学出版社. 2010 (6).

［50］ 李子奈，潘文卿. 计量经济学（第四版）［M］. 高等教育出版社. 2015.

［51］ 李子奈，叶阿忠. 高级应用计量经济学 ［M］. 清华大学出版社. 2012.

［52］ 李子奈，叶阿忠编著. 高等计量经济学 ［M］. 清华大学出版社. 2000 (9).

［53］ 李雪松编著. 高级经济计量学 ［M］. 中国社会科学出版社. 2008 (5).

［54］ 刘家国，曹静等. EViews 统计分析在计量经济学中的应用 ［M］. 机械工业出版社. 2014.

［55］ 马薇著. 协整理论与应用 ［M］. 南开大学出版社. 2004 (2).

［56］ 潘省初. 计量经济学中级教程 ［M］. 清华大学出版社, 2009.

［57］ 庞浩. 计量经济学（第三版）［M］. 科学出版社, 2014.

［58］ 裴耀. 分位数回归及其应用 ［D］. 华中师范大学, 2014.

［59］ 孙洋. 空间计量经济学模型的非嵌套检验方法及应用 ［D］. 清华大学博士学位论文, 2009 (6).

［60］ 王少平著，宏观计量的若干前沿理论与应用 ［M］. 南开大学出版社, 2003 (9).

［61］ 王新宇著，分位数回归理论及其在金融风险测量中的应用 ［M］. 科学出版社, 2010 (6).

［62］ 谢识予编著，高级计量经济学 ［M］. 复旦大学出版社, 2005 (5).

［63］ 易丹辉. 数据分析与 EViews 应用 ［M］. 中国人民大学出版社, 2014.

［64］ 张龙. 计量经济学 ［M］. 清华大学出版社, 2010.

［65］ 朱建平、胡朝霞、王艺明编著，高级计量经济学导轮 ［M］. 北京大学出版社, 2009 (8).

［66］ 张晓峒著，计量经济分析 ［M］. 经济科学出版社, 2000.

［67］ 邹至庄，中国经济转型 ［M］. 中国人民大学出版社, 2005.

［68］ 张延群，娄峰，中国经济中长期增长潜力分析与预测：2008～2020 年，［J］. 数量经济技术经济研究, 2009 (12).

附录 计量经济学教学科研深度融合的课程教学模式研究

一、引 言

计量经济学是以一定的经济理论和统计资料为基础，运用数学、统计学方法与电脑技术，以建立经济计量模型为主要手段，定量分析研究具有随机性特性的经济变量关系的一门经济学学科，作为国内高等学校经济与管理类专业八大核心课程之一，在计量经济学被教育部纳入高等学校经济管理类各专业核心课程的近20年的时间内，其重要性得到了学术界的广泛认可。学习好计量经济学需要学生熟练掌握好数理知识并灵活运用，因此，为了更好的学习这门课程，学校要如何培养学生们的理论素养与解决实际问题的能力，是一个教学难度大、学习难度大而极具挑战性的任务。经济与管理类专业是计量经济学课程的主要学习群体，本文整理了作为文科类专业学习计量经济学的困难性及目前教学中存在的问题，以此提出有针对性的建议对策，为高等院校的文科类专业的计量经济学教学改革提供建议参考。

1998年7月，教育部教学指导委员会将计量经济学列为经济类专业八门核心课程之一，这一举措标志着我国经济学学科建设走向现代化和科学化。计量经济学是经济学研究中重要的数量分析工具，学习与运用计量经济学可以更透彻地掌握经济学理论与方法，同时，对于经济问题方面能够进行深入分析，可以培养学生认真严谨的思维方式、精确的推理能力与较强的表达能力。随着近些年以来计量经济学在经济学科的地位不断提升，国内对于经济学研究的方式方法也发生了重要的改变，例如一些核心经济学刊物所发表的论文中越来越多的结合了定量方法。根据文献记载，近30年内在《经济研究》核心期刊中所发表的3300余篇论文中，有一半以上的论文借助于计量模型来对各类问题进行理论检验与预测应用；2015年一整年《管理世界》刊登的300多篇论文中，以计量经济学模型为主要分析方法的论文占75%。由此可以看出，计量经济学的应用在管理学、社会学这些文史类学科中呈现出了明显上涨的趋势，逐渐成为经济学学科的主要学习内容，在教学与科研工作中被人们广泛运用，发挥出了举足轻重的地位。

计量学科的不断扩张趋势推进了经济管理类专业学生学习计量经济学的热

情，激发了对该方面知识的大量需求。因此，众多学生与教师在学习与教授计量经济学这门课程时，都普遍存在许多问题，比如授课教师教学压力大，学生的专业知识与计量经济学不能挂钩、相关知识基础匮乏，数学基础薄弱，理论知识较难理解、缺乏相关实践机会与实际操作，这些问题都将导致学生们学无所有，不能扎实地掌握计量经济学的理论内容、培养计量思维逻辑，最重要的是不能较好的对运用软件进行实际操作，这些便导致了不能恰当的通过计量经济学方法在经济问题上分析。

　　然而，学术研究往往要求理论与实证的结合，学校仅仅以提高学生的计量模型的实践能力为主往往是不够的，还需要有理论知识的支撑。经济学理论来源十分广泛，结合了其他经济学学科的内容，不过归根结底本质上主要是宏观经济学与微观经济学，学校也应当重视对这两门课程的教学，提高相应的教学质量。微观中的弹性概念、生产理论，一般均衡，宏观中的生产、就业、通货膨胀等都是计量经济学模型分析及学术研究的重要来源。因此在教学时将宏观经济学、微观经济学理论知识与计量经济学分割开来，就不能使学生真正的学习透彻这门课程。学校应当将这三门基本课程结合起来教学，将知识点融会贯通，才能共同进步发展。

　　综上所述，改进经济学科专业基础课程教学模式，提升教学内容、丰富教学形式，积极寻求更加高效的教学途径来提高学生科研能力，对于计量经济学的完善与发展有着重要的作用。

二、国内外研究现状及存在的问题

　　计量经济学诞生于 20 世纪 30 年代，作为一门新型学科虽然发展历史较短，但在国内外的应用研究已十分广泛，在经济学科教学中占据了较高的地位。在计量经济学的评价方面，萨缪尔森称自第二次世界大战后，在经济学范围内是计量经济学的时代；P. Hemv 称计量经济学是经济学这一社会科学中的帝国主义；克莱因认为在众多大学和学院中，计量经济学的讲授已经成为经济学课程表中最有权威的一部分。1998 年教育部把计量经济学确定为经济学类专业核心课程之一之后，这门课程逐渐在国内普及应用。然而，在多年的教学与实践的过程当中，我们也发现了当下面临着许多问题有待改进。

　　我国著名的统计学、计量经济学专家邱东、李子奈、肖红叶等教授曾针对计量经济学课程的教学现状进行了深入调研，发现计量经济学课程教学主要存在五个问题，即缺乏课程实践、培养目标定位不准确、教学方法单一、缺乏案例教学和忽视个性培养[1][2]。这一结论概括了大部分学者的主要调查结果（谭砚文，陈珊妮，2011；周瑜，2011；李晓宁，石红溶，2007；张柠，2011）[3][4][5][6]。另外，李圣华（2014）、陶黎娟（2014）等认为现在的计量经济学教学难存在多方面原因。其中学生的基础知识薄弱是很重要的一环，生涩难懂的公式推导直接影响了学生的积极性[7][8]；楼永（2015）指出，国内计量经济学的教育，存在一些问题比如学生创新能力不足，人才总体结构失衡等问题。学生只注重吸收，却缺乏创新意识，只注重本专业的知识，缺乏对其他领域的了解。因此不能够满足学校培养专业型人才与创新型人才的需要[9]；支小军（2013）专注于研究案例教学，指出案例教学不是单纯的举例，需要增强师生互动，且存在本土案例过少，案例选择不当等问题[10]。

以上文献分析发现，国内外学者对于计量经济学、微观经济学与宏观经济学这三门课程的教学科研之间相互融合的有关研究还比较匮乏；国内学者主要在计量经济学这门课程的教学改革方面做出了丰富的研究，也对当前计量经济学教学中遇到的问题与解决方法提出了有益的总结，对于研究计量经济学教学改革方面做出了一定启示。虽然在计量经济学的教学中会涉及宏观、微观经济学的知识，但是目前鲜有学者从这个角度来分析探讨，因此，我们应当从这个方面加强研究，以达到计量经济学教学改革的推广与实施。

三、教学方法改革

在对教学模式的改革中，我们应将教学内容与课程体系的改革紧密联系在一起，以及人才培养的环节，针对这些重点，在教学方法上要做到：

（一）课程学习上，将计量经济学、微观经济学与宏观经济学相结合进行教学，使学生对三门经济学基础课程知识的融会贯通，进而提高学生对经济问题的分析能力，稳固专业知识基础。

（二）课程实践上，提高学生建模及软件计算方面的能力，要求熟练掌握EXCEL、EVIEWS 及 STATA 等软件的主要操作。当然，最重要的是提高学生独立学习与运用新模型的能力。

（三）教学与科研相结合，整体提高学生科学定题、有效率地收集及处理数据，查找文献、研读文献、发现问题、分析问题及解决问题等方面的能力，进而整体上提高学生的科研能力水平。

（四）建立较为完备的教学案例库。

具体的教学方法改革措施有如下几点：

1. 结合宏、微观问题，以问题为导向

问题导向式教学法（或任务驱动法）是指基于一些真实经济问题和实际任务，将学生放置到有现实意义的问题情境中，以此启发和鼓励学生运用所学知识来进行分组，通过团队之间的协作，分析讨论并解决此类实际问题，从而学习到问题中所蕴含的知识与理论，掌握了解相对应的解决方法。问题导向式教学法可以培养学生发现问题、分析问题与解决问题的能力，明确培养目标。

很多同学学习宏微观课程之后，内容转头就忘，在于无所用及，专业知识底子薄弱无疑会影响继续深造或是找工作。很多教师也把宏微观与计量分割开来上课，殊不知弹性、生产函数、通货膨胀与失业等宏微观问题是应该应用计量经济模型进行实证分析。课程中可提出如何用计量经济模型验证宏微观的某个理论为"引子"，采用如小组讨论法、专题研究法等方法进行探讨。在整个授课过程中，教师针对实际问题来进行讲解分析，而不是仅仅传授枯燥的计量经济学书本理论；对于学生而言，可以一起参与到教师授课的过程中，在课堂上分析经济学问题并合作讨论相应的解决途径，这种方式可以更好的使学生学习到新知识并与相关联的知识联系，培养科研能力。

2. 增加上机，理论与实践结合

理论教学与实践教学应当做到相辅相成，在教学安排上，要将两种教学形式统筹规划，在理论教学的过程当中配合安排一定的实践操作教学。在过去，教师们只是单一的教授计量经济学理论知识，多是通过多媒体来演示各计量软件的操作过程，学生通过观看来学习，从而缺乏上机的操作，不能对所学的理论进行实践，从而导致学生不会实际运用理论方法，对模型估计得出的结果不能做出合理的解释。学校应开设专门的实践上机课，增加学生的软件操作经验和课程知识应用的能力，便于理论学习与实践应用的相互促进。

在软件的使用方面，不局限于 EViews 的教学，也可以穿插介绍 Excel 的很多数据处理技巧，还可以适当的使用 STATA、R 甚至是 Matlab 等其他计量软件进行教学演示，目的在于增加学生的见识面，为后期自学打下一定基础。

3. 研读文献，因"专"而教

经典案例教学是指教师以教学目标为目的，在课程中针对一些典型案例对学生进行调查、阅读、分析和讨论，加深学生对基本原理和概念的理解，培养学生的实际应用能力。在计量经济学中进行案例教学，其目的是让学生掌握案例中所运用的方法，从最开始的模仿相关案例中来累计经验并总结，汲取知识以达到能独立进行计量经济分析的能力。

在教学改革实验中，教师要做到既能激发出学生的学习热情，也要结合每个学生的个性化需求，同时，应根据学生的相关专业，选取与专业有密切关联的诸如经济学、管理学的典型案例，最好是当前经济发展中的热点问题。当然，所选经典案例的内容要尽量涵盖计量经济学、宏观经济学、微观经济学中的重要概念、原理和方法，使学生在案例教学过程中巩固理论知识。例如，国际贸易专业学生一般对于进出口贸易和汇率等问题有比较系统的了解，授课中就应选择国际贸易领域的相关计量文献，作为学习的材料来阅读分析，为了日后再遇到类似问题时可以提供一定的参考，应整理出一个较为完备的案例库以供学生加深学习。

4. 提供用武之地，学以致用

花费很多精力与时间学习计量经济学，却发觉无用武之地，这是很多学生在学习中遇到的困惑，严重影响到了学生的学习积极性。学生目前或许暂时无法重视到这门课程对于自身将来升学、就业以及科研的重要性，所以需要调动学生的学习热情，使得这门课程在目光可及的范围内有用武之地。

因此，学校应当在教学中给予学生实践操作的机会，首先来讲，在布置的课程论文撰写过程中，学生可以选择自己感兴趣的经济学方向，拟定题目，要根据授课案例中所使用的规范步骤，学会独立查阅文献，进行理论分析、模型构造、软件使用和规范写作等，这种方式可以培养学生的综合素质，锻炼实践能力。其次，学校每年会提供很多本科生科研训练方面的活动，比如大学科课外科研实训活动 SRTP，省级创新创业项目，挑战杯等，积极鼓励学生参加此类的科研训练项目并提供一定的咨询帮助，可以调动学生的学习热情且快速的在实践中提高科研水平。最后，采用多元化的考核手段，合理分配卷面成绩、课题讨论以及课程论文的权重。适当减少纯理论的成绩占比，增大实践成绩的占比。

四、教学改革评估标准

（一）学生在计量经济学、微观经济学与宏观经济学的理论方面会有更加深刻的看法，这主要体现在课程的考试成绩中。

（二）学生拥有独立地学习模型软件计算的能力，能够熟练地完成经典的计量经济学模型的应用，并能够掌握大量数据的收集与筛选整理方法，拥有文献研读能力及自主完成一篇科研论文的能力。这体现在课程论文及平时参加科研竞赛项目的成果上。

（三）总结得出最一套有效的教学模式；建立完备的本土教学案例库，且不同章节的案例具有较好的连贯性，层层递进。

（四）建立一个新的考核评价指标，为考试成绩，课程论文，竞赛成果，平时出勤，课后作业和上机作业等赋予适当权重，有效考核学生的综合能力。

五、结　　论

总之，在计量经济学的教学改革中，学校和任课教师需要充分认识到计量经济学对于文科类学生科研能力提升的重要意义，树立以学生为本的教育理念，改革单一的教学模式和教学方法，将重点放在对学生应用能力培养、创新能力培养和实践能力培养中，以这几点求作为检验计量经济学课程教学效果的重要指标。同时，还应当调整课程定位，合理安排课时，重视实践教学，强化案例教育，完善考核方式，通过这些改革措施激发学生的学习兴趣，提高实际运用能力，使学生真正掌握好计量经济学，为未来应用于研究奠定坚实的基础。

参考文献

［1］李子奈. 关于计量经济学课程教学内容的创新与思考 ［J］. 中国大学教学, 2010 (1).

［2］邱东, 李子奈, 肖红叶. 经济学类专业统计学、计量经济学课程教学现状调研报告 ［J］. 中国大学教学, 2007 (11).

［3］谭砚文, 陈珊妮. 中美计量经济学课程设置的比较研究 ［J］. 高等农业教育, 2011 (5).

［4］周瑜. 经管类专业计量经济学教学改革初探 ［J］. 全国商情: 理论研究, 2011 (16).

［5］李晓宁, 石红溶, 徐梅. 本科计量经济学教学模式的创新研究 ［J］. 高等财经教育研究, 2011 (2).

［6］张柠. 计量经济学实验教学模式研究 ［J］. 首都医科大学学报: 社会科学版, 2011 (10).

［7］李圣华. 计量经济学教师教学改革探讨 ［J］. 经济研究导刊, 2014, (第 13 期).

［8］陶黎娟. 基于应用导向的管理学类专业计量经济学教学改革: 以财经类大学会计专业为例 ［J］. 高等财经教育研究, 2014, (第 3 期).

［9］楼永. 计量经济学课程实验教学改革与研究型人才的培养 ［J］. 教育教学论坛, 2015, (第 8 期).

［10］支小军, 刘永萍. 关于计量经济学案例教学的探讨 ［J］. 兵团教育学院学报, 2013, (第 3 期).